普通高等教育"十二五"本科国家级规划教材

U0716649

高等学校会计学专业系列教材·新形态教材
国家级一流本科专业（会计学）配套教材

成本会计学

第二版

汪祥耀 杨忠智 主编

质检

高等教育出版社·北京

内容简介

　　本书是教育部第一批"十二五"普通高等教育本科国家级规划教材，本书的编写融入了作者多年教学实践及最新的理论研究成果。

　　本书编写力求体现时代特征和成本会计的基本功能，密切联系最新相关法律法规，尤其充分体现了《财政部关于全面推进管理会计体系建设的指导意见》及《企业产品成本核算制度（试行）》的有关精神，根据企业成本会计固有的特征，遵循教学的客观规律和要求，在加强基础理论、基本方法和基本技能论述的同时，兼顾国内外成本会计理论与实践发展的新知识及热点问题。本书共分九章，章后附"本章小结""关键名词""即测即评""思考与练习题""案例分析"和"拓展阅读"供读者自主学习。

　　本书可作为经济管理类专业的本科生教材，也可作为其他相关专业本科生、研究生以及会计从业人员的参考书。

图书在版编目（ＣＩＰ）数据

　　成本会计学／汪祥耀，杨忠智主编. --2版. --北京：高等教育出版社，2022.1
　　ISBN 978-7-04-057106-6

　　Ⅰ. ①成… Ⅱ. ①汪… ②杨… Ⅲ. ①成本会计-高等学校-教材 Ⅳ. ①F234.2

　　中国版本图书馆 CIP 数据核字（2021）第 200187 号

CHENGBEN KUAIJIXUE

策划编辑　雷　雪	责任编辑　雷　雪	封面设计　张志奇	版式设计　张　杰
插图绘制　杨伟露	责任校对　高　歌	责任印制　朱　琦	

出版发行	高等教育出版社	网　　址	http://www.hep.edu.cn
社　　址	北京市西城区德外大街 4 号		http://www.hep.com.cn
邮政编码	100120	网上订购	http://www.hepmall.com.cn
印　　刷	三河市华骏印务包装有限公司		http://www.hepmall.com
开　　本	787 mm×1092 mm　1/16		http://www.hepmall.cn
印　　张	24.5	版　　次	2016 年 3 月第 1 版
字　　数	560 千字		2022 年 1 月第 2 版
购书热线	010-58581118	印　　次	2022 年 1 月第 1 次印刷
咨询电话	400-810-0598	定　　价	57.00 元

本书如有缺页、倒页、脱页等质量问题，请到所购图书销售部门联系调换
版权所有　侵权必究
物 料 号　57106-00

第二版前言

当前世界形势动荡不安,叠加新型冠状病毒肺炎疫情影响,全球市场萎缩,经济持续低迷,反全球化和贸易保护势力抬头,给我国社会经济发展带来严峻的挑战。面对百年未有之大变局,我国审时度势,在实现中华民族伟大复兴的关键时期,提出"双循环"这一破局性的伟大战略,努力开创以国内大循环为主体、国内国际双循环相互促进的新发展格局。"双循环"战略的目标旨在推动中国经济高质量可持续发展,而这一切又有赖于作为微观经济主体的企业的做大做强。

企业的科技创新实力与综合盈利能力,是促进企业高质量发展的"两大引擎"。企业作为以营利为主要目的、处于创新链与产业链交集点的微观主体,应该以创新为驱动,以市场需求为导向,在努力开拓市场扩大营业规模的同时,通过加强内部管理,降低产品成本,保持成本领先优势,提高毛利率,从而提高企业的整体盈利水平。因此,在国家大力开展"双循环"战略的背景下,加强成本核算与成本管理理论及方法的学习,具有更为深远的现实意义。

成本会计学是关于组织成本核算并延伸至成本管理的一种专业知识体系,涉及对成本的认识、确认、计量、核算、报告及相应管理的一系列技术和方法。在企业治理与内部管理中,成本管理始终是一个重要环节。通过对成本会计的系统学习,可以深刻了解产品成本的经济内涵及作用,例如,成本是产品价值的补偿尺度,成本是制定产品价格的依据,成本是经济决策的重要参考,成本是企业提高竞争力、促进资金流通、适应我国"双循环"战略以及抵御海外一些国家恶意"反倾销"诉讼的有效手段等。

虽然坊间成本会计教材众多,但本教材在博采众长的基础上,依靠浙江财经大学会计学和财务管理两个国家一流本科专业建设点的师资力量,编写了这本以本科教学为主的成本会计学教材。近20年来,本教材适应经济与时代的发展,不断吸收成本核算与管理的新知识和新方法,同时也充分兼顾国家相关法律制度的要求,在内容上力求保持先进性,在应用上注意与社会实践的结合,在体例上适当参考了国际惯例,从而使本教材与同类教材相比具有较明显的特色,成为一部较优秀且广受读者欢迎的教材,曾先后于2004年和2012年被评为浙江省高等学校重点建设教材以及"十二五"普通高等教育本科国家级规划教材。本教材自出版后,社会反响良好,以至多次加印,被多家兄弟院校选为教材。

为适应新形势以及进一步提高教学质量的需要,在高等教育出版社的大力支持下,我们从2020年年底开始进行一次较为全面的修订。第二版在保持第一版教材结构及特点不变的基础上,对部分内容做了必要的更新和完善。重点进行了以下修订:

(1)根据国家有关法规的变化对相应内容做了必要的调整。

(2)对一些内容的阐述做了必要的补充与完善。

(3)对个别章节和例题做了更新,尤其是在第九章"现代成本会计新领域"中,将原第五节更新为"'大智移云'背景下的成本管理"。

（4）增加二维码扫描学习与练习内容，力图做到线上线下资源结合，使教材适应当前线上线下相结合的混合式教学新趋势。

（5）更新了部分参考文献，便于读者了解成本会计领域近年来一些新的发展。

本教材由浙江财经大学会计学国家级特色专业负责人、博士生导师汪祥耀教授与财务管理国家一流本科专业主要负责人杨忠智教授共同担任主编，负责全书内容的设计，以及对书稿的总纂、修改和定稿。参加本教材编写的教师分工如下：第一章由汪祥耀教授编写；第二、第三章由舒敏副教授编写；第四章由余景选副教授编写；第五、第六章由柯东昌博士编写；第七、第八章由杨忠智教授编写；第九章由杨忠智教授和史开瑕博士编写。

本教材的主要使用对象，是全日制普通高等学校的经济管理类（包括会计学与财务管理专业）的本科学生。本教材也可以作为硕士研究生、MBA 学生以及在职工作人员学习的参考书。

在此次修订过程中，全体编写组成员在严峻的疫情形势下坚持工作，对本教材的进一步完善做出了不懈努力。高等教育出版社相关编辑同志为此次修订及教材出版，提供了大力支持和帮助。在此，一并表示感谢。

汪祥耀

2021 年 10 月于杭州

第一版前言

"成本会计"是一门实践性很强的学科。一本好的成本会计教材，既应具有一定的理论深度，能够及时反映成本会计发展的最新动态和当前成果；又应能理论密切联系实际，具有现实指导意义；还应充分体现国家的有关政策和制度。按照以上要求，我们在学习、研究成本会计理论和实务的基础上，广泛参考国内外同类优秀教材，开始编写具有自己特色的成本会计教材，以满足教学的需要。2001年，我们首先编写了由中国财政经济出版社出版的《成本会计》，该教材在2005年荣获浙江省教育厅优秀教学成果奖二等奖。2004年，我们承担了浙江省高等学校重点建设教材《成本会计》项目，并在浙江人民出版社的支持下出版了《现代成本会计学》。2006年，根据我国新发布的与国际惯例实质性趋同的新会计、审计准则，我们再次对《现代成本会计学》做出全面修订。该教材出版后，社会反响良好，以至多次加印。

2012年，我们主编的《现代成本会计学》入选教育部第一批"十二五"普通高等教育本科国家级规划教材。2013年8月，财政部印发了《企业产品成本核算制度（试行）》，该制度自2014年1月1日起在除金融保险业以外的大中型企业范围内施行，小企业参照执行。2014年，《财政部关于全面推进管理会计体系建设的指导意见》出台，对如何强化企业成本管理提出更高的要求。针对现代企业管理环境与需求的变化，根据国家"十二五"规划教材的要求与写作高度，我们重新整合写作力量，编写本书。

本书在原有教材的基础上，对结构与内容做了较大调整，使教材结构更为合理，内容更加精练。全书共分九章，各章节的有关内容安排如下。

第一章：成本与成本会计概述。主要阐述了成本会计的一些基本概念和基本理论，如成本的经济本质与内涵、形形色色的成本概念及其分类、成本的作用、成本会计的职能和内容及工作组织，以及成本会计制度的演进等。

第二章：成本核算的要求与基本程序。主要阐述了成本核算的要求与基础工作；生产费用与产品成本的含义与联系；成本对象、成本动因与成本分配的含义；以及成本核算的账户设置与账务处理程序等成本核算的有关基本概念与问题。

第三章：生产费用与期间费用的核算。主要介绍了各项生产费用与期间费用的核算，阐述了各项费用归集和分配的基本原理和方法。

第四章：产品成本计算基本方法。主要介绍了产品成本计算的基本方法，包括品种法、分批法和分步法。

第五章：产品成本计算辅助方法。主要介绍了几种产品成本计算方法的辅助方法，包括联产品、副产品与等级品的成本计算方法，以及定额法、标准成本法、变动成本法和倒推成本法的计算与运用。

第六章：成本报表与成本分析。重点阐述了各种产品成本报表和费用报表的编制方法，以及成本分析的理论基础与基本方法。

　　第七章：成本预测、决策、计划、控制与考核。分别阐述了成本预测、成本决策、成本计划、成本控制和成本考核的基本原理和具体方法。通过这部分内容的学习，可以为以后进一步学习管理会计奠定基础。

　　第八章：其他行业成本核算。主要介绍了农业、批发零售业、建筑业、房地产业、采矿业、交通运输业、信息传输业、软件及信息技术服务业、文化业的产品成本核算对象的确定、产品成本核算项目和范围的确定，以及产品成本归集、分配和结转内容及方法。

　　第九章：现代成本会计新领域。主要介绍现代成本会计发展的一些新的领域，如战略成本管理、质量成本管理、物流成本管理、环境成本管理、互联网环境下的成本管理等。通过本章的学习，可以开阔读者视野，帮助他们预测成本会计未来发展的走向。

　　本书的编写，充分借鉴了国内外成本会计教学体系和经典教材，在继承国内外成本会计教材优秀成果的基础上，力求体现时代的特征和成本会计的基本功能，密切联系最新相关法律法规，尤其充分体现了《财政部关于全面推进管理会计体系建设的指导意见》及《企业产品成本核算制度（试行）》的有关精神，根据企业成本会计固有的特征，遵循教学的客观规律和要求，在加强基础理论、基本方法和基本技能论述的同时，兼顾国内外成本会计理论与实践发展的新知识及热点问题。

　　比较国内同类教材，本书具有以下特点。

　　第一，反映了成本会计的发展动态，吸收了一部分成本会计发展的新成果。在全面描述传统成本核算方法的基础上，也介绍了成本预测、决策、计划、控制、分析与考核等方面的内容，对战略成本管理、质量成本管理、物流成本管理、环境成本管理、互联网环境下的成本管理等内容亦作了介绍和评论，兼顾了教材的稳定性和前瞻性。

　　第二，以工业企业的成本核算为主，同时介绍了其他主要行业企业的成本核算方法，使本教材内容体系较为全面，教材的通用性也得到加强。

　　第三，注意理论联系实际，体现国家有关规章的要求。本书编写时，强调应用性和实践性，并及时反映我国最新相关规章制度的要求，使本书在兼顾理论性和政策性的同时，保持内容新颖，具有时代特征。

　　第四，为了顺应财经教育国际化形势的需要，我们在教材体例上尽量与国际通用教材的体例接轨。为此，我们在本教材的各章前面，首先阐述了本章学习目标；在各章最后，安排了本章小结、关键名词和思考与练习题等内容，有利于学生掌握各章要点和重点，深入学习和思考。

　　本书由汪祥耀教授和杨忠智教授担任主编，共同负责全书内容的设计以及书稿的总纂、修改和定稿。参加本书编写的教师分工如下：第一章由汪祥耀教授编写；第二、三章由舒敏副教授编写；第四章由余景选副教授编写；第五、六章由柯东昌博士编写；第七、八、九章由杨忠智教授编写。

　　本书在编写过程中参考了国内外许多专家的研究成果，在出版过程中得到了高等教育出版社的大力支持，在此一并表示感谢。同时，对于书中存在的不妥和疏忽之处，恳请各位读者批评指正。

汪祥耀

2015 年 10 月于杭州

目　　录

第一章	成本与成本会计概述 / 1	
	学习目标 ……………………………………………………………	1
	第一节　成本的经济内涵及各种概念延伸 …………………………	2
	第二节　成本的作用 ………………………………………………	7
	第三节　成本的分类 ………………………………………………	9
	第四节　成本会计的职能、内容及工作组织 ……………………	13
	第五节　成本会计制度的演进 ……………………………………	17
	本章小结 ……………………………………………………………	23
	关键名词 ……………………………………………………………	24
	即测即评 ……………………………………………………………	26
	思考题 ………………………………………………………………	26
	拓展阅读 ……………………………………………………………	26

第二章	成本核算的要求与基本程序 / 27	
	学习目标 ……………………………………………………………	27
	第一节　成本核算的要求 …………………………………………	28
	第二节　成本核算的基础工作 ……………………………………	30
	第三节　生产费用与产品成本 ……………………………………	32
	第四节　成本对象、成本动因与成本分配 ………………………	32
	第五节　产品成本核算的账户设置及程序 ………………………	35
	本章小结 ……………………………………………………………	39
	关键名词 ……………………………………………………………	40
	即测即评 ……………………………………………………………	40
	思考题 ………………………………………………………………	40
	案例分析 ……………………………………………………………	41
	拓展阅读 ……………………………………………………………	41

第三章	生产费用与期间费用的核算 / 42	
	学习目标 ……………………………………………………………	42

第一节 材料费用的核算 ………………………………………… 43

第二节 人工费用的核算 ………………………………………… 49

第三节 其他要素费用的核算 …………………………………… 54

第四节 辅助生产费用的核算 …………………………………… 60

第五节 制造费用的核算 ………………………………………… 70

第六节 生产损失的核算 ………………………………………… 82

第七节 生产费用在完工产品与在产品之间的分配 …………… 89

第八节 期间费用的核算 ………………………………………… 97

本章小结 …………………………………………………………… 105

关键名词 …………………………………………………………… 106

即测即评 …………………………………………………………… 107

思考与练习题 ……………………………………………………… 107

案例分析 …………………………………………………………… 108

拓展阅读 …………………………………………………………… 108

第四章 产品成本计算基本方法 / 109

学习目标 …………………………………………………………… 109

第一节 产品成本计算方法概述 ………………………………… 110

第二节 产品成本计算的品种法 ………………………………… 114

第三节 产品成本计算的分批法 ………………………………… 128

第四节 产品成本计算的分步法 ………………………………… 138

本章小结 …………………………………………………………… 159

关键名词 …………………………………………………………… 159

即测即评 …………………………………………………………… 160

思考与练习题 ……………………………………………………… 160

案例分析 …………………………………………………………… 162

拓展阅读 …………………………………………………………… 162

第五章 产品成本计算辅助方法 / 163

学习目标 …………………………………………………………… 163

第一节 产品成本计算的分类法 ………………………………… 164

第二节 产品成本计算的定额法 ………………………………… 176

第三节 标准成本法 ……………………………………………… 188

第四节 变动成本法 ……………………………………………… 209

第五节 倒推成本法 ……………………………………………… 219

本章小结 …………………………………………………………… 222

关键名词 …………………………………………………………… 224

即测即评 ·· 224
思考与练习题 ·· 225
案例分析 ·· 226
拓展阅读 ·· 226

| 第六章 | 成本报表与成本分析 / 227 |

学习目标 ·· 227
第一节　成本报表概述 ······························ 228
第二节　成本报表的编制 ·························· 231
第三节　成本分析 ····································· 239
本章小结 ·· 266
关键名词 ·· 267
即测即评 ·· 267
思考与练习题 ·· 267
案例分析 ·· 268
拓展阅读 ·· 268

| 第七章 | 成本预测、决策、计划、控制与考核 / 269 |

学习目标 ·· 269
第一节　成本预测 ····································· 270
第二节　成本决策 ····································· 280
第三节　成本计划 ····································· 282
第四节　成本控制 ····································· 286
第五节　成本考核 ····································· 297
本章小结 ·· 301
关键名词 ·· 302
即测即评 ·· 303
思考题 ··· 303
拓展阅读 ·· 303

| 第八章 | 其他行业成本核算 / 304 |

学习目标 ·· 304
第一节　农业企业的成本核算 ·················· 305
第二节　批发零售企业的成本核算 ············ 307
第三节　建筑企业的成本核算 ·················· 309
第四节　房地产企业的成本核算 ··············· 312

第五节　采矿企业的成本核算 …………………………………………… 317

第六节　交通运输企业的成本核算 ……………………………………… 320

第七节　信息传输企业的成本核算 ……………………………………… 323

第八节　软件及信息技术服务企业的成本核算 ………………………… 327

第九节　文化企业的成本核算 …………………………………………… 328

本章小结 …………………………………………………………………… 333

关键名词 …………………………………………………………………… 334

即测即评 …………………………………………………………………… 335

思考题 ……………………………………………………………………… 335

拓展阅读 …………………………………………………………………… 335

第九章　**现代成本会计新领域** / **336**

学习目标 …………………………………………………………………… 336

第一节　战略成本管理 …………………………………………………… 337

第二节　质量成本管理 …………………………………………………… 345

第三节　物流成本管理 …………………………………………………… 353

第四节　环境成本管理 …………………………………………………… 358

第五节　"大智移云"背景下的成本管理 ……………………………… 365

本章小结 …………………………………………………………………… 374

关键名词 …………………………………………………………………… 375

即测即评 …………………………………………………………………… 376

思考题 ……………………………………………………………………… 376

案例分析 …………………………………………………………………… 376

拓展阅读 …………………………………………………………………… 376

主要参考文献 / **377**

第一章　成本与成本会计概述

学习目标

通过学习本章内容，读者应该能够：

1. 理解成本的经济内涵及各种延伸概念；
2. 正确理解成本的作用与常见分类；
3. 明确成本会计的职能与内容；
4. 了解成本会计发展的最新动向。

第一节　成本的经济内涵及各种概念延伸

成本会计学是关于组织成本核算并延伸至成本管理的一种专业知识体系，涉及对成本的认识、确认、计量、核算、报告及相应管理的一系列技术和方法。对成本核算和报告做出的监管规定或准则条款，形成了成本会计制度。

"成本"（cost）是成本会计学中最基本、最核心的概念范畴。学习成本会计应该从了解并掌握成本的本质及其经济内涵开始，这对于正确核算产品成本、加强成本管理以及提高企业经济效益，是十分必要的。最初的成本概念，主要是从商品（或产品）生产所发生的经济耗费来加以讨论的，形成了人们对商品（或产品）成本及其经济内涵的认识。随着人们对成本认识的拓展，经济学界、会计学界、管理学界等均从各自学科的角度对成本做出不同解释，于是就延伸出不少其他的成本概念，但这一切并不会改变成本的核心内涵。

一、经济成本与会计成本

成本虽然是现实经济生活中常见的现象之一，但对其实质和内涵的认识至今尚未统一。如同经济学与会计学对"收益"（income）的认识不同而产生"经济收益"与"会计收益"两种概念，成本的概念也有"经济成本"与"会计成本"之分。

（一）经济成本

经济学家对成本概念的认识，我们称之为"经济成本"或"理论成本"，是对成本内涵做出的抽象或纯理论意义上的经济学解释。

早在 100 多年前，马克思主义经济学就以劳动价值论和剩余价值论的立场对商品成本做出了十分经典的经济学分析。马克思关于资本主义商品价格的理论，主要集中在《资本论》第三卷第一章中。马克思指出："按照资本主义方式生产的每一个商品 W 的价值，用公式来表示是 $W=c+v+m$。如果我们从这个产品价值中减去剩余价值 m，那么，在商品中剩下的，只是一个在生产要素上耗费的资本价值 $c+v$ 的等价物或补偿价值。……商品价值的这个部分，即补偿所消耗的生产资料价格和所使用的劳动力价格的部分，只是补偿商品使资本家自身耗费的东西，所以对资本家来说，这就是商品的成本价格。"[①]

按照马克思的成本价格理论，在马克思当时所处的资本主义环境下，商品成本是资本家为商品生产所发生的经济耗费，其经济内涵或价值量是转移到商品中的关于生产资料的物化成本 c 与工人活劳动所创造的价值中用于补偿其必要劳动的那部分价值 v 的部分。换言之，商品成本的经济内涵就是 $c+v$。资本家所获得的剩余价值 m 则是商品价值 W 减去商品成本 $c+v$ 后剩余的部分，是工人在剩余劳动时间内创造的却被资本家无偿剥夺的那部分价值。从政治层面讲，马克思的成本价格理论，还进一步揭示了资本主义生产方式下资本剥削雇佣劳动并获取剩余价值的资本主义生产关系。

社会主义经济与资本主义经济都是建立在社会化大生产基础之上的，这两种社会

---

① ［德］马克思．资本论（纪念版）第三卷．北京：人民出版社，2018．

生产方式存在的一些经济范畴既具有共同性质，又具有各自的特殊性质。马克思关于资本主义商品成本价格的理论，不仅揭示了资本主义商品成本的经济实质，同时也揭示了商品成本的一般共性。在社会主义生产方式下，商品（或产品）的本质虽然不再体现资本剥削雇佣劳动的那种生产关系，但企业生产商品（或产品）的经济成本仍然主要体现在生产资料与劳动者在必要时间耗费这两种要素上，其价值量用公式表示仍然是 $c+v$。因此，马克思关于成本价格的理论，对于我们研究社会主义市场经济条件下商品成本的本质，仍然具有重要的现实意义。

现代西方经济学则在经济成本中引入了机会成本（opportunity cost）的概念。美国著名经济学家保罗·萨缪尔森认为："做决定具有机会成本，因为在一个稀缺的世界中，选择一个东西意味着放弃其他的一些东西。机会成本是被错过的商品和服务的价格。"[1] 例如，当决定生产一辆汽车时，其隐含的决策就是不能再用生产该汽车所需的劳动、铁、不锈钢与玻璃等去生产 15 辆自行车。于是，一辆汽车的机会成本就是 15 辆自行车。又如，从机会成本的角度出发，生产飞机的成本就是用生产飞机所投入的人力、设备和原材料来生产其他商品或劳务所能获得的价值。美国另一位著名经济学家斯蒂格利茨（Joseph E. Stiglitz）则表述得更为明确：经济学家一般用机会集合中的选择来考虑成本。多得到一单位一种物品的"成本"就是你必须放弃的另一种物品。

如果说，马克思主义经济学所阐释的"成本"还主要聚焦于显性的生产要素上耗费的"显性成本"（explicit cost），那么，现代西方经济学则扩展考虑了建立在机会成本概念上的"隐性成本"（implicit cost）。机会成本的概念目前已广泛应用于选择理论中，虽然它与马克思以劳动价值学说为基础的成本价格理论具有不同之处，但它却为成本概念的扩展提供了新的视角。

（二）会计成本

会计成本一般不承认经济学意义上的隐性成本，仅确认生产要素上耗费的显性成本，并且通常是可以用货币加以计量的部分。换言之，会计成本＝经济成本－机会成本。美国成本管理会计大师霍恩格伦（C. T. Horngren）指出，会计人员将成本定义为"为达到某一特定目标所失去或放弃的资源（a resource sacrificed or forgone）。它通常是以获取商品或劳务必须付出的货币金额加以计量的"。因此，会计成本通常是以经济学认可的显性成本（如 $c+v$）作为其经济内涵，按照会计制度或会计准则认可的范围，以实际发生的耗费（即历史成本）加以计算。

从 20 世纪中叶开始，美国一些会计权威机构就已经陆续对"成本"做过以下几种正式定义。

1951 年，美国会计学会（AAA）下属的"成本概念与标准委员会"将成本定义为："成本是指为达到特定目的而发生或应发生的价值牺牲。它可用货币单位加以计量。"

1957 年，美国注册会计师协会（AICPA）在其发布的《第 4 号会计名词公报》中，对成本做出以下定义：成本是指为获取财货或劳务而支付的现金或转移的其他

---

① ［美］保罗·萨缪尔森，等. 经济学. 16 版. 北京：华夏出版社，1999.

资产、发行股票、提供劳务或发生负债而以货币计量的金额。成本可以分为未耗成本（unexpired cost）与已耗成本（expired cost）。未耗成本可由未来的收入负担，如存货、预付费用、厂房、投资、递延费用等；已耗成本不能由未来的收入负担，故应列为当期收入的减项，或借记保留盈余，如已出售产品或其他资产的成本和当期费用等。

1978 年，美国财务会计准则委员会（FASB）在其发布的第 1 号概念公告"经营企业财务报告的目标"中，对成本做出定义："成本是经济活动中发生的价值牺牲，即为了消费、储蓄、交换、生产等活动所放弃或失去的价值。"

（三）经济成本与会计成本的区别

对于经济成本与会计成本的区别，美国经济学家瓦尔特·尼科尔森认为："会计师关于成本的概念更加强调现金支付的费用、历史成本与其他簿记项目。经济学家关于成本的定义（明显地以机会成本的思想为基础）为：关于任何投入的成本是确保这些资源处于现在使用状态所必须支付的数量。可供选择的一项投入的经济成本是该项投入在别处所能得到的最高报酬额。"[1]

在此，我们将会计成本与经济成本的区别做出以下几点小结。

第一，会计成本通常与历史成本或沉淀成本（sunk cost）有关，因为会计人员需要描述企业财务状况和经营业绩，需要按已经发生的历史交易的价格记录资产和负债，并对经济活动做出评价。而经济成本通常以机会成本的概念为基础，只关心将来成本是多少，在做出一项经济决策时，甚至可以不考虑沉淀成本的因素。

第二，经济学的成本定义比会计的成本定义更为宽泛。经济成本不仅包括明显从口袋里拿钱出来的购买和支出，如企业支付的工资、购买原材料的费用等（显性成本），而且还包括比较隐蔽的机会成本以及企业所有者拥有的并在生产中使用的各种要素的成本（隐性成本）。第二种形式的成本在企业的成本核算中常常被忽视掉。

第三，会计成本一般只是包括企业实际的货币支出或耗费部分，因此强调必须可以用货币计价。然而，经济成本将企业的货币支出或耗费仅仅看成是企业总成本的一部分。

总而言之，马克思主义经济学对商品成本的本质与经济内涵做出了迄今为止最经典与最权威的解释，而现代西方经济学进一步丰富了成本理论，具有可借鉴之处。会计成本则是在经济学"理论成本"的基础上，根据管理和会计核算的需要，对成本的内涵做出了制度规范上的调整与补充。因此，经济成本较抽象，注重于本质描述，并与决策相关；会计成本则较具体和务实，便于计算和运用，多与促进管理、增进效益有关。

二、财务成本与管理成本

（一）财务成本

与现代西方经济学将成本概念划分为会计成本与经济成本的做法类似，我国会计理论界则习惯将成本概念划分为财务成本与管理成本。

---

① ［美］瓦尔特·尼科尔森. 微观经济理论. 6 版. 北京：中国经济出版社，1999.

　　财务成本就是会计成本或账面成本，它是按照国家的政策法规、会计制度和会计准则的要求，通过复式簿记原理和规定的成本核算程序所计算的产品或劳务成本。因此，我国主管财务会计工作的财政部门通常会以发布的财务会计制度和会计准则等，对成本的定义、开支范围及相关管理做出规定。

　　早在 1992 年，为适应改革开放以后我国实行社会主义市场经济的需要，财政部发布了我国第一部《企业财务通则》。该《通则》第二十六条规定：企业为生产商品和提供劳务等发生的各项直接支出，包括直接工资、直接材料、商品进价以及其他直接支出，直接计入生产经营成本。企业为生产商品和提供劳务而发生的各项间接费用，分配计入生产经营成本。2006 年 12 月，财政部发布了新的《企业财务通则》，在第三十六条中进一步明确了"企业应当建立成本控制系统，强化成本预算约束，推行质量成本控制办法，实行成本定额管理、全员管理和全过程控制"的要求。

　　2001 年，财政部在当年开始实施的《企业会计制度》第九十九条中，对成本费用做出以下定义："费用，是指企业为销售商品、提供劳务等日常活动所发生的经济利益的流出；成本，是指企业为生产产品、提供劳务而发生的各种耗费。"

　　2013 年 8 月，财政部在发布的《企业产品成本核算制度（试行）》中，更为明确地指出了财务制度规定的产品成本的内涵："本制度所称的产品成本，是指企业在生产产品过程中所发生的材料费用、职工薪酬等，以及不能直接计入而按一定标准分配计入的各种间接费用。"

　　相较于之前所讨论的较抽象及理论性的经济成本而言，财务成本是一种实际可操作的现实成本。它一般具有以下特点。

　　第一，合规性。由于财务成本是根据国家统一的财务与会计法规及制度核算出来的，因此，它有时又被称为"法定成本"或"制度成本"。

　　第二，成本内容上的完整性。由于财务成本作为价值补偿的尺度，通常是企业确定盈利、制定产品价格和缴纳税金等方面的主要依据，因此它一般以产品成本的经济内涵 $c+v$ 作为基础，结合国家宏观政策和企业管理的需要，按一定的成本开支范围和开支标准加以计算。因此，财务成本通常计算的是"完全成本"（full cost），而不像管理成本那样为企业管理或决策的需要有时仅计算"部分成本"（partial cost），如"边际成本"（marginal cost）、"增量成本"（incremental cost）和"变动成本"（variable cost）等。

　　第三，与财务会计制度的结合性。财务成本不是一种临时性、局部性的成本计算，它实际上已作为财务会计的重要内容，融入企业财务会计的系统之中。需要按照会计制度或会计准则的要求，对成本费用的内容进行确认、计量、记录以及定期报告。因此，财务成本是系统的、周期性的、以复式记账法为基础计算的成本。

　　第四，财务成本所计算的是实际发生的成本，而不是计划成本或预测成本。虽然为了成本控制的需要，在计算财务成本时可以采用定额成本法或标准成本法，但最终都需要计算出实际成本。

　　需要指出的是，为计算财务成本而规定的成本费用开支范围虽然是以产品成本的经济内涵 $c+v$ 作为基础，但有时又不完全与 $c+v$ 保持一致。在实际工作中，为了财务分配和管理的需要，产品成本的现实内容与它的经济内涵可能会发生一些背离。例如，为了减少损失，有时可能将一些不形成产品价值的损失性支出（包括废品损失、停工损失等）列入成本开支范围。同时，有时还会将原属于 m 的一些内容如利息、财产保险费等，也列入产品的实际成本，等等。

（二）管理成本

与财务成本相对应的，是管理成本的概念。管理成本是用于企业内部经营管理的各种成本概念的总称。它通常包括"责任成本"（responsibility cost）、"质量成本"（quality cost）、"固定成本"（fixed cost）、"变动成本"（variable cost）、"可控成本"（controllable cost）、"可追溯成本"（traceable cost）、"沉没成本"（sunk cost）、"差别成本"（differential cost）、"边际成本"（marginal cost）、"重置成本"（replacement cost）等。

管理成本实际上是一种分析性成本，它一般以产品的账面成本或财务成本为依据，经过加工整理，按照不同的需要计算并分析各种不同的成本，从而达到为企业经营管理服务的目的。各种管理成本的概念均是在"不同的目的需要不同的成本"（different costs for different purposes）的理念下发展起来的。随着科技的发展与时代的进步，新的管理成本的概念还将不断地衍生。

管理成本虽然是在财务成本的基础上形成的，并且需要依赖财务成本以及其他有关的资料加以计算，但是，管理成本与财务成本有着本质的区别，主要表现在核算目的不同、核算内容不同、核算方法不同、核算范围不同、核算期间不同、核算要求不同、核算资料来源不同等方面。总之，财务成本是常规的、按制度规定并与财务会计体系相互结合所计算的完全成本（通常是产品成本），而管理成本则是为了预测、决策和控制的需要对有关的成本构成要素进行不同的组合和分析所产生的成本概念，它在核算的原则、内容、方法、时间等方面均比较灵活，没有统一的规定。

三、环境成本与社会成本

上述几种成本概念主要是从企业的角度加以解释，或者是以企业发生的耗费加以界定的，而环境成本（environmental cost）与社会成本（social cost）概念的提出，则将人们对成本的探索视野从微观领域进一步向宏观领域扩展，从而可以更全面和深入地认识成本问题的本质。

（一）环境成本

企业经济活动通常会对企业外部的自然与社会环境产生"外部性"（externality）影响。环境成本就是因环境原因而引起的成本概念。它主要有以下两层含义。

第一层含义的环境成本可以理解为经济发展或投资开发活动对环境造成的损害，换言之，是由于经济活动造成环境污染而使环境服务功能质量下降所付出的牺牲或代价。这种环境成本又称为环境降级成本，它可以是有形的也可以是无形的，但不一定都可以用传统的会计方法加以计量。

第二层含义的环境成本通常是指企业为了遵守环境保护法规及相应的政府环境监管要求、为达到一定的环境标准（如环境质量标准、污染物排放标准、环保基础标准、环保方法标准和环保样品标准等）所发生的环保设备投资以及环保营运费用。这类环境成本以及由于环境治理活动所产生的经济效益可以通过会计方法加以确认、计量和报告，于是形成了新兴的环境会计分支学科。

（二）社会成本

社会成本比环境成本的概念更为广泛，是从社会层面来解释产品生产或经济活动所付出的代价。经过多年的探讨，理论界对社会成本的概念主要产生以下几种观点。

第一种观点，认为社会成本是社会平均成本。社会成本是指在整个国民经济范围内，一定时期和一定生产技术条件下，生产和销售某种产品所需的平均费用。

第二种观点，认为社会成本是社会责任成本。社会责任成本用来反映、计量企业经济活动给整个社会带来的损失和不良影响，主要包括人力资源耗用的社会成本、环境污染的社会成本、生产资源被破坏的社会成本、技术变革的社会成本、失业和闲置资源的社会成本。

第三种观点，认为社会成本是国民经济成本。国民经济成本是整个社会意义上的成本。企业在生产过程中从原材料的采购到产品生产出来以后的销售都要与其他社会再生产部门发生联系，有些成本不是企业能够控制的。如基本建设布局的不合理，导致企业因远离原材料、动力供应地和销售市场造成成本升高等。影响国民经济成本的主要因素包括生产力布局、产业结构、固定资产投资方向、资源利用方法、国家的技术经济政策、环境因素以及市场体系等。

综上所述，无论在经济学还是会计学中，成本都是一个非常重要的概念。虽然从一般意义上讲，成本可以被理解为从事某项生产经营活动花费的本钱或产生的耗费，但是关于这种耗费，通常又涉及以下几个问题：第一，是谁产生了耗费，即涉及成本主体问题；第二，是为何项经营活动耗费的，即涉及成本客体问题；第三，这些耗费是发生在哪些用途之上，即涉及成本要素问题；第四，这些耗费的背后体现了什么样的经济关系，即涉及成本性质问题。对于上述问题的不同回答，不仅会产生产品成本、劳务成本等概念，还会产生其他形形色色的成本概念。

第二节　成本的作用

财务会计最为传统以及最基本的职能是资产计价（assets valuation）和损益确定（income determination），而资产计价和损益确定均离不开对产品成本的计算。进而言之，产品成本是反映企业生产经营管理质量与实现价值创造的综合性指标，它对于加强微观经济管理和宏观经济管理都具有重要的作用。产品成本的作用，至少可以归结为以下几个方面。

一、作为价值补偿的尺度

产品成本首先作为价值补偿的尺度，规定了企业进行简单再生产的必要条件。按照马克思的成本价格理论，商品成本代表了商品生产过程中物化劳动（相当于 c）和必要劳动（相当于 v）的耗费，是商品价值中维系简单再生产的那部分价值。为了保证企业再生产的不断进行，企业必须通过商品或劳务的销售收入对生产耗费进行补偿，产品成本则是衡量这一补偿份额大小的尺度。产品成本的高低，反映了企业为生产该产品所耗费的多少，从而也决定了补偿份额的大小。如果企业生产该产品的收入恰好补偿其生产成本，企业则无利可图，它只能在原有的生产规模下简单地进行重复生产；如果企业生产该产品的收入除了足额补偿所消耗的生产成本外还有结余，那么，企业就可以在扩大的基础上进行再生产，不仅可以为国家和社会多做贡献，而且还能有效改善职工收入和福利。从企业整体层面看，也是同样的道理。如果企业取得的收入不能让所耗费的成本得到足额补偿，企业就不能收回生产过程中所耗费的资金，就不能维持简单再生产，企业生产将会发生萎缩甚至中断。可见，成本是计算企业盈利的基础，企业要获取盈利并进一步发展壮大，首先必须保证使其发生的成本能够得到足额的补偿。

二、作为制定产品价格的基础

产品价格是产品价值的货币表现。在商品经济中，产品价格通常根据价值规律的作用围绕产品价值进行上下波动。因此，产品价格的制定，应按照价值规律的要求，力使产品价格大体符合它的价值，同时也要考虑国家有关价格政策、各种产品比价关系以及市场供求关系等因素的影响。在现阶段，由于人们不能直接计算产品的价值，因此企业在制定产品价格时，除了成熟市场的产品其价格可以直接参照市场价格决定外，其余的产品（尤其是一些垄断产品和新开发产品）只能以产品成本为基础，加上一定的利润来确定其销售价格。这种确定产品价格的方法就是所谓的"成本加成定价法"（cost-plus pricing method）。显然，在成本加成定价法中，产品成本成为制定产品价格的决定因素，而所确定的价格也可以相对和间接地反映出产品的价值。

三、作为经济决策的依据

所谓经济决策，就是企业为了完成一定目标，在具有各种备选经济方案的情况下，选择对企业最为有利的一种方案。这种方案通常就是利润最大、成本最小或者风险最小的一种方案。因此，企业在进行经济决策时，成本往往是最重要的考量因素，成本甚至可以成为一票否决的手段，即通常所说的"成本否决制"。在市场经济条件下，市场竞争日趋激烈。企业要在激烈的市场竞争中取胜，就必须根据市场的变化，结合自身的生产经营情况，尤其是现有资金实力和管理水平，做出正确的经营决策。决策过程离不开对生产成本或机会成本的考虑，而涉及成本的有关决策方案，本身又称为成本决策方案。目前，成本预测、成本决策、成本控制等日益为企业所重视，成为企业加强成本管理、提高经济效益的有效手段。

四、作为制定宏观经济政策的参考数据

成本不仅是微观经济管理需要探讨的问题，也是宏观经济管理不可回避的问题。宏观经济政策制定得合理与否，直接关系到国民经济发展的方向和速度，关系到经济能否稳定增长。通过前面谈到的社会成本信息的提供，可为宏观经济政策的制定提供高度相关的信息支持，为国民经济快速、持续和健康的发展创造良好的前提条件。例如，在决定国家的产业方向和产业结构时，比较成本优势就是需要考虑的一个重要因素。

五、作为国际反倾销应诉的强力证据

随着我国改革开放事业的深入，我国外经、外贸活动也日益蓬勃。尤其是加入世界贸易组织（WTO）以后，我国商品的对外出口也逐年增长。然而，近年来，一些西方国家为了实施贸易保护主义政策，以"反倾销"为借口，对我国出口商品做出了限制甚至进行法律诉讼。所谓商品倾销（dumping），是指一个国家的出口商以低于正常价格的出口价格，集中或持续大量地向其他国家抛售商品。因此在我国的"反倾销"应诉中，我国出口商是否以非正常价格向国外倾销商品成为关键的判别依据，而商品成本就是其中最为重要的考量因素之一。当前，我国会计准则已经与国际会计准则基本趋同，因此按照国际通用规则正确核算商品成本，可以为我国应对国外某些国家对我国商品提出的"反倾销"诉讼提供强有力的反驳证据。

第三节　成本的分类

将成本按照不同的标志进行分类，有助于我们进一步理解各种成本的含义及其作用，从而有效地提供和使用各种成本信息，提高成本管理的水平。在成本的各种分类中，最基本的分类方法是按经济内容和经济用途分类，前者形成了成本（费用）要素的概念，后者形成了成本项目的概念。此外，还可以按照成本与特定产品的关系、成本的可控性、成本习性以及成本与决策的相关性等标志做出分类。

一、按成本经济内容分类

就工业企业来说，形成产品成本的费用要素主要是生产资料的耗费以及劳动力的耗费，其中生产资料的耗费又分成劳动资料的耗费与劳动对象的耗费，它们体现了物化劳动的耗费，而劳动力方面的耗费则体现了必要劳动的耗费。因此，企业生产费用要素按其经济内容划分，首先可以分为劳动资料方面的费用、劳动对象方面的费用和劳动力方面的费用三大类。企业生产费用最终要具体化到各种产品上，所以，产品成本的经济构成要素从大类上分也是以上三种费用要素。但是在实际工作中，形成产品成本的费用要素在经济内容上与理论成本的范畴可能会发生一些背离，并且在费用要素的构成上要比上述三大类费用的划分更为具体。所以，通常所说的成本（费用）要素实际上是上述三大类费用要素的细分，一般包括外购材料、外购燃料、外购动力、工资及职工福利费、折旧费、利息费用、税金和其他费用等。

成本（费用）要素反映了在生产经营活动中有关生产要素原始形态上的耗费，将一定期间发生的生产费用归集或分配到具体的成本计算对象（如产品）时，就形成了（产品）成本的概念，因此，从这一意义上说，生产费用与产品成本的经济内容是一致的，生产费用要素同时也就是产品成本要素。费用与成本之间还存在着相互依存、相互转换的关系：一方面，一定时期内所发生的生产费用大部分将通过规定的成本核算程序归集到各项资产（包括产成品和在产品等）的成本之中；另一方面，随着产品的销售，已销售产品的成本又将结转成为当期计算企业损益的费用。

将费用划分为若干要素进行反映，有助于企业了解在一定时期内发生了哪些费用，金额各为多少；可借以分析与比较企业各个时期各项费用要素的结构和水平；有助于企业编制材料采购预算、人工费用预算或计划，并对预算或计划的执行情况进行考核；还可以为国家宏观经济管理提供有关生产耗费方面的信息。

二、按成本经济用途分类

企业在一定时期内发生的各种费用，其经济用途并不一定相同。首先，企业的全部费用（广义的费用）可以划分为生产经营费用和非生产经营费用两大类，前者通常是为企业的生产经营活动发生的，因此被称为收益性支出（revenue expenditure），而后者是为企业生产经营活动以外的用途发生的（如购买固定资产、进行长期投资等），通常形成资本性支出（capital expenditure）；其次，生产经营费用根据它们是否用于产品生产活动又可以分为计入产品成本的生产费用和经营管理费用两类，前者是企业进行工业性生产，包括生产各种产品所发生的各项生产费用，后者是企业行政管理部门为组织和管理生产经营活动而发生的管理费用以及企业在销售产品时发生的各项销售费用等，它们应作为期间费用加以核算；最后，可以计入产品成本的生产费用其用途也各不相同，将这一生产费用按经济用途做出进一步细分就形成了产品生产成本项目的概念，简称为成本项目（cost items）。可见，成本项目只是将应计入产品成本的那部分生产费用按经济用途做出的一种分类。

工业企业的产品成本项目一般可分为直接材料、直接人工和制造费用三项基本项目。除此之外，企业还可以根据管理的需要以及某些费用在产品成本中的重要程度考虑是否需要增设成本项目。如果企业发生的废品损失较多，可考虑增设"废品损失"项目；如果企业耗用的燃料和动力较多，可考虑增设"燃料与动力"项目；等等。

生产费用按经济用途分类，便于了解生产费用的用途和成本项目的构成，指出企业降低成本费用的途径，从而有利于开展成本分析与控制，挖掘企业降低成本的潜力。

三、按成本与特定产品的关系分类

生产费用按与特定产品的关系，可分为直接成本与间接成本。

1. 直接成本（direct cost）

直接成本是指与某一特定产品具有直接关系的成本。某些生产费用是为某一特定产品的生产而耗费的，可以直接归集并计入该种产品，因此与该种产品具有直接关系的费用就形成了该种产品的直接成本。例如，直接材料与直接人工等。

2. 间接成本（indirect cost）

间接成本是指与某一特定产品没有直接关系的成本。某些生产费用不是专门为生产某一特定产品而耗用的，如生产车间为组织和管理生产而发生的各项制造费用，当它们不是为一种产品而是为多种产品的生产而耗用时，需要按一定的标准分配给各种产品，通过以上方法分配给各种产品的生产费用就形成了这些产品的间接成本。

将成本分为直接成本与间接成本，对于企业正确计算产品成本具有重要的意义，还可以借此考核间接成本分配的合理性，推动成本计算制度的创新。

四、按成本的可控性分类

成本按能否为责任单位有效地控制，可分为可控成本与不可控成本两类。

1. 可控成本（controllable cost）

可控成本是指可以由责任单位或个人的行为加以有效控制的那部分成本。可控成本是一种责任成本，通常也是一种可追溯成本（traceable cost）。

2. 不可控成本（uncontrollable cost）

不可控成本是指不能由责任单位或个人的行为加以有效控制的那部分成本。

可控成本与不可控成本的划分是相对的。对于某一个责任主体而言的可控成本，对另一个责任主体来说，可能就不可控。但是，就整个企业而言，绝大部分成本应是可控成本。

可控成本与不可控成本的划分，有利于成本责任的考核和成本的控制，从而促进企业总体成本水平的降低。

五、按成本习性分类

成本习性（cost behavior），又称成本性态，是指成本总额在相关范围（relevant range）内与业务量（生产量或销售量）之间的依存关系。成本按成本习性划分，可分为固定成本、变动成本与混合成本三类。

1. 固定成本

固定成本是指在一定时间和相关范围内，其总额不随业务量的变动而变动的那部分成本。例如，在一定的产量范围内，固定资产折旧费、保险费和企业管理人员工资等通常不随产量的变动而发生增减，它们一般属于固定成本。

固定成本通常还可以进一步区分为酌量性固定成本（discretionary fixed costs）和约束性固定成本（committed fixed costs）。前者是通过管理人员的决策行为可以改变其数额的固定成本，如研究开发费、广告费和职工培训费等；后者通常是与整个企业经营能力的形成及其正常维护直接联系的，其数额的大小一般不由企业管理人员的决策而随意改变，如固定资产折旧费、保险费、财产税等。

2. 变动成本

变动成本是指其总额随着业务量的变动而变动的那部分成本。在相关范围内，变动成本通常与产销量发生正比例的变动，即它们之间形成一种线性关系。产品成本中的直接材料和直接人工一般属于变动成本。

3. 混合成本（compound cost）

混合成本是指其总额虽受业务量变动的影响，但不一定与业务量的变动发生正比例变动的那部分成本。混合成本通常兼有固定成本和变动成本两种性质，根据具体情况可将它们进一步分为半变动成本或半固定成本。在成本会计实务中，通常采用一定的技术方法（如高低点法、回归直线法、账户分析法等）将混合成本分解并还原成固定成本和变动成本两类。

应当指出的是，固定成本与变动成本的划分并不是绝对的。首先，这种划分通常是针对成本总额而言的，而对于单位产品成本的情况则正好相反。例如，固定成本总额一般不随产量的变动而变动，但单位产品中的固定成本却随产量的增加而减少；变动成本总额一般随着产量的变动而发生正比例的变动，但单位产品变动成本却通常是一个常数。其次，固定成本与变动成本的确定均以相关范围作为前提条件，如超出相关范围，固定成本不一定能够继续保持固定不变，变动成本也不一定能够与业务量继续保持线性关系。最后，一些固定成本还可以由企业管理人员的决策而改变，如酌量性固定成本等。广告费也可以根据销售量的一定比例加以提取，在这种情况下，广告费反而成为变动成本。

将成本划分为固定成本与变动成本两部分，对于开展成本—业务量—利润分析（cost-volume-profit analysis，CVP 分析），进行成本的预测、决策和控制均有重要的意义，从而使其成为现代成本管理会计的一个核心内容。

六、按成本与决策的相关性分类

成本按是否与企业管理人员的决策方案相关，可分为相关成本与无关成本两类。

1. 相关成本（relevant cost）

相关成本是指与特定决策方案相关，因该决策方案的采用可能会发生的成本。相关成本通常是在决策分析中需要考虑的未来成本或特殊成本，如机会成本、差别成本、重置成本、付现成本（out-of-pocket cost）等。

2. 无关成本（irrelevant cost）

无关成本是指与决策方案无关或不相干、在决策方案中不需要考虑的成本。无关成本通常包括以下两种情况：一是指过去已经发生、对未来决策不会产生影响的成本，如沉没成本等；二是指虽然在决策方案中可能涉及，但在性质与数量上各个备选方案都相同的成本，即无差异成本。

相关成本与无关成本的划分，主要是为企业的经营决策服务的。

七、成本的其他分类

以上阐述的是成本最常见的几种分类方法。除此之外，还可以对成本做出其他各种分类，从而产生更加丰富的成本概念。例如，按成本所属空间范围划分，可分为宏观成本、中观成本、微观成本等；按成本计算的时间划分，可分为目标成本、设计成本、计划成本和实际成本等，或者事前成本、事中成本和事后成本等；按成本计算的总量和个量划分，可分为总成本和单位成本等；按成本资料的可比性划分，可分为可比成本与不可比成本等；按成本计算的职能划分，可分为标准成本、定额成本、责任成本、质量成本；按资金的筹集来源划分，可分为权益成本与债务成本；等等。可见，成本划分的标准林林总总，不一而足，并由此产生了形形色色的成本概念。成本如何划分，依管理目的和需要而定，正所谓"不同的目的需要不同的成本"。

第四节　成本会计的职能、内容及工作组织

一、成本会计职能及其扩展

成本会计是关于成本计算、成本核算以至于成本管理（包括成本预测、成本决策、成本计划、成本控制、成本分析、成本考核等内容）的综合性活动。成本会计学则是关于成本会计的学问体系。美国成本会计专家劳伦斯（W. B. Lawrence）认为，成本会计就是应用普通会计的原理、原则，系统地记录某一工厂生产和销售产品时所发生的一切费用，并确定各种产品或服务的单位成本和总成本，以供工厂管理当局决定经济有效的和有利的产销政策时参考。

成本会计又是沟通财务会计与管理会计的桥梁，上接财务会计，下连管理会计。成本计算与传统的财务会计系统相结合，遂产生了成本会计；成本会计结合现代管理方法，又催生了成本管理会计或管理会计。诚如美国成本管理会计大师亨格瑞（C. T. Horngren）所言："成本会计既为财务会计又为管理会计提供信息。它对一个组织获取或消费资源的成本有关的财务和非财务信息做出计量和报告。因此，成本会计同时包括管理会计和财务会计中涉及收集和分析成本信息的那部分内容。"

成本会计是随着商品经济的发展而形成并发展壮大的。成本会计的初始职能是正确计算产品成本，继而其职能又扩展到利用成本信息为企业经营管理服务。

早在小商品经济时期，工场主为了确定商品价格和经营盈亏的需要，就开始试图计算商品的成本。但那时计算成本的方法比较简单，依靠一些统计和技术方法对成本（主要是生产过程中发生的直接费用）进行汇总和估算。因此，当时所计算的成本精确度较差。

到了资本主义阶段，尤其是在 19 世纪工业革命后，由于铁路的迅速发展和机器的大规模使用，企业资本的有机成分提高，固定资产比重增加，企业折旧费等间接费用也急剧上升，在成本计算中如何合理分摊各种间接费用的问题，就变得更为严峻。另外，随着资本主义市场竞争的日趋激烈，成本核算和降低成本等问题也越来越受到资本家的重视。在这种情况下，为了提高成本计算的精确性，资本家将成本计算任务交给了企业会计人员，从而使成本计算这项工作变得专业化和系统化。会计人员将成本计算与复式记账制度进行有效的结合，于是单纯的成本计算就过渡到成本会计阶段，成本会计从此也开始成为财务会计的一个重要组成部分。

20 世纪初，资本主义企业开始奉行泰勒的"科学管理制度"。在广泛实施"泰勒制"的影响下，最终导致了标准成本计算制度和预算控制制度的产生。而标准成本计算制度和预算控制制度的实施，又极大地推动了成本会计的发展，使成本会计的职能从成本核算向成本控制等方面发生扩展，早期的成本会计由此步入近代成本会计的阶段。在这一时期，成本会计的任务不仅需要描述企业生产费用的发生情况，而且还要对比和检查各项标准和预算的执行情况，并进行差异分析，以此达到有效控制经济资源的目的。正是在这种情况下，英国会计学家杰·贝蒂（J. Batty）对成本会计做出了如下新的定义：成本会计是用来详细地描述企业在预算和控制它的资源（指

资产、设备、人员及所耗的各种材料和劳动）方面的原理、惯例、技术和制度的一种综合术语。该定义与劳伦斯的成本会计定义相比，其优点是反映了近代成本会计的最新发展，突出了成本会计在控制经济资源方面的作用，其缺点是忽视了成本会计具有成本计算与财务会计制度相结合的特点。

第二次世界大战以后，随着科学技术的迅速发展，企业规模日益扩大，生产经营更加复杂，企业间的竞争也更加剧烈。在预测、决策、事先规划和控制成本的主观愿望下，信息论、系统论、控制论以及各种现代管理方法被相继应用到成本会计中，给成本会计增添了新的活力。由于成本会计与现代管理的成功结合，使成本会计的内容更加丰富，职能更加扩展，形式更为多样，从而形成了现代成本会计。我国著名会计学家徐政旦教授认为："现代成本会计是成本会计与管理的直接结合，它根据成本核算和其他资料，采用现代数学和数理统计的原理和方法，针对不同业务，建立起数量化的管理技术，用来帮助人们按照成本最优化的要求，对企业的生产经营活动，进行预测、决策、控制、分析和考核，促使企业的生产经营实现最优运转，从而大大提高企业的竞争和适应能力。"①

综上可见，成本会计是在成本计算的基础上建立和发展起来的，成本会计的最大特点是实现了成本计算与财务会计及其账表体系的成功结合；随着社会经济和科学技术的发展，早期的成本会计先是发展成为近代成本会计，又进一步发展成为现代成本会计，其职能从单一的成本核算向成本预测、成本决策、成本计划、成本控制、成本分析和成本考核等多方面扩展；随着现代成本会计理论的日益成熟、学科体系的日益完善以及内容的日益丰富，它又逐渐从传统的财务会计中相对地独立出来，成为一门独立的会计学科，并为以后的管理会计的发展奠定了基础。

二、成本会计的内容

随着成本会计的发展，其内容也不断得到扩展和丰富。现代成本会计的内容已包括成本核算、成本预测、成本决策、成本计划、成本控制、成本分析、成本考核等各个方面。

（1）成本核算，是指企业按照一定的原则和程序，对生产过程中实际发生的各项生产费用进行记录、归集、计算和分配，计算出产品或劳务的总成本和单位成本，并编制成本报表，从而为企业成本管理提供真实和完整的成本信息。成本核算是成本会计最原始也是最基本的内容。

（2）成本预测，是指企业根据现有的成本资料以及其他经济技术资料，运用一定的预测方法对未来的成本水平及其发展趋势做出科学估计。成本预测是成本决策和成本计划的基础，通过成本预测，可以了解一个投资项目或者一种产品的预计成本水平，从而为项目或产品的决策提供可靠的依据，并能提高人们降低成本的自觉性。

（3）成本决策，是指企业根据成本预测资料及其他因素，做出有关成本的决策，以便企业确定目标成本，并编制成本计划或预算。在成本决策过程中，经常需要使用与决策相关的各种成本概念，如变动成本、机会成本、差别成本等。一个企业，大到

①　徐政旦，等 . 成本会计 . 上海：上海三联书店，1994.

投资项目决策，小到短期经营决策，都需要做出有关成本方面的决策。成本水平的高低对决策方案通常具有"成本否决"的作用。因此，成本决策一般是对若干个决策方案在其他条件相同时，通过对成本的比较分析来择优决定的。

（4）成本计划，是指在成本决策的基础上，根据确定的成本目标，具体地规定企业在一定时期内为完成生产任务所需的生产费用，制定各项成本费用的控制标准，编制有关责任预算，并提出为达到规定的成本费用水平应采取的措施等。成本计划是建立成本管理责任制的基础，是企业进行成本控制、成本分析和成本考核的主要依据，它对于企业挖掘内部潜力、降低成本费用具有重要的作用。

（5）成本控制，是指在成本计划的基础上，对比标准成本、定额成本以及费用预算等计划指标来具体核算企业实际发生的生产费用和产品成本，分析、揭示、反馈成本计划的执行情况，找出产生成本差异的原因，并及时采取有效措施，将成本费用控制在标准、定额和预算之内。通过成本控制，可以有效降低成本，实现企业预期的成本目标。广义的成本控制包括成本会计的所有内容，并可以根据控制时间的不同分为事先控制、事中控制和事后控制三种情况，即修订后的《企业财务通则》第三十六条中所说的"实行成本定额管理、全员管理和全过程控制"。

（6）成本分析，是指根据成本核算提供的资料和其他有关资料，详细分析成本水平及其构成的变动情况，研究成本变动的各种因素和原因，为成本控制和成本考核提供依据。成本分析贯穿于成本管理的各个环节，可以是预测分析、决策分析、控制分析和考核分析等。

（7）成本考核，是指在成本分析的基础上，对有关责任单位和个人执行成本计划的情况进行评价，明确责任，并据以奖惩。成本考核将责、权、利紧密结合，有利于调动各责任单位或个人控制成本的积极性，从而完成企业下达的各项责任成本目标。

需要指出的是，上述成本会计的各部分内容并不是孤立的，而是相互依赖、相互补充、相互作用的，企业放松或削弱其中的任何一项内容，都不利于企业成本会计目标的实现。

三、成本会计工作的组织

成本会计的任务就是要促进企业改进生产经营管理，尽可能节约资源耗费，不断降低成本，提高经济效益。为了完成以上任务，企业必须科学、合理地组织成本会计工作。为此，需要在企业中设置成本会计机构，确定成本核算与管理的组织形式，配备成本会计人员，制定和推行恰当的成本会计制度。

（一）设置企业成本会计机构

成本会计机构是组织和完成成本会计工作的主要职能部门。根据企业生产经营的特点、规模大小以及管理体制的需要，企业应该设置适当的成本会计机构，认真开展成本核算与成本管理等方面的工作。

设置成本会计的组织机构，还应结合企业战略管理、内部控制及风险防范的需要，围绕企业经营与发展目标，贯彻落实成本责任制，做到成本与经济效益相结合，有利于全面成本管理工作的开展。

　　在大中型企业，根据需要可以单独设置专门的成本会计职能机构，如成本会计处室、成本会计部门或成本核算小组。在规模较小的企业，可以在会计机构中指定部分岗位及相关人员，专门负责成本会计工作。

（二）确定成本核算与管理的组织形式

　　企业生产规模及其管理模式的不同，通常也影响了成本会计组织形式的不同。企业组织成本核算与成本管理工作的方式，主要有集中核算制与非集中核算制这两种形式。

　　1. 集中核算制

　　在集中核算的管理系统中，企业总部的成本会计职能机构是成本会计的综合部门，负责组织和管理整个企业的成本会计工作。具体包括：制定企业成本会计制度；负责成本的集中统一管理，参与企业的预算编制，为企业领导提供各种成本费用信息；进行成本预测和决策，编制企业成本计划或费用预算，并分解下达给各部门或车间；实行成本的全过程与全员控制，监督生产费用支出；准确核算生产经营及产品成本，分析和考核成本计划执行情况；加强对企业内部各部门或者车间、班组成本核算的指导，总结和推广降低成本方面的先进做法和经验等。企业成本会计专职部门应该直接服从企业财务负责人及财会部门的领导，为企业财务报表的编制提供完整和准确的成本信息；同时，也应该协调好与其他职能部门的关系，使得企业内部的成本信息资料可以顺利传递。集中核算制的优点是，增加了企业成本会计工作的统一性与时效性，减少了核算层次，可以保证成本会计的工作质量。其缺点是，不利于企业内部其他单位及时掌握成本或费用支出情况，也不利于成本控制与成本考核，影响了企业内部各部门及相关人员成本管理的积极性。

　　2. 非集中核算制

　　在非集中核算的管理系统中，企业总部的成本会计部门主要负责组织、领导、协调企业内部各单位的成本会计工作，负责成本数据的汇总以及对各级成本会计部门工作的业务指导和监督。各级成本会计职能机构负责本单位、车间或部门的成本费用计划的编制、成本核算和分析等。采用非集中核算组织形式，可以使成本会计工作更好地与各单位、车间、部门的生产经营管理结合起来，使各级管理层能够及时了解本单位的成本水平，从而更加直接有效地进行成本管理，但同时也增加了成本会计工作层次和工作人员以及费用开支。

　　企业究竟应采用哪一种组织形式，要从有利于更好地完成成本会计的任务出发，并根据企业规模的大小和经营管理水平等实际情况来决定。

（三）配备适当的成本会计人员

　　成本会计工作的内容十分丰富，程序也比较复杂，业务性强，涉及企业管理的方方面面，如果没有专门的成本会计人员去完成这项工作，成本会计的目标就难以实现。随着我国市场经济运行机制的建立和逐步完善，企业成为独立的市场经营者，将面对越来越激烈的市场竞争。企业发展既要依靠技术创新，也要依靠管理创新。成本会计工作是企业管理工作的重要方面，也要不断根据市场变化和竞争要求进行更新，从成本管理的内容、方法到手段都必须适应市场竞争的要求。同时，成本会计人员应不断加强自身学习，了解经济发展形势，掌握现代成本核算与成本管理知识及方法，在企业生产与经营活动中，要有强烈的成本目标和成本竞争意识，加强企业成本控制，为企业经济效益的提高及价值创造做出贡献。

（四）制定成本核算规程与成本管理制度

为了做好成本会计工作，企业应当制定适当的成本核算规程及成本管理规定等，形成一套完整的成本管理制度。这套制度的内容一般可以包括：关于成本开支范围的规定；关于成本预测和决策的制度；关于目标成本制定、成本计划或预算编制的制度；关于成本控制、成本分析和成本考核的制度；关于成本核算和成本报表的制度；关于成本基础工作的制度；关于建立成本岗位责任制的规定；其他有关成本会计的规定等。它们是企业组织和从事成本会计及管理工作应当遵循的规范和依据，是做好成本会计工作的必备条件。

企业应当在认真学习和掌握国家有关政策法规，包括会计制度、会计准则、财务通则以及《企业产品成本核算制度（试行）》等文件规定的基础上，结合企业生产特点与经营管理的需要，制定适合本企业应用的成本管理制度。

第五节 成本会计制度的演进

前已叙及，成本会计产生于小商品生产时期，到商品生产经营规模日益壮大的市场经济阶段，成本会计有了迅速的发展。早期单纯的成本计算与系统化、专门化的会计核算系统相结合，就形成了相对固定成型的成本会计制度。而成本会计制度本身也随着时代的进步，发生了以成本核算为主要目的的历史成本会计制度，到以成本控制为主要目的的标准成本会计制度，再到以成本管理与决策为主要目的的变动成本会计制度的演进。

本节所述的"成本会计制度"（cost accounting system），是指系统化及制度化的成本计算与核算，它要求采用恰当的成本核算规程和方法，对产品成本加以计算，并采用连续、系统的会计复式记账方法，对成本信息加以确认、计量、记录和报告。成本会计制度发展到高级阶段，又出现了作为专门服务于成本管理与决策目的的"成本专项研究"（special cost studies）。在进行成本专项研究时，也要计算成本，但这种成本已经不再局限于简单的产品成本，它已突破了传统成本概念的界限。成本专项研究需要测定和分析与某项决策相关的成本资料，是一种临时性和特殊性的成本计算，因此它与经常进行的制度化成本会计制度不同，是对制度化成本会计制度的补充。

成本会计制度按进行的时间和依据的不同，可以分为实际成本会计制度和预计成本会计制度；按成本计算范围的不同，可以分为全部成本会计制度和变动成本会计制度；按成本费用分配方法的不同，如按单一业务量（volume）还是作业量（activities）分配，可以分为传统成本会计制度和作业成本会计制度等。各种成本会计制度都是随着社会经济的发展与人们对组织和管理生产的客观需要而产生、发展并完善起来的，它们各自发挥了不同的作用。

一、实际成本会计制度

实际成本会计制度（actual cost accounting system），是以企业实际发生的各项费用进行成本计算的成本会计制度。在进行实际成本计算时，需要收集有关生产要素的实际消耗量和实际价格等数据资料，以"实际成本＝实际消耗量×实际价格"这个公式为基础，采用一定的计算方法进行成本计算。实际成本计算是在企业经济活动发生以后进行的，是一种事后的成本计算，处理的是一些已经发生的历史数据，因此，实际成本会计制度又被称为历史成本会计制度（historical cost accounting system）。

实际成本会计制度是成本会计制度中最基本的一种类型。它既可以计算产品的全部成本，形成全部实际成本会计制度；也可以仅计算产品的变动成本，形成变动实际成本会计制度。进行全部实际成本计算的目的在于估价存货、确定损益以及为企业制定产品价格提供依据；进行变动实际成本计算的目的通常在于为企业经营决策提供有用的信息。企业在进行实际成本计算时，应根据生产工艺和生产组织的特点，同时结合管理的要求，采用一定的成本计算方法，如分批成本法（job order cost method）和分步成本法（process cost method）等。

实际成本计算的历史最为悠久，成本计算的历史也就是实际成本计算的历史。早在工场手工业时期，为了满足制定产品价格的需要就开始了成本计算。实际成本计算的发展经历了三个阶段。最初，人们计算的成本只是实际主要成本（actual primary cost），它只包括材料和人工费用，而不包括间接制造费用。这是因为当时资本的有机构成还比较低，间接制造费用的开支也不大，人们习惯于将它作为生产损失处理。工业革命以后，随着近代工厂制度的建立，间接制造费用急剧增加，这才引起人们对它的高度重视。人们开始研究间接制造费用的分配方法，在计算成本时，把企业所有的费用全部计入成本。于是，实际主要成本的计算就过渡到了实际全部成本的计算，并且人们相信这种实际全部成本才是唯一的真实成本。然而不久以后，这种观念就被打破了，取而代之的是那种认为间接制造费用的正常分配额才能计入产品成本的正常分配理论（theory of normal burden）。在这种理论的影响下，人们在计算成本时开始根据成本应负担的正常分配额进行计算，而将超额分配费用（over-applied expenses）和不足分配费用（under-applied expenses）另行处理，因而就出现了所谓的正常成本会计制度（normal cost accounting system）。正常成本计算从本质上说仍然是一种实际成本的计算，因此它又被称为实际正常成本计算，可以看成是实际成本会计制度发展的第三个阶段。

实际成本会计制度建立在复式记账和历史成本的基础之上，所提供的成本信息具有真实性和可靠性的特点。但是，由于它是一种事后成本计算，不便于加强成本的控制。此外，计算手续繁杂和迟缓，不能及时提供成本信息。为弥补这些缺陷，标准成本会计制度就应运而生了。

二、标准成本会计制度

标准成本会计制度（standard cost accounting system）是预计成本会计制度（pre-determined cost accounting system）中的一种类型。预计成本会计制度按其是凭直观测定成本还是用科学方法预计成本这个标志划分，可以分为估计成本会计制度（estimated cost accounting system）和标准成本会计制度。

估计成本会计制度是在产品生产前预先估计产品成本，以确定售价，然后与账面实际支出核对并加以修改的一种不完整的成本会计制度。由于估计成本计算是建立在经验判断和主观估计基础上的，所确定的成本只是一种将计成本（will-be cost），它无助于成本管理。而标准成本（standard cost）计算是建立在科学的调查分析基础上的，确定的成本是一种应计成本（should-be cost），可以作为企业的奋斗目标。因此，自 20 世纪第一次世界大战以后，估计成本会计制度逐渐被标准成本会计制度所取代。可以说，现代意义上的预计成本会计制度主要是指标准成本会计制度。

标准成本会计制度是预先制定标准成本，然后在标准成本基础上再计算出实际成本，并利用标准与实际相比较确定成本差异和进行差异分析与报告的一种成本会计制度。在实行该制度时，通常需要进行以下三项工作：首先，要制定标准成本，作为衡量企业所发生的费用浪费或节约的尺度以及计算产品实际成本的基础；其次，将费用按标准成本和成本差异两部分进行汇集，在确定成本差异的基础上进行成本差异原因分析，借以加强费用的日常控制和作为各成本中心责任考核的依据；最后，对标准成本和成本差异进行账务处理，计算出产品的实际成本。可见，标准成本会计制度是一种将成本的计划、控制、核算、分析和责任考核相结合的成本会计制度，是加强成本管理的有效工具。

与实际成本会计制度相比，标准成本会计制度在成本控制方面无疑具有较大的优越性。在标准成本会计制度下，所采用的基本计算方法无非也是简单法、分批法和分步法等，但不同的是，标准成本会计制度需要将生产费用按照标准成本和成本差异两部分分别汇集，以达到控制成本、衡量责任单位生产工作效率的目的。我国企业曾在较长一段时期内采用定额成本会计制度，该制度在原理上与标准成本会计制度有相似之处，这是因为我国的定额成本法是从苏联引进的，而苏联的定额成本法又是在借鉴西方国家标准成本会计制度的基础上形成的。

标准成本会计制度也可以与其他成本会计制度结合使用，它与全部成本会计制度结合，就形成了全部标准成本会计制度；它与变动成本会计制度结合，就形成了变动标准成本会计制度。

三、变动成本会计制度

如上所述，传统的成本计算既是实际成本的计算，又是全部成本的计算，其主要目的是估价存货、确定损益和为制定价格提供依据，因此是一种财务会计观念的成本计算。按照传统的产品成本概念，在进行成本计算时，需要将所有的制造成本计入产品成本，而这种成本计算形式一旦经常化和制度化，就形成了全部成本会计制度（full cost accounting system）。在美国，全部成本会计制度又被称为吸收成本会计制度（absorbing cost accounting system）。

全部成本会计制度作为提供编制企业外部财务报表所需要的成本资料，有它存在的必要性。但是，全部成本会计制度不能反映产销构成变化对企业利润的影响，不能向企业管理人员提供成本决策和编制短期利润计划的有用信息，而且在计算成本时需要分摊固定费用、手续繁杂并带有很大的主观随意性。因此，为了解决全部成本会计制度带来的问题，各种部分成本会计制度（partial cost accounting system）纷纷产生。德国会计学家施巴西（Eugenschumalenbach）联系价格政策的制定，首先提出了一种称为比例成本计算或边际成本计算的部分成本计算方法。这种设想在英国被付诸实施，英国广泛地应用了边际成本会计制度（marginal cost accounting system）。后来，美国会计学者将边际成本计算方法介绍到美国，并进一步发展成为直接成本计算（direct costing）。美国会计学家哈里斯（J. M. Harris）在对成本—业务量—利润依存关系分析的基础上，积极主张采用直接成本计算法。在第二次世界大战以后，直接成本计算法得到迅速推广，从而形成了直接成本会计制度（direct cost accounting system）。

英国的边际成本计算法与美国的直接成本计算法，在成本计算原理上基本相同。在计算成本时，都是将全部成本分为变动成本和固定成本两个部分，并将变动成本计入产品成本，而将固定成本作为期间费用列入损益表作为当期损益的减项。因此，边际成本计算法和直接成本计算法从本质上说，都是变动成本计算方法。它们最终殊途同归，均发展成为变动成本会计制度（variable cost accounting system）。需要指出的是，使用"变动成本计算"这个概念要比"直接成本计算"这个概念来得科学，因为直接成本并不完全等同于变动成本。

变动成本会计制度与全部成本会计制度主要存在以下几个方面的区别：第一，所计算的成本内容不同。变动成本计算只将变动成本计入产品成本，并将固定成本作为期间费用处理；而全部成本计算除了需将变动成本计入产品成本之外，还需按一定的方法分摊固定成本。第二，对存货估价和损益确定的结果不同。变动成本会计制度与全部成本会计制度由于所计算的成本内容不同以及处理固定费用的方法不同，因此所确定的存货的成本以及当期损益也就不同。第三，计算的目的不同。全部成本计算主要是提供价值补偿尺度和帮助企业制定价格，因此需要计算全部成本；而变动成本计算由于建立在成本—业务量—利润分析的基础上，因此可以广泛地应用于成本预测、成本决策、成本控制、成本分析和成本考核等各个方面。

采用变动成本会计制度，由于不再需要分配固定费用，一方面大大简化了成本计算工作，保证了成本资料的及时性；另一方面避免了固定费用分配时所带来的主观随意性，保证了成本资料的客观性和准确性。但是，由于变动成本会计制度不能提供作为价值补偿尺度的全部成本的资料，因此它并不是完美无缺的成本会计制度。目前，在美国，由于美国注册会计师协会（AICPA）、美国会计学会（AAA）以及美国证券交易委员会（SEC）等权威机构仍然坚持要求企业必须按全部成本会计制度编制财务报表，因此，变动成本会计制度主要还是用于企业内部成本管理。一些企业正在尝试将变动成本会计制度与全部成本会计制度结合起来使用，在平时采用变动成本计算方法，为企业成本管理和成本控制提供有用和相关的成本信息；到编制外部财务报表时，再将变动成本的资料进行调整，采用全部成本计算方法，计算出产品的全部成本，从而向企业外部有关方面提供可靠和完整的成本资料。

四、作业成本会计制度

从上述可见，人们在计算产品成本时始终会遇到一个两难问题：如果仅计算变动成本，成本资料可能不够完整；但如果要计算全部成本，则又不能回避间接制造费用分配的问题。间接制造费用分配历来就是成本计算中最复杂、最棘手的问题，并且随着科学技术进步以及间接制造费用在全部成本中比重的逐步增加，该问题也日益突出。为了解决合理分配间接制造费用的问题，人们努力寻求对成本会计制度的创新，正是在这一背景下，库珀（R. Cooper）和卡普兰（R. Kaplan）等人提出了通过分析成本动因向有关作业（activities）归集和分配成本费用的方法，并逐渐形成了作业成本会计制度。

作业成本会计制度（activity-based-costing system）实际上就是以作业（或活动）作为基础的一种成本会计制度，通常又简称为 ABC 制度。一般认为，ABC 制度的产生，具有以下几个方面的原因。

首先，由于成本结构的变化，使得传统的成本计算方法（包括全部成本法、标准成本法、变动成本法等）受到了严峻挑战。我们知道，在实际工作中，产品成本大致由直接材料、直接人工和制造费用三方面组成。最初，由于制造费用很少，人们仅计算主要成本而简单处理制造费用；工业革命以后，由于制造费用比重增加，人们开始考虑分摊制造费用的各种方法；到了 20 世纪 80 年代，由于现代高新科技的广泛应用，企业制造环境从过去的劳动密集型向资本密集型和技术密集型转化，各种自动设备、计算机、机器人的普遍使用使产品成本中的直接人工比例大幅度减少，而各种间接制造费用则急剧增加。一些西方企业在计算产品成本时，开始将直接人工从主要成本中分离出来，并将它与制造费用联系在一起，形成了加工成本（conversion cost）的概念。另外，由于现代企业实行了"即时生产体系"（just in time production system，JIT）、"零存货"（zero inventory）管理制度以及全面质量管理制度，强调以需求拉动生产和改善产品质量和服务，产品设计成本、生产准备成本、存货接收和发送成本、机器维护和检修成本等的数额也大幅度增加，并且这些成本大部分与业务量的变动没有太大的关系。因此，传统成本计算方法所采用的不分配间接费用或按单一业务量（如产量、直接人工工时等）标准分配间接费用的方法已越来越不能符合成本计算和控制的要求。

其次，"以作业为基础的管理"（activity-based management，ABM）思想为 ABC 制度的产生奠定了理论基础。20 世纪 80 年代以来，随着社会环境的重大变化和科学技术的突飞猛进，企业管理思想也发生了重大变革，产生了新的企业观。新的企业观认为，企业是由最终满足顾客需要而设计的"一系列作业"形成的，每一项作业需要消耗一定的资源，同时也转移或形成一定的价值。于是，产生了"生产消耗作业、作业消耗资源"的现象。而各项作业之间相互联系、承前启后，又形成了一条"价值链"（value chain）。作业管理则要求剖析企业价值链的构成，保留可增加价值的作业（value-added activities），尽量消除不能增加价值的作业（non-value-added activities），以此提高企业运作的效率，减少资源的消耗。为了适应新的企业观和新的管理思想的需要，企业成本会计制度需要做出相应的改革，因此，ABC 制度要求将生产费用先行归集到有关"作业"上面，再按一定的方法计入产品成本。如果说，标准成本会计制度是泰勒"科学管理学说"的直接产物，那么，ABC 制度则是作业管理思想的直接产物。

最后，"成本动因理论"（cost drivers theory）为 ABC 制度的推行提供了可行性。成本动因理论认为，企业的各种成本费用都是为一定的"动因"发生的，这种"动因"就被称为"成本动因"或者"成本驱动因素",它们可以是一种业务量,也可以是一项作业或活动,还可以是一个事项,等等。从较广泛的角度看,任何成本费用都是可以追溯和控制的。例如,有些费用与业务量不一定保持关联变动关系,但对另外的成本动因(如某项作业)却能发生关联变动关系。因此,按照成本动因理论的观点,变动成本与固定成本需要重新做出划分,因为对业务量来说是固定的成本对其他成本动因来说可能就是变动的,只有对所有成本动因的变动均不发生相应变动的成本才是真正的固定成本,但这一类固定成本很少。另外,传统固定成本与变动成本的划分,本身就有一个"相关范围"(relevant range)的限制。因此,成本动因理论扩展了变动成本会计制度中有关成本习性分析的思路,同时为成本费用按成本动因分配并加以控制和考核提供了可行性。

作业成本会计制度是现代企业管理思想的产物,能够提供比传统成本计算方法更多的成本信息,并对成本控制有积极意义,但由于它的使用具有较多限制条件,且计算手续较复杂,目前仍处于实际应用的初级阶段。随着电子计算机的广泛应用以及互联网平台信息资源的共享,作业成本会计的难度可望大为降低。

五、专项成本研究

目前,在一些西方发达国家,成本计算的形式是多种多样的。不仅各种成本会计制度互相结合使用,而且经常化、制度化的成本计算还与短期的、临时性的成本专项研究结合使用,以满足各方面的需要。人们为了不同的目的进行不同的成本计算,使传统的成本观念不断得到更新。在"不同的目的需要不同的成本"观念的指导下,出现了各种管理成本的概念,并广泛用于成本预测、成本决策、成本控制、成本分析和成本考核等各个方面。

在本节最后,我们通过一个差别成本(differential costs)分析的例子来说明专项成本研究的原理和作用。

差别成本分析是帮助企业进行短期决策的有效方法,它要求企业管理人员在充分了解不同备选方案可能产生的收入与成本的基础上,通过分析比较,选择最优方案从而做出成本决策。如果是比较两个方案,差别成本分析的原理是:首先,确定两种方案的预计收入,用第一种方案的预计收入减去第二种方案的预计收入,求得差别收入;其次,确定两种方案的预计成本,用第一种方案的预计成本减去第二种方案的预计成本,求得差别成本;最后,再将两种方案的差别收入和差别成本进行比较,如果差别收入大于差别成本,应选择第一种方案,反之,如果差别收入小于差别成本,则应选择第二种方案。

假定有客户向某企业提出200件衬衣的订货任务,价格为每件100元;该企业经成本测算后,预计每件衬衣的变动成本(直接材料和直接人工部分)大约为60元,该企业一个月的正常开销(固定成本部分)大约为12 000元。该企业是接受这批订货,还是拒绝这批订货呢?按照传统的全部成本计算法,这批订货似不可取,因为接受订货虽然可取得20 000元的销售收入,但相应发生的全部成本却是24 000元(其中变动成本与固定成本各为12 000元),该企业接受该批订货后将会发生4 000元的亏损。然而,按照差别成本分析,却可以得出完全不同的决策结果。根据差别成本分析原理，有关差别收入和差别成本的金额计算如表 1-1 所示。

表 1-1　是否接受订货的决策方案

金额单位：元

项　　目	接受订货	拒绝订货	差异金额
预计收入	20 000	0	20 000
预计成本	24 000	12 000	12 000
预计利润	（4 000）	（12 000）	8 000

　　本例中，由于差别收入大于差别成本，显然应采取接受订货的方案。虽然该企业接受订货要亏损 4 000 元，从表面上看接受订货是不可取的，但是从表 1-1 的数据中可以看到，如果该企业拒绝订货，不但不能取得任何收入，相反由于该企业每月大约有 12 000 元的固定成本，它是为保持企业经营能力发生的成本，属于无关成本，不管企业是否生产，这 12 000 元的固定成本总是要花费的。这样，如果拒绝订货将会使该企业当月发生 12 000 元的亏损。将上述两个方案的亏损额进行比较，接受订货比拒绝订货要少亏损 8 000 元，因此接受订货是合理的。

　　诸如差别成本分析之类的专项成本研究不仅可以用在是否接受订货的决策上，还可以用在其他各种短期决策中。由于专项成本研究通常与成本习性分析和变动成本计算有机地结合起来，能为企业提供各种有用的成本信息，因此得到了广泛的应用。

　　总而言之，成本会计制度随着社会经济的发展而不断演进。从传统的实际成本会计制度出发，陆续发展了标准成本会计制度、变动成本会计制度、作业成本会计制度等；此外，还以专项成本研究作为成本会计制度的补充。成本会计制度的演进，使得成本会计的职能也在不断拓展，从而使成本会计成为经济管理的有效工具。近年来，随着科学技术的进步，大数据、人工智能、区块链以及互联网等技术的不断创新和逐渐普及，财务管理领域也出现了业财融合、财务信息共享平台等改革，这势必会对成本计算以及会计核算程序产生一些影响。但是，这些数据处理方法的改变及效率的提高，并不会改变成本的经济内涵及其基本的确认和计量规则。

📁 本章小结

　　本章首先讨论了成本的本质以及经济成本与会计成本、财务成本与管理成本、环境成本与社会成本这三组概念，并阐述了成本的作用与几种分类方法。

　　在论及经济成本或理论成本时，我们根据马克思的成本价格理论讨论了商品成本的经济本质，并给出了商品理论成本的定义。在商品社会中，商品成本就是在商品生产过程中物化劳动和必要劳动的耗费，其价值量是 $c+v$ 的等价物。

　　在现实生活中，除了商品的理论成本之外，还存在形形色色的成本概念，它们的经济内涵与商品理论成本存在区别。此外，经济成本与会计成本、财务成本与管理成本、历史成本与机会成本等各组概念之间也存在着差别。但这些成本概念加深了人们对成本概念的认识，开阔了人们的视野。

成本是反映企业生产经营管理质量的综合指标，它对加强微观经济管理和宏观经济管理都具有重要的意义。成本的作用，可以归结为以下方面：① 作为价值补偿的尺度；② 作为制定产品价格的基础；③ 作为经济决策的依据；④ 作为制定宏观经济政策的参考数据；⑤ 作为国际反倾销应诉的强力证据。

根据成本核算与成本管理的需要，可以对成本做出多种分类。其中，最基本的分类是按经济内容和经济用途的分类，前者形成了成本（费用）要素的概念，后者形成了成本项目的概念。此外，还可以按照成本与特定产品的关系、成本的可控性、成本习性以及成本与决策的相关性等标志做出分类。

本章接着讨论了成本会计的概念、职能、内容以及成本会计工作的组织开展。

成本会计是随着商品经济的发展而逐步形成和发展起来的。成本会计不同于成本计算。从历史上说，先有成本计算，后有成本会计。早期的成本计算方法比较简单，仅仅依靠一些统计和技术方法对成本（主要是生产过程中发生的直接费用）进行汇总和估算，因此，当时所计算的成本精确度较差。而成本会计则是将成本计算与日常化的会计核算结合起来，运用财务会计的原则、原理和方法，系统、完整地记录某一企业生产和销售产品时所发生的一切费用，并确定各种产品或劳务的总成本和单位成本，从而使成本会计成为财务会计的一门重要分支学科。

随着成本会计的发展，其内容也不断得到扩展和丰富。现代成本会计的内容已包括成本核算、成本预测、成本决策、成本计划、成本控制、成本分析、成本考核等各个方面。成本会计的发展，一方面为管理会计的产生奠定了基础；但是，另一方面，现代成本会计的内容已与管理会计的内容相互交融，两者之间存在着一定的重叠之处。

成本会计的职能或根本任务是要促进企业改进生产经营管理，尽可能节约资源的消耗，不断降低成本，提高经济效益。为了完成以上任务，企业必须科学地组织成本会计工作。为此，需要在企业中设置成本会计机构，确定成本核算与管理的组织形式，配备成本会计人员，制定和推行合理的成本会计制度。

本章最后部分较详细考察了世界范围内成本会计制度的发展与演变。从中可以看到，成本会计作为一种常规性的成本核算制度，已经从最早的实际成本会计制度，向标准成本会计制度、变动成本会计制度、作业成本会计制度等发生演变或扩展，同时还结合成本管理的需要，衍生出"专项成本研究"这种非常规、临时性的成本计算。虽然各种成本计算制度及专项成本研究都能对企业的经营管理和决策发挥重要的作用，但是实际成本会计制度仍然是当前最流行和最主要的成本会计制度。

📱 关键名词

商品成本　是指商品生产过程中物化劳动和必要劳动的耗费，其价值量是 $c+v$ 的等价物。

财务成本　也就是会计成本或账面成本，它是指按照国家的政策法规、会计制度和会计准则的要求，通过复式簿记原理和规定的成本核算程序所计算的产品或劳务的成本。

　　管理成本　是一种分析性成本，它一般以产品的账面成本或财务成本为依据，经过加工整理，按照不同的需要计算并分析各种不同的成本，从而达到为企业经营管理服务的目的。

　　机会成本　是指做出了某项选择而放弃了的另一项选择的收益或价格。

　　费用要素　是指在生产经营活动中有关生产要素原始形态上的耗费，通常表现为劳动资料方面的费用、劳动对象方面的费用和劳动力方面的费用三大类。在实际工作中，形成产品成本的费用要素又进一步细分为外购材料、外购燃料、外购动力、工资及职工福利费、折旧费、利息费用、税金和其他费用等。

　　成本项目　是指为了计算产品成本的需要，将一定时期发生的应当计入产品成本的那部分生产费用按经济用途做出的一种分类。工业企业的产品成本项目一般可分为直接材料、直接人工和制造费用三项基本项目。除此之外，企业还可以根据管理的需要以及某些费用在产品成本中的重要程度考虑是否需要增设成本项目。

　　直接成本　是指与某一特定产品具有直接关系的成本。某些生产费用是为某一特定产品的生产而耗费的，可以直接归集并计入该种产品，因此与该种产品具有直接关系的费用就形成了该种产品的直接成本。

　　间接成本　是指与某一特定产品没有直接关系的成本。

　　可控成本　是指可以由责任单位或个人的行为加以有效控制的那部分成本。

　　不可控成本　是指不能由责任单位或个人的行为加以有效控制的那部分成本。

　　成本习性　又称成本性态，是指成本总额在相关范围内与业务量（生产量或销售量）之间的依存关系。成本按成本习性划分，可分为固定成本、变动成本与混合成本三类。

　　固定成本　是指在一定时间和相关范围内，其总额不随业务量的变动而变动的那部分成本。

　　变动成本　是指其总额随着业务量的变动而变动的那部分成本。

　　混合成本　是指其总额虽受业务量变动的影响，但不一定与业务量的变动发生正比例变动的那部分成本。混合成本通常兼有固定成本和变动成本两种性质，根据具体情况可将它们进一步分为半变动成本或半固定成本。

　　成本会计　是指日常化、制度化的将成本计算技术与会计核算方法相结合的一种会计制度。从学科性质上说，成本会计又是财务会计的一门重要分支学科。

　　实际成本会计制度　是指以企业实际发生的各项费用进行成本计算的一种成本会计制度。

　　标准成本会计制度　是指预先制定标准成本，然后在标准成本基础上再计算出实际成本，并利用标准与实际相比较确定成本差异和进行差异分析与报告的一种成本会计制度。

　　全部成本会计制度　是指将所有的成本，无论是固定成本还是变动成本，全部都计入产品成本的一种成本会计制度。

　　变动成本会计制度　是指将所有的成本划分为固定成本和变动成本两大类，将变动成本计入产品成本，而将固定成本列为期间费用的一种成本会计制度。

　　作业成本会计制度　是指以作业（或活动）作为基础的一种成本会计制度，通常又简称为 ABC 制度。

即测即评

请扫描二维码，进行即测即评。

思考题

1. 如何理解商品成本的质与量的规定性？
2. 现代西方经济学对成本的理解与马克思的成本价格理论有何区别？
3. 经济成本与会计成本有何区别？
4. 机会成本的含义是什么？
5. 财务成本与管理成本有何区别？
6. 成本有哪些主要的作用？
7. 成本有哪些分类方法，它们的意义是什么？
8. 如何理解"不同目的需要不同成本"这一理念？
9. 成本计算与成本会计有何不同？
10. 现代成本会计主要包括哪些内容？
11. 成本会计、管理会计和财务管理的内容有哪些交叉重叠之处？
12. 如何做好企业成本会计的组织工作？
13. 简述成本会计制度的演变。

拓展阅读

请扫描二维码阅读。

第二章　成本核算的要求与基本程序

学习目标

通过学习本章内容，读者应该能够：

1. 掌握成本核算的要求；
2. 了解成本核算的基础工作；
3. 理解生产费用与产品成本的含义及两者之间的关系；
4. 掌握各种费用界限的具体划分及意义；
5. 理解成本对象、成本动因与成本分配的含义；
6. 掌握产品成本核算的账户设置；
7. 掌握产品成本核算的基本程序。

第一节   成本核算的要求

成本是综合反映企业生产耗费的一项重要指标，材料消耗的节约与浪费、生产设备利用是否合理、产品工艺技术是否先进以及劳动生产率水平的高低等，最终都会综合反映在产品成本这一经济指标上。成本核算正确与否，不仅直接影响成本的预测、计划、控制、分析、考核等成本会计各环节的工作，而且也直接影响企业财务会计中损益的确定与所得税的计算，同时还将对企业的经营决策产生重大影响。为了充分发挥成本核算的作用，在成本核算工作中，应贯彻以下各项要求。

一、满足成本管理的需要

成本核算是加强企业管理，尤其是加强财务管理与成本管理的重要手段。因此，成本核算应该从满足管理的要求出发，做到核算与管理相结合，并且成本核算要为管理服务，成本核算所提供的成本信息要为管理所用，要能满足管理的各种需要。在实际的成本核算工作中，既要防止片面地简化，从而不能满足管理要求的做法，又要避免为算而算，搞烦琐哲学，计算出一些管理上根本不需要的数据的错误倾向。正确的做法应当是，从管理的要求出发，在满足管理需要的前提下，按照重要性原则分清主次、区别对待，主要的从细，次要的从简，细而有用、简而有理、算为管用、算管结合，正确、科学、合理并及时地归集和分配生产费用，计算产品成本。

二、严格执行会计准则与制度所规定的成本开支范围和费用开支标准

从理论上讲，成本开支范围应以成本的经济内涵为依据。但在实践中，成本的经济内涵范围广泛，企业发生的费用多种多样，而这些不同用途的费用应由不同的渠道列支，是否计入成本，应严格遵守会计准则与制度所规定的成本开支范围和费用开支标准。例如，根据《企业会计准则》的规定，产品等存货的成本包括采购成本、加工成本和其他成本，一般是指产品等存货达到预定可使用状态所发生的必要的合理支出。其中采购成本包括企业从采购到入库前所发生的购买价款、相关税费、运输费、装卸费、运输途中的合理损耗、入库前挑选整理费用等。对于采购过程中发生的除合理损耗以外的物资毁损短缺等，作为待处理财产损溢进行核算，待查明原因按照管理权限报经批准后计入管理费用或营业外支出等，一般不计入存货成本。类似地，对于不计入产品成本的各项费用，相关会计准则或制度也作了相应的规定。

三、按实际成本计价

实际成本计价也称历史成本计价。它主要包括两方面的含义：第一，对生产经营活动中所耗费的各种财产物资和原材料、燃料、动力和固定资产等，必须以取得该财产物资时所发生的实际耗费为基础，采用一定的计价标准计入产品成本。具体地说，各种财产物资，在数量上要按其实际耗用量计算；在计价标准上，可以采用实际价格，也可以采用计划价格。但在采用计划价格时，必须依据计划价格同实际价格的差异对计入产品成本的金额进行调整。第二，完工产品成本结转时也要按实际成本进行

计价。若企业的"库存商品"账户及其明细账采用计划成本计价，则对于实际成本与计划成本之间的差额，应另设"产品成本差异"账户予以登记反映。按照实际成本计价原则，在财产物资按实际成本计价入账后，即使市场价格或币值发生变动，企业也不得随意调整其账面价值。在耗费这些财产物资时，也只能按其历史成本将其价值计入产品成本。只有在某些特殊情况下，经有关部门批准认可，企业才允许对财产物资重新估价。由于成本是客观交易事实的反映，所以，按实际成本计价有利于客观反映财产物资的实际价值和生产经营中的实际耗费，并使不同会计期间的劳动耗费及财务成果的计算具有可比性。但在物价变动，特别是通货膨胀时，会使得历史成本不能确切反映资产的现值，也不能反映企业资产的收益情况。

四、正确划分各种费用支出的界限

为了正确计算产品成本，企业必须正确划分以下几个方面的费用界限。

（一）正确划分生产经营管理费用与非生产经营管理费用的界限

企业的经济活动是多方面的，除了生产经营活动以外，还有其他方面的经济活动，因而费用支出的用途也是多方面的，有的应计入生产经营管理费用，而有的却不计入生产经营管理费用。计入生产经营管理费用的只包括用于产品的生产和销售、用于组织和管理生产经营活动以及用于筹集和使用生产经营资金的各种费用。而如企业购置和建造固定资产、购买无形资产以及进行对外投资等，因这些经济活动不是企业日常的生产经营活动，所以所发生的费用就不应计入生产经营管理费用；又如，企业的固定资产盘亏损失、固定资产报废清理损失、由于自然灾害等原因而发生的非常损失，以及由于非正常原因发生的停工损失等，也不是由于日常的生产经营活动所引起，所以也不计入生产经营管理费用。因此，每个企业都应根据费用的用途正确地划分生产经营管理费用与非生产经营管理费用的界限，遵守国家关于成本、费用开支范围的规定，防止乱挤和少计生产经营管理费用的错误做法。

（二）正确划分生产费用与经营管理费用的界限

生产费用是指企业在生产过程中发生的费用，包括因生产产品而发生的原材料费用（直接材料）、生产工人工资费用（直接人工）和其他零星琐碎的生产费用（制造费用），生产费用应计入产品成本。经营管理费用是指用于企业经营管理的各项费用，包括销售费用、管理费用和财务费用等，经营管理费用不计入产品成本。计入产品成本的生产费用与不计入产品成本的经营管理费用对企业的损益有着不同的影响：生产费用要在产品产成并销售以后才体现在企业的损益之中，而当月投产的产品不一定当月产成并销售，当月产成并销售的产品也不一定是当月投产的，因而当月发生的生产费用往往不等于计入当月损益、从当月收入中扣除的产品销售成本；但是，企业发生的经营管理费用是作为期间费用处理的，不计入产品成本，而直接计入当月损益，从当月收入中扣除。因此，为了正确地计算企业各个月份的损益，必须将生产经营管理费用再进一步划分为生产费用和经营管理费用，要防止混淆成本（产品成本）和费用（期间费用）的界限，防止人为地将某些产品成本计入期间费用，或者将某些期间费用计入产品成本，借以调节产品成本和各月损益的错误做法。

（三）正确划分各种产品的费用界限

计入产品成本的生产费用，不一定都由某一种产品负担。因此，需要将其在各种产品之间进行划分。凡属于某种产品单独发生，能够直接计入该种产品成本的生产费用，应该直接计入该种产品的成本；凡属于几种产品共同发生，不能直接计入某种产品成本的生产费用，则应采用适当的分配方法，分配计入这几种产品的成本。在划分这类费用界限时，要做到如实反映各种产品的生产耗费，避免人为地在各种产品之间任意转移费用，以盈补亏，调节各种产品成本的错误做法。

（四）正确划分完工产品与在产品的费用界限

通过以上费用界限的划分，已分别确定了各种产品本月应负担的生产费用。月末，如果某种产品都已完工，则该产品所负担的生产费用就是该产品的完工产品成本；如果某种产品都未完工，则该产品所负担的生产费用就是该产品的月末在产品成本；如果某种产品既有完工产品又有在产品，则需要采用适当的分配方法，将该产品所负担的费用在完工产品与在产品之间进行分配，以分别计算出完工产品所负担的费用和月末在产品所负担的费用。在划分这类费用界限时，要防止任意提高或降低月末在产品所负担的费用，人为调节完工产品成本的错误做法。

能否正确划分以上四个方面的费用界限，是成本核算正确与否的关键。实际上，这四个方面费用界限的划分过程，也就是产品成本的核算过程。

五、选择适当的成本计算方法

成本计算方法多种多样，企业应根据自身的特点采用相应的成本计算方法。由于产品成本是在生产过程中形成的，所以对于生产特点不同的产品，应采用不同的成本计算方法；同时，计算产品成本的目的是加强成本管理，因而还应根据不同的管理要求，采用不同的成本计算方法。不同的成本计算方法不仅有着不同的成本计算对象，而且对于成本计算期的确定、生产费用在完工产品与在产品之间的分配等方面都有所不同。企业只有按照产品生产特点和成本管理要求，选用适当的成本计算方法，才能正确计算产品成本，并为成本管理提供有用的成本信息。

第二节　成本核算的基础工作

做好成本核算的各项基础工作，对正确计算成本，提高成本信息质量至关重要。成本核算的基础工作，需要企业的会计部门和其他各有关部门的共同努力才能完成。一般认为，应做好的成本核算基础工作主要包括以下各项。

一、建立和健全原始记录制度

原始记录是反映生产经营活动的原始资料，是进行成本核算的凭证依据。因此，企业对于材料的领用、工时与动力的消耗、生产设备的运转、费用的开支、废品的发生、在产品在生产过程中的转移、自制半成品和产成品的交库、产品质量的检验等，都要有真实的原始记录。为使原始记录工作制度化、规范化，企业成本核算人员应会同有关部门及有关人员认真制定既符合各方面管理需要，又符合成本核算要求，既科学又实用的原始记录制度，并组织有关职工认真做好各种原始记录的登记、传递、审核和保管工作，以便正确及时地为成本核算和其他有关方面提供所需要的各种信息和资料。

二、建立和健全存货的计量、验收、领退和盘点制度

存货的计量是否准确，验收、领退手续是否健全，盘点制度是否完善，都将关系到成本核算的准确性及其控制的有效性。因此，为了做好成本核算工作，对于企业存货的收发领退，都要认真计量，填制必要的凭证，并办理必要的手续。对于车间、班组在月底已领未用的材料，要进行清查盘点，不需要用的要及时退库，需要继续使用的应办理"假退料"等转账手续。对于在产品和库存材料物资要定期盘点，分析盈亏原因，计价入账。做好这些工作，也是加强生产管理、物资管理和资金管理的有效措施。

三、建立和健全定额管理制度

生产过程中的原材料、燃料、动力和工时等消耗定额，与成本核算的关系十分密切。产品的各项消耗定额，既是编制成本计划、分析和考核成本水平的依据，也是审核和控制生产耗费的标准。而在计算产品成本时，也常常需要按照产品的定额消耗量比例，进行费用的分配。因此，为了加强成本管理，企业必须建立、健全定额管理制度，凡是能够制定定额的消耗，都应根据企业当前的设备条件和技术水平，充分考虑职工的积极因素，制定先进而又可行的定额，并随着生产的发展、技术的进步、劳动生产率的提高不断地修订定额，以充分发挥定额管理的作用。

四、建立和健全内部结算价格制度

为了分清企业内部各部门、各单位的经济责任，便于分析和考核企业内部各部门、各单位成本计划的完成情况，以反映出它们在成本工作中所取得的成绩或存在的问题，企业应建立内部结算价格制度。对原材料、燃料、动力、辅助材料、在产品、半成品和劳务等制定厂内计划价格，作为内部结算的依据。厂内计划价格应该尽可能接近实际并保持相对稳定，它由企业统一颁布，各部门、车间应遵照执行，不得擅自改变。企业中材料领用、半成品转移以及各车间、部门之间相互提供劳务，都应按厂内计划价格进行结算。按计划价格进行企业内部往来的结算，还可以简化和加速成本、费用的核算工作。

五、建立和健全成本责任制度

为了有效考核各责任单位的成本水平，以进一步降低产品成本，提高经济效益，企业必须建立和健全成本责任制度。完善的成本责任制度，应该包括以下内容：第一，建立和健全责任成本制度。责任成本是以各责任单位为成本对象所计算出来的成本，责任成本的高低反映了各责任单位的工作业绩，因此，通过责任成本，可以对各责任单位的绩效进行考核与分析。第二，建立和健全内部成本管理体系。内部成本管理体系是一个非常复杂的系统，它涉及企业的所有部门和全体员工。该体系的完善程度，直接关系到成本责任制的推行。第三，建立和健全成本考核制度。成本会计不仅

要计算成本，而且还要考核成本，要考核每一种产品成本的变动情况和每个责任单位责任成本的完成情况。通过成本考核，来促使成本水平的降低。第四，建立和健全成本责任奖惩制度。计算出产品成本和责任成本后，需要进行成本分析，并予以奖惩，以鼓励先进，鞭策落后，充分调动各部门及人员不断降低成本的积极性。

第三节   生产费用与产品成本

企业在生产经营过程中会发生各种各样的耗费，如原材料、燃料、动力、机器设备和人工耗费等。通常，我们将企业在一定时期内发生的、用货币表现的生产耗费，称为生产费用。而产品成本是指企业为生产一定种类和数量的产品所发生的各种生产耗费的总和。

一、生产费用与产品成本的共同点

生产费用与产品成本的共同点主要表现在：一方面两者的经济内涵是相同的，都是生产耗费，都是在生产过程中发生的，即都是生产活动中 $c+v$ 的等价物；另一方面两者均需用货币表现，即作为会计学中的一个专门术语，均要受货币计量这一会计前提的约束。

二、生产费用与产品成本的不同点

生产费用与产品成本又存在着明显的区别：生产费用是一定期间发生的生产耗费，它是以某一会计期间（月、季、年）来归集和划分的；产品成本是一定产品应负担的生产耗费，它是以具体的产品来归集和划分的。由于一种产品的生产可能要跨越几个时期，所以，企业某一时期发生的生产费用往往不等于该时期的产品成本。某一时期的完工产品成本可能包括本期和以前几个时期发生的生产费用，某一时期发生的生产费用也可能要计入本期和以后各期的完工产品成本。由此可见，生产费用与一定时期相联系，而产品成本与特定产品相联系。

三、生产费用与产品成本的关系

生产费用与产品成本两者相互依存：生产费用的发生是形成产品成本的基础，没有生产费用，就不能形成产品成本，同样，如果不计算产品成本，那么生产费用的核算将失去意义。生产费用按一定的产品进行分配并加以汇总，就形成了该产品的成本。计算产品成本，实际上就是将发生的生产费用直接或间接地分配到所生产的各产品中去。可见，产品成本是对象化的生产费用，是以产品为对象来归集的生产费用。

第四节   成本对象、成本动因与成本分配

一、成本对象

成本对象也称成本计算对象或成本核算对象，它是为计算成本而确定的费用归集

的各个对象，即费用的具体承担者，比如产品成本对象就是产品生产过程中发生的生产费用的承担者，责任成本对象就是各责任中心可控费用的承担者。成本对象可以是一种产品、一项服务、一位顾客、一张订单、一份合同、一个项目或一个部门。成本会计最基本的任务就是要将发生的费用分配到各个成本对象上，最终计算出各个成本对象的总成本和单位成本。

企业应当根据生产经营特点和管理要求，确定成本对象，归集费用，计算成本。在传统成本会计中，制造企业通常按照产品品种、批次订单或生产步骤确定成本对象，将生产费用分配给各品种、各批次或各步骤的产品。这里，产品便是成本对象。

近年来，随着企业的生产特点由大规模、单一品种生产向多品种、小批量生产模式转变，以计算机技术为代表的信息技术，使企业的生产设备、生产环境、技术工艺等发生了重大的变化，技术的发展使得企业的固定资产投资增加，生产的复杂化以及现代管理技术的运用使得管理作业增多，而直接的生产活动相对减少，这一切使得产品生产的间接费用呈急剧上升的趋势。在此背景下，"作业"（activity）逐渐受到人们的关注并开始成为重要的成本对象。作业是一个组织内部分工的基本单元或组织内行动的集合，也可以说，作业就是企业的各种活动。以作业为成本对象可以提高间接费用分配的准确性，它有助于管理人员进行成本计划、控制和决策。在成本分配中，作业扮演着越来越重要的角色。

企业为强化内部管理，还可以按照现代企业多维度①、多层次②的管理需要，确定多元化的成本对象。

二、成本动因

成本动因是指对某一成本对象的成本水平产生影响的因素，即引起成本的原因，或称成本驱动因素。比如，一个企业消耗的电力费用是受机器工作的小时数影响，那么机器工作的小时数便是电力费用的成本动因；又如，销售佣金与销售额具有正相关的关系，则销售额便是销售佣金的成本动因。成本动因的识别和分析是企业战略分析和成本管理的关键步骤，它为准确计算成本和有效控制成本提供了基础。按照统一的作业成本动因，将各种资源耗费项目归结在一起，便形成作业中心。作业中心又称成本库，是指构成一个业务过程的相互联系的作业集合，用来汇集业务过程及其产出的成本。

按照成本动因在资源流动中所处的位置和作用可将其分为资源动因和作业动因两种。

资源动因反映了作业中心对资源的耗用情况，它是将资源成本分配到作业中心的标准。例如，人工费用主要与从事各项作业的人数有关，那么就可以按照人数来向各个作业中心分配人工费用，这里的人数就是资源动因。由于资源是一项一项地分配到作业的，于是就产生了作业成本要素。将每个作业成本要素相加总就形成了作业成本

---

① 多维度，是指以产品的最小生产步骤或作业为基础，按照企业有关部门的生产流程及其相应的成本管理要求，利用现代信息技术，组合出产品维度、工序维度、车间班组维度、生产设备维度、客户订单维度、变动成本维度和固定成本维度等不同的成本对象。

② 多层次，是指根据企业成本管理的需要，划分企业管理部门、工厂、车间和班组等成本管控层次。

池。通过对成本要素和成本池的分析，可以揭示哪些资源需要减少，哪些资源需要重新配置，最终确定如何改进和降低作业成本。

作业动因反映了产品消耗作业的情况，它是将资源消耗与最终产出相联结的中介，同时也是将作业中心的成本分配到产品或劳务的标准。例如，设备维修费与维修小时数相关，那么就可以按照维修小时数来分配维修费，这里的维修小时数就是作业动因。通过分析作业动因，可以揭示哪些作业是多余的，应该避免，哪些作业还存在着不完善之处，应予以改进，以及各项作业应该如何改善、整体成本应该如何降低等。

三、成本分配

把成本准确地分配到各成本对象上，是成本核算的关键。只有正确的成本分配才能产生正确的成本信息从而带来正确的决策和评价。

成本分配准确地说应该称费用分配，因分配之前的各种耗费通常称为费用，而分配之后（即对象化）的各种耗费才叫成本。进行成本分配需明确直接计入费用（即直接费用）与间接计入费用（即间接费用）的概念。直接计入费用是指能分清哪种产品所耗用，因而能明确归属于某一产品，即不需要采用任何分配方法便可直接计入某种产品成本的生产费用，比如产品生产中单独领用的材料以及生产工人的计件工资等。间接计入费用是指发生时不能分清哪种产品所耗用，即因几种产品生产所共同引起，因而需要通过专门的方法分配后才能计入某种产品成本的生产费用，比如多种产品生产时共同耗用的材料以及多种产品生产中生产工人的计时工资等。

成本分配有广义和狭义两种含义。广义的成本分配就是费用划分，既包括不需要采用一定的分配方法的费用划分，例如，将直接计入费用直接计入某种产品或某个车间、部门的成本；也包括需要采用一定的分配方法的费用划分，例如，将间接计入费用按一定的比例分配计入各种成本对象。狭义的成本分配则只是指后者，这也是通常所理解的成本分配。以下所介绍的就是需要采用一定的分配方法进行的间接计入费用的分配。

进行成本分配应遵循动因原则或受益原则。

动因原则是指使用动因将成本分配至各成本对象的过程，即谁引起谁负担。这是一种追根溯源的分配，是通过因果分析，找出成本与成本对象之间的关系，即引起成本发生的原因，并使用其中一个成本动因进行的分配。例如，飞机的日常维护维修是根据飞行小时数来确定的，则飞行小时数就是一个成本动因，这时，可以根据飞行小时数把维护维修费用分配给每架特定的飞机。

受益原则是指按照受益情况将成本分配至各成本对象的过程，即谁受益谁负担，何时受益何时负担，负担费用的多少与受益程度的大小成正比。例如，根据每架飞机的维护维修小时数把维护维修费用分配给每架特定的飞机就体现了受益原则。这里，受益的益就是维护维修，受益量就是维护维修小时数。其实，维护维修小时数也是另一个成本动因。

大多数情况下，按动因原则分配与按受益原则分配，结果是一致的，因成本的引起者往往就是成本的受益者，比如以维修小时作为动因的分配与按受益原则的分配完全相同；但有时按动因原则分配与按受益原则分配有差异，比如以飞机的飞行小时作为动因的分配与按受益原则的分配，其结果就不同。

无论是按动因原则分配还是按受益原则分配，目的都是解决分配标准（依据）的问题。当无法采用动因原则与受益原则时，企业应当根据生产经营特点，以正常生产能力水平为基础，按照资源耗费方式确定合理的分配标准。只有分配标准合理、恰当，才能保证分配结果的科学、准确。

另外，在选择分配标准时，还要注意可行性与稳定性。所谓可行性就是指作为分配标准的各项资料应该是比较容易取得的，并且可以进行客观计量。所谓稳定性就是指一旦分配标准确定后，就不宜经常改变，而应该保持相对稳定。

一般情况下，用作间接计入费用分配标准的主要有以下三类。

第一，成果类，例如，产品的产量、重量、体积、产值等。

第二，消耗类，例如，生产工时、机器工时、生产工人工资、原材料消耗量等。

第三，定额类，例如，定额消耗量、定额费用等。

当分配标准确定后，成本分配问题就迎刃而解。成本分配的基本方法是比例法，即根据各成本对象的分配标准占全部成本对象分配标准之和的比例对间接计入费用进行分配。用公式表示为：

$$\frac{某成本对象应负担的}{间接计入费用}=待分配的间接计入费用\times\frac{该成本对象的分配标准}{全部成本对象的分配标准之和}\quad(2\text{-}1)$$

或者，先计算间接计入费用分配率，然后再进行分配。用公式表示为：

$$间接计入费用分配率=\frac{待分配的间接计入费用}{全部成本对象的分配标准之和}\quad(2\text{-}2)$$

某成本对象应负担的间接计入费用＝该成本对象的分配标准×间接计入费用分配率

$$(2\text{-}3)$$

第五节　产品成本核算的账户设置及程序

一、产品成本核算的账户设置

进行产品成本核算需要设置相应的成本核算账户。就制造企业而言，最具典型意义的成本核算账户有两个，一个是"生产成本"，另一个是"制造费用"。

（一）"生产成本"账户

"生产成本"账户核算企业进行工业性生产，包括生产各种产品（包括产成品、自制半成品、提供劳务等）、自制材料、自制工具、自制设备等所发生的各项生产费用。本账户下设"基本生产成本"和"辅助生产成本"两个二级账户。

1. "生产成本——基本生产成本"账户

该账户核算企业基本生产车间为完成企业主要生产任务而进行产品生产时所发生的各项生产费用。该账户借方登记为生产产品而发生的直接材料、直接人工等直接费用和月末从"制造费用"账户转来的间接费用，贷方登记已经生产完工并已验收入库的产成品及自制半成品的成本，月末借方余额表示尚未加工完成的各项在产品的成本。该账户应按基本生产车间的产品品种等成本计算对象设置明细账。

2. "生产成本——辅助生产成本"账户

该账户核算企业辅助生产车间在为基本生产服务而进行产品生产和劳务供应时所发生的各项生产费用。该账户借方登记进行辅助生产所发生的各项费用,贷方登记完工入库的产品成本或月末结转的劳务费用,月末借方余额就是辅助生产的在产品成本。该账户应按辅助生产车间及其生产的产品、提供的劳务设置明细账。

为了减少二级账户,简化会计分录,也可将"生产成本"总账账户分为"基本生产成本"和"辅助生产成本"两个总账账户。

(二)"制造费用"账户

"制造费用"账户核算企业在生产产品和提供劳务时所发生的各项间接计入费用,包括工资等职工薪酬、折旧费、办公费、水电费、机物料消耗、劳动保护费、季节性和修理期间的停工损失等。该账户的借方登记各生产单位发生的制造费用,贷方登记按企业成本核算办法的规定分配转入有关成本计算对象的费用。结转之后,"制造费用"账户一般无余额。该账户应按不同的车间、部门等生产单位设置明细账。

在成本费用的总分类核算中,企业除了要设置"生产成本"和"制造费用"这两个成本核算的主要账户外,还应设置"销售费用""管理费用""财务费用"等账户。在单独核算废品损失和停工损失的企业,还应增设"废品损失"和"停工损失"账户。

二、产品成本核算的程序

产品成本核算的程序是指对企业在生产经营过程中发生的各项要素费用,按照成本核算的原则和要求,逐步进行归集与分配,直至最后计算出各种产品成本的整个过程。一般来说,产品成本核算包括以下程序。

(一)设置生产成本明细账

生产成本明细账也称产品成本明细账或产品成本计算单,它是根据成本计算对象设置的。由于计算产品成本,其实就是将生产费用在各不同的成本计算对象之间进行分摊,所以,企业在一定时期内,有几个成本计算对象,就要设几张生产成本明细账。在生产成本明细账中要按成本项目设立专栏(或专行)以反映产品成本的构成。

(二)审核和控制生产费用

审核和控制生产费用,是指对企业在生产经营活动中发生的各项费用的合规性和合理性进行审核和控制,分清各项费用与生产经营活动的关系,以确定各项费用是否应该开支,应开支的费用是否应计入产品成本以及其金额有无超出开支标准。

(三)分配生产费用

这是指将经审核后的各项费用按照其用途进行分配并做相应的账务处理,其中直接计入费用应根据有关的原始凭证或费用汇总表直接记入生产成本明细账的各成本项目栏中,间接计入费用经汇总后再根据费用分配表记入相应的生产成本明细账。这里的生产费用分配,既包括需要采用一定的分配方法的费用分配,也包括不需要采用一定的分配方法而只是根据费用的不同用途将其分别记入有关账户的费用划分；既包括生产费用在各不同种类产品间的横向分配，也包括生产费用在同一种产品的完工产品和未完工产品间的纵向分配。

实务中，产品成本核算是借助于生产成本明细账进行的，因此，产品成本的核算过程，其实就是将审核后的生产费用在生产成本明细账及其他有关账簿中进行登记的过程。生产成本明细账登好了，也就意味着产品成本核算的任务完成了。

以上产品成本核算的三步程序中，第一步和第二步不涉及会计账务处理，而第三步对费用进行分配，必然要涉及相应的会计账务处理。因此，费用的分配程序也可称为产品成本核算的账务处理程序。

就产品成本核算的账务处理程序而言，通常又由以下各项内容组成。

1. 分配各种要素费用

这是指将生产经营过程中发生的原材料、职工薪酬、固定资产折旧等各项要素费用按照用途或费用发生的地点进行划分，分清生产经营管理费用与非生产经营管理费用、生产费用与经营管理费用以及各种产品间的费用等，将发生的要素费用分别记入"生产成本""制造费用""销售费用""管理费用""财务费用""在建工程""营业外支出""投资收益"等账户中。要素费用的分配反映在会计分录上是：

借：生产成本——基本生产成本
　　　　　　——辅助生产成本
　　制造费用
　　销售费用
　　管理费用
　　财务费用
　　在建工程
　　营业外支出
　　投资收益等
　　贷：原材料
　　　　应付职工薪酬
　　　　累计折旧
　　　　资产减值（跌价）准备
　　　　库存现金
　　　　银行存款等

2. 分配辅助生产费用

辅助生产车间是为其他车间和部门提供服务的生产车间，因此，它所发生的费用应分配给各受益单位。需注意的是，若辅助生产车间生产多种产品或提供多种劳务，需设置"制造费用"账户来归集本车间所发生的各项间接费用，并将辅助生产车间的制造费用在辅助生产车间的各产品或劳务间进行分配后，再来分配辅助生产费用。辅助生产费用的分配反映在会计分录上是：

借：生产成本——基本生产成本
　　制造费用

　　　　管理费用

　　　　在建工程等

　　　　　贷：生产成本——辅助生产成本

　　3. 分配制造费用

　　月末，应将各生产车间发生的制造费用，采用适当的方法，分配计入本车间所生产的各产品的生产成本。需要说明的是，制造费用应该按照不同的生产车间分别进行分配，即辅助生产车间发生的制造费用分配给辅助生产车间的产品，基本生产车间发生的制造费用分配给基本生产车间的产品。制造费用的分配反映在会计分录上是：

　　　　借：生产成本——基本（辅助）生产成本

　　　　　贷：制造费用

　　4. 结转完工产品成本

　　基本生产车间生产产品所发生的各种生产费用均记入"生产成本——基本生产成本"账户后，就要进一步采用一定的方法将其在完工产品和在产品之间进行分配，其中，完工产品成本应从"生产成本"账户转出，转入到"库存商品"或"自制半成品"账户中。完工产品成本的结转反映在会计分录上是：

　　　　借：库存商品

　　　　　自制半成品

　　　　　贷：生产成本——基本生产成本

　　5. 结转期间费用及其他各项直接计入当期损益的支出和损失

　　月末，需要将本月发生的期间费用和各项损失、支出转入"本年利润"账户，反映在会计分录上是：

　　　　借：本年利润

　　　　　贷：销售费用

　　　　　　　管理费用

　　　　　　　财务费用

　　　　　　　投资收益

　　　　　　　营业外支出等

　　6. 结转完工的工程成本

　　工程完工时，需要将工程建设过程中发生的工程成本转入"固定资产"账户，反映在会计分录上是：

　　　　借：固定资产

　　　　　贷：在建工程

　　以上产品成本核算的账务处理程序以"T"形账户表示，见图2-1。

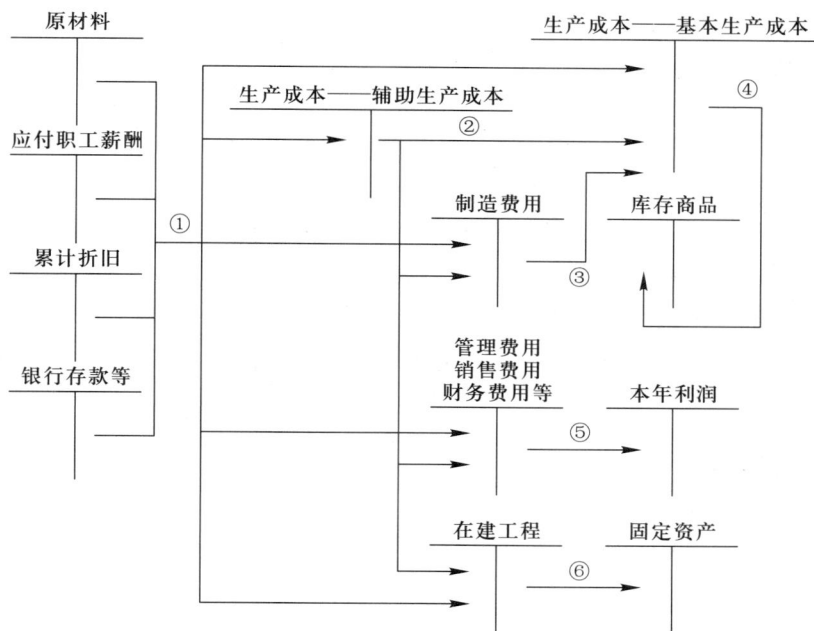

① 分配各种要素费用；② 分配辅助生产费用；③ 分配制造费用；
④ 结转完工产品成本；⑤ 结转期间费用；⑥ 结转完工的工程成本。

图 2-1　账务处理程序

📁 本章小结

　　本章主要阐述了成本核算的要求与基础工作、生产费用与产品成本的含义、产品成本核算的账户设置与程序以及成本对象、成本动因、成本分配等成本核算的有关基本概念与问题。

　　成本核算的要求包括满足成本管理的需要，严格执行会计准则与制度所规定的成本开支范围和费用开支标准，按实际成本计价，正确划分各种费用界限，选择适当的成本计算方法。

　　成本核算的基础工作主要是建立健全一些必要的规章制度，包括原始记录制度，存货的计量、验收、领退和盘点制度，定额管理制度，内部结算价格制度和成本责任制度等。

　　生产费用是指企业一定时期发生的生产耗费，它与时期紧密相连。产品成本是指一定产品所承担的生产耗费，它与产品密切相关。

　　成本对象是费用的具体承担者。成本动因是对某一成本对象产生影响的因素。成本分配是将发生的费用计入各成本对象。

　　进行产品成本核算需要设置相应的成本核算账户，最具典型意义的产品成本核算账户是"生产成本"和"制造费用"。产品成本核算的账务处理程序通常包括分配各种要素费用、分配辅助生产费用、分配制造费用、结转完工产品成本、结转期间费用、结转完工的工程成本等。

📱 关键名词

生产费用   是指企业在一定时期内发生的用货币表现的生产耗费，包括因生产产品而发生的材料费用、人工费用和制造费用等。

产品成本   是指以产品为对象来归集的生产费用。

直接材料   是指直接用于产品生产、构成产品实体的原料、主要材料以及有助于产品形成的辅助材料的费用。

直接人工   是指直接从事产品生产的那部分基本生产工人的薪酬。

制造费用   是指企业的各生产单位在生产产品和提供劳务时所发生的其他生产费用。

直接计入费用   是指能明确归属于某一产品，即不需采用任何分配方法便可直接计入某种产品成本的生产费用。

间接计入费用   是指因几种产品生产所共同引起，因而需要通过专门的方法分配后才能计入某种产品成本的生产费用。

成本对象   是指为计算成本而确定的费用归集的各个对象，即费用的具体承担者。

成本动因   是指对某一成本对象的水平产生影响的因素，即引起成本的原因，是成本驱动因素。

成本分配   有广义与狭义之分。广义的成本分配就是费用划分；狭义的成本分配是指将间接计入费用采用一定的方法分配给各成本计算对象。

⏱ 即测即评

请扫描二维码，进行即测即评。

📧 思考题

1. 为保证成本核算资料的正确性，成本核算应满足哪些要求？
2. 为正确计算产品成本，应正确划分哪些费用界限？
3. 成本核算的基础工作有哪些？
4. 什么是生产费用？什么是产品成本？它们之间有何关系？
5. 什么叫成本对象、成本动因？为什么要进行成本分配？
6. 进行成本分配时，应遵循哪些原则？成本分配的标准该如何确定？
7. 进行产品成本核算，应设置哪些账户？这些账户具体核算哪些内容？
8. 简述产品成本核算的账务处理程序。

案例分析

请扫描二维码查看。

拓展阅读

请扫描二维码阅读。

第三章　生产费用与期间费用的核算

学习目标

通过学习本章内容，读者应该能够：

1. 掌握发出材料实际成本的确定及材料费用的分配方法；
2. 掌握人工费用的计算与分配；
3. 掌握折旧费用的计算方法；
4. 了解外购费用等其他费用的核算；
5. 掌握辅助生产费用分配的方法；
6. 掌握制造费用分配的方法；
7. 掌握废品损失的计算及其账务处理；
8. 掌握生产费用在完工产品与在产品之间分配的方法；
9. 了解期间费用的核算。

第一节　材料费用的核算

产品的生产过程也是材料的耗用过程。材料在生产过程中属于劳动对象，是产品生产中必不可少的物质要素。材料费用在生产费用中一般占有比较大的比重，材料费用的高低直接影响产品成本和损益水平。因此，加强材料费用的核算，不仅对于提高成本和损益数据的正确性，而且对于降低产品成本，提高利润水平，都有着非常重要的意义。

一、材料的分类与成本构成

通常，企业的材料品种繁多，收发频繁。为了便于核算与管理，必须对材料进行科学的分类。材料按其在生产经营中的不同作用，可分为以下几类。

（一）原料及主要材料

原料及主要材料是指作为主要劳动对象经生产加工后构成产品实体的各种原材料，如机械制造企业耗用的钢材、冶金企业耗用的矿石等。

（二）外购半成品

外购半成品是指为企业配套产品而耗用的从外部购入的半成品。就其性质而言，外购半成品与原材料类似，如电冰箱生产企业从外单位购入的压缩机等。

（三）辅助材料

辅助材料是指直接用于产品生产，有助于产品形成，或被劳动工具所消耗，或为创造正常劳动条件所耗用，但不构成产品主要实体的各种材料，如与原材料相结合而消耗的染料、氧化剂、催化剂、油漆，为劳动工具所消耗的润滑油，为创造正常劳动条件而耗用的灯泡、清洁用品等。

（四）修理用备件

修理用备件是指为修理本企业的机器设备和运输设备等所专用的各种备品配件，如齿轮、轴承、阀门等。

（五）燃料

燃料是指在生产工艺过程中用来燃烧发热的各种固体燃料、液体燃料和气体燃料，如原煤、汽油、天然气等。

（六）包装材料

包装材料是指为包装本企业产品而储备的各种包装物品，如桶、箱、瓶、坛、袋等。

（七）低值易耗品

低值易耗品是指生产经营过程中耗用的不作为固定资产核算的各种劳动手段，如工具用具、玻璃器皿等。从性质上看，低值易耗品并不属于劳动对象，但由于它价值较低且容易损耗，不具备固定资产的条件，因而把它列入材料之中。包装材料与低值易耗品属于能够多次使用的周转材料。

正确确定材料成本（取得成本）是正确计算产品成本中材料费用的前提。企业取得的材料，除了少数是企业自制外，大多数均是外购的，因此，明确材料成本的构成主要就是为了解决外购材料的成本问题。外购材料成本主要包括材料的购买价款、相关税费、运输费、装卸费、保险费以及其他可归属于材料采购成本的费用（比如材料采购过程中发生的仓储费、包装费，运输途中的合理损耗，入库前的挑选整理费用等）。

二、材料费用核算的原始凭证

材料费用是指企业在生产经营过程中因耗用（非采购）各种材料而引起的费用。相应地，材料费用核算的原始凭证是指材料发出时的各有关领料凭证（非入库凭证），主要包括"领料单""限额领料单""领料登记表"等。

（一）领料单

这是一种一次使用的领料凭证。对于领发那些没有消耗定额的材料和临时需用的材料，通常使用这种凭证。领料单由领料部门填制，经负责人签章后据以办理领发料手续。领料单的格式如表 3-1 所示。

表 3-1　领　料　单

年　月　日

领料部门：　　　　　　　　　　　　　　　　　　　　　　　　　编　　　号：

材料用途：　　　　　　　　　　　　　　　　　　　　　　　　　发料仓库：

材料编号	材料类型	材料名称	计量单位	领发数量		材料成本	
				请领	实发	单位成本	金额

仓库负责人：　　　　　发料人：　　　　　领料部门负责人：　　　　　领料人：

（二）限额领料单

这是一种在规定的领料限额之内，多次使用的累计领发料凭证。对于经常需要并规定有消耗定额的各种材料的领用，通常使用这种凭证。实行限额领料制度，不仅可以简化核算，而且可以随时反映和考核材料消耗定额的执行情况，从而促使企业合理使用材料，节约材料费用。限额领料单的格式如表 3-2 所示。

表 3-2　限额领料单

年　月

领料部门：　　　　　　　　　　　　　　　　　　　　　　　　　编　　　号：

材料用途：　　　　　　　　　　　　　　　　　　　　　　　　　发料仓库：

材料编号	材料规格	材料名称	计量单位	计划产量	单位消耗定额	领用限额

领料日期	请领数量	实发数量	单位成本	实发金额	领料人（签章）	发料人（签章）	限额结余
合计							

供应部门负责人：　　　　　生产部门负责人：　　　　　仓库负责人：

（三）领料登记表

领料登记表也是月份内多次使用的累计领发料凭证。它与限额领料单的区别在于，它没有材料消耗定额和领用限额。对于数量零星、价值不高、经常领用的材料，平时领用时，由领料人在领料登记表上登记领用数量并签章，据以办理领发料，这样既可减少大量的日常领料单的填制工作，也便于月终对材料消耗量进行汇总。领料登记表的格式如表 3-3 所示。

表 3-3　领料登记表
年　　月

材料编号：

材料类别：　　　　　　　　　　　　　　　　　　　　　领料部门：

材料名称：　　　　　　　　　　　　　　　　　　　　　发料仓库：

材料规格：　　　　　　　　　　　　　　　　　　　　　计量单位：

日期	领用数量		领料人	发料人	备注
	当日	累计			
材料单价			金额合计		

应当注意的是，对于已领未用的所剩余料，应编制退料单，办理退料手续，以便如实反映材料的消耗情况，正确计算产品成本。若月末所剩余料下月需继续使用，则应办理假退料手续，即材料实物不动，本月底填制一份退料单，表示该项余料已退回仓库，同时下月初填制一份领料单，表示该项余料又于下月份领用出库。

三、发出材料实际成本的确定

企业材料收发的日常核算，可以按照实际成本进行，也可以按照计划成本进行。但无论是按实际成本核算，还是按计划成本核算，对于发出的材料，均应按实际成本反映其价值。

（一）采用实际成本核算时发出材料实际成本的确定

采用实际成本进行材料日常核算的企业，发出材料的实际成本为材料发出量与材料的实际单位成本之乘积。其中材料发出量可根据有关的领发料凭证确定，发出材料的实际单位成本可以采用先进先出法、加权平均法或个别计价法确定。

1. 先进先出法

这是假定先入库的材料先发出，上一批材料发完后再发下一批，这样顺着次序按各批材料的实际单位成本确定发出材料实际成本的一种方法。在材料成本不断上涨时，采用此方法，会使计算出来的产品成本偏低，利润虚增。它比较适用于材料价格相对稳定的企业。

2. 加权平均法

这是根据材料的加权平均单位成本来确定发出材料实际总成本的一种方法。加权平均法又可具体分为全月一次加权平均法和移动加权平均法两种。

（1）全月一次加权平均法。这是以材料的月初结存量和本月收入量为权数，计算出本月材料的加权平均单位成本，然后以此为依据确定发出材料实际成本的一种方法。其计算公式为：

$$全月一次加权平均单位成本 = \frac{月初库存材料实际成本 + 本月收入材料实际成本}{月初库存材料数量 + 本月收入材料数量}$$

$$(3-1)$$

$$本月发出材料的实际成本 = 本月发出材料数量 \times 全月一次加权平均单位成本$$

$$(3-2)$$

采用此方法，计算手续简便，但必须等到月末才能计算出加权平均单位成本，显然会影响核算的及时性。一般认为，在材料价格经常波动的情况下，采用此方法比较适宜。

（2）移动加权平均法。这是指每购入一批材料后就重新计算一个与之对应的新的加权平均单位成本，并以此作为下批发出材料成本计算依据的一种方法。其计算公式为：

$$移动加权平均单位成本 = \frac{本次收入材料实际成本 + 本次收料前库存材料实际成本}{本次收入材料数量 + 本次收料前库存材料数量}$$

$$(3-3)$$

$$某批发出材料的实际成本 = 该批发出材料数量 \times 最近一次的移动加权平均单位成本$$

$$(3-4)$$

采用此方法，能随时计算出材料的平均单位成本，显然有利于及时进行成本计算，但计算工作量较大。这种方法适用于进货次数不多的材料发出成本的确定。

3. 个别计价法

这是指以材料实际取得时的成本作为发出材料成本计价依据的一种方法。对于不能替代使用的材料、为特定项目专门购入的材料，通常应当采用个别计价法确定发出材料的成本。这些材料往往具有较为明显的可识别特征，而且数量不多，价值较高。日常管理中要按购入批次分别入库、保管和领用。

（二）采用计划成本核算时发出材料实际成本的确定

采用计划成本进行材料日常核算的企业，日常领用、发出材料均按计划成本记账。月度终了，按照发出材料的计划成本和材料成本差异率，计算发出材料应负担的成本差异，将发出材料的计划成本与发出材料应负担的成本差异相加，得到的仍然是发出材料的实际成本。其计算公式为：

$$材料成本差异率 = \frac{月初结存材料的成本差异 + 本月收入材料的成本差异}{月初结存材料的计划成本 + 本月收入材料的计划成本} \times 100\%$$

$$(3-5)$$

$$发出材料计划成本 = 发出材料数量 \times 单位材料计划成本 \qquad (3-6)$$

$$发出材料成本差异 = 发出材料计划成本 \times 材料成本差异率 \qquad (3-7)$$

$$发出材料实际成本 = 发出材料计划成本 + 发出材料成本差异 \qquad (3-8)$$

或　　　　$$发出材料实际成本 = 发出材料计划成本 \times (1 + 材料成本差异率) \qquad (3-9)$$

材料成本差异若为超支，上列计算公式中的材料成本差异及其差异率用正数表示；若为节约，则用负数反映。

四、材料费用的分配

材料费用的分配是指企业发出材料的费用，按照其用途分配计入产品成本和本期损益。其中，基本生产车间生产产品耗用的，记入"生产成本——基本生产成本"账户；辅助生产车间生产产品耗用的，记入"生产成本——辅助生产成本"账户；车间生产管理耗用的，记入"制造费用"账户；企业行政管理耗用的，记入"管理费用"账户；企业销售部门耗用的，记入"销售费用"账户；项目建设耗用的，记入"在建工程"账户；为取得其他业务收入耗用的，记入"其他业务支出"账户；等等。

对于基本生产车间直接用于产品生产的材料费用，应按平行登记的原则在"生产成本——基本生产成本"账户及其产品成本明细账中同时进行登记。若发出的材料能分清由哪种产品所耗用，则材料费用可按各产品所耗用的材料数量直接记入各产品的成本明细账；若发出材料由两种或两种以上产品共同耗用，则材料费用需按照一定的方法进行分配后，才能记入各有关产品的成本明细账。

在对多产品共同耗用的材料费用进行分配时，要解决的主要问题是选择分配标准。选择分配标准的主要依据有二：一是分配标准必须与被分配的费用有着密切的联系，以保证费用分配的科学性与合理性；二是分配标准要比较容易取得，以保证费用分配的实用性与可行性。实际工作中，用作材料费用分配标准的通常有材料定额消耗量、产品重量、产品体积等。

只要分配标准确定了，则材料费用的分配便可按各产品分配标准的比例进行。其计算公式为：

$$材料费用分配率 = \frac{各产品共同耗用的材料费用}{各产品分配标准之和} \qquad (3-10)$$

$$某产品应负担的材料费用 = 该产品的分配标准 \times 材料费用分配率 \qquad (3-11)$$

[例 3-1] 某企业生产 A、B 两种产品，某月共同耗用的材料费用为 8 500 元，该月生产 A 产品 200 件、B 产品 100 件，单位产品的材料消耗定额分别为 A 产品 5 千克、B 产品 7 千克。则以材料定额消耗量为标准，对共同耗用的材料费用分配如下：

A 产品材料定额消耗量 = 200×5 = 1 000（千克）

B 产品材料定额消耗量 = 100×7 = 700（千克）

$$材料费用分配率 = \frac{8\ 500}{1\ 000 + 700} = 5（元/千克）$$

A 产品应负担的材料费用 = 1 000×5 = 5 000（元）

B 产品应负担的材料费用 = 700×5 = 3 500（元）

实际工作中，企业应根据领发料凭证编制材料费用分配表。现列示材料费用分配表，如表 3-4 所示。

表 3-4   材料费用分配表

年   月   金额单位：元

应借账户			成本（费用）项目	直接计入	分配计入			合计
					分配标准	分配率	分配额	
生产成本	基本生产成本	A 产品	原材料	73 000	1 000		5 000	78 000
		B 产品	原材料	50 000	700		3 500	53 500
		小计		123 000	1 700	5	8 500	131 500
	辅助生产成本	供电车间	机物料消耗	2 100				2 100
		运输车间	机物料消耗	1 400				1 400
		小计		3 500				3 500
制造费用		基本生产车间	机物料消耗	2 600				2 600
销售费用			包装费	850				850
管理费用			机物料消耗	640				640
合计				130 590			8 500	139 090

根据材料费用分配表，编制下列会计分录：

借：生产成本——基本生产成本——A 产品   78 000

————B 产品   53 500

——辅助生产成本——供电车间   2 100

————运输车间   1 400

制造费用   2 600

销售费用   850

管理费用   640

贷：原材料   139 090

在按计划成本计价进行材料日常核算的企业里，应借助于材料成本差异，将发出材料的计划成本调整为实际成本。

[例 3-2] 假设某企业生产 A、B 两种产品，某月共同耗用辅助材料 1 025 千克，该辅助材料的计划单价为 2.50 元，材料成本差异率为-4%，该辅助材料的耗用量与主要材料的耗用量密切相关，因而辅助材料费用按直接计入的主要材料费用比例分配。该月 A、B 产品的主要材料费用分别为 73 000 元和 50 000 元。则可对辅助材料费用分配如下：

所耗辅助材料的计划成本 = 1 025×2.50 = 2 562.50（元）

所耗辅助材料的成本差异 = 2 562.50×（-4%）= -102.50（元）

所耗辅助材料的实际成本 = 2 562.50-102.50 = 2 460（元）

$$辅助材料费用分配率 = \frac{2\ 460}{73\ 000 + 50\ 000} = 0.02$$

A 产品应负担的辅助材料费用 = 73 000×0.02 = 1 460（元）

B 产品应负担的辅助材料费用 = 50 000×0.02 = 1 000 （元）

根据辅助材料费用的分配，编制下列会计分录：

借：生产成本——基本生产成本——A 产品　　　　　　　　　　1 460

　　　　　　　　　　　　　　——B 产品　　　　　　　　　　1 000

　　贷：原材料　　　　　　　　　　　　　　　　　　　　　2 562.50

　　　　材料成本差异　　　　　　　　　　　　　　　　　　 102.50

（注：　　　中的数字代表红字。）

生产过程中使用的燃料（比如煤炭、天然气），实际上也属于材料，因此，燃料费用的分配与材料费用的分配基本相同。企业基本生产车间在各种产品生产过程中共同消耗的燃料费用，一般可以按照各种产品耗用燃料的定额消耗量或产品的重量、体积、生产工时等标准进行分配，计入各种产品的生产成本。

为了进行材料收入、发出和结存的明细核算，企业应该根据材料的类别、品种、规格设立材料明细账。账中根据本期的收发料凭证（包括退料凭证）登记本期收发材料的数量和金额，并根据期初结存材料的数量和金额，计算登记期末结存材料的数量和金额。

第二节　人工费用的核算

人工费用也称职工薪酬，是指企业为了获得职工提供的服务或解除劳动关系而给予的各种形式的报酬或补偿。也就是说，凡是企业为获得职工提供的服务而给予或付出的各种形式的对价，都构成人工费用。人工费用作为企业生产经营过程中必然要发生的一项耗费，与这些服务产生的经济利益相匹配。

一、人工费用的组成

根据《企业会计准则第 9 号——职工薪酬》的规定，职工薪酬包括短期薪酬、离职后福利、辞退福利和其他长期职工福利。企业提供给职工配偶、子女、受赡养人、已故员工遗属及其他受益人等的福利，也属于职工薪酬。

短期薪酬，是指企业在职工提供相关服务的年度报告期间结束后 12 个月内需要全部予以支付的职工薪酬，因解除与职工的劳动关系给予的补偿除外。短期薪酬具体包括：职工工资、奖金、津贴和补贴，职工福利费，医疗保险费、工伤保险费和生育保险费等社会保险费，住房公积金，工会经费和职工教育经费，短期带薪缺勤，短期利润分享计划，非货币性福利以及其他短期薪酬。

离职后福利，是指企业为获得职工提供的服务而在职工退休或与企业解除劳动关系后，提供的各种形式的报酬和福利。

辞退福利，是指企业在职工劳动合同到期之前解除与职工的劳动关系，或者为鼓励职工自愿接受裁减而给予职工的补偿。

其他长期职工福利，是指除短期薪酬、离职后福利、辞退福利之外所有的职工薪酬，包括长期带薪缺勤、其他长期服务福利、长期残疾福利、长期利润分享计划和长期奖金计划等。

人工费用包括的内容较多，这里我们只介绍短期薪酬中构成工资总额的那部分工资性薪酬的计算与分配。

二、人工费用核算的原始依据

在工资性薪酬中，计时工资和计件工资是其中最基本的部分。计算计时工资，应以考勤记录为原始凭证；计算计件工资，应以产量记录为原始凭证。因此，人工费用核算的原始依据主要是考勤记录与产量记录。

（一）考勤记录

考勤记录是登记职工出勤与缺勤情况的原始记录。考勤记录的形式多种多样，常见的有考勤簿和考勤卡两种。考勤簿按车间、科室等部门设置，根据各部门在册人员逐日进行登记，月末对本部门的出勤情况分别按个人进行归类汇总。若有人员变动，应根据人事部门的通知，在考勤簿上做相应的调整。考勤卡按人设置，每年（或每月）一张，在期初或职工调入时开设，若有人员变动，应根据人事部门的通知，在考勤卡上做相应的调整或注销。采用这种考勤形式时，月末由考勤人员根据考勤卡上的日常记录对每一职工的出勤和缺勤情况进行分类汇总。除上述考勤簿与考勤卡这两种形式外，有些单位根据自身的具体情况，还采用翻牌法、移牌法、考勤钟打卡法等。不论采用何种形式进行考勤，其考勤的内容、项目和目的都基本相同。月末，车间、科室等各部门的考勤人员应将经本部门负责人审核、签章后的考勤记录，连同有关证明文件送交劳资部门和财会部门，据以计算工资，并进行工资费用的核算。

（二）产量记录

产量记录是登记职工在出勤时间内完成产量情况的原始记录。产量记录在不同行业、不同生产类型与不同劳动组织的企业和车间里，其具体的格式和登记程序不尽相同，通常使用的产量记录形式有工作通知单、工序进程单和工作班产量报告表等。

工作通知单，也叫派工单，它是以每个工人或生产小组所从事的每项工作为对象开设的产量记录。采用这种方式，先由生产计划部门开出工作通知单，通知工人按单内的指定任务进行生产。当任务完成后，将送检产品产量和实际工时填在通知单上，据以计算生产工人的计件工资。

工序进程单，也称加工路线单或跟单，它是以加工产品为对象开设的产量记录。在多步骤连续加工式生产的企业里，工序进程单要随着产品一起由上一工序移交至下一工序，并顺次登记各道工序加工的实际产量和耗用工时，作为计算工资和统计产量的原始依据。

工作班产量报告表，简称工作班报，它是按生产班组设置并反映各班组产品数量完成情况的原始记录。工作班产量报告表，根据工人送检的产品数量由检验员验收后进行登记。

当然，人工费用核算除了依据考勤记录和产量记录外，有时还需要填制一些其他凭证，比如废品通知单、停工通知单、奖金津贴发放单等。

三、人工费用的计算

（一）计时工资的计算

计时工资是根据考勤记录和规定的工资标准计发给职工的劳动报酬。由于工资标准可以按月反映，也可以按日反映，所以相应地，计时工资的计算就有两种方法，即月薪制和日薪制。

按月薪制计算计时工资，是指职工当月出全勤，不论各月的日历天数有多少，也不论各月的法定节假日有多少，都可以取得相同的全勤月工资；如果有缺勤，则在全勤月工资中，相应减去缺勤工资。其计算公式为：

$$应付月工资 = 月工资标准 - 缺勤应扣工资 \tag{3-12}$$

式中，缺勤应扣工资根据缺勤天数与日工资率计算。其中，计算病假应扣工资时，还需依据病假期间的扣发比例进行计算。

按日薪制计算计时工资，各月应付工资是根据职工出勤天数与日工资率计算的，所以，即使职工出全勤，各月的工资也会因出勤天数的不同而不同。其计算公式为：

$$应付月工资 = 月出勤天数 \times 日工资率 + 应付病假工资 \tag{3-13}$$

式中，

$$应付病假工资 = 病假天数 \times 日工资率 \times 病假应发比例 \tag{3-14}$$

无论是按月薪制，还是按日薪制计算计时工资，计算过程中都需要依据日工资率。日工资率，就是每日平均工资标准，即以月工资标准除以每月日数而得。它有两种算法：一是每月固定按 30 日计算。由于 30 日是日历日数，所以，若出勤期间有节假日，该节假日视作出勤，应计发工资；若缺勤期间有节假日，该节假日视作缺勤，应扣发工资。

日工资率的另一种算法是每月固定按年日历日数 365 天，减去 104 个双休日和 11 个法定节假日，再除以 12 个月，即按月平均制度工作日数 20.83 日计算。由于 20.83 日中已不再包含节假日，所以，无论是出勤期间还是缺勤期间，节假日均不发、不扣工资。

[**例 3-3**] 假设企业某职工的月工资标准为 2 550 元。某月份日历日数 30 天，其中双休日 8 天，出勤 17 天，事假 2 天，病假 5 天（含 2 个双休日）。根据该工人的工龄，其病假工资按工资标准的 90% 支付。则该月的应付工资可计算如下。

（1）若日工资率按 30 天计算：

$$日工资率 = \frac{2\,550}{30} = 85（元）$$

按月薪制计算，应付月工资为：

$$2\,550 - 2 \times 85 - 5 \times 85 \times 10\% = 2\,337.5（元）$$

按日薪制计算，应付月工资为：

$$(17+6) \times 85 + 5 \times 85 \times 90\% = 2\,337.5（元）$$

（2）若日工资率按 20.83 天计算：

$$日工资率 = \frac{2\,550}{20.83} = 122.42（元）$$

按月薪制计算，应付月工资为：

2 550−2×122.42−3×122.42×10% = 2 268.43（元）

按日薪制计算，应付月工资为：

17×122.42+3×122.42×90% = 2 411.67（元）

（二）计件工资的计算

计件工资分为个人计件工资和集体计件工资两种。

1. 个人计件工资的计算

职工个人的计件工资，是根据产量记录中所登记的每一工人完成的产品产量，乘以规定的计件单价计算的。这里的产品产量包括合格品数量和不是由于工人本人过失造成的废品数量。由于同一工人在月份内可能从事计件单价不同的各种产品的生产，因而计件工资的计算公式应该是：

$$应付月工资 = \sum（月内完成的各产品产量×该产品的计件单价）\qquad (3-15)$$

式中，计件单价是指单位产品所负担的计件工资。

应付计件工资，也可根据工人月度内完成的产品定额工时总数和小时工资率计算。其公式为：

$$应付月工资 = \sum（月内完成的各产品产量×该产品工时定额）×小时工资率$$

$$(3-16)$$

[例3-4] 某工人某月共加工 A 产品 300 件、B 产品 500 件。工时定额分别为 A 产品 30 分钟、B 产品 15 分钟。小时工资率为 18 元。则应付工资可计算如下：

$$A 产品计件单价 = \frac{30}{60} ×18 = 9（元）$$

$$B 产品计件单价 = \frac{15}{60} ×18 = 4.5（元）$$

$$该工人完成的定额工时总数 = 300× \frac{30}{60} +500× \frac{15}{60} = 275（工时）$$

应付月工资 = 300×9+500×4.5 = 4 950（元）

或应付月工资 = 275×18 = 4 950（元）

2. 集体计件工资的计算

集体计件工资是以生产班组等集体为单位，按其所完成的产品数量和计件单价计算的。与个人计件工资的不同之处在于，集体计件工资还要在集体内部各工人之间进行分配。由于工人的级别或工资标准一般体现劳动的质量，工作日数一般体现劳动的数量，因而集体内部大多以每人的工资标准和工作日数（或工时数）的乘积作为标准进行分配。

[例3-5] 某生产班组有三位工人，共同完成若干项生产任务，该班组共得计件工资 4 800 元，根据三位工人各月的工资标准与出勤时间，可将集体计件工资分配如表 3-5 所示。

表 3-5　集体计件工资分配表

金额单位：元

工人姓名	小时工资率	实际工作小时数	分配标准	分配率	计件工资
A	18	180	3 240		1 428.89
B	20.8	180	3 744		1 651.16
C	26	150	3 900		1 719.95
合计			10 884	0.441	4 800

注：工人 C 的计件工资为倒挤数。

计时工资和计件工资以外的属于工资性薪酬的各种奖金、津贴和补贴、加班加点工资、特殊情况下支付的工资，以及社会保障性薪酬和福利性薪酬，按照国家和企业的有关规定计算。

四、人工费用的分配

人工费用的分配是指将企业的人工费用按照其用途分配计入各种产品成本和当期损益。基本生产车间直接从事产品生产的生产工人的薪酬，记入"生产成本——基本生产成本"账户；辅助生产车间直接从事产品生产的生产工人的薪酬，记入"生产成本——辅助生产成本"账户；车间管理人员的薪酬，记入"制造费用"账户；企业行政管理部门人员的薪酬、销售部门人员的薪酬、项目建设人员的薪酬、生活福利部门人员的薪酬、长期病假人员的薪酬，分别记入"管理费用""销售费用""在建工程""应付职工薪酬""营业外支出"账户；等等。

对于作为生产费用计入产品成本的生产工人工资，应在"生产成本——基本生产成本"账户及其所属的产品成本明细账中进行平行登记。若企业采用计件工资，则生产工人的工资可直接记入产品成本明细账；若企业采用计时工资，则生产工人的工资需运用一定的方法经过分配后才能记入产品成本明细账。生产工人的奖金、津贴和补贴、特殊情况下支付的工资以及社会保障性薪酬和福利性薪酬，一般也属间接计入费用，需通过分配，才能计入各产品的成本。

[例 3-6] 某企业生产 A、B 两种产品。某月 A、B 产品的计件工资分别为 14 000 元和 26 000 元；该月生产工人的奖金、津贴和补贴、特殊情况下支付的工资以及社会保障性薪酬和福利性薪酬共为 6 000 元。则以 A、B 产品的计件工资为标准对各项间接计入费用分配如下：

$$间接计入费用分配率 = \frac{6\ 000}{14\ 000 + 26\ 000} = 0.15$$

A 产品应负担的间接计入费用 = 14 000×0.15 = 2 100（元）

B 产品应负担的间接计入费用 = 26 000×0.15 = 3 900（元）

人工费用的分配是借助于人工费用分配表来进行的，然后，根据人工费用分配表编制会计分录，登记有关总账和明细账。假设某企业的人工费用分配表如表 3-6 所示。

表 3-6   人工费用分配表

年   月   金额单位：元

应借账户		成本（费用）项目	直接计入	分配计入			合计
				分配标准	分配率	分配额	
生产成本	基本生产成本	A 产品	直接人工	14 000	14 000		2 100	16 100
		B 产品	直接人工	26 000	26 000		3 900	29 900
		小　计		40 000	40 000	0.15	6 000	46 000
	辅助生产成本	供电车间	人工费用	6 800				6 800
		运输车间	人工费用	4 500				4 500
		小　计		11 300				11 300
制造费用		基本生产车间	人工费用	2 900				2 900
销售费用			人工费用	20 500				20 500
管理费用			人工费用	23 000				23 000
在建工程			人工费用	3 400				3 400
合计				101 100			6 000	107 100

根据人工费用分配表，编制下列会计分录：

借：生产成本——基本生产成本——A 产品　　　　　　　　　16 100

　　　　　　　　　　　　　　——B 产品　　　　　　　　　29 900

　　　　——辅助生产成本——供电车间　　　　　　　　　　6 800

　　　　　　　　　　　　——运输车间　　　　　　　　　　4 500

　　制造费用　　　　　　　　　　　　　　　　　　　　　　2 900

　　销售费用　　　　　　　　　　　　　　　　　　　　　 20 500

　　管理费用　　　　　　　　　　　　　　　　　　　　　 23 000

　　在建工程　　　　　　　　　　　　　　　　　　　　　　3 400

　　贷：应付职工薪酬　　　　　　　　　　　　　　　　　　　　107 100

第三节   其他要素费用的核算

一、折旧费用的核算

折旧是指固定资产在生产经营过程中因损耗而减少的那一部分价值。固定资产因损耗而减少的这部分价值，应当在固定资产的有效使用年限内进行分摊，计入各期产品成本和经营管理费用。分期计入成本费用中的固定资产折旧称为折旧费用。折旧费用的核算主要包括折旧费用的计算和折旧费用的分配两项内容。

（一）折旧费用的计算

折旧费用的计算方法很多，根据《企业会计准则第 4 号——固定资产》的规定，企业可采用的折旧方法有年限平均法、工作量法、年数总和法和双倍余额递减法等。现对这四种方法简单介绍如下。

（1）年限平均法。这是指将固定资产的应计折旧额按固定资产的使用年限平均分摊的一种方法。其计算公式为：

$$年折旧率 = \frac{1-预计净残值率}{预计使用年限} \tag{3-17}$$

$$月折旧率 = \frac{年折旧率}{12} \tag{3-18}$$

$$月折旧额 = 固定资产原值 \times 月折旧率 \tag{3-19}$$

年限平均法简便易行，但它忽视了固定资产在各期的实际使用情况。当固定资产在各期的实际使用情况较为均衡时，适宜采用此方法。

（2）工作量法。这是根据各期固定资产实际完成的工作量来计提折旧的一种方法。这里的工作量通常以工作小时或行驶里程等表示。其计算公式为：

$$单位工作量折旧额 = \frac{固定资产原值 \times (1-预计净残值率)}{预计可完成的工作量} \tag{3-20}$$

$$某月折旧额 = 该月实际完成的工作量 \times 单位工作量折旧额 \tag{3-21}$$

工作量法与年限平均法一样，都是平均法，或称直线法。两者的区别在于一个以使用的时间为依据，而另一个则以完成的工作量为依据。

工作量法重视固定资产的实际使用情况，将折旧额的确定与固定资产实际发挥的效能紧紧联系在一起，较好地体现了受益原则；但具体运用时，预计可完成的工作总量事先难以估计，并且分别按各种固定资产计算折旧，工作量很大。这种方法适用于价值很大、各期完成工作量不均衡的固定资产，如专用设备、运输设备等。

（3）年数总和法。这是将固定资产的原值减去净残值后的应计折旧额乘以一个逐年递减的折旧率来计算每年折旧额的一种方法。折旧率的分子为固定资产尚可使用的年数，分母为固定资产各年可使用年数的总和。其计算公式如下：

$$年折旧率 = \frac{尚可使用的年数}{各年可使用年数之和} \tag{3-22}$$

或

$$年折旧率 = \frac{折旧年限-已使用年限}{折旧年限 \times (折旧年限+1)/2} \tag{3-23}$$

$$月折旧率 = \frac{年折旧率}{12} \tag{3-24}$$

$$月折旧额 = (固定资产原值-预计净残值) \times 月折旧率 \tag{3-25}$$

［例 3-7］假设企业的一台设备原值为 30 000 元，预计净残值 2 000 元，预计使用年限为 5 年，则按年数总和法计算的各年折旧额如表 3-7 所示。

表 3-7　固定资产折旧计算表

金额单位：元

年份	原值－预计净残值	折旧率	当年折旧额	累计折旧额
1	28 000	5/15	9 333.33	9 333.33
2	28 000	4/15	7 466.67	16 800
3	28 000	3/15	5 600	22 400
4	28 000	2/15	3 733.33	26 133.33
5	28 000	1/15	1 866.67	28 000

（4）双倍余额递减法。这是在不考虑固定资产残值的情况下，根据每年年初固定资产账面余额和双倍的直线折旧率计算固定资产折旧额的一种方法。其计算公式为：

$$年折旧率＝\frac{2}{折旧年限} \qquad (3-26)$$

$$年折旧额＝年初固定资产账面净值×年折旧率 \qquad (3-27)$$

$$月折旧额＝\frac{年折旧额}{12} \qquad (3-28)$$

实行双倍余额递减法，应在固定资产折旧年限到期的前两年内，将固定资产净值扣除预计净残值后的净额平均摊销。

［例 3-8］沿用［例 3-7］，若采用双倍余额递减法，则各年折旧额的计算如表 3-8 所示。

表 3-8　固定资产折旧计算表

金额单位：元

年份	年初账面净值	折旧率	当年折旧额	累计折旧额
1	30 000	40%	12 000	12 000
2	18 000	40%	7 200	19 200
3	10 800	40%	4 320	23 520
4	6 480		2 240	25 760
5	4 240		2 240	28 000

采用年数总和法和双倍余额递减法计提折旧，其各年的折旧额均呈递减的趋势。两者的区别在于：年数总和法是因各年折旧率的递减而引起折旧额的递减，而双倍余额递减法是因各年基数（年初固定资产账面余额）的递减而引起折旧额的递减。这两种方法的运用，实质上是加快了固定资产的折旧速度，因此，年数总和法和双倍余额递减法都属于快速折旧法。

（二）折旧费用的分配

折旧费用的分配是指按照固定资产的用途将其折旧额计入产品成本和当期损益。

由于折旧费用在产品成本中所占的比重不大，一般不会为折旧费用专设成本项目，所以，生产产品所使用的固定资产折旧费，记入"制造费用"账户；另外，企业行政管理部门使用、销售部门使用以及对外出租的固定资产折旧费，分别记入"管理费用""销售费用"和"其他业务支出"账户。

如果企业只生产单一产品，其发生的所有生产费用全部由该种产品负担，一切费用均是直接计入该产品的费用，这时，生产产品所使用的固定资产折旧费可直接记入"生产成本"账户。

折旧费用的分配，是通过固定资产折旧费用分配表进行的。固定资产折旧费用分配表的格式如表 3-9 所示。

表 3-9　固定资产折旧费用分配表

年　月　　　　　　　　　　　　　　　　　　金额单位：元

应借账户	使用部门	上月计提折旧额	上月增加折旧额	上月减少折旧额	本月计提折旧额
制造费用	甲车间	8 750	960	240	9 470
制造费用	乙车间	6 180	600	350	6 430
管理费用	行政管理部门	4 600	300		4 900
销售费用	销售部门	800			800
其他业务支出	对外出租	500		150	350
合　计		20 830	1 860	740	21 950

根据固定资产折旧费用分配表，编制会计分录如下：

借：制造费用——甲车间　　　　　　　　　　　　　　　　9 470

　　　　　　——乙车间　　　　　　　　　　　　　　　　6 430

　　管理费用　　　　　　　　　　　　　　　　　　　　　4 900

　　销售费用　　　　　　　　　　　　　　　　　　　　　　800

　　其他业务支出　　　　　　　　　　　　　　　　　　　　350

　　贷：累计折旧　　　　　　　　　　　　　　　　　　　21 950

二、外购动力费用的核算

动力是企业生产中不可缺少的一个因素，它主要包括电力、热力、风力、蒸汽等。动力的获得可分为自制和外购两种。自制是由企业辅助生产车间制造，其费用在"生产成本——辅助生产成本"账户中核算，这部分内容将在本章第四节中专门介绍。这里只介绍外购动力费用的核算。

外购动力费用是指企业为从外部购入各种动力所支付的费用。

企业的外购动力可以有不同的用途，有的直接用于产品生产，例如，生产工艺用电力；有的间接用于产品生产，例如，生产车间照明用电力；有的则用于其他方面，例如，行政管理部门耗用的电力。对于动力费用，在有仪表记录的情况下，应该根据仪表记录所示耗用动力的数量进行分配；在没有仪表记录的情况下，可按生产工时的比例、机器功率时数（机器功率机器时数）的比例，或定额消耗量的比例分配。各车间、部门的动力用电和照明用电一般都分别装有电表，因此，外购电力费用在各车间、部门的动力用电和照明用电之间，一般按用电度数分配；车间中的动力用电，一般不能按产品分别安装电表，因而车间动力用电费在各种产品之间一般按产品的生产工时比例、机器工时比例、定额耗电量比例或其他比例分配。这里需要注意的是车间中的照明用电与动力用电不同，它只是有助于产品生产，但并不是直接用于产品生产，所以它应作为间接生产费用而记入"制造费用"账户。

企业发生的外购动力费用应当按照权责发生制原则予以确认，在企业发生动力费用的期间计入产品成本或当期损益。由于企业的外购动力（如电力、蒸汽）无法储存、直接消耗，所以不需要设置专门的会计科目进行归集，而只要在发生时根据电力公司等部门定期提供的账单金额采用适当的标准分配计入产品成本或当期损益便可。

对于计入产品成本的外购动力费用的核算，企业可以采用两种方法：一是在"基本生产成本"账户中专设"燃料与动力"成本项目，对燃料费用和动力费用（指的是非照明用动力）单独核算，产品生产耗用的动力费用如上面所述采用一定的标准分配计入各种产品的成本；二是不专设"燃料与动力"成本项目，发生的动力费用和车间照明费用都记入"制造费用"账户中的"水电费"项目，再通过制造费用的分配计入各种产品的成本。

[例3-9] 假如企业基本生产车间生产 A、B 两种产品，某月共耗电 15 000 度，单价为 0.75 元/度。该月基本生产车间耗用的机器工时总数为 8 000 小时，其中 A 产品 6 000 小时，B 产品 2 000 小时。则动力费用可按机器工时比例分配如下：

$$动力费用分配率 = \frac{15\,000 \times 0.75}{8\,000} = 1.406\,25$$

A 产品应负担的动力费用 = 6 000×1.406 25 = 8 437.50 （元）

B 产品应负担的动力费用 = 2 000×1.406 25 = 2 812.50 （元）

外购动力费用的分配，通常是通过编制外购动力费用分配表进行的。外购动力（电力）费用分配表的格式如表 3-10 所示。

表 3-10   外购动力（电力）费用分配表

年   月   金额单位：元

应借账户		成本（费用）项目	分配标准	分配率	分配额
生产成本	基本生产成本 A 产品	燃料和动力	6 000		8 437.50
	基本生产成本 B 产品	燃料和动力	2 000		2 812.50
	基本生产成本 小计		8 000	1.406 25	11 250
	辅助生产成本 机修车间	燃料和动力			1 500
	辅助生产成本 运输车间	水电费			350
	辅助生产成本 小计				1 850
制造费用	基本生产车间	水电费			500
管理费用		水电费			860
合 计					14 460

根据外购动力（电力）费用分配表，编制下列会计分录：

借：生产成本——基本生产成本　　　　　　　　　　　　　　　11 250
　　　　　　——辅助生产成本　　　　　　　　　　　　　　　1 850
　　制造费用　　　　　　　　　　　　　　　　　　　　　　　500
　　管理费用　　　　　　　　　　　　　　　　　　　　　　　860
　　贷：应付账款　　　　　　　　　　　　　　　　　　　　　　14 460

三、利息费用的核算

要素费用中的利息费用，是企业在生产经营过程中为进行债权性融资而支付的资金占用费，它根据借款本金和利率计算，这项支出不构成产品成本。利息费用按借款期的长短可分为短期借款利息费用和长期借款利息费用。

短期借款的利息费用一般按季支付，按照权责发生制，企业可以采用预提的方法分月按计划进行预提，季末实际支付时冲减预提费用。每月预提利息费用时，借记"财务费用"科目，贷记"应付利息"科目；季末实际支付利息费用时，借记"应付利息"科目，贷记"银行存款"科目。实际支付利息费用与预提利息费用的差额，调整计入季末月份的财务费用。当实际费用大于预提费用时，用蓝字补加其差额，当实际费用小于预提费用时，用红字冲减其差额。如果利息费用数额不大，为了简化核算也可以不采用预提的方法，而将季末实际支付的利息全部计入当月的财务费用，借记"财务费用"科目，贷记"银行存款"科目。

长期借款的利息费用一般是按年度核算，即于年末结算利息，并按照借款费用会计准则的要求确定利息费用的费用化部分和资本化部分。每年计算应付利息时，借记"财务费用"或"在建工程"科目，贷记"长期借款"科目；到期还本付息时，借记"长期借款"科目，贷记"银行存款"等科目。

四、税金的核算

要素费用中的税金，是指应计入管理费用的各项税金，如印花税、房产税、车船税和城镇土地使用税等。这些税金不构成产品成本，而是列入期间费用。

在这些税金中，有的需要预先计算应交金额，然后再缴纳；有的不需要预先计算应交金额，在发生时直接缴纳。对于不需要预先计算应交金额的税金，如印花税，购买时（即实际缴纳时），借记"管理费用"科目，贷记"银行存款"科目。对于需要预先计算应交金额然后再缴纳的税金，如房产税、车船税和城镇土地使用税等，应通过"应交税费"账户核算，预先计算出应交金额时，借记"管理费用"科目，贷记"应交税费"科目；实际缴纳税金时，借记"应交税费"科目，贷记"银行存款"等科目。

五、其他费用的核算

其他费用是指除上述各项费用以外的费用，包括差旅费、邮电费、保险费、劳动保护费、运输费、办公费、水电费、技术转让费、业务招待费等。这些费用有的是产品成本的组成部分，有的则是经营管理费用的组成部分。即使是计入产品成本的各项费用，也没有专门设立成本项目。因此，这些费用发生时，应根据有关的付款凭证，按照费用的用途进行分类，分别借记"制造费用""辅助生产成本""管理费用""销售费用"科目，贷记"银行存款"等科目。

第四节　辅助生产费用的核算

一、辅助生产费用核算概述

企业的生产车间按照其生产职能的不同，可以分为基本生产车间和辅助生产车间。基本生产车间以直接生产各种对外销售的产品为主要任务，是企业的主要生产单位；辅助生产车间主要为基本生产车间和行政管理等部门提供各种产品和劳务，是企业的辅助生产单位。辅助生产车间在产品生产和劳务提供过程中所耗费的各种生产费用以产品或劳务为对象来归集，就构成了这些产品和劳务的成本，即辅助生产成本。但是，对于耗用这些产品或劳务的基本生产产品和各车间、部门来说，这些辅助生产产品和劳务的成本又是一种费用，即辅助生产费用。

辅助生产产品和劳务成本的高低，对于基本生产产品成本和经营管理费用的水平有着很大的影响。同时，只有辅助生产产品和劳务的成本确定以后，才能着手计算基本生产产品的成本。因此，正确、及时地进行辅助生产费用的归集和分配，对于节约费用、降低成本，以及正确并及时地计算企业基本生产产品的成本，都有着重要的意义。

由于不同类型的辅助生产车间，其费用在归集的程序上与分配（或结转）的方法上都不尽相同，因此，区分不同类型的辅助生产车间是正确组织辅助生产费用核算的前提。企业的辅助生产车间按其生产产品和提供劳务的种类多少，可分为两种类型：一类是只生产一种产品或只提供一种劳务的辅助生产车间，如供电、供水、供汽、机修、运输等。这类辅助生产车间称为单品种的辅助生产车间。另一类是生产多种产品或提供多种劳务的辅助生产车间，如从事工具、模具、刃具、夹具和修理用备件等制造的辅助生产车间。这类辅助生产车间称为多品种的辅助生产车间。通常单品种的辅助生产车间提供劳务，多品种的辅助生产车间生产产品。

辅助生产费用的核算是通过"生产成本——辅助生产成本"账户进行的，该账户是一个成本计算账户，其借方反映为进行辅助生产而发生的一切耗费，既包括各辅助生产车间发生的直接费用，也包括各辅助生产车间为组织和管理生产活动而发生的各种间接费用，还包括在辅助生产车间相互提供劳务的情况下，各受益的辅助生产车间从供应劳务的辅助生产车间分配转入的劳务费用。"生产成本——辅助生产成本"账户的贷方反映辅助生产费用的分配或结转。对单品种辅助生产车间而言，"生产成本——辅助生产成本"账户的贷方登记各辅助生产车间向基本生产车间、行政管理部门、其他辅助生产车间等各受益部门分配转出的劳务成本；对多品种辅助生产车间而言，"生产成本——辅助生产成本"账户的贷方登记完工入库的工具、刃具、模具、夹具及修理用备件生产成本的结转数。"生产成本——辅助生产成本"账户除了在多品种辅助生产车间在产品结存时有期末余额以外，在单品种辅助生产车间，一般无余额。

二、辅助生产费用的归集

辅助生产费用的归集是指对各辅助生产车间在产品生产和劳务提供过程中所发生的各项生产费用的账务处理。辅助生产费用的归集反映在会计分录上均为借记"生产成本——辅助生产成本"，但其归集的程序因辅助生产车间类型的不同而有所不同。

在单品种辅助生产车间，由于发生的各种费用都是该车间所提供劳务的直接费用，所以只需将车间内发生的全部费用按车间分别进行归集，即可计算出该车间该种劳务的总成本。而多品种辅助生产车间发生的各种费用在归集时就要区分直接费用和间接费用，发生的费用如能分清是哪一种工具、刀具、模具、夹具或修理用备件所耗用的，即为直接费用，可直接计入该种工具、刀具、模具、夹具或修理用备件的成本，至于辅助生产车间为组织和管理生产活动所发生的各项费用，就是间接费用，不能直接计入成本。因此，多品种的辅助生产车间除了需要分别按不同的工具、刀具、模具、夹具和修理用备件归集其耗用的直接费用外，还需按辅助生产车间分别归集间接费用，月终再将归集的间接费用采用一定的标准和方法进行分配，然后才计入各种工具、刀具、模具、夹具和修理用备件的成本。也就是说，在多品种的辅助生产车间，由于发生的间接费用（共同费用）无法直接记入按产品品种分别设置的辅助生产成本明细账中，所以需要为这些辅助生产车间设置"制造费用"总账，借以归集各项间接费用，然后通过分配转入"生产成本——辅助生产成本"账户，以计入辅助生产产品的成本；而在单品种的辅助生产车间，由于发生的一切费用均由该一种产品或劳务单独负担，所以就无须为这些辅助生产车间设置"制造费用"总账，费用发生时，只要直接记入"生产成本——辅助生产成本"账户便可。

辅助生产成本明细账的设置及其格式与辅助生产类型也有直接的关系。对于只提供一种劳务的单品种辅助生产车间，可按车间分别设置辅助生产成本明细账，并按管理要求在明细账内设置相应的项目。其格式见表 3-11。对于生产多种产品的多品种辅助生产车间，应按产品的品种分别设置辅助生产成本明细账，在明细账内按规定的项目（一般包括直接材料、直接人工、制造费用）开设专栏。其格式见表 3-12。

表 3-11　生产成本——辅助生产成本明细账

车间：　　　　　　　　　　　　　产品或劳务名称：　　　　　　　　金额单位：元

年		凭证号数	摘要	原材料	燃料及动力	工资及福利费	办公费	折旧费	修理费	保险费	水电费	运输费	机物料消耗	其他	合计
月	日														
		合计														

表 3-12   生产成本——辅助生产成本明细账

车间：   产品或劳务名称：   金额单位：元

年		凭证号数	摘要	直接材料	直接人工	制造费用	合计
月	日						
		合计					

　　辅助生产成本明细账应根据"材料费用分配表""工资及职工福利费分配表""折旧费用分配表"以及其他有关原始凭证进行登记。在辅助生产车间之间相互提供劳务的情况下，还需根据"辅助生产费用分配表"登记。在单品种辅助生产车间里，所有费用应按其经济性质登记在按车间设置的明细账的相应专栏内。在多品种辅助生产车间里，所有费用应区分直接费用和间接费用，因产品生产直接耗用的材料、生产工人工资及计提的职工福利费，应直接记入按产品品种设置的明细账的"直接材料""直接人工"项目内。至于发生的间接费用应先记入按车间设置的"制造费用"明细账的各相应专栏内，月终将归集的间接费用在各产品间进行分配，并进而登记在按产品品种设置的明细账的"制造费用"项目内。

　　辅助生产费用归集的总分类核算，以会计分录反映如下：

借：生产成本——辅助生产成本

　　贷：原材料

　　　　低值易耗品

　　　　材料成本差异

　　　　应付职工薪酬

　　　　累计折旧

　　　　银行存款等

三、辅助生产费用的分配

　　辅助生产费用的分配是指将归集在"生产成本——辅助生产成本"账户借方的辅助生产费用，按照一定的方法从该账户贷方进行结转与分配的账务处理过程。由于形成企业存货的辅助生产产品，即多品种辅助生产车间的产品，其成本计算与结转方法与基本生产产品的成本计算与结转方法相同，而基本生产产品的成本计算与结转方法将在后面有关章节中详细阐述，所以为避免重复，本节只着重介绍提供劳务的单品种辅助生产车间的费用分配。

　　与其他费用的分配一样，进行辅助生产费用的分配，也必须注意科学性与实用性。所谓科学性就是指分配方法与标准的确定要科学，要使费用分配的结果能较好地体现费用发生的实际情况。所谓实用性就是指分配方法要简便易行，分配标准的资料要比较容易取得。如一味地追求方法的科学、结果的精确而将辅助生产费用的分配搞得非常烦琐复杂，不仅实务中难以运用，而且也可能违背成本效益原则。由于辅助生产车间是为企业其他部门提供劳务的部门，所以，通常认为辅助生产费用应按受益原则进行分配：谁受益谁负担费用，多受益多负担费用，少受益少负担费用。按受益原则分配不仅结果合理，而且资料的取得也非常方便。可以认为，受益原则是科学性与实用性在辅助生产费用分配中的完美结合。

按受益原则分配辅助生产费用的基本计算公式为：

$$辅助生产费用分配率 = \frac{待分配的辅助生产费用}{承担费用的各受益对象的受益总量} \qquad (3-29)$$

$$某受益对象应负担的辅助生产费用 = 该受益对象的受益量 \times 辅助生产费用分配率 \qquad (3-30)$$

从上述公式中可以看出，某受益对象应负担的辅助生产费用额的大小，取决于劳务的受益量与劳务的单位成本（即费用分配率）。

在确定各受益对象的劳务受益量时，应注意计量工具的准确与原始记录的完整。凡能用仪器、仪表计量的，如供水、供电、供汽等，可按仪器、仪表的抄见数确定各受益对象的受益量；运输车队可按汽车行驶的里程和载重的吨位，即以吨·公里①为计量单位，根据汽车里程表的指数和该汽车的吨位确定各受益对象的受益量。对于无法使用仪器、仪表计量的，如机修车间，则应确定合理的计量单位，如修理的实用工时等。同时要加强对原始记录的管理，以保证受益量资料的正确性。至于劳务的单位成本，应根据不同的辅助生产费用分配方法分别确定。

辅助生产费用的分配必须按车间分别进行。辅助生产费用分配通常也是通过编制"辅助生产费用分配表"进行的，该分配表不仅起到辅助生产费用分配计算的作用，而且也是各受益对象负担辅助生产费用并据以入账的依据。

辅助生产车间除为基本生产车间和行政管理部门提供劳务外，有时可能也为其他辅助生产车间提供劳务，这时，辅助生产车间既是劳务提供者，又是劳务受益者，辅助生产费用的分配也将因此变得复杂起来。对此情况，实务中有两类处理方法：一类是不考虑辅助生产车间之间相互提供劳务的实际情况，将辅助生产车间直接发生的费用全部分配给非辅助生产车间的各受益对象；另一类是充分体现受益原则，将辅助生产费用在全部的各受益对象之间进行分配，这就会出现辅助生产费用在"生产成本——辅助生产成本"账户间转入、转出的情况。

辅助生产费用分配时，常用的方法有以下几种。

（一）直接分配法

直接分配法，是指对各辅助生产车间发生的费用，直接分配给辅助生产车间以外的受益对象，而不考虑各辅助生产车间之间相互提供劳务情况的一种分配方法。在这种方法下，确定辅助生产费用分配率时，需将各辅助生产车间之间相互提供的劳务量予以剔除。其分配的计算公式为：

$$辅助生产费用分配率 = \frac{辅助生产车间直接发生的费用}{辅助生产车间以外的各受益对象的受益总量} \qquad (3-31)$$

$$辅助生产车间以外的各受益对象应负担的辅助生产费用 = 该受益对象的受益量 \times 辅助生产费用分配率 \qquad (3-32)$$

---

① 1 吨 = 1 000 千克，1 公里 = 1 000 米。

[例 3-10] 假定某企业设有供电、供水两个辅助生产车间，本月各车间直接发生的费用为：供电车间 48 000 元，供水车间 27 000 元。其供应对象和数量的有关资料如表 3-13 所示。

表 3-13   供应资料表

供应对象	供电量（度）	供水量（吨）
供电车间		6 000
供水车间	12 000	
基本生产车间：		
A 产品耗用	42 000	13 200
管理耗用	7 800	2 800
行政管理部门	10 200	2 000
合 计	72 000	24 000

根据上列资料，编制直接分配法下的辅助生产费用分配表如表 3-14 所示。

表 3-14   辅助生产费用分配表（直接分配法）

金额单位：元

辅助生产车间名称			供电	供水	金额合计
待分配费用			48 000	27 000	75 000
供应辅助生产车间以外单位的劳务总量			60 000（度）	18 000（吨）	
费用分配率			0.80	1.50	
基本生产车间耗用	A 产品耗用	数量	42 000（度）	13 200（吨）	
		金额	33 600	19 800	53 400
	管理耗用	数量	7 800（度）	2 800（吨）	
		金额	6 240	4 200	10 440
行政管理部门耗用		数量	10 200（度）	2 000（吨）	
		金额	8 160	3 000	11 160
分配总额合计			48 000	27 000	75 000

根据上列辅助生产费用分配表，编制会计分录如下：

借：生产成本——基本生产成本——A 产品 　　　　　　　　　　　53 400
　　制造费用 　　　　　　　　　　　　　　　　　　　　　　　10 440
　　管理费用 　　　　　　　　　　　　　　　　　　　　　　　11 160
　　贷：生产成本——辅助生产成本——供电车间 　　　　　　　　　　48 000
　　　　　　　　　　　　　　　——供水车间 　　　　　　　　　　27 000

采用直接分配法分配辅助生产费用，计算手续比较简单，但这一方法没有考虑各辅助生产车间之间相互提供劳务的情况，因而其分配结果的准确性不高。直接分配法一般适宜在辅助生产车间内部相互提供劳务不多、不进行费用的交互分配对辅助生产成本和基本生产车间的产品成本影响不大的情况下采用。

（二）交互分配法

采用交互分配法，需对辅助生产车间的费用进行两次分配。首先，根据各辅助生产车间相互提供劳务数量和交互分配前的单位成本（费用分配率），在各辅助生产车间之间进行一次交互分配，即对内分配；然后，将各辅助生产车间交互分配后的实际费用（交互分配前直接发生的费用加上交互分配转入的费用，减去交互分配转出的费用），再按提供劳务的数量和交互分配后的单位成本（费用分配率），在辅助生产车间以外的各受益对象之间进行分配，即对外分配。

其有关的计算公式为：

（1）交互分配的计算公式。

$$\text{辅助生产费用分配率（某项劳务的单位成本）} = \frac{\text{辅助生产车间直接发生的费用}}{\text{辅助生产车间提供的劳务总量}} \qquad (3-33)$$

某辅助生产车间应负担的辅助生产费用＝该辅助生产车间受益的劳务数量×该项劳务的单位成本　　　　　　　　　　　　　　　　　　　　　　　（3-34）

（2）对外分配的计算公式。

$$\text{辅助生产费用分配率} = \frac{\text{交互分配后的实际费用}}{\text{辅助生产车间以外的各受益对象的受益总量}} \qquad (3-35)$$

辅助生产车间以外的各受益对象应负担的辅助生产费用＝该受益对象的受益量×辅助生产费用分配率　　　　　　　　　　　　　　　　　　　　　　　（3-36）

[**例 3-11**] 仍依据 [例 3-10] 的资料，按交互分配法编制的辅助生产费用分配表如表 3-15 所示。

表 3-15　辅助生产费用分配表（交互分配法）

金额单位：元

项　　目			交互分配			对外分配		
辅助生产车间名称			供电	供水	合计	供电	供水	合计
待分配费用			48 000	27 000	75 000	46 750	28 250	75 000
劳务供应量			72 000（度）	24 000（吨）	/	60 000（度）	18 000（吨）	/
费用分配率（单位成本）			0.666 7	1.125	/	0.779 2	1.569 4	/
辅助生产车间耗用	供电车间	数量		6 000（吨）	/			
		金额		6 750	6 750			
	供水车间	数量	12 000（度）		/			
		金额	8 000		8 000			
基本生产车间耗用	A 产品耗用	数量				42 000（度）	13 200（吨）	/
		金额				32 726	20 716	53 442
	管理耗用	数量				7 800（度）	2 800（吨）	/
		金额				6 078	4 394	10 472
行政管理部门耗用		数量				10 200（度）	2 000（吨）	/
		金额				7 946*	3 140*	11 086
分配金额合计			8 000	6 750	14 750	46 750	28 250	75 000

注：*为倒挤数。

在上列辅助生产费用分配表中，对外分配的待分配费用可按下式计算：

供电车间：48 000+6 750−8 000=46 750（元）

供水车间：27 000+8 000−6 750=28 250（元）

对外分配所依据的劳务数量可按下式计算：

供电车间：42 000+7 800+10 200=60 000（度）

供水车间：13 200+2 800+2 000=18 000（吨）

根据辅助生产费用分配表，编制会计分录如下：

交互分配的会计分录：

借：生产成本——辅助生产成本——供电车间	6 750
——供水车间	8 000
贷：生产成本——辅助生产成本——供电车间	8 000
——供水车间	6 750

对外分配的会计分录：

借：生产成本——基本生产成本——A 产品	53 442
制造费用	10 472
管理费用	11 086
贷：生产成本——辅助生产成本——供电车间	46 750
——供水车间	28 250

采用交互分配法，由于对辅助生产车间内部相互提供的劳务进行了交互分配，因而提高了分配结果的准确性。但由于这种方法需要进行两次分配，对各种辅助生产费用都要计算两个分配率，因而计算工作量有所增加。

（三）计划成本分配法

采用计划成本分配法，同样需要对辅助生产车间的费用分两次处理。第一步，按照劳务的计划单位成本在全部的受益对象（既包括辅助生产车间以外的受益对象，也包括受益的其他辅助生产车间）之间同时进行费用分配；第二步，计算辅助生产成本差异，并将差异分配给辅助生产车间以外的各受益对象。为了简化分配工作，也可将辅助生产成本差异全部计入管理费用。

其有关的计算公式为：

各受益对象应负担的辅助生产费用=各该受益对象的受益量×劳务的计划单位成本

（3-37）

辅助生产车间成本差异=辅助生产车间直接发生的费用+交互分配转入的费用−

按计划单位成本分配转出的总费用　　　　（3-38）

或　辅助生产车间成本差异=辅助生产车间实际总成本−辅助生产车间计划总成本

（3-39）

[例 3-12] 沿用 [例 3-10] 的资料，并假设电和水的计划单位成本分别为 0.75 元/度和 1.20 元/吨，则可编制计划成本分配法下的辅助生产费用分配表，见表 3-16。

表 3-16　辅助生产费用分配表（计划成本分配法）

金额单位：元

项目		供电车间		供水车间		金额合计
		数量（度）	金额	数量（吨）	金额	
待分配的费用和数量		72 000	48 000	24 000	27 000	75 000
计划单位成本			0.75		1.20	/
辅助生产车间	供电车间			6 000	7 200	7 200
	供水车间	12 000	9 000			9 000
基本生产车间	A 产品耗用	42 000	31 500	13 200	15 840	47 340
	管理耗用	7 800	5 850	2 800	3 360	9 210
行政管理部门		10 200	7 650	2 000	2 400	10 050
按计划单位成本分配合计		72 000	54 000	24 000	28 800	82 800
辅助生产实际成本			55 200		36 000	91 200
辅助生产成本差异			1 200		7 200	8 400

在辅助生产费用分配表中，辅助生产实际成本的计算过程为：

供电车间实际成本：48 000+7 200＝55 200（元）

供水车间实际成本：27 000+9 000＝36 000（元）

辅助生产成本差异的计算过程为：

供电车间成本差异：55 200-54 000＝1 200（元）

供水车间成本差异：36 000-28 800＝7 200（元）

根据辅助生产费用分配表，编制会计分录如下：

按计划成本分配：

借：生产成本——辅助生产成本——供电车间　　　　　　　　　　　7 200

　　　　　　　　　　　　　——供水车间　　　　　　　　　　　9 000

　　　——基本生产成本——A 产品　　　　　　　　　　　47 340

　　制造费用　　　　　　　　　　　　　　　　　　　　　　　　9 210

　　管理费用　　　　　　　　　　　　　　　　　　　　　　　　10 050

　　贷：生产成本——辅助生产成本——供电车间　　　　　　　　　　　54 000

　　　　　　　　　　　　　　——供水车间　　　　　　　　　　　28 800

将辅助生产成本差异转入管理费用：

借：管理费用　　　　　　　　　　　　　　　　　　　　　　　　8 400

　　贷：生产成本——辅助生产成本——供电车间　　　　　　　　　　　1 200

　　　　　　　　　　　　　　——供水车间　　　　　　　　　　　7 200

采用计划成本分配法，由于劳务的计划单位成本是早已确定的，不必单独计算费用分配率，因而简化了费用的分配工作。同时，通过对辅助生产成本差异的计算，还能反映辅助生产车间成本计划的执行情况。另外，若将辅助生产成本差异全部计入管理费用，则各受益对象所负担的劳务费用便不包括辅助生产成本差异因素，因而还便于分析和考核各受益对象的成本，有利于分清企业内部各单位的经济责任。但是，采用这种分配法，要求所确定的辅助生产劳务的计划单位成本比较准确。

（四）代数分配法

代数分配法，是指按照辅助生产劳务的实际单位成本在全部的各受益对象之间同时进行费用分配的一种方法。其中，劳务的实际单位成本又是根据各辅助生产车间提供的劳务总量、相互提供的劳务量和直接发生的费用，通过解多元一次方程组求出。

其有关的计算公式为：

各受益对象应负担的辅助生产费用＝各受益对象的受益量×劳务的实际单位成本

$$(3-40)$$

其中，劳务的实际单位成本通过列方程求得。方程的平衡原理为：

辅助生产车间直接发生的费用＋受益的劳务数量×受益劳务的实际单位成本

＝提供的劳务总量×提供劳务的实际单位成本 $(3-41)$

[例3-13] 仍以 [例3-10] 的资料为例，并假定每度电的实际单位成本为 x，每吨水的实际单位成本为 y，则可建立下列二元一次方程组：

$$\begin{cases} 48\,000+6\,000y=72\,000x \\ 27\,000+12\,000x=24\,000y \end{cases}$$

解之得：

$$x=0.793\,5$$
$$y=1.521\,7$$

然后编制辅助生产费用分配表，见表3-17。

表3-17   辅助生产费用分配表（代数分配法）

金额单位：元

辅助生产车间名称			供电	供水	金额合计
待分配费用			48 000	27 000	75 000
劳务供应总量			72 000（度）	24 000（吨）	／
实际单位成本			0.793 5	1.521 7	／
辅助生产车间耗用	供电车间	数量		6 000（吨）	／
		金额		9 130	9 130
	供水车间	数量	12 000（度）		／
		金额	9 522		9 522
基本生产车间耗用	A产品耗用	数量	42 000（度）	13 200（吨）	／
		金额	33 327	20 086	53 413
	管理耗用	数量	7 800（度）	2 800（吨）	／
		金额	6 189	4 261	10 450
行政管理部门耗用		数量	10 200（度）	2 000（吨）	／
		金额	8 094	3 043	11 137
分配金额合计			57 132	36 520	93 652

根据辅助生产费用分配表，编制会计分录如下：

借：生产成本——辅助生产成本——供电车间　　　　　　　　　9 130

　　　　　　　　　　　　——供水车间　　　　　　　　　　　9 522

　　　　　　——基本生产成本——A 产品　　　　　　　　　 53 413

　　制造费用　　　　　　　　　　　　　　　　　　　　　　10 450

　　管理费用　　　　　　　　　　　　　　　　　　　　　　11 137

贷：生产成本——辅助生产成本——供电车间　　　　　　　 57 132

　　　　　　　　　　　　——供水车间　　　　　　　　　　 36 520

采用代数分配法分配费用，结果准确，但由于其实际单位成本是根据解方程组的原理算出来的，若辅助生产车间较多，则未知数较多，计算工作比较烦琐复杂，因此，这种方法在已经实现电算化的企业中采用比较适宜。

（五）顺序分配法

顺序分配法也称梯形分配法，采用这一分配法，各辅助生产车间的费用分配按辅助生产车间的受益顺序依次进行，受益少的排列在前，先将费用分配出去，受益多的排列在后，后将费用分配出去。这样，排列在第二位和以后各位的辅助生产车间应分配的费用额就由两部分组成，一部分是本车间直接发生的费用，另一部分是从排列在前面的辅助生产车间分配转入的费用。

[例 3-14] 假设某企业有供电、供水、供气三个辅助生产车间，供电车间耗用水和气都较少，供水车间耗用气较少但耗用电较多，供气车间耗用电和水都较多。因而，可以按供电、供水、供气的顺序排列，顺序分配有关费用。假定本期供电车间直接发生的费用 51 600 元，共供电 64 500 度，供水车间直接发生的费用 36 000 元，共供水 45 000 吨，供气车间直接发生的费用 53 400 元，共供气 6 000 吨。其他有关资料及采用顺序分配法的分配情况见表 3-18。

表 3-18　辅助生产费用分配表（顺序分配法）

金额单位：元

项目	分配率	受益单位						合计
		辅助生产车间			基本生产车间		企业行政管理部门	
		供电	供水	供气	一车间	二车间		
提供的劳务量		64 500（度）	45 000（吨）	6 000（吨）				／
直接发生的费用		51 600	36 000	53 400				141 000
用电量（度）			12 600	6 300	14 400	25 500	5 700	64 500
分配的电费	0.80		10 080	5 040	11 520	20 400	4 560	51 600
用水量（吨）				1 500	18 000	25 350	150	45 000
分配的水费	1.024			1 536	18 432	25 958	154	46 080
用气量（吨）					2 400	3 600		6 000
分配的气费	9.996				23 990	35 986		59 976
费用合计		51 600	46 080	59 976	53 942	82 344	4 714	141 000

表 3-18 中，各分配率由下式求得：

$$\frac{51\ 600}{64\ 500}=0.80$$

$$\frac{36\ 000+10\ 080}{45\ 000}=1.024$$

$$\frac{53\ 400+5\ 040+1\ 536}{6\ 000}=9.996$$

根据辅助生产费用分配表，编制会计分录如下：

① 借：生产成本——辅助生产成本——供水车间　　　　　　10 080

　　　　　　　　　　　　　　　　　　——供气车间　　　　　　 5 040

　　 贷：生产成本——辅助生产成本——供电车间　　　　　　　　　 15 120

② 借：生产成本——辅助生产成本——供气车间　　　　　　 1 536

　　 贷：生产成本——辅助生产成本——供水车间　　　　　　　　　　1 536

③ 借：制造费用——一车间　　　　　　　　　　　　　　　53 942

　　　　　　　——二车间　　　　　　　　　　　　　　　82 344

　　　管理费用　　　　　　　　　　　　　　　　　　　　 4 714

　　 贷：生产成本——辅助生产成本——供电车间　　　　　　　　　 36 480

　　　　　　　　　　　　　　　　　　——供水车间　　　　　　　　 44 544

　　　　　　　　　　　　　　　　　　——供气车间　　　　　　　　 59 976

　　采用顺序分配法分配辅助生产费用，也能够解决辅助生产车间之间相互提供劳务的费用分配问题，与其他分配方法的不同之处在于，它不是在所有辅助生产车间之间都进行费用的交互分配，而是将费用分配给受益量多的辅助生产车间。采用这种分配方法时，由于排列在前面的辅助生产车间不负担排列在后面的辅助生产车间的费用，使得费用的交互分配不全面、不充分，因而分配结果的准确性就会受到影响，同时，辅助生产车间的排列顺序也较难确定，这也使它的使用受到一定程度的限制。顺序分配法只宜在各辅助生产车间之间相互提供的劳务量有明显的数量差异从而能够确定其顺序的企业中采用。

第五节　制造费用的核算

一、制造费用核算概述

　　制造费用是指工业企业为生产产品（或提供劳务）而发生的、应该计入产品成本但没有专设成本项目的各项生产费用。

　　制造费用大部分是间接用于产品生产的费用，例如，机物料消耗，车间生产用房屋及建筑物的折旧费，车间生产用的照明费、取暖费、运输费、劳动保护费，以及季节性停工损失等。

　　制造费用还包括直接用于产品生产，但管理上不要求或者核算上不便于单独核算，因而没有专设成本项目的费用，例如，机器设备的折旧费，生产工具摊销，设计制图费和试验检验费等。生产工艺用动力如果没有专设成本项目，也包括在制造费用中。

此外，制造费用还包括车间用于组织和管理生产活动的费用。这些费用虽然具有管理费用的性质，但由于车间是企业从事生产活动的单位，它的管理费用与制造费用很难严格划分，为了简化核算工作，也作为制造费用核算。这些费用有：生产车间管理人员的工资等职工薪酬，车间管理用房屋和设备的折旧费，车间管理用具摊销，车间管理用的照明费、水费、取暖费、差旅费和办公费等。如果企业的组织机构分为车间、分厂和总厂等若干层次，则分厂也与车间相似，也是企业的生产单位，因而分厂用于组织和管理生产的费用，也作为制造费用核算。企业行政管理部门为组织和管理生产经营活动而发生的管理费用，应当作为期间费用，记入"管理费用"科目，不属于制造费用。

制造费用由于大多是与产品的生产工艺没有直接联系，而且一般是间接计入费用，因而不能或不便于按照产品制定定额，而只能按照车间、部门和费用项目，按年、季、月编制制造费用计划加以控制。成本核算时，通过制造费用的归集和分配，反映并监督制造费用计划的执行情况，并将费用正确、及时地计入各有关产品的成本。

制造费用的内容比较复杂，为了减少费用项目，简化核算工作，制造费用的费用项目不按直接用于产品生产、间接用于产品生产以及用于组织、管理生产划分，而是将具有相同内容的费用合并设立相应的费用项目，例如，将各类固定资产（既包括直接用于产品生产的固定资产，也包括间接用于产品生产的固定资产）的折旧费合并设立一个"折旧费"项目等。制造费用的费用项目一般应该包括：机物料消耗、职工薪酬、折旧费、水电费、取暖费、运输费、劳动保护费、设计制图费、试验检验费、差旅费、办公费、在产品盘亏、毁损和报废（减盘盈）以及季节性停工损失等。

因为工业企业的生产部门按其生产职能不同可以分为基本生产部门和辅助生产部门两类，因此，制造费用一般按其发生的生产部门分类，划分为基本生产制造费用和辅助生产制造费用两类。基本生产制造费用是指企业基本生产车间为生产产品（或提供劳务）而发生，应该计入产品成本但没有专设成本项目的各项生产费用，例如，机物料消耗、职工薪酬以及车间的折旧费等。基本生产制造费用是车间产品成本的重要组成部分，应该按照管理的要求分别设立若干费用项目进行计划和核算，归类反映各项费用的计划执行情况，月末应选用适当的分配标准，将制造费用分配转入车间的产品成本中。辅助生产制造费用是企业辅助生产车间为生产辅助产品（或提供劳务）而发生，应该计入产品成本但没有专设成本项目的各项生产费用，这部分费用一般不能直接计入辅助生产部门的产品成本或劳务成本中，而应单独分类归集并在本月末采用适当分配标准转入辅助部门的产品和劳务成本。

制造费用的核算，是通过设置"制造费用"总账科目进行的。本科目核算企业生产车间（部门）为生产产品和提供劳务而发生的各项间接费用。该科目的借方登记发生的制造费用，贷方登记分配计入有关成本核算对象的制造费用。

"制造费用"科目不仅核算基本生产车间的制造费用，而且核算辅助生产车间的制造费用。该科目应按不同的车间、部门设立明细账，账内按照费用项目设立专栏或专行，分别反映各车间、部门各项制造费用的发生情况。制造费用明细账应该根据有关的付款凭证、转账凭证和各种要素费用分配表进行登记。制造费用明细账的格式见表3-19。

表 3-19　制造费用明细账

第一生产车间　　　　　　　　　　　　　　　　　　　　　　　　　　　金额单位：元

月	日	凭证号	摘要	职工薪酬	办公费	机物料	水电费	折旧费	运输费	劳动保护费	其他支出	小计	转出	余额
3	31	略	分配材料费用			1 696				2 400		4 096		
	31		分配职工薪酬	1 300								1 300		
	31		提取折旧					12 000				12 000		
	31		分配其他费用		4 468		3 128		3 500		604	11 700		
	31		分配辅助生产费用		496		530					1 026		
	31		本月合计	1 300	4 964	1 696	3 658	12 000	3 500	2 400	604	30 122		
			本月转出										30 122	

二、制造费用的归集

制造费用发生时，根据有关的付款凭证、转账凭证和前述各种费用分配表，记入"制造费用"科目的借方，并视具体情况，分别记入"原材料""应付职工薪酬""累计折旧""银行借款"等科目的贷方。期末按照一定的标准进行分配时，从该科目的贷方转出，记入"生产成本——基本生产成本"等科目的借方。辅助生产车间发生的费用，如果辅助生产的制造费用是通过"制造费用"科目核算的，应比照基本生产车间发生的费用核算；如果辅助生产的制造费用不通过"制造费用"科目核算，则应全部借记"生产成本——辅助生产成本"总账科目，并记入有关的辅助生产成本明细账相应的成本或费用项目。

发生的制造费用，应按月分别归集在"制造费用"账户的借方，具体而言：

（1）生产车间发生的机物料消耗，借记本科目，贷记"原材料"等科目。

（2）发生的生产车间管理人员的工资等职工薪酬，借记本科目，贷记"应付职工薪酬"科目。

（3）生产车间计提的固定资产折旧，借记本科目，贷记"累计折旧"科目。

（4）生产车间支付的办公费、水电费等，借记本科目，贷记"银行存款"等科目。

（5）发生季节性的停工损失，借记本科目，贷记"原材料""应付职工薪酬""银行存款"等科目。

制造费用归集的账务处理与制造费用的组成内容有关，制造费用组成内容不同，其归集的账务处理也不一样。

[例3-15]以表3-19为例，说明制造费用归集的账务处理。

（一）材料费用的归集

各基本生产车间在领用一般耗用的材料时，应按规定办理领料手续、填制领料凭证，月终企业根据领料凭证进行分类汇总，编制材料费用分配表。月末，根据"材料费用分配表"将本月材料费用记入"制造费用"总账及其明细账户。本例会计分录如下：

借：制造费用　　　　　　　　　　　　　　　　　　　　　4 096

　　贷：原材料　　　　　　　　　　　　　　　　　　　　　　　4 096

（二）生产车间管理人员的工资等职工薪酬的归集

生产车间管理人员的工资等职工薪酬的计算通过编制工资结算单进行。月终，企业根据工资结算单或工资结算汇总表编制工资费用分配表，并根据"工资费用分配表"归集制造费用中的人工费用。本例会计分录如下：

借：制造费用　　　　　　　　　　　　　　　　　　　　　1 300

　　贷：应付职工薪酬　　　　　　　　　　　　　　　　　　　　1 300

（三）折旧费用的归集

对于折旧费用的归集，一般需要编制折旧计算汇总表。月末，应根据各个车间编制的"折旧计算汇总表"将本月折旧费用记入"制造费用"总账及其明细账。本例会计分录如下：

借：制造费用　　　　　　　　　　　　　　　　　　　　　12 000

　　贷：累计折旧　　　　　　　　　　　　　　　　　　　　　　12 000

（四）其他制造费用的归集

其他制造费用的归集主要根据有关付款凭证及其汇总表和其他原始凭证进行归集。

借：制造费用　　　　　　　　　　　　　　　　　　　　　11 700

　　贷：银行存款（或库存现金）　　　　　　　　　　　　　　　11 700

（五）辅助生产费用的归集

月末，应根据"辅助生产费用分配表"将应计入制造费用的费用记入"制造费用"总账及其明细账。本例会计分录如下：

借：制造费用　　　　　　　　　　　　　　　　　　　　　1 026

　　贷：生产成本——辅助生产成本　　　　　　　　　　　　　　1 026

三、制造费用的分配

（一）制造费用分配的程序

本期实际发生的制造费用归集汇总后，应于期末将其按一定的标准分配计入有关的成本计算对象。在生产一种产品的车间中，制造费用是直接计入费用，应直接计入该种产品的成本。在生产多种产品的车间中，在各生产小组按产品品种分工的情况下，各小组本身发生的制造费用，也是直接计入费用，也应直接计入各该产品的成本；各小组共同发生的制造费用，是间接计入费用，应采用适当的分配方法分配计入各种产品的成本。在各小组按生产工艺分工的情况下，车间的全部制造费用都是间接计入费用，都应采用适当的分配方法，分配计入该车间各种产品的成本。

在企业的组织机构分为车间、分厂和总厂若干层次的情况下，分厂发生的制造费用，也应比照车间发生的制造费用进行分配：在生产一种产品的情况下，直接计入该种产品的成本；在生产多种产品的情况下，采用适当的分配方法分配计入该分厂各种产品的成本。

制造费用的绝大部分是由企业的生产单位（车间或分厂）发生的，应如上所述按照不同的车间或分厂进行归集和分配；制造费用也可能有一部分是由企业的行政管理部门（厂部或总厂）发生的，如设计制图费和试验检验费等，这一部分制造费用应由厂部或总厂进行归集，并在全厂或整个总厂的各种产品之间进行分配，计入各该产品的成本。

合理分配制造费用的关键在于正确选择分配标准。一般来讲，制造费用分配标准的选择应遵循以下原则。

1. 共有性

共有性指被选择的分配标准应该是各分配对象所共有的因素，以便各分配对象都能分配到这种费用，以免发生遗漏。

2. 比例性

比例性指被选择的分配标准应同被分配的费用之间具有"受益"和"引起"的因果关系。也就是说，发生的制造费用，谁受益谁负担，多受益多负担，少受益少负担；谁引起的费用，应该由谁负担。这样可以使费用在各分配对象之间得到合理的分配。

3. 易取性和可计量性

易取性和可计量性指作为分配标准的资料应容易获得，并能进行客观计量，一般为现存的统计资料或会计资料，以便及时分配制造费用，计算产品成本。

4. 相对稳定性

由于制造费用是一种混合费用，任何一种分配标准都不可能与制造费用保持正比例或反比例关系，所以任何分配标准的选择都具有主观随意性，选择不同的分配标准将产生不同的分配结果，因此，分配标准不宜经常改变，以便同各期成本进行比较。

从理论上讲，为使分配结果公平合理，应根据"受益"和"引起"的因果比例关系，选择"共有的"分配标准逐项分配制造费用。但这样做会使分配计算工作过于烦琐，而且计算和分配的结果仍是一个估计数字。因此，一般可将性质相似的费用归类合并，选择与该类费用关系密切的标准进行分配，这样既能达到公平合理的目的，又可简化分配计算工作。

（二）制造费用分配的方法

分配制造费用的常用方法主要有三种：第一种是对当月实际发生的制造费用进行分配，可称其为月度实际分配率法；第二种是对全年预计发生的制造费用在各月所生产的产品间进行分配，可称其为年度计划分配率法；第三种是将各月发生的制造费用先累计起来，直至有产品完工时再进行分配，可称其为累计分配率法。企业具体采用哪种分配方法，可以根据企业的特点自行决定。但分配方法一经确定，便不得随意变更。

1. 月度实际分配率法

这是指将本月实际发生的制造费用依据一定的标准在本月所生产的各产品间按比

例进行分配的方法。如果以各产品的生产工时消耗量作为分配标准，则制造费用分配的计算公式如下：

$$制造费用分配率 = \frac{本月发生的制造费用总额}{各产品生产工时总和} \qquad (3-42)$$

某月某产品应负担的制造费用 = 该月该产品生产工时 × 制造费用分配率（3-43）

其中，生产工时既可以采用各种产品实际耗用的生产工时，也可以采用定额工时。

[例3-16] 某基本生产车间生产甲、乙两种产品，本月甲产品耗用生产工时20 600小时，乙产品耗用生产工时10 150小时，本月实际发生制造费用18 450元。则按生产工时比例分配制造费用如下：

$$制造费用分配率 = \frac{18\ 450}{20\ 600 + 10\ 150} = 0.6$$

甲产品负担的制造费用 = 20 600 × 0.6 = 12 360（元）

乙产品负担的制造费用 = 10 150 × 0.6 = 6 090（元）

上述计算过程可编制制造费用分配表如表3-20所示。

表3-20　制造费用分配表

基本生产车间

应借科目	生产工时（小时）	分配金额（元）
基本生产成本——甲产品	20 600	12 360
——乙产品	10 150	6 090
合计	30 750	18 450

根据制造费用分配表，编制会计分录如下：

借：生产成本——基本生产成本——甲产品　　　　　　　　　　12 360

　　　　　　　　　　　　——乙产品　　　　　　　　　　　　6 090

　　贷：制造费用　　　　　　　　　　　　　　　　　　　　　18 450

以各种产品的生产工时作为分配标准分配制造费用是较为常用的一种做法。此外，企业还可根据自身的情况与特点采用其他的分配标准进行分配，比如以各产品的生产工人工资、机器工时、原料及主要材料成本、直接成本、产品标准产量等作为分配标准。一旦分配标准确定了，均可按各产品分配标准的比例对制造费用进行分配。

为了进一步提高分配结果的准确性，制造费用的分配也可采用作业成本法。作业成本法运用在制造费用的分配上仍然属于月度实际分配率法。

作业成本法的基本原理是：产品（成本对象）消耗作业，作业消耗资源，生产导致作业发生，作业导致成本发生。作业成本法的理论基础是成本动因理论，这种理论认为费用的分配应着眼于费用发生的原因，把费用的分配与这些费用产生的原因联系起来，按照费用发生的原因进行分配。

[例3-17] 某企业生产A、B、C三种产品。其中，A产品是老产品，已经有多年生产历史，产品批量大，工艺简单，质量稳定；B产品工艺相对复杂，并且应客户

要求进行产品性能改进；C产品是新开发的产品，工艺复杂。某月产量、成本及其他相关资料如表3-21所示。

表3-21　产量、成本及其他相关资料表

项目	A产品	B产品	C产品	合计
全月生产量（件）	24 000	12 000	240	
单位产品生产工人工时（小时）	4	7	9	
单位产品机器工时（小时）	2	6	8	
每批生产量（件）	2 000	300	5	
月生产批次	12	40	48	
每批产品送检数量（件）	10	10	5	
直接材料（元）	120 000	72 000	1 920	193 920
直接人工（元）	48 000	24 000	720	72 720
制造费用（元）				395 988
其中：机器设备折旧				158 398
检验费用				142 560
管理人员工资				95 030

本例制造费用的三项构成内容中，机器设备折旧是因机器设备的运转所引起的，所以应以各产品的机器工时为标准分配；检验费用的高低跟送检产品的数量直接相关，所以应以产品的送检数量为标准分配（假设各种产品每件的检验费用相同）；车间管理人员工资相对于各产品而言均为间接费用，没有直接的因果关系，所以可以主要成本（直接材料+直接人工）为标准分配。这样，制造费用中各项费用的分配如表3-22、表3-23、表3-24所示。

表3-22　机器设备折旧分配表

分配对象	产量（件）	单位产品机器工时（小时）	机器总工时（小时）	分配率	分配额（元）
A产品	24 000	2	48 000	1.299 2	62 361.6
B产品	12 000	6	72 000	1.299 2	93 542.4
C产品	240	8	1 920	1.299 2	2 494.0*
合计			121 920	1.299 2	158 398

注：* 为倒挤数。

表 3-23 检验费用分配表

分配对象	月生产批次	每批产品送检量（件）	总送检量（件）	分配率	分配额（元）
A 产品	12	10	120	187.578 9	22 509.47
B 产品	40	10	400	187.578 9	75 031.56
C 产品	48	5	240	187.578 9	45 018.97 *
合计			760	187.578 9	142 560

注：* 为倒挤数。

表 3-24 生产管理人员工资分配表

金额单位：元

分配对象	直接材料	直接人工	主要成本	分配率	分配额
A 产品	120 000	48 000	168 000	0.356 4	59 875.2
B 产品	72 000	24 000	96 000	0.356 4	34 214.4
C 产品	1 920	720	2 640	0.356 4	940.4 *
合计	193 920	72 720	266 640	0.356 4	95 030

注：* 为倒挤数。

根据以上计算，各种产品的总成本与单位成本汇总如表 3-25 所示。

表 3-25 产品总成本与单位成本汇总表

金额单位：元

项目	A 产品		B 产品		C 产品	
	单位成本	总成本	单位成本	总成本	单位成本	总成本
直接材料	5	120 000	6	72 000	8	1 920
直接人工	2	48 000	2	24 000	3	720
制造费用	6.03	144 746.27	16.90	202 788.36	201.89	48 453.37
其中：机器设备折旧	2.60	62 361.6	7.80	93 542.4	10.39	2 494.0
检验费用	0.94	22 509.47	6.25	75 031.56	187.58	45 018.97
管理人员工资	2.49	59 875.2	2.85	34 214.4	3.92	940.4
合计	13.03	312 746.27	24.90	298 788.36	212.89	51 093.37

如采用传统方法以生产工人工时为标准分配，则各产品应负担的制造费用如表 3-26 所示。

表 3-26   制造费用分配表

分配对象	产量（件）	单位产品生产工人工时（小时）	生产工人总工时（小时）	分配率	分配额（元）
A 产品	24 000	4	96 000	2.173 8	208 684.80
B 产品	12 000	7	84 000	2.173 8	182 599.20
C 产品	240	9	2 160	2.173 8	4704.00 *
合计			182 160	2.173 8	395 988

注：* 为倒挤数。

可见，采用作业成本法分配制造费用与采用传统方法分配制造费用有较大差异，现将两种不同方法的分配结果列表对比，见表 3-27。

表 3-27   制造费用分配结果比较表

金额单位：元

项目	A 产品		B 产品		C 产品	
	单位成本	总成本	单位成本	总成本	单位成本	总成本
传统成本分配法	8.70	208 684.80	15.22	182 599.20	19.60	4 704.00
作业成本分配法	6.03	144 746.27	16.90	202 788.36	201.89	48 453.37
差额	2.67	63 938.53	-1.68	-20 189.16	-182.29	-43 749.37

20 世纪 70 年代以来，随着卖方市场向买方市场转变，产品的更新换代加快，企业的生产特点由大规模、单一品种生产向多品种、小批量生产模式发展，以计算机技术为代表的信息技术使企业的生产设备、生产环境、技术工艺等发生了重大的变化。技术的发展使得企业的固定资产投资增加，生产的复杂化以及现代管理技术的运用使得管理作业增多，而直接的生产活动相对减少，这一切使得生产的间接费用呈急剧上升的趋势。在这样的背景下，依据作业成本法的原理分配制造费用已经显得越来越必要。

2. 年度计划分配率法

这是按照年度开始前确定的全年度适用的计划分配率分配制造费用的方法。其分配计算公式如下：

$$年度计划分配率 = \frac{年度制造费用计划总额}{年度各种产品计划产量的定额工时总数} \qquad (3-44)$$

某月某种产品应负担的制造费用 = 该月该种产品实际产量的定额工时数

$$× 年度计划分配率 \qquad (3-45)$$

［例 3-18］某基本生产车间全年制造费用计划为 61 440 元；全年各种产品的计划产量为甲产品 2 800 件，乙产品 1 300 件；单件产品的工时定额为甲产品 5 小时，乙产品 4 小时。8 月份实际产量为甲产品 250 件，乙产品 110 件；8 月份实际制造费用为 4 530 元。则：

甲产品年度计划产量的定额工时 = 2 800×5 = 14 000（小时）

乙产品年度计划产量的定额工时 = 1 300×4 = 5 200（小时）

制造费用年度计划分配率 = $\dfrac{61\ 440}{14\ 000+5\ 200}$ = 3.2

甲产品 8 月份实际产量的定额工时 = 250×5 = 1 250（小时）

乙产品 8 月份实际产量的定额工时 = 110×4 = 440（小时）

8 月份甲产品制造费用 = 1 250×3.2 = 4 000（元）

8 月份乙产品制造费用 = 440×3.2 = 1 408（元）

该车间 8 月份按计划分配率分配转出的制造费用为：

4 000+1 408 = 5 408（元）

假定该企业只有这一个车间，8 月初"制造费用"账户余额为借方余额 450 元，则 8 月份制造费用的实际发生额和分配转出额的登记结果如图 3-1 所示。

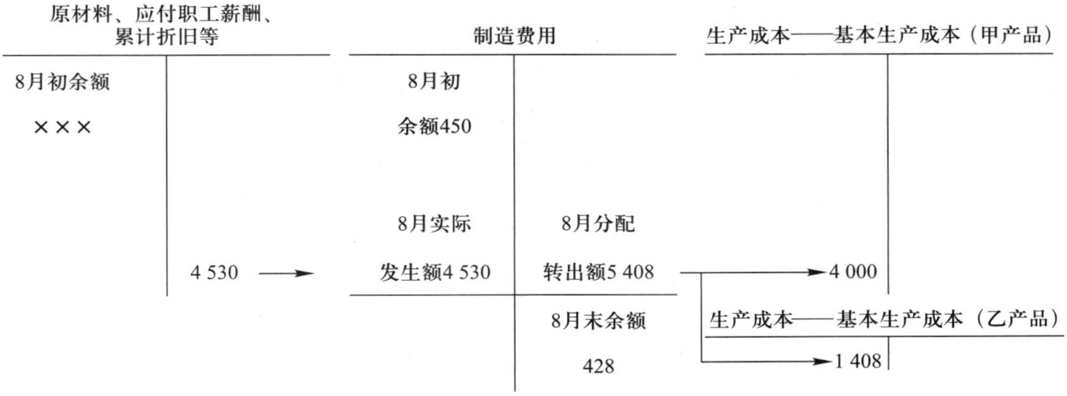

图 3-1　账目登记图

采用这种分配方法，不管各月实际发生的制造费用多少，每月各种产品成本中的制造费用都按年度计划确定的计划分配率分配。但在年度内如果发现全年的制造费用实际数和产品的实际产量与计划数发生较大的差额时，应及时调整计划分配率。

采用年度计划分配率法时，"制造费用"总账及其明细账一般有月末余额，可能是借方余额，也可能是贷方余额。"制造费用"账户如果有年末余额，就是全年制造费用的实际发生额与计划分配额的差额，一般应在年末调整计入 12 月份的产品成本，借记"生产成本——基本生产成本"科目，贷记"制造费用"科目。如果实际发生额大于计划分配额，用蓝字补加，否则用红字冲减。

[例 3-19] 某工业企业只有一个车间，全年制造费用计划为 79 200 元；全年各种产品的计划产量为甲产品 1 200 件，乙产品 960 件；单件产品的工时定额为甲产品 8 小时，乙产品 5 小时。11 月份实际产量为甲产品 110 件，乙产品 100 件；该月实际制造费用为 6 100 元；"制造费用"账户月初余额为借方 1 300 元。则：

（1）制造费用年度计划分配率：

甲产品年度计划产量的定额工时 = 1 200×8 = 9 600（小时）

乙产品年度计划产量的定额工时 = 960×5 = 4 800（小时）

$$制造费用年度计划分配率 = \frac{79\,200}{9\,600+4\,800} = 5.5$$

（2）计算并结转 11 月份应分配转出的制造费用：

甲产品 11 月份实际产量的定额工时 = 110×8 = 880（小时）

乙产品 11 月份实际产量的定额工时 = 100×5 = 500（小时）

11 月份甲产品应分配制造费用 = 880×5.5 = 4 840（元）

11 月份乙产品应分配制造费用 = 500×5.5 = 2 750（元）

该车间 11 月份按计划分配率分配转出的制造费用为：

4 840+2 750 = 7 590（元）

"制造费用"账户 11 月份月末贷方余额 = −1 300+7 590−6 100 = 190（元）

（3）假设 12 月份实际产量为甲产品 80 件，乙产品 90 件；该月实际制造费用为 6 076 元。计算并结转 12 月份应分配转出的制造费用（"制造费用"账户年末不保留余额）。

甲产品 12 月份实际产量的定额工时 = 80×8 = 640（小时）

乙产品 12 月份实际产量的定额工时 = 90×5 = 450（小时）

12 月份甲产品应分配制造费用 = 640×5.5 = 3 520（元）

12 月份乙产品应分配制造费用 = 450×5.5 = 2 475（元）

该车间 12 月份按计划分配率分配转出的制造费用为：

3 520+2 475 = 5 995（元）

会计分录：

借：生产成本——基本生产成本——甲产品   3 520

               ——乙产品   2 475

   贷：制造费用   5 995

调整差额：

贷方差额 = 190+5 995−6 076 = 109（元）

$$分配率 = \frac{109}{640+450} = 0.1$$

甲产品调整制造费用 = 640×0.1 = 64（元）

乙产品调整制造费用 = 450×0.1 = 45（元）

调整制造费用合计 = 64+45 = 109（元）

会计分录：

借：生产成本——基本生产成本——甲产品   64

               ——乙产品   45

   贷：制造费用   109

12 月份的差额也可以这样处理：

12 月份实际应分配制造费用 = 6 076−190 = 5 886（元）

$$制造费用分配率 = \frac{5\,886}{640+450} = 5.4$$

甲产品应分配制造费用＝640×5.4＝3 456（元）

乙产品应分配制造费用＝450×5.4＝2 430（元）

应分配转出的制造费用＝3 456+2 430＝5 886（元）

会计分录：

借：生产成本——基本生产成本——甲产品　　　　　　　　　　　　3 456

　　　　　　　　　　　　——乙产品　　　　　　　　　　　　2 430

　　　贷：制造费用　　　　　　　　　　　　　　　　　　　　　　5 886

这种分配方法核算工作简便，便于及时计算产品成本，并能均衡各期产品负担的制造费用，还可以随时结算已完工产品负担的制造费用，有利于考核和检查制造费用预算的执行情况。该法特别适用于季节性生产的企业，因为它不受产量波动的影响，避免了淡季和旺季因产量相差悬殊而使各月单位产品成本中制造费用忽高忽低的现象，便于进行成本分析。但是，采用这种分配方法要求计划工作水平较高，尤其是年初确定制造费用分配率时对本年度将要发生的制造费用和全年将要生产的产品产量必须预计得比较准确。

3. 累计分配率法

累计分配率法是将发生的各项制造费用先分别累计起来，等到产品完工时，再按累计分配率和完工产品的累计工时数（或其他分配标准）分配给完工产品的一种方法。对于尚未完工的产品应负担的制造费用，仍然保留在原来的成本费用账户中，待产品完工后，与新发生的制造费用累计在一起后再分配。假定制造费用按工时进行分配，其计算公式如下：

$$制造费用累计分配率 = \frac{制造费用期初余额 + 制造费用本期发生额}{期初产品生产工时数 + 本期发生的产品生产工时数}$$

（3-46）

某批已完工产品应负担的制造费用＝制造费用累计分配率

×该批完工产品的累计生产工时数　　（3-47）

如果企业的产品生产周期较长（一个月以上），产品生产批次较多，每月完工产品批次只占全部产品批次的一部分，那么，为了简化制造费用的分配和登账工作，可采用累计分配率法分配制造费用。但累计分配率法存在两点不足：第一，由于在产品应负担的制造费用未在各产品间进行分配，导致产品成本明细账上的在产品只归集了直接材料和直接人工的成本，而不能全面反映在产品的总成本。第二，由于累计分配率是一种加权平均的分配率，如果各月发生的制造费用水平相差悬殊，则会导致分配结果与实际情况不符，影响成本计算的准确性。制造费用累计分配率法的具体应用将在后面产品成本计算的简化分批法中进一步阐述。

（三）制造费用分配的账务处理

将制造费用分配计入有关的成本计算对象，反映在账务处理上为借记"生产成本"（基本生产成本、辅助生产成本）科目，贷记本科目。不论采用哪一种分配方法，都应根据分配计算的结果，编制制造费用分配表，并根据这种分配表进行制造费用分配的总分类核算和明细核算。在辅助生产的制造费用通过"制造费用"科目核算的情况下，"制造费用"科目应按基本生产和辅助生产分设明细账，并先分配结转辅助生产的制造费用：借记"生产成本——辅助生产成本"科目，贷记"制造费用——辅助生产制造费用"科目。在"生产成本——辅助生产成本"科目的借方归集了全部辅助生产费用以后，再分配辅助生产费用：其中直接用于产品生产，专设成本项目的费用（如专设成本项目、由辅助生产提供的动力费用），借记"生产成本——基本生产成本"科目；为基本生产提供劳务、未专设成本项目的费用，应借记"制造费用——基本生产制造费用"科目；用于其他方面的辅助生产费用，应分别借记"销售费用""管理费用"和"在建工程"等科目；同时将分配转出的辅助生产费用总额贷记"生产成本——辅助生产成本"科目。在"制造费用"科目的借方归集了基本生产的全部制造费用以后，再分配结转基本生产的制造费用：借记"生产成本——基本生产成本"科目，贷记"制造费用"科目。在辅助生产的制造费用不通过"制造费用"科目核算的情况下，不需要单独进行辅助生产制造费用归集和分配的核算。

除采用年度计划分配率法和累计分配率法的企业外，制造费用账户期末分配后无余额。

第六节　生产损失的核算

一、生产损失核算概述

企业在生产经营过程中，由于各种原因不可避免地会发生这样或那样的损失。企业发生的这些损失，按其是否计入产品成本，可分为生产损失和非生产损失两大类。生产损失是指企业在产品生产过程中由于生产原因而发生的各种损失，例如，由于生产了不合格产品而造成的废品损失；由于停工待料、设备故障所造成的停工损失等。生产损失是由于生产原因所引起，因此生产损失应计入产品成本，成为产品成本的一个组成部分。非生产损失是指企业在经营过程中由于生产原因以外的各种原因而造成的各种损失，例如，原材料、产成品、固定资产的盘亏、报废损失，投资失败的损失，应收账款无法收回的损失，自然灾害带来的损失等。因非生产损失与产品生产没有直接关系，因此，非生产损失不计入产品成本，而是根据损失的性质及其发生的原因分别进行处理，比如，坏账损失计入管理费用，非常损失计入营业外支出，投资损失冲抵投资收益等。

企业发生生产损失，不仅会影响企业生产计划的顺利完成，而且还会造成企业人力、物力和财力的浪费，同时，由于生产损失最终要由合格品负担，所以发生生产损失，还会导致产品成本水平上升，企业竞争能力和经济效益下降，因此，加强对生产损失的核算与管理意义重大。

对于发生的生产损失，会计上应根据企业的具体情况分别采用相应的方法处理。如果企业的生产损失偶尔发生，金额不大，在产品成本中所占的比重很小，则没有必要设置专门的生产损失类账户及成本项目对生产损失进行单独核算，这时，发生的生产损失记入正常的成本计算账户及成本项目；反之，如果企业的生产损失时有发生，金额较大，在产品成本中所占的比重也较高，则就需要设置专门的生产损失类账户及成本项目对生产损失进行单独核算，这时，发生的生产损失记入专门的生产损失类账户及成本项目。

　　单独核算生产损失虽然会给会计工作增加一些工作量，但通过单独核算可具体反映出生产损失的金额及生产损失在产品成本中的构成，也有利于企业进行成本分析与考核。生产损失核算的目的与任务也就在于，既要正确归集和计算生产损失的发生额，又要加强对生产损失的控制，及时分析造成生产损失的原因，以便采取有效措施，努力减少或消除生产损失。

　　本节主要介绍废品损失和停工损失的单独核算。

二、废品损失的核算

（一）废品的概念及种类

　　废品是指因生产原因而造成的质量不符合规定的技术标准，不能按照原定用途使用，或者需要加工修理后才能按原定用途使用的在产品、半成品和产成品。是否作为废品与废品发现的时间、地点无关，只要是属于生产原因造成的那些不符合规定的技术标准的产品，不论是在生产过程中发现，还是在入库后发现，均应视为废品。

　　废品按其技术上能否修复和经济上是否有必要修复可分为可修复废品和不可修复废品两种。可修复废品是指技术上可以修复，而且进行修复在经济上划算的废品；不可修复废品是指技术上已不可修复，或者虽然技术上可以修复，但进行修复在经济上不划算的废品。因为可修复废品的损失与不可修复废品的损失有着不同的组成内容，所以，将废品区分为可修复废品与不可修复废品，便于进行废品损失的核算。

（二）废品损失的内容

　　废品损失是指因产生废品而给企业带来的损失。具体而言，包括在生产过程中发现的和入库后发现的不可修复废品的生产成本，以及可修复废品在返修过程中发生的各种修复费用。对于废品的残料价值和应由过失单位或个人赔偿的款项，在计算废品净损失时，应从废品损失中扣除。需要指出的是，成本会计中所讲的废品损失一般只包括因废品而产生的各种直接损失，至于因废品而给企业带来的间接损失，如延误交货期的违约赔偿款，减少销量而影响的利润，废品出厂而造成的企业信誉损失等，都不包括在废品损失之中。另外，经过质量检验部门鉴定不需要返修即可降价出售的不合格品，在实际工作中称为次品，次品的成本与合格品的成本相同，次品售价低于合格品售价的损失，直接影响企业的产品销售收入，即次品降价损失已体现在销售损益之中，它不作为废品损失处理。如果产品入库时经检验为合格品，后因保管不善等原因而损坏、变质的损失，应作为产成品毁损处理，不作为废品损失。实行包退、包换、包修的企业，在产品出售后因质量问题发生的"三包"损失，作为期间费用处理，也不计入废品损失。

（三）废品损失核算的原始凭证

　　当企业出现废品时，应填制"废品通知单"。废品通知单通常由质量检验部门填制，也可由产生废品的生产车间、班组填制。废品通知单一般为一式三联，一联由生产车间留存，一联交质量检验部门，一联交财会部门。在废品通知单中应列明废品的种类、数量、产生废品的原因和过失人等。财会部门和质量检验部门应对废品通知单中的各项目进行审核，只有经过审核的废品通知单，才能作为废品损失核算的依据。废品通知单的格式如表 3-28 所示。

表 3-28   废品通知单
年   月   日

生产车间：   生产班组：   生产批号：

废品名称	计量单位	废品数量				责任单位或责任人	备注
		工废	料废	可修复	不可修复		

废品产生的原因及处理：

检验员：   车间负责人：   责任单位负责人或责任人：

（四）废品损失核算的账户设置

为了单独核算废品损失，企业应设置"废品损失"账户（或在"基本生产成本"账户下设置"废品损失"明细账户），相应地，在成本项目中也应设置"废品损失"项目。

"废品损失"账户是为了归集和分配废品损失而设立的，该账户应分车间、按产品设置明细账，账内按成本项目设专栏进行核算。不可修复废品的生产成本和可修复废品的修复费用，都在"废品损失"账户的借方进行归集。其中，不可修复废品的生产成本，应根据不可修复废品损失计算表，借记"废品损失"科目，贷记"生产成本——基本生产成本"科目；可修复废品的修复费用，应根据各种要素费用分配表，借记"废品损失"科目，贷记"原材料""应付职工薪酬""银行存款""制造费用"等科目。废品的残料价值和应收或已收的赔款，应从"废品损失"账户的贷方转出，即借记"原材料""其他应收款""库存现金"等科目，贷记"废品损失"科目。"废品损失"账户上述借方发生额大于贷方发生额的差额，就是废品净损失，应作为生产费用结转至本月同种合格产品的成本之中，即借记"生产成本——基本生产成本"科目，贷记"废品损失"科目。经过上述归集与分配，"废品损失"账户月末无余额。

（五）不可修复废品损失的核算

进行不可修复废品损失的核算时，首先应计算出不可修复废品截至报废时已经发生的生产成本，扣除残值和赔款，算出废品净损失，然后对废品净损失进行账务处理。由于废品报废以前发生的各项费用，是同合格品所负担的各项费用一起归集在

"生产成本——基本生产成本"账户上的，因此，不可修复废品生产成本的核算，就是采用适当的方法，将"生产成本——基本生产成本"账户上归集的各项费用，在合格品与废品之间进行分配。不可修复废品的生产成本，可按废品所耗的实际费用计算，也可按废品所耗的定额费用计算。

在不可修复废品生产成本按实际所耗费用计算时，还应进一步根据废品的不同情况采用相应的方法计算。

如果废品发生于产品完工入库时，则单位废品应负担的费用与单位合格品应负担的费用相同，这时可以废品数量与合格品数量作为分配标准，分配各项生产费用，计算废品的实际成本。计算公式为：

$$某项费用分配率 = \frac{该项生产费用总额}{合格品数量 + 废品数量} \tag{3-48}$$

$$废品应负担的该项费用 = 废品数量 \times 该项费用分配率 \tag{3-49}$$

如果废品发生于生产过程之中，原材料系产品开工时一次投入，则废品应负担的原材料费用仍按上列公式计算，而其他费用可以生产工时作为标准进行分配，计算公式为：

$$其他项目的费用分配率 = \frac{其他项目的生产费用总额}{合格品生产工时 + 废品生产工时} \tag{3-50}$$

$$废品应负担的该项费用 = 废品生产工时 \times 该项费用分配率 \tag{3-51}$$

其他项目的生产费用也可以按废品的约当产量作为分配标准进行分配。所谓废品约当产量就是按照废品的完工程度将废品数量折合为相当于完工合格品的数量。计算公式为：

$$废品约当产量 = 废品数量 \times 完工程度（\%） \tag{3-52}$$

$$其他项目的费用分配率 = \frac{其他项目的生产费用总额}{合格品数量 + 废品约当产量} \tag{3-53}$$

$$废品应负担的该项费用 = 废品约当产量 \times 该项费用分配率 \tag{3-54}$$

如果废品发生于生产过程之中，原材料随着加工进度分次投入，则废品应负担的原材料费用也应按上述以废品约当产量为标准的方法进行计算，只不过这时废品约当产量的确定不是采用完工程度，而是依据投料程度。

如果在产品的生产费用中，原材料费用所占的比重很大，其他费用所占的比重很小，为简化计算，不可修复废品的生产成本也可只包括原材料费用，其他费用全部由合格品负担。这时，废品的生产成本就近似地以废品所负担的原材料费用来表示。

[例3-20] 假定企业某车间本月生产A产品200件，生产过程中发现其中8件为不可修复废品。该产品成本明细账所记合格品和废品共同发生的生产费用为原材料费用250 000元，工资及福利费40 000元，制造费用54 000元，合计为344 000元。废品的残值估价为850元。合格品与废品的生产工时总共为4 000小时，其中废品的生产工时为150小时。该产品所耗的原材料于产品开工时一次投入。根据上述资料，编制不可修复废品损失计算表如表3-29所示。

表 3-29　不可修复废品损失计算表

车间：　　　　　　　　　　产品：A　　　　　　　　年　　月　　　　　金额单位：元

项目	数量（件）	原材料	生产工时（小时）	工资及福利费	制造费用	合计
生产费用合计	200	250 000	4 000	40 000	54 000	344 000
费用分配率		1 250		10	13.50	
废品生产成本	8	10 000	150	1 500	2 025	13 525
减：废品残值		850				850
废品损失		9 150		1 500	2 025	12 675

该计算表中所列的废品损失，是不可修复废品的实际生产成本减去回收材料和废料价值后的余额，尚未扣除应收赔款，这种废品损失被称为废品的报废损失；扣除赔款以后的废品损失，被称为废品净损失。

根据上述不可修复废品损失计算表，应编制下列会计分录：

① 结转不可修复废品生产成本：

借：废品损失——A 产品　　　　　　　　　　　　　　　　　13 525

　　贷：生产成本——基本生产成本——A 产品——原材料　　　　10 000

　　　　　　　　　　　　　　　　　——工资及福利费　　　　　1 500

　　　　　　　　　　　　　　　　　——制造费用　　　　　　　2 025

② 废品残料入库时：

借：原材料　　　　　　　　　　　　　　　　　　　　　　　850

　　贷：废品损失—— A 产品　　　　　　　　　　　　　　　　850

③ 假定本例中应收过失人赔款 500 元，则：

借：其他应收款　　　　　　　　　　　　　　　　　　　　　500

　　贷：废品损失——A 产品　　　　　　　　　　　　　　　　500

④ 结转废品净损失，本例为 12 175（即 12 675-500）元：

借：生产成本——基本生产成本——A 产品——废品损失　　　12 175

　　贷：废品损失——A 产品　　　　　　　　　　　　　　　　12 175

不可修复废品的生产成本按实际所耗费用计算，结果准确，符合实际，但它必须等到实际发生的生产费用已在"生产成本——基本生产成本"账户中汇总后才能进行计算，并且核算的工作量较大。

不可修复废品的生产成本在按定额费用计算时，只需根据实际发生的废品数量和单位产品的定额成本，以及发现废品时的投料程度与完工程度计算，或者根据实际发生的废品数量和废品所耗工时，以及各项费用定额计算。

[**例 3-21**] 假定某企业在生产过程中产生不可修复废品 20 件，该产品的原材料在生产开始时一次投入，单位产品的原材料费用定额为 86 元，废品所耗工时为 80 小时，每小时的费用定额为：工资及福利费 6.50 元，制造费用 9.20 元，废品残料价值估计为 350 元。根据以上资料，编制不可修复废品损失计算表，见表 3-30。

表 3-30 不可修复废品损失计算表

车间： 产品： 年 月 金额单位：元

项目	数量（件）	原材料	生产工时（小时）	工资及福利费	制造费用	合计
费用定额		86		6.50	9.20	
废品生产成本	20	1 720	80	520	736	2 976
减：残料价值		350				
废品报废损失		1 370		520	736	2 626

采用此方法，由于各项费用定额已事先确定，所以计算工作比较简便，而且废品成本的确定不受实际费用水平高低的影响，从而有利于对废品损失和产品成本的分析与考核。但是，采用这一方法，要求企业的定额管理工作较为扎实，企业必须具备较为准确的各项消耗定额和费用定额资料。

（六）可修复废品损失的核算

可修复废品返修以前发生的生产费用与正常的合格品相同，不属于废品损失，不必计算其生产成本，而应留在"生产成本——基本生产成本"账户和所属的有关产品成本明细账中，不必转出。可修复废品损失是指废品在修复过程中所发生的各种修复费用，包括为修复废品所耗用的原材料、燃料和动力、工资、职工福利费和应负担的制造费用等。废品返修时发生的各种费用，应根据各种费用分配表，记入"废品损失"账户的借方。如有残料和应收赔偿款，则应根据废料交库凭证和结算凭证，将残料价值从"废品损失"账户的贷方转入"原材料"账户的借方，将应收赔偿款从"废品损失"账户的贷方转入"其他应收款"账户的借方。废品修复费用减去残料价值和赔偿款后的废品净损失，应从"废品损失"账户的贷方转入"生产成本——基本生产成本"账户的借方及其所属的产品成本明细账中的"废品损失"成本项目。

在不单独核算废品损失的企业中，不设"废品损失"账户和"废品损失"成本项目。有关废品损失的核算只是在回收废品残料时，借记"原材料"账户，贷记"生产成本——基本生产成本"账户，并从所属的产品成本明细账中的"原材料"成本项目中扣除残料价值。"生产成本——基本生产成本"账户和所属的产品成本明细账上归集的完工产品总成本，除以扣除废品数量以后的合格品数量，就是合格品的单独成本。这样核算很简便，但由于合格品的各成本项目中均包含了不可修复废品的生产成本和可修复废品的修复费用，没有对废品损失进行单独反映，因而不利于对废品损失与产品成本进行有效的分析与控制。

三、停工损失的核算

企业的停工可分为计划内停工和计划外停工两种。计划内停工是指按计划规定发生的停工，如因生产季节性引起的停工，因对设备进行正常的大修理而引起的停工等；计划外停工是指因各种计划外的原因造成的停工，如由于电力中断、原材料供应不足、机器设备出现故障、自然灾害等引起的停工。

计划内停工期间所发生的各种生产费用，可直接计入当月制造费用，一般不作为停工损失进行核算。若计划内停工时间较长，支付费用较多，为了均衡成本费用，可采用预提或待摊方式将计划内停工费用分期计入制造费用。

由于计划内停工期间的费用列入了制造费用，所以，这里的停工损失只是指企业生产车间在计划外停工期间发生的各项费用，主要包括停工期间支付的生产工人工资和计提的职工福利费，耗用的燃料和动力，应负担的制造费用等。企业的停工，时间有长有短，短则几分钟，长则几个月；范围有大有小，小的只是单台机器，大的则是整个车间乃至全厂。为了简化核算，只有超过一定时间（如一个工作日）和范围（如一个班组）的停工才计算停工损失。具体的时间和范围界限，企业应根据具体情况确定。

发生停工时，应由车间填制"停工单"，并在考勤记录中予以记录。会计部门和其他有关部门应对停工单所列的停工范围、时间及其原因和责任人等事项进行审核。只有经过审核的停工单，才能作为停工损失核算的原始依据。停工单的格式如表 3-31 所示。

表 3-31　停　工　单

生产车间：　　　　　　　　　　　年　　月　　日　　　　　　　　生产班组：

停工范围		停工时间			责任单位或责任人	备注
机床	工人	开始	结束	延续		

停工原因：

车间负责人：　　　　　　　　责任单位负责人或责任人：　　　　　　　制表人：

为了单独核算停工损失，企业应设置"停工损失"账户（或在"基本生产成本"账户下设置"停工损失"明细账户），相应地，在成本项目中也应设置"停工损失"项目。

"停工损失"账户是为了归集和分配停工损失而设立的。该账户应按车间设明细账，账内按成本项目分设专栏进行明细核算。停工期间发生的应该计入停工损失的各种费用，都在该账户的借方归集，即借记"停工损失"科目，贷记"原材料""应付职工薪酬""银行存款""制造费用"等科目，应向责任人或保险公司取得的赔偿款，反映在该账户的贷方，即借记"其他应收款"科目，贷记"停工损失"科目。"停工损失"账户借方发生额大于贷方发生额的差额，就是停工净损失。停工净损失应根据停工的不同原因分别予以结转：因自然灾害引起的，由"停工损失"账户贷方转入"营业外支出"账户的借方；因其他原因引起的，由"停工损失"账户的贷方转入"生产成本——基本生产成本"账户的借方。对于计入产品成本的停工损失，若停工车间只生产一种产品，应直接记入该种产品成本明细账的"停工损失"成本项目；若停工车间生产多种产品，则应采用适当的分配方法分配记入该车间各种产品成本明细账的"停工损失"成本项目。通过上述归集与分配，"停工损失"账户一般月末无余额。但如果在车间发生非自然灾害的全月停工这种特殊情况下，由于车间无生产产品，则只能将停工损失保留在"停工损失"账户中，留待下月生产的产品负担，这时"停工损失"账户月末就会出现借方余额。

在不单独核算停工损失的企业中，不设"停工损失"账户和"停工损失"成本项目。停工期间发生的属于停工损失的各种费用，与非停工期间发生的同种费用一样进行处理，即直接记入"生产成本——基本生产成本""制造费用"等账户。这样核算很简便，但由于产品的各成本项目中均包含了停工损失，因而不利于对停工损失与产品成本进行有效的分析与控制。

第七节　生产费用在完工产品与在产品之间的分配

一、生产费用在完工产品与在产品之间分配的程序

企业在产品生产过程中发生的生产费用经过前面各章所介绍的归集和分配程序后，各项生产费用均已集中反映在"生产成本——基本生产成本"账户及其所属的各种产品成本明细账之中。如果在成本计算之日（一般为月末）没有月末在产品，那么各种产品成本明细账上所归集的本月发生的生产费用，加上月初在产品成本，即为完工产品的总成本，以完工产品的总成本除以完工产品数量，即可以计算出完工产品的单位成本。如果该产品到月末全部没有完工，那么计入该种产品的全部生产费用就是这种产品的月末在产品成本。通常，企业在月末计算产品成本时，既有完工产品又有在产品，这就需要将每种产品本月发生的生产费用加上月初在产品成本，采用适当的分配方法，在本月完工产品和月末在产品之间进行分配，以分别计算出各种产品的完工产品成本和月末在产品成本。

月初在产品成本、本月发生的生产费用、本月完工产品成本和月末在产品成本四者之间的关系，可用下列公式表示：

月初在产品成本+本月发生的生产费用＝本月完工产品成本+月末在产品成本

$$(3-55)$$

上式中，等号左边的两项是已知数，右边的两项是未知数。在月初在产品成本和本月发生的生产费用已知的情况下，要确定本月完工产品成本和月末在产品成本，通常有两种程序，一种程序是先确定月末在产品成本，然后将某种产品的月初在产品成本与本月发生的生产费用之和减去其月末在产品成本，以求得该种产品的完工产品成本；另一种程序是将某种产品的月初在产品成本和本月发生的生产费用之和，按照一定的分配标准在完工产品和月末在产品之间进行分配，同时求得该种产品的完工产品成本和月末在产品成本。

这里的完工产品是指生产工序已完成的产品。完工产品按其所包括内容的范围来分，有狭义的完工产品和广义的完工产品。狭义的完工产品是指已经完成了产品在企业中的全部生产过程，经验收入库并随时可供发出或销售的产品，这时的完工产品即是产成品。广义的完工产品不仅包括产成品，而且还包括产品在整个生产过程中只完成了某一个生产步骤或某一个生产阶段，并且已由该步骤（或该生产阶段）的生产车间送交半成品仓库验收，但尚未完成产品在企业中的全部生产过程，有待于在本企业基本生产车间下一生产步骤继续进行加工制造的自制半成品。即广义完工产品既包括已完成企业的全部生产过程的产品，也包括只完成某个步骤（阶段）的生产过程的产品。

作为与完工产品相对应的一个概念，在产品指的是未完工产品。由于完工产品的含义有狭义和广义之分，所以在产品也有狭义在产品和广义在产品之分。狭义在产品是指正在某一基本生产车间（或某一生产步骤）进行加工制造的在制品，以及正在生产车间（或某一生产步骤）返修的废品和虽已完成了车间（或步骤）生产但尚未验收入库的产品；广义在产品不仅包括狭义在产品，而且还包括本车间（或本步骤）已经完工，已由半成品库验收或已转移后续生产步骤继续加工，但尚未最后完成全部生产过程的自制半成品。即广义在产品既包括某个步骤的未完工产品，也包括某个步骤已完工但相对于企业而言尚未完工的产品。

二、生产费用在完工产品与在产品之间分配的方法

如何合理又简便地在完工产品与在产品之间分配生产费用，是成本计算中一个重要而复杂的问题。企业应根据月末在产品数量的多少、各月月末在产品数量变化的大小、各项费用在生产费用总额中比重的高低、定额管理基础的好坏等具体情况，来确定采用与之适应的费用分配方法。常用的方法有：不计算在产品成本法、在产品成本按年初数固定计算法、在产品成本按所耗原材料费用计算法、在产品成本按完工产品成本计算法、约当产量比例法、在产品成本按定额成本计算法和定额比例法等。

（一）不计算在产品成本法

这是指不论月末是否有在产品，均不计算在产品成本。这种方法适用于月末没有在产品或月末在产品数量很少的企业，例如自来水生产企业、采掘企业等可采用此方法。在这种方法下，本月各产品发生的生产耗费就是本月该种完工产品应负担的成本。

（二）在产品成本按年初数固定计算法

这是指年度内各月月末的在产品成本均按年初在产品成本计算。这种方法适用于月末在产品数量较多但各月间波动不大的企业，例如，生产中要利用高炉、化学反应装置和管道等设备的冶炼、化工企业，其在产品数量较稳定，可采用此方法。在这种方法下，各月月末在产品成本不变，即意味着月初、月末在产品成本相等，这样，每月各产品发生的生产耗费仍然全部计入该种完工产品成本。

需注意的是，采用在产品成本按年初数固定计算法，在每年年末，应对在产品进行盘点，根据盘点的数量，采用其他方法具体计算出年末在产品成本，并将算出的年末在产品成本作为下一年度各月固定的在产品成本，以免延续时间过长，在产品成本

因在产品结存量变动的原因而与实际出入过大，影响产品成本计算的正确性。

（三）在产品成本按所耗原材料费用计算法

这是指月末在产品只负担其所耗用的原材料费用，不负担工资及福利费等加工费用。也就是说，生产费用中原材料费用在完工产品与在产品之间进行分配，而加工费用全部由完工产品成本负担。这种方法适用于月末在产品数量较多、各月月末在产品数量变化较大、原材料费用在产品成本中所占比重较大的产品。例如，纺织、造纸、酿酒等工业企业的产品，原材料费用比重较大，可采用此方法。

如果原材料在生产开始时一次投入，在此方法下，月末在产品成本与完工产品成本可按下列公式计算：

$$原材料费用分配率 = \frac{月初在产品所负担的原材料费用+本月发生的原材料费用}{完工产品数量+月末在产品数量}$$

$$(3-56)$$

$$月末在产品成本 = 月末在产品数量 \times 原材料费用分配率 \qquad (3-57)$$

$$完工产品成本 = 完工产品数量 \times 原材料费用分配率 + 本月发生的加工费用$$

$$(3-58)$$

［例 3-22］ 某企业生产某产品，原材料于生产开始时一次投入，月初在产品所负担的原材料费用（即月初在产品成本）为 48 000 元；本月发生的生产费用为 128 000元，其中原材料费用 90 000 元，其他费用 38 000 元；本月完工产品 760 件，月末在产品 240 件。则：

$$原材料费用分配率 = \frac{48\ 000+90\ 000}{760+240} = 138$$

月末在产品成本 $= 240 \times 138 = 33\ 120$（元）

完工产品成本 $= 760 \times 138 + 38\ 000 = 142\ 880$（元）

（四）在产品成本按完工产品成本计算法

这是指即使在产品还尚未完工，也将其视为完工产品分配费用。这种方法适用于月末在产品已接近完工，或已加工完毕只是尚未包装或尚未验收入库的产品。在这种方法下，在产品视作完工产品，按在产品与完工产品的数量比例分配各项生产费用。

［例 3-23］ 假定企业某种产品的月初在产品成本为直接材料费用 24 000 元，直接人工费用 8 000 元，制造费用 12 000 元；本月发生的生产费用为直接材料费用66 000 元，直接人工费用 18 400 元，制造费用 36 000 元。本月完工产品 800 件，月末在产品 400 件。月末在产品都已接近完工。则采用在产品成本按完工产品成本计算法计算的完工产品成本与月末在产品成本如表 3-32 所示。

表 3-32 产品成本明细账

金额单位：元

项目	直接材料	直接人工	制造费用	合计
月初在产品成本	24 000	8 000	12 000	44 000
本月发生的生产费用	66 000	18 400	36 000	120 400
生产费用合计	90 000	26 400	48 000	164 400

续表

项目	直接材料	直接人工	制造费用	合计
费用分配率	75	22	40	137
完工产品成本	60 000	17 600	32 000	109 600
月末在产品成本	30 000	8 800	16 000	54 800

表 3-32 中所列各项费用分配率，系根据各项费用合计数，除以完工产品数量与月末在产品数量之和求得；以各项费用分配率分别乘以完工产品数量和月末在产品数量，即为各项费用的完工产品成本和月末在产品成本。

（五）约当产量比例法

这是指根据完工产品数量与月末在产品约当产量的比例分配生产费用，以计算完工产品成本与月末在产品成本的一种方法。其中，约当产量是指将月末在产品数量按照一定的标准（完工程度、投料程度）折算为相当于完工产品的数量。这种方法适用于月末在产品数量较多，各月月末在产品数量变化较大，产品成本中各项费用的比重相差不多的产品。

采用约当产量比例法时，应注意按产品的成本项目分别计算在产品约当产量。通常，直接材料费用应按产品的投料程度计算约当产量，而其他费用则按产品的加工程度计算约当产量。这样，不同的成本项目，其在产品约当产量就可能各不相同。

约当产量比例法的计算公式为：

$$在产品约当产量=在产品数量×在产品完工率（或投料率） \qquad (3-59)$$

$$费用分配率=\frac{月初在产品成本+本月发生的生产费用}{完工产品数量+月末在产品约当产量} \qquad (3-60)$$

$$月末在产品成本=月末在产品约当产量×费用分配率 \qquad (3-61)$$

$$完工产品成本=完工产品数量×费用分配率 \qquad (3-62)$$

[**例 3-24**] 某企业生产某产品，月初在产品成本和本月发生的生产费用合计为 104 000 元，其中直接材料费用 44 000 元，直接人工费用 40 000 元，制造费用 20 000 元；本月完工产品 420 件，月末在产品 130 件（其中 50 件完工程度为 40%，60 件完工程度为 70%，20 件完工程度为 90%）；原材料在产品开工时一次投入。则其完工产品成本和月末在产品成本可计算如下。

月末在产品约当产量：

直接材料项目 = 130（件）

其他费用项目 = 50×40%+60×70%+20×90% = 80（件）

$$直接材料分配率=\frac{44\ 000}{420+130}=80$$

完工产品应负担的直接材料费用 = 420×80 = 33 600（元）

月末在产品应负担的直接材料费用 = 130×80 = 10 400（元）

$$直接人工分配率=\frac{40\ 000}{420+80}=80$$

完工产品应负担的直接人工费用 = 420×80 = 33 600（元）

月末在产品应负担的直接人工费用 = 80×80 = 6 400（元）

$$制造费用分配率 = \frac{20\ 000}{420+80} = 40$$

完工产品应负担的制造费用 = 420×40 = 16 800（元）

月末在产品应负担的制造费用 = 80×40 = 3 200（元）

将完工产品与月末在产品所负担的各项目的费用汇总，得：

完工产品成本 = 33 600+33 600+16 800 = 84 000（元）

月末在产品成本 = 10 400+6 400+3 200 = 20 000（元）

采用约当产量比例法时，在产品完工程度与投料程度的确定，对费用分配的正确性有着决定性的影响。若对在产品完工程度与投料程度估计过高，则必然导致在产品成本虚增，完工产品成本虚减；反之，则又引起在产品成本虚减，完工产品成本虚增。由于在产品完工程度与投料程度是对在产品进行折算并将其折算成完工产品的比例，所以，总体来说，它应根据单位在产品的某一指标值除以单位产成品的同一指标值计算而得，若计算时以消耗定额为标准，则具体公式为：

$$在产品完工率（投料率）= \frac{单位在产品工时（材料）消耗定额}{单位产成品工时（材料）消耗定额}×100\% \qquad (3-63)$$

当各工序的在产品数量和单位产品在各工序的加工量都相差不多时，后面各工序在产品多加工的程度可以抵补前面各工序在产品少加工的程度，这样，全部在产品的完工率均可近似地按 50% 平均确定。如果不具备这两个条件，则各工序在产品的完工率就要按工序分别确定。

$$某道工序的在产品完工率 = \frac{前面各道工序的工时消耗定额之和+本道工序的工时消耗定额×50\%}{产成品的工时消耗定额}×100\% \qquad (3-64)$$

在上列公式中，本道工序（即在产品所在工序）的工时消耗定额之所以乘以 50%，是因为在产品在本道工序加工之中，且处在本道工序中的各件在产品的完工程度各不相同，为了简化计算，完工率均按平均数 50% 确定。在产品从上一道工序转入下一道工序时，其上一道工序已经完工，因而前面各道工序的工时消耗定额应按 100% 计算。可见，上列公式中的分子是指在产品至本道工序的累计工时消耗定额。

[**例 3-25**] 某企业某产品经两道工序加工而成，产品的工时消耗定额为 50 小时，其中第一道工序的工时消耗定额为 30 小时，第二道工序的工时消耗定额为 20 小时。其各道工序的完工率可计算如下：

$$第一道工序完工率 = \frac{30×50\%}{50}×100\% = 30\%$$

$$第二道工序完工率 = \frac{30+20×50\%}{50}×100\% = 80\%$$

至于分配直接材料费用时，月末在产品约当产量就应以在产品投料率进行折算。

若生产产品所耗用的原材料是在生产开始时一次投入的，则在产品投料率为 100%。

若生产产品所耗用的原材料随着加工进度在每道工序之中陆续投入，并且与加工进度一致，则在产品投料率等于在产品完工率。

若生产产品所耗用的原材料随着加工进度在每道工序之中陆续投入，但与加工进度不一致，则在产品投料率应以材料消耗定额为依据按每一道工序分别计算。

$$某道工序的在产品投料率=\frac{前面各道工序的材料消耗定额之和+本道工序的材料消耗定额×50\%}{产成品的材料消耗定额}×100\%$$

$$(3-65)$$

[例3-26] 某企业的某产品由三道工序加工而成，原材料在每道工序之中分次陆续投入，各工序的材料消耗定额分别为70千克、30千克和50千克，则其在产品在各工序的投料率可计算如下：

$$第一道工序的投料率=\frac{70×50\%}{150}×100\%=23.33\%$$

$$第二道工序的投料率=\frac{70+30×50\%}{150}×100\%=56.67\%$$

$$第三道工序的投料率=\frac{70+30+50×50\%}{150}×100\%=83.33\%$$

若生产产品所耗用的原材料随着加工进度在每道工序之初投入，即原材料分工序投入，每道工序开始时一次投入本道工序所耗的全部原材料。这时，在产品投料率应按下列公式计算：

$$某道工序的在产品投料率=\frac{在产品至本道工序为止的材料消耗定额之和}{产成品的材料消耗定额}×100\%$$

$$(3-66)$$

[例3-27] 仍以上列资料为例，若将原材料在每道工序之中投入改为在每道工序之初投入，则各工序的投料率应计算如下：

$$第一道工序的投料率=\frac{70}{150}×100\%=46.67\%$$

$$第二道工序的投料率=\frac{70+30}{150}×100\%=66.67\%$$

$$第三道工序的投料率=\frac{70+30+50}{150}×100\%=100\%$$

（六）在产品成本按定额成本计算法

这是指月末在产品成本根据在产品数量和单位定额成本计算确定，从生产费用总额中减去月末在产品成本，剩余部分全部作为完工产品成本。这种方法适用于定额管理基础较好，各项消耗定额和费用定额较为准确、稳定，月末在产品数量较少的产品。在这种方法下，生产费用是按下列公式分配的：

$$月末在产品成本=月末在产品数量×在产品单位定额成本 \qquad (3-67)$$

$$完工产品成本=月初在产品成本+本月发生的生产费用-月末在产品成本$$

$$(3-68)$$

[例3-28] 某企业生产某产品，某月月初在产品成本和本月发生的生产费用共计

57 160 元，其中直接材料费用 38 000 元，直接人工费用 6 960 元，制造费用 12 200 元；本月完工产品 500 件，月末在产品 200 件；该产品所耗原材料是在生产开始时一次投入的，月末在产品完成定额工时 100 小时。该产品的定额资料为：单位产品的原材料定额成本 55 元，单位定额工时的人工费用 12 元，单位定额工时的制造费用 22 元。则该产品的完工产品成本和月末在产品成本可计算如表 3-33 所示。

表 3-33　产品成本明细账

金额单位：元

项目	直接材料	直接人工	制造费用	合计
生产费用合计	38 000	6 960	12 200	57 160
完工产品成本	38 000-11 000=27 000	6 960-1 200=5 760	12 200-2 200=10 000	42 760
月末在产品成本	200×55=11 000	100×12=1 200	100×22=2 200	14 400

（七）定额比例法

这是指以完工产品与月末在产品的定额作为分配标准来分配生产费用，计算完工产品成本与月末在产品成本的一种方法。这里充当费用分配标准的定额，对直接材料成本项目而言，通常是指定额成本，对其他成本项目而言，通常是指定额工时。这种方法主要是为了弥补在产品成本按定额成本计算法的局限而采用的，因在产品成本按定额成本计算时，在产品不负担实际成本脱离定额成本的差异，每月生产费用实际脱离定额的差异全部计入当月完工产品成本。当产品的各项消耗定额和费用定额定得不是十分准确，或月末在产品数量较多时，为提高费用分配的准确性，应将在产品按定额成本计算改为定额比例法。

定额比例法的计算公式为：

$$费用分配率 = \frac{月初在产品成本 + 本月发生的生产费用}{完工产品定额（成本或工时）+ 月末在产品定额（成本或工时）}$$

$$(3-69)$$

$$完工产品成本 = 完工产品定额（成本或工时）× 费用分配率 \quad (3-70)$$

$$月末在产品成本 = 月末在产品定额（成本或工时）× 费用分配率 \quad (3-71)$$

[**例 3-29**] 某企业生产 A 产品，有关 A 产品的定额资料为：单位产品的原材料定额成本为 50 元，单位产品工时消耗定额为 5 小时。某月完工产品 1 000 件，月末在产品 200 件。在产品投料程度 60%，加工程度 25%。本月份的生产费用合计为 126 420 元，其中直接材料费用 50 820 元，直接人工费用 42 000 元，制造费用 33 600 元。则根据资料可计算如下：

完工产品的原材料定额成本 = 1 000×50 = 50 000 （元）

月末在产品的原材料定额成本 = 200×60%×50 = 6 000 （元）

完工产品定额工时 = 1 000×5 = 5 000 （小时）

月末在产品定额工时 = 200×25%×5 = 250 （小时）

$$直接材料分配率 = \frac{50\ 820}{50\ 000 + 6\ 000} = 0.907\ 5$$

完工产品应负担的直接材料费用 = 50 000×0.907 5 = 45 375（元）

月末在产品应负担的直接材料费用 = 6 000×0.907 5 = 5 445（元）

$$直接人工分配率 = \frac{42\ 000}{5\ 000+250} = 8$$

完工产品应负担的直接人工费用 = 5 000×8 = 40 000（元）

月末在产品应负担的直接人工费用 = 250×8 = 2 000（元）

$$制造费用分配率 = \frac{33\ 600}{5\ 000+250} = 6.40$$

完工产品应负担的制造费用 = 5 000×6.40 = 32 000（元）

月末在产品应负担的制造费用 = 250×6.40 = 1 600（元）

将完工产品与月末在产品所负担的各项费用汇总，得：

完工产品成本 = 45 375+40 000+32 000 = 117 375（元）

月末在产品成本 = 5 445+2 000+1 600 = 9 045（元）

以上完工产品成本与月末在产品成本的计算，也可如表 3-34 所示，即直接在产品成本明细账中进行。

表 3-34　产品成本明细账

金额单位：元

摘要	直接材料	直接人工	制造费用	合计
生产费用合计	50 820	42 000	33 600	126 420
完工产品定额	50 000	5 000	5 000	—
月末在产品定额	6 000	250	250	—
小计	56 000	5 250	5 250	—
费用分配率	0.907 5	8.000 0	6.400 0	—
完工产品成本	45 375	40 000	32 000	117 375
月末在产品成本	5 445	2 000	1 600	9 045

三、完工产品成本的结转

企业生产产品发生的各项生产费用在各种产品之间以及在完工产品与月末在产品之间进行横向与纵向的分配以后，就可以计算出各种完工产品的实际成本。产品完工入库时，其成本应从"生产成本——基本生产成本"账户的贷方转入有关账户的借方。其中产成品完工入库时，其成本应转入"库存商品"账户的借方；自制半成品完工入库时，其成本应转入"自制半成品"账户的借方。"生产成本——基本生产成本"账户的月末余额，就是基本生产车间的在产品成本，也就是占用在基本生产过程中的生产资金。完工产品成本结转的账务处理为：

借：库存商品

　　自制半成品

　　贷：生产成本——基本生产成本

第八节　期间费用的核算

一、期间费用的概念

期间费用是指企业在生产经营过程中发生的，与产品生产活动没有直接联系，不能直接归属于某个特定产品，但能够确定其发生的期间，并计入当期损益的费用。这种与一定期间相联系的费用也被称为"期间成本"。

与计入产品成本的生产费用相比，期间费用通常具有以下三个方面的特点。

（1）期间费用的发生与产品生产没有直接关系，因此不计入产品成本。

（2）由于期间费用不能提供明确的未来收益，所以在发生时立即确认，列入利润表，与当期的营业收入相配比。而生产费用计入产品成本，在产品销售之前，列入资产负债表，只有在产品销售之后，其实现销售的成本，才从当期营业收入中抵减。

（3）期间费用的金额与产量增减无直接关系，而与期间长短关系更为密切。

期间费用一般包括销售费用、管理费用、财务费用等内容。

二、销售费用的核算

（一）销售费用的概念与内容

销售费用是指企业在销售商品、材料、自制半成品和提供劳务等过程中发生的各项费用以及为销售本企业产品而专设销售机构的各项费用。企业为了保证产品的畅销，可以利用各种媒体或宣传工具，如电视、广播、报纸、杂志宣传企业产品，扩大其影响力；可以通过为客户提供各种便利条件，促销企业产品；也可以建立独立的、规模适当的销售机构，负责推销企业产品。所有因这些所耗费的人力、物力都属于销售费用。根据用途的不同，销售费用主要包括下列四方面内容。

1. 广告宣传方面的费用

（1）广告费：为开拓产品销路或为保持企业产品声誉所支付的各种费用。设广告部门的企业，应包括广告部门的一切费用。

（2）展览费：为展览产品所发生的一切费用，包括为场地布置耗用的材料、人工费用和其他办公费用。

2. 企业为促销产品而发生的费用

（1）运杂费：发出产品的运输装卸费用。应由购买单位负担的运杂费不包括在内。

（2）包装费：包括随同产品出售不单独计价的包装物费用，如包装桶、箱、袋等的费用以及装箱、打包等费用。如果销售产品时有出借包装物，其出借包装物的修理费、成本摊销及其损失等，也应在此列之中。

3. 专设销售机构费用

指企业专设销售机构所发生的有关费用，包括销售机构人员的工资、福利费、差旅费、办公费、折旧费、租金、修理费、机物料消耗、低值易耗品摊销和其他经费等。

4. 其他

如销售运输产品而发生的保险费以及销售佣金、委托代销手续费、销售服务费、租赁费等费用。

企业内部的销售职能部门若属于企业行政管理部门，则其所发生的经费开支计入管理费用，而不包括在销售费用之中。

（二）销售费用的账务处理

销售费用的总分类核算是通过设置"销售费用"账户进行的，它属于损益类账户。当企业发生各项销售费用时，记入该账户的借方；同时，根据具体内容记入"库存现金""银行存款""应付职工薪酬""包装物""原材料"等账户的贷方。月末将该账户借方归集的销售费用实际发生额全部从贷方结转到"本年利润"账户的借方，结转后该账户无余额。

为了便于控制和分析销售费用，销售费用应按费用项目设置明细分类账，进行明细分类核算。明细分类账格式如表3-35所示。

表 3-35   销售费用明细分类账

金额单位：元

202×年 月	202×年 日	凭证号数	摘要	广告费	展览费	运杂费	包装费	保险费	其他费用	专设销售机构费用	合计
9	5	（1）	支付广告费	1 500							1 500
9	10	（2）	支付运输费			1 050					1 050
9	12	（3）	发生包装费				800				800
9	15	（4）	支付办公费							700	700
9	20	（5）	领用机物料							380	380
9	30	（6）	分配工资费用							3 420	3 420
9	30		合计	1 500		1 050	800			4 500	7 850
9	30	（7）	结转费用	1 500		1 050	800			4 500	7 850

为了全面掌握销售费用的核算，下面举一简例加以说明。

[例3-30] 某企业202×年9月份发生有关销售费用的业务如下。

（1）9月5日，企业以银行存款支付广告费1 500元，做会计分录如下：

借：销售费用——广告费   1 500
　　贷：银行存款   1 500

（2）9月10日，企业销售产品时，用银行存款支付应由本企业负担的运输费1 050元，做会计分录如下：

借：销售费用——运输费   1 050
　　贷：银行存款   1 050

（3）9月12日，领用随同产品一起出售，而不单独计价的包装物一批计800元，做会计分录如下：

借：销售费用——包装费　　　　　　　　　　　　　　　　　　　800

　　贷：包装物　　　　　　　　　　　　　　　　　　　　　　　　800

（4）9月15日，以银行存款700元，支付专设销售机构办公费，做会计分录如下：

借：销售费用——专设销售机构费用　　　　　　　　　　　　　700

　　贷：银行存款　　　　　　　　　　　　　　　　　　　　　　700

（5）9月20日，企业专设销售机构领用机物料380元，做会计分录如下：

借：销售费用——专设销售机构费用　　　　　　　　　　　　　380

　　贷：原材料　　　　　　　　　　　　　　　　　　　　　　　380

（6）9月30日，分配专设销售机构人员工资3 420元，做会计分录如下：

借：销售费用——专设销售机构费用　　　　　　　　　　　　3 420

　　贷：应付职工薪酬　　　　　　　　　　　　　　　　　　　3 420

（7）月末将本月发生的销售费用合计7 850元，转入"本年利润"账户，计入本月损益，做会计分录如下：

借：本年利润　　　　　　　　　　　　　　　　　　　　　　7 850

　　贷：销售费用——广告费　　　　　　　　　　　　　　　　1 500

　　　　　　　　——运输费　　　　　　　　　　　　　　　1 050

　　　　　　　　——包装费　　　　　　　　　　　　　　　　800

　　　　　　　　——专设销售机构费用　　　　　　　　　　4 500

依据记账凭证，将上述各项业务登入"销售费用明细分类账"，见表3-35。

三、管理费用的核算

（一）管理费用的概念与内容

管理费用是指企业为管理和组织生产经营活动所发生的各项费用，包括公司经费、工会经费、职工教育经费、劳动保险费、待业保险费、董事会费、咨询费、聘请中介机构费、诉讼费、排污费、绿化费、税金、土地使用费（海域使用费）、土地损失补偿费、技术转让费、技术开发费、无形资产摊销、业务招待费，以及存货盘亏、毁损和报废（减盘盈）等。

下面对其中几个主要项目进行具体说明。

1. 公司经费

公司经费包括公司行政管理部门人员工资、职工福利费、差旅费、办公费、折旧费、修理费、机物料消耗、低值易耗品摊销以及其他公司经费。

2. 工会经费

工会经费是指按照职工工资总额计提拨交给工会的经费。

3. 职工教育经费

职工教育经费是指企业为了提高职工的文化素质和技术水平而为职工学习现代先进技术和文化知识支付的费用。

4. 劳动保险费

劳动保险费是指企业支付离退休职工的退休金（包括按照规定缴纳的离退休统

筹金)、价格补贴、医药费（包括企业支付离退休人员参加医疗保险的费用）、职工退职金、长病假（6个月以上）人员工资、职工死亡丧葬补助费、抚恤费、按规定支付给离休人员的各项经费。

5. 待业保险费

待业保险费是指企业按照国家规定缴纳的待业保险基金。

6. 董事会费

董事会费是指企业最高权力机构（如董事会）及其成员为执行职能而发生的各项费用，包括差旅费、会议费等。

7. 咨询费

咨询费是指企业向有关咨询机构进行科学技术经营管理咨询所支付的费用，包括聘请经济顾问、法律顾问等支付的费用。

8. 聘请中介机构费

聘请中介机构费是指企业聘请注册会计师进行查账验资以及进行资产评估等发生的各项费用。

9. 诉讼费

诉讼费是指企业因起诉或者应诉而发生的各项费用。

10. 排污费

排污费是指企业按照规定缴纳的排污费用。

11. 绿化费

绿化费是指企业对厂区、矿区进行绿化而发生的零星绿化费用。

12. 税金

税金是指企业按照规定支付的房产税、车船税、城镇土地使用税、印花税等。

13. 土地使用费（海域使用费）

土地使用费（海域使用费）是指企业使用土地（海域）而支付的费用。

14. 土地损失补偿费

土地损失补偿费是指企业在生产经营过程中破坏的国家不征用的土地所支付的土地损失补偿费。

15. 技术转让费

技术转让费是指企业使用非专利技术而支付的费用。

16. 技术开发费

技术开发费是指企业研究开发新产品、新技术、新工艺所发生的新产品设计费、工艺规程制定费、设备调试费、原材料和半成品的试验费用、技术图书资料费、未纳入国家计划的中间试验费、研究人员的工资费用、研究设备的折旧费、与新产品试制技术研究有关的其他经费、委托其他单位进行的科研试制的费用以及试制失败损失等，以上费用项目如果不符合资本化条件并不能达到预定用途形成无形资产的，应进行费用化处理并列作管理费用。

17. 无形资产摊销

无形资产摊销是指专利权、商标权、著作权、土地使用权、非专利技术等无形资产的摊销。

18. 业务招待费

业务招待费是指企业为业务经营的合理需要而支付的应酬费用。

19. 存货盘亏、毁损和报废

存货盘亏、毁损和报废是指库存的原材料、包装物、低值易耗品、自制半成品、产成品和车间的在产品等盘亏、毁损和报废时发生的损失。

（二）管理费用的账务处理

管理费用的总分类核算是通过设置"管理费用"账户进行的，它属于损益类账户。当企业发生和支付各项管理费用时，记入该账户借方；同时，根据具体内容记入"库存现金""银行存款""原材料""低值易耗品""应付职工薪酬""其他应付款""累计折旧""应交税费"等账户的贷方。月末将该账户借方归集的管理费用实际发生额全部从贷方转到"本年利润"账户的借方，结转后该账户无余额。

为了了解并分析管理费用增减变动的原因，应按照管理费用的各项内容为其设置明细分类账，也可根据本企业的具体情况有选择地设置专栏，便于对发生额较大、发生次数较多的管理费用重点控制。管理费用的明细分类账一般格式如表3-36所示。

表3-36　管理费用明细分类账

金额单位：元

202×年 月	202×年 日	凭证号数	摘要	公司经费	工会经费	劳动保险费	咨询费	审计费	税金	业务招待费	合计
9	5	（1）	购买办公用品	600							600
9	16	（2）	支付退休金及医药费			2 600					2 600
9	30	（3）	支付法律顾问费				300				300
9	30	（4）	支付验资费用					2 100			2 100
9	30	（5）	分配工资等费用	5 700							5 700
9	30	（6）	计提工会经费		1 200						1 200
9	30	（7）	摊销无形资产	400							400
9	30	（8）	计提固定资产折旧	800							800
9	30	（9）	结转税金						500		500
9	30	（10）	支付业务招待费							1 500	1 500
9	30		合计	7 500	1 200	2 600	300	2 100	500	1 500	15 700
9	30	（11）	结转本月管理费用	7 500	1 200	2 600	300	2 100	500	1 500	15 700

为了全面掌握管理费用的核算，下面举一简例加以说明。

[例3-31] 某企业202×年9月份发生下列有关管理费用的业务如下。

（1）9月5日，以银行存款购买厂部管理部门办公用品共计600元，做会计分录如下：

借：管理费用——公司经费　　　　　　　　　　　　　　600

　　　　贷：银行存款　　　　　　　　　　　　　　　　　　　　　　　　　　　600

　　（2）9月16日，以现金支付退休人员退休金2 000元，报销退休人员医药费600元，做会计分录如下：

　　　　借：管理费用——劳动保险费　　　　　　　　　　　　　　　　　　　2 600

　　　　　　贷：库存现金　　　　　　　　　　　　　　　　　　　　　　　　2 600

　　（3）9月30日，以现金300元支付企业法律顾问费。做会计分录如下：

　　　　借：管理费用——咨询费　　　　　　　　　　　　　　　　　　　　　　300

　　　　　　贷：库存现金　　　　　　　　　　　　　　　　　　　　　　　　　300

　　（4）9月30日，以银行存款2 100元支付聘请注册会计师查账费用，做会计分录如下：

　　　　借：管理费用——审计费　　　　　　　　　　　　　　　　　　　　　2 100

　　　　　　贷：银行存款　　　　　　　　　　　　　　　　　　　　　　　　2 100

　　（5）9月30日，结转本月工厂总部管理人员工资5 700元。根据工资分配表，做会计分录如下：

　　　　借：管理费用——公司经费　　　　　　　　　　　　　　　　　　　　5 700

　　　　　　贷：应付职工薪酬　　　　　　　　　　　　　　　　　　　　　　5 700

　　（6）9月30日，根据计提工会经费计算表，计算出全厂本月应计提的工会经费1 200元，做会计分录如下：

　　　　借：管理费用——工会经费　　　　　　　　　　　　　　　　　　　　1 200

　　　　　　贷：其他应付款　　　　　　　　　　　　　　　　　　　　　　　1 200

　　（7）9月30日，摊销无形资产400元，做会计分录如下：

　　　　借：管理费用——公司经费　　　　　　　　　　　　　　　　　　　　　400

　　　　　　贷：累计摊销　　　　　　　　　　　　　　　　　　　　　　　　　400

　　（8）9月30日，工厂总部管理部门本月应计提折旧800元，做会计分录如下：

　　　　借：管理费用——公司经费　　　　　　　　　　　　　　　　　　　　　800

　　　　　　贷：累计折旧　　　　　　　　　　　　　　　　　　　　　　　　　800

　　（9）9月30日，结转本月应交房产税、车船税等500元，做会计分录如下：

　　　　借：管理费用——税金　　　　　　　　　　　　　　　　　　　　　　　500

　　　　　　贷：应交税费　　　　　　　　　　　　　　　　　　　　　　　　　500

　　（10）9月30日，本月以银行存款共支付业务招待费1 500元，做会计分录如下：

　　　　借：管理费用——业务招待费　　　　　　　　　　　　　　　　　　　1 500

　　　　　　贷：银行存款　　　　　　　　　　　　　　　　　　　　　　　　1 500

　　（11）9月30日，将本月发生的管理费用15 700元，结转至“本年利润”账户，计入本月损益，做会计分录如下：

　　　　借：本年利润　　　　　　　　　　　　　　　　　　　　　　　　　15 700

　　　　　　贷：管理费用——公司经费　　　　　　　　　　　　　　　　　　7 500

　　　　　　　　　　——工会经费　　　　　　　　　　　　　　　　　　　1 200

　　　　　　　　　　——劳动保险费　　　　　　　　　　　　　　　　　　2 600

——咨询费	300
——审计费	2 100
——税金	500
——业务招待费	1 500

依据记账凭证，将上述各项业务登入"管理费用明细分类账"，见表3-36。

四、财务费用的核算

（一）财务费用的概念与内容

财务费用是指企业为生产经营所进行资金筹集等理财活动而发生的各项费用。它包括企业生产经营期间所发生的利息支出（减利息收入）、汇兑损失（减汇兑收益）和金融机构手续费以及因筹集资金而发生的其他财务费用。为购建固定资产而筹集资金所发生的费用，在固定资产尚未完工、交付使用前发生的，应计入固定资产的购建成本，不包括在此范围内。现将财务费用各项目具体说明如下。

1. 利息支出

财务费用中的利息支出是指利息支出减去银行存款等利息收入后的余额，包括短期借款利息、长期借款利息、应付票据利息、票据贴现利息、应付债券利息、长期应付引进国外设备款利息、长期应付融资租赁款利息等。

2. 汇兑损失

汇兑损失是指外币业务按人民币记账时，由于外汇牌价折合率原因产生的损失以及月终外币存款账户余额因外汇牌价调整等原因产生的损失。

3. 金融机构手续费

金融机构手续费是指在金融机构办理款项结算而向其支付的手续费，如开出银行承兑汇票手续费、调剂外汇手续费等。

4. 其他财务费用

其他财务费用是指上述各项费用以外的财务费用，如融资租入固定资产发生的融资租赁费、发生的现金折扣等。

（二）财务费用的账务处理

财务费用的总分类核算是通过设置"财务费用"账户进行的，它属于损益类账户。当企业发生各项利息支出、汇兑损失、金融机构手续费及其他财务费用时，应借记"财务费用"科目，贷记"银行存款""应收票据""应付利息""长期借款""长期应付款"等科目。当发生应冲减财务费用的利息收入、汇兑收益时，应借记"银行存款"等科目，贷记"财务费用"科目。这些抵减财务费用的金额，既要记入财务费用总分类账户的贷方，又应在"财务费用"明细分类账借方"利息支出"和"汇兑损失"栏中用红字登记。月末结转财务费用时，贷记本科目，借记"本年利润"科目，结转后本账户无余额。

"财务费用"账户应该按其费用项目设置明细分类账，进行明细分类核算，用以反映和考核各项财务费用的支出情况。财务费用明细分类账一般格式如表3-37所示。

表 3-37　财务费用明细分类账

金额单位：元

202×年		凭证号数	摘要	利息支出	手续费	合计
月	日					
9	3	（1）	支付承兑汇票手续费		1 250	1 250
9	8	（2）	发生票据贴现息	500		500
9	30	（3）	发生长期借款利息	700		700
9	30	（4）	发生短期借款利息	800		800
9	30	（5）	取得银行存款利息	200		200
9	30		合计	1 800	1 250	3 050
9	30	（6）	月末结转财务费用	1 800	1 250	3 050

为了全面掌握财务费用的核算，下面举一简例加以说明。

［例 3-32］某企业 202×年 9 月份发生下列财务费用的业务。

（1）9 月 3 日，企业支付给银行的银行承兑汇票手续费 1 250 元，做会计分录如下：

借：财务费用——手续费　　　　　　　　　　　　　　　1 250
　　贷：银行存款　　　　　　　　　　　　　　　　　　　　　　1 250

（2）9 月 8 日，企业将未到期的商业承兑汇票向银行贴现，其票面金额 10 000 元，实际收到银行存款 9 500 元，做会计分录如下：

借：银行存款　　　　　　　　　　　　　　　　　　　　9 500
　　财务费用——利息支出　　　　　　　　　　　　　　　　500
　　贷：应收票据　　　　　　　　　　　　　　　　　　　　　10 000

（3）9 月 30 日，企业以长期借款购建的固定资产现已完成交付使用，并已办理竣工决算，本月发生利息支出 700 元，做会计分录如下：

借：财务费用——利息支出　　　　　　　　　　　　　　　700
　　贷：长期借款　　　　　　　　　　　　　　　　　　　　　　700

（4）9 月 30 日，结转本月应负担短期借款利息 800 元，做会计分录如下：

借：财务费用——利息支出　　　　　　　　　　　　　　　800
　　贷：应付利息　　　　　　　　　　　　　　　　　　　　　　800

（5）9 月 30 日接银行通知，本月利息收入 200 元，做会计分录如下：

借：银行存款　　　　　　　　　　　　　　　　　　　　　200
　　贷：财务费用——利息支出　　　　　　　　　　　　　　　　200

（6）9 月 30 日，将本月发生的财务费用 3 050 元，结转至"本年利润"账户，做会计分录如下：

借：本年利润　　　　　　　　　　　　　　　　　　　　3 050
　　贷：财务费用——利息支出　　　　　　　　　　　　　　　1 800
　　　　　　　　——手续费　　　　　　　　　　　　　　　　1 250

依据记账凭证，将上述各项业务登入"财务费用明细分类账"，见表 3-37。

📁 本章小结

本章主要介绍了各项生产费用与期间费用的核算。

要素费用中的材料费用其核算的原始凭证主要包括领料单、限额领料单和领料登记表。企业材料收发的日常核算，无论是按照实际成本组织，还是按照计划成本进行，对于发出的材料，均应将其实际成本计入生产费用或期间费用。当若干种产品共同耗用一种材料时，则材料费用需在各产品间进行合理分配。人工费用也称职工薪酬，包括工资性薪酬、社会保障性薪酬和福利性薪酬。人工费用核算的原始凭证主要是考勤记录与产量记录。人工费用中的工资主要有计时工资和计件工资两种形式。当企业采用计时工资时，则生产工人的工资需在各产品间进行合理分配。折旧是固定资产的价值损耗。企业可采用的折旧方法有年限平均法、工作量法、年数总和法、双倍余额递减法等。折旧费用应按固定资产的用途分别计入产品成本或当期损益。

辅助生产费用是辅助生产车间在生产产品或提供劳务时所发生的费用。辅助生产费用的核算是通过"生产成本——辅助生产成本"账户进行的。当辅助生产费用发生时，应借记"生产成本——辅助生产成本"；当辅助生产车间的产品完工入库时或月末分配劳务费用时，应贷记"生产成本——辅助生产成本"。对于提供劳务的辅助生产车间所发生的辅助生产费用，应按受益原则在各受益对象之间进行分配。常用的辅助生产费用分配方法有直接分配法、交互分配法、计划成本分配法、代数分配法和顺序分配法。

制造费用是指工业企业为生产产品（或提供劳务）而发生的、应该计入产品成本但没有专设成本项目的各项生产费用。制造费用是通过"制造费用"账户进行归集和分配的。分配制造费用的常用方法有月度实际分配率法、年度计划分配率法和累计分配率法。

生产损失是指因生产原因而发生的各种损失。其中废品损失是因废品而给企业带来的损失。废品损失应依据经过审核的废品通知单，通过"废品损失"账户进行核算。由于废品可分为可修复废品和不可修复废品，所以废品损失的核算也包括可修复废品损失的核算和不可修复废品损失的核算。企业发生停工时，应填制"停工单"。停工损失依据经过审核的停工单，通过"停工损失"账户进行核算。

生产费用按产品进行归集后，接着就需要将它在完工产品与在产品之间进行分配。完工产品是指工序已经完成的产品，在产品是指工序尚未完成的产品。

企业应根据月末在产品数量的多少、各月月末在产品数量变化的大小、各项费用在生产费用总额中比重的高低以及定额管理工作的好坏等具体情况，选择适当的方法，合理而简便地将各产品的生产费用在完工产品与在产品之间进行分配。常用的分配方法有：不计算在产品成本法、在产品成本按年初数固定计算法、在产品成本按所耗原材料费用计算法、在产品成本按完工产品成本计算法、约当产量比例法、在产品成本按定额成本计算法和定额比例法等。

期间费用是指与产品生产没有直接联系，不能直接归属于某个特定产品，而能够确定其发生的期间，并计入当期损益的费用。期间费用主要包括销售费用、管理费用和财务费用。销售费用、管理费用、财务费用的本月发生额分别记入"销售费用""管理费用""财务费用"账户的借方，月末再从"销售费用""管理费用""财务费用"账户的贷方结转到"本年利润"账户的借方，月末结转后各账户均无余额。

📱 关键名词

辅助生产费用　是指辅助生产车间在一定时期内因生产产品或提供劳务而发生的各种费用。

直接分配法　是指将各辅助生产车间发生的费用直接分配给辅助生产车间以外的各受益对象，而不在辅助生产车间之间进行劳务费用分配的方法。

交互分配法　是指将各辅助生产车间直接发生的费用先在辅助生产车间内部进行交互分配，以求得各辅助生产车间的实际费用，然后再将实际费用分配给辅助生产车间以外的各受益对象的方法。

计划成本分配法　是指首先将各辅助生产车间发生的费用按照劳务的计划单位成本在全部受益对象之间同时进行分配，然后再对辅助生产费用实际脱离计划的差异进行处理的方法。

代数分配法　是指首先根据多元一次方程组求得辅助生产劳务的实际单位成本，然后再将各辅助生产车间发生的费用按照劳务的实际单位成本在全部受益对象之间同时进行分配的方法。

顺序分配法　是指各辅助生产车间的费用分配按辅助生产车间的受益顺序依次进行，受益少的排列在前，先将费用分配出去，受益多的排列在后，后将费用分配出去的方法。

制造费用　是指企业为生产产品（或提供劳务）而发生的、应该计入产品成本但没有专设成本项目的各项生产费用。

生产损失　是指企业在产品生产过程中由于生产原因而发生并应计入产品成本的各种损失。

废品　是指因生产原因而造成的质量不符合规定的技术标准，不能按照原定用途使用，或者需要加工修理后才能按原定用途使用的在产品、半成品、产成品。

可修复废品　是指修复后仍可达到合格产品要求的废品。可修复废品必须具备两个条件：其一，在技术上和工艺上可以修复；其二，进行修复在经济上是划算的。

不可修复废品　是指在技术上和工艺上已不可修复，或者虽然能修复，但进行修复在经济上不划算的废品。

废品损失　是指由于产生废品而发生的一种生产损失。废品损失包括不可修复废品的生产成本，以及可修复废品在返修过程中发生的各种修复费用。废品的残料价值和应由过失单位或个人赔偿的款项，应从废品损失中扣除。

停工损失　是指企业生产车间在计划外停工（如由于电力中断、原材料供应不足、机器设备出现故障、自然灾害等引起的停工）期间所发生的各项费用，主要包括停工期间支付的生产工人工资和计提的职工福利费、耗用的燃料和动力、应负担的制造费用等。

完工产品　是指生产工序已完成的产品。其中，狭义的完工产品是指产成品；广义的完工产品除产成品外，还包括自制半成品。

在产品　是指未完工产品。其中，狭义的在产品是指正在生产车间进行加工制造的在制品；广义的在产品不仅包括狭义的在产品，而且还包括本车间已经完工的自制半成品。

约当产量　是指将月末在产品数量按照一定的标准（如完工程度、投料程度）折算为相当于完工产品的数量。

约当产量比例法　是指根据完工产品数量与月末在产品约当产量的比例分配生产费用，以计算完工产品成本与月末在产品成本的方法。

定额比例法　是指以完工产品与月末在产品的定额作为分配标准，来分配生产费用，计算完工产品成本与月末在产品成本的方法。

期间费用　是指不能直接归属于某个特定产品而能够确定其发生的期间，必须计入当期损益的费用。期间费用主要包括销售费用、管理费用、财务费用。

即测即评

请扫描二维码，进行即测即评。

思考与练习题

1. 如何进行各要素费用的核算？
2. 辅助生产费用有哪几种分配方法？各方法的特点及运用条件是什么？
3. 制造费用常用的分配方法有哪几种？其适用条件是什么？
4. 可修复废品损失与不可修复废品损失在核算上有何异同？
5. 生产费用在完工产品与在产品之间分配的方法有哪些？各种方法在适用范围上有何不同？
6. 某企业设有供电、机修两个辅助生产车间，本月供电、机修车间直接发生的费用分别为 16 000 元和 24 000 元。本月共供电 25 000 度，其中基本生产车间生产产品耗用 18 000 度，机修车间耗用 5 000 度，企业管理部门耗用 2 000 度；本月共提供机修工时 1 000 小时，其中为基本生产车间提供 700 小时，为供电车间提供 200 小时，为企业管理部门提供 100 小时。计划单位成本为：每度电 0.75 元，单位机修工时 25 元。

要求：

（1）采用直接分配法，计算供电车间与机修车间的费用分配率。

（2）采用交互分配法，计算各受益部门应负担的电费与机修费。

（3）采用计划成本分配法，计算供电车间与机修车间的成本差异。

（4）设每度电的实际单位成本为 x，单位机修工时的实际成本为 y，试建立反映供电成本与机修成本的方程组。

7. 某车间计划全年度制造费用发生额为 39 600 元，全年各产品的计划产量为甲产品 450 件，乙产品 300 件；单位产品工时消耗定额为甲产品 4 小时，乙产品 5 小时；该车间某月实际产量为甲产品 80 件，乙产品 120 件。该月实际发生制造费用3 800 元。

要求：按年度计划分配率法分配制造费用并编制相应的会计分录。

8. 某生产车间生产乙产品，本月共投产 500 件，完工验收时发现其中有不可修复废品 20 件。乙产品共耗用生产工时 9 000 小时，其中废品耗用 180 小时。乙产品成本明细账所记合格品和废品的全部生产费用为：直接材料费用 12 000 元，燃料和动力8 800 元，直接人工费用 12 800 元，制造费用 7 800 元。乙产品所耗的原材料是在生产开始时一次投入的。废品残料已入库，作价 180 元。

要求：根据以上资料，计算不可修复废品的生产成本及净损失，并编制相应的会计分录。

案例分析

请扫描二维码查看。

拓展阅读

请扫描二维码阅读。

第四章 产品成本计算基本方法

学习目标

通过学习本章内容，读者应该能够：

1. 能根据企业的生产特点和管理要求，选择合适的产品成本计算方法；
2. 熟练运用品种法进行产品成本核算；
3. 熟练运用分批法进行产品成本核算；
4. 熟练运用分步法进行产品成本核算。

第一节　产品成本计算方法概述

一、生产的分类

企业不同类型的生产具有不同的特点，对成本计算方法的选择有重要的影响。企业的生产通常可以按工艺流程的特点和生产组织方式的特点进行分类。

（一）按工艺流程的特点分类

工艺流程是指劳动者利用生产工具将原材料或半成品加工成为产成品的方法与过程。企业的生产按工艺流程的特点可以划分为单步骤生产和多步骤生产。

1. 单步骤生产

单步骤生产是指生产工艺流程不能间断的生产，或指生产工艺流程虽然可以间断但是不能或不必划分为若干步骤的生产，例如，供电、采掘等企业的生产。单步骤生产通常只能由一个企业独立完成，所生产的产品生产周期一般较短，通常没有半成品存在。单步骤生产也叫简单生产。

2. 多步骤生产

多步骤生产是指由若干个可以间断的生产步骤所组成的生产。多步骤生产可以在一个企业内独立完成，也可以由多个企业在不同地点协作完成，其产品生产周期往往较长，通常有半成品的存在。多步骤生产也称为复杂生产。

多步骤生产按产品生产过程中加工方式的不同，又可分为连续式多步骤生产和装配式多步骤生产两类。

（1）连续式多步骤生产。连续式多步骤生产是指原材料投入生产后，需要经过若干连续的加工步骤才能最终产出产成品的生产。在连续式多步骤生产过程中，前一步骤生产出的半成品转到后一步骤并成为后一步骤的加工对象，直到最后步骤完工成为产成品。例如，钢铁、纺织、化工等企业产品的生产通常为连续式多步骤生产。

（2）装配式多步骤生产。装配式多步骤生产是指原材料投入生产后，在不同步骤平行加工，制造出产成品所需的各种零（部）件，最后把零（部）件装配成为产成品。例如机械制造、汽车制造、仪表制造等企业的生产一般为装配式多步骤生产。

（二）按生产组织方式的特点分类

生产组织方式是指为了确保生产任务的顺利完成而对生产资源进行合理配置的方式。企业的生产按生产组织方式的特点可以划分为大量生产、成批生产和单件生产。

1. 大量生产

大量生产是指连续不断地重复生产一种或几种特定产品的生产。大量生产的主要特点是：品种较少，但每一品种的产量都比较大，生产重复程度高，一般采用专门设备进行加工。例如，采掘、纺织、冶金等企业的生产通常属于大量生产。

2. 成批生产

成批生产是指按预先确定的产品批别和数量进行的若干种产品的生产。这类生产的主要特点是：产品品种较多，不同品种的产量有的较大、有的较小。例如，机械制造、服装制造等企业的生产可归属于成批生产。成批生产按批量的大小，又划分为大批生产和小批生产。大批生产类似于大量生产，小批生产则类似于单件生产。

3. 单件生产

单件生产是指根据购买者订单要求所进行的特定产品的生产。这类生产的主要特点是：企业生产产品的品种多，每一订单的产品数量较少，生产的重复程度较低，一般不重复生产，即使重复生产的话也是不定期的，通常采用通用设备进行加工。例如，船舶制造、专用设备制造企业的生产通常是单件生产。

上述按不同标准分类所得到的企业生产类别之间有一定的联系。一般而言，单步骤生产大多是大量生产，连续式多步骤生产大多是大量、成批生产，装配式多步骤生产则可以是大量生产、成批生产或单件生产。

二、企业的生产特点和管理要求对产品成本计算的影响

不同的生产特点会有不同的管理要求。例如，对于多步骤生产，有的企业在管理上要求按生产步骤计算产品成本，而有的企业在管理上不要求按生产步骤计算产品成本；对于单步骤的生产，则管理上没有必要或不可能要求按生产步骤计算产品成本。

生产特点和管理要求的结合共同对成本计算产生影响，包括对成本核算对象的确定、成本计算期的确定、生产费用在月末完工产品和在产品之间的分配这几个方面的影响。

（一）对选择成本核算对象的影响

单步骤大量生产往往连续大量重复生产一种或几种产品，生产工艺流程不能间断，没有必要或不可能要求按生产步骤计算产品成本，只能以产品的品种作为成本核算对象计算每种产品的成本。单步骤大批生产与单步骤大量生产类似，在一个较长时期内连续不断地重复生产一种或几种产品，通常也只能以产品品种作为成本核算对象计算产品成本。单步骤小批单件生产通常是按批别或订单组织的，各批别或订单之间单位成本耗费水平可能差异较大，因此需要按产品的批别来计算产品成本。

多步骤大量大批生产，其生产工艺流程可以间断，各生产步骤可以分散在不同地点加工完成。为了加强各生产步骤的成本管理，管理上往往要求不仅计算出最终产品的成本，还要计算各生产步骤的成本，因此这种情况下企业以产品的生产步骤为成本核算对象。如果管理上不要求按生产步骤管理生产费用，则可以结合大量大批生产所具有的连续大量重复生产的特点，选择产品品种作为成本核算对象。多步骤单件小批生产通常是按批别或订单组织的，各批别或订单的要求不一样而导致不同批别或订单的单位成本耗费水平差异较大，所以一般应按批别计算产品成本；如果各批别或订单之间单位成本耗费水平差异不大，管理上又要求按生产步骤反映生产费用耗费情况的话，也可以将成本核算对象确定为产品的生产步骤。

综上所述，成本核算对象是根据产品的生产特点和管理要求进行选择的，通常有三种主要成本核算对象，即产品的品种、批别和生产步骤。

（二）对成本计算期的影响

成本计算期是指生产费用计入产品成本的起讫日期，即每次计算产品成本的间隔期间。成本计算期主要取决于生产组织方式的特点。大量大批生产的产品其生产周期往往较短，每月通常都有连续不断的投入与产出，较难区分批别，月末往往既有完工

产品又有在产品,因此通常按月份计算产品成本。此时,成本计算期与会计报告期一致而与生产周期不一致。单件小批生产的产品其批量小,而且一般不重复进行生产,月末时往往要么全部完工要么全部在产,其成本计算期通常与生产周期一致,而与会计报告期不一定一致。

(三) 对生产费用在月末完工产品和在产品之间分配的影响

生产费用在月末完工产品和在产品之间的分配既受生产工艺流程的影响,又受生产组织方式的影响。单步骤生产由于生产周期较短,月末往往没有在产品,一般不需要在月末完工产品和在产品之间分配生产费用。多步骤的大量大批生产通常具有不断投入、不断产出的特点,在月末时往往既有完工产品又有在产品,因此需要在月末完工产品和在产品之间分配生产费用。多步骤的单件小批生产由于批量小,同一批产品往往同时完工或同时正在加工,因此一般不需要在月末完工产品和在产品之间分配生产费用。

三、产品成本计算的主要方法

产品成本计算是指以一定的成本核算对象为目标归集、分配生产费用计算其总成本和单位成本的过程。产品成本计算过程通常涉及以下工作:① 确定成本核算对象。即结合生产特点和管理要求,选择产品的品种、批别或生产步骤作为成本核算对象。② 按成本核算对象设置生产成本明细账。③ 设置成本项目。制造企业一般设置直接材料、燃料和动力、直接人工和制造费用等项目。④ 确定成本计算期。根据生产特点选择生产周期或月份作为成本计算期。⑤ 将生产费用记入生产成本明细账。按序通过分配要素费用、分配辅助生产费用、分配制造费用、结转废品损失和停工损失等步骤将生产费用记入生产成本明细账。⑥ 将生产费用在完工产品和在产品之间进行分配。

实际工作中,产品成本计算的主要方法包括品种法、分批法和分步法,它们的主要区分标志是成本核算对象不同。

(一) 品种法

品种法是以产品品种为成本核算对象,按产品品种设置生产成本明细账归集生产费用、计算产品成本的方法。品种法一般适用于大量大批单步骤生产,如发电、供水、采掘等企业的生产,也可用于管理上不要求分步计算产品成本的大量大批多步骤生产,如小型的造纸、水泥等企业的生产。品种法以月份为成本计算期,月末通常需要在完工产品和在产品之间分配生产费用。

(二) 分批法

分批法是以产品的生产批别为成本核算对象,按产品的生产批别设置生产成本明细账归集生产费用、计算产品成本的方法。分批法一般适用于管理上不要求分步计算产品成本的单件小批生产,如船舶、专用设备、重型机械、专用模具等产品的制造。分批法一般以生产周期作为成本计算期,月末通常不需要在完工产品和在产品之间分配生产费用。

(三) 分步法

分步法是以产品的生产步骤为成本核算对象,按产品的生产步骤设置生产成本明细账归集生产费用、计算产品成本的方法。分步法一般适用于管理上要求分步计算的多步骤生产，如纺织、冶金等企业的生产。分步法以月份为成本计算期，月末一般需要在完工产品和在产品之间分配生产费用。

三种主要的产品成本计算方法的区别见表4-1。

表 4-1　主要产品成本计算方法的区别

项目	成本核算对象	成本计算期	是否需要在完工产品和在产品之间分配生产费用
品种法	产品品种	月份	一般需要
分批法	生产批别	生产周期	一般不需要
分步法	生产步骤	月份	一般需要

除了以上三种比较常用的主要产品成本计算方法外，实际工作中还存在分类法、定额法、标准成本法、变动成本法、作业成本法等其他方法，它们是主要产品成本计算方法的延伸。

四、产品成本计算方法的应用

由前述内容可知，企业的生产特点和管理要求不一样，所适用的成本计算方法也就不一样，成本核算对象、成本计算期、生产费用在完工产品和在产品之间的分配等方面也将存在差异。企业应该根据自身的生产特点和管理要求选择采用合适的成本计算方法计算产品成本。如何根据生产特点和管理要求选择成本计算方法如表4-2所示。

表 4-2　根据生产特点和管理要求选择成本计算方法

生产特点		管理要求	成本计算方法
工艺流程	组织方式		
大量大批	单步骤	不可能分步计算成本	品种法
大量大批	多步骤	不要求分步计算成本	品种法
大量大批	多步骤	要求分步计算成本	分步法
单件小批	多步骤	要求分步计算成本	分步法
单件小批	多步骤	不要求分步计算成本	分批法
单件小批	单步骤	不可能分步计算成本	分批法

如果一个企业生产的产品品种较多，生产车间也较多，并且这些产品生产的特点及管理要求有所不同，那么这个企业可能需要同时应用几种主要产品成本计算方法，分别计算生产特点及管理要求不同的产品的成本。有时，为了加工完成某一个完工产品，需要有前面若干步骤的半成品，这些自制半成品的生产过程中其生产特点和管理要求各不相同，会使企业为此采用不同的成本计算方法计算生产特点及管理要求不同

的自制半成品的成本及完工产品的成本。例如，机械设备制造厂设有铸造、加工、装配三个生产车间，铸造车间生产铸铁件转入加工车间加工成零部件，这些零部件再转入装配车间装配成最终产品机械设备。在这个过程中，铸造车间采用品种法计算铸铁件的成本，加工车间采用分批法计算零部件的成本，而铸铁件转入加工车间、零部件转入装配车间其成本结转则采用了分步法的原理。这样，该企业在计算机械设备这一完工产品成本的过程中结合采用了三种主要产品成本计算方法。

一个企业所采用的成本计算方法并不是一成不变的，随着生产的发展和管理水平的提高，产品成本计算方法也应随之改进以适应新形势的需要。例如，随着制造费用内容的多样化及其在产品成本中占比的剧增，如果只用人工工时或机器工时等单一的分配标准分配制造费用已经难以真实地反映产品成本了。在这种背景下，越来越多的企业引入作业成本法，使产品成本的计算科学化和精细化，收到了很好的成效。

第二节　产品成本计算的品种法

一、品种法的概念及适用范围

品种法是以产品品种为成本核算对象，按产品品种设置生产成本明细账归集生产费用、计算产品成本的方法。品种法一般适用于大量大批单步骤生产，如发电、供水、采掘等企业的生产，也可用于管理上不要求分步计算产品成本的大量大批多步骤生产，如小型的造纸、水泥等企业的生产。另外，企业供水、供电、供汽等辅助生产车间提供的水、电、蒸汽等产品的成本可以采用品种法进行计算。

在单步骤大量大批生产单一产品的企业，由于品种单一，生产过程简短，所以月末通常没有在产品存在或者在产品很少可以忽略，截止到月末在生产过程中所归集的生产费用就是完工产品的成本，即生产费用不需要在完工产品和在产品之间进行分配。这种情况下所采用的品种法由于产品成本计算过程比较简单，故称为简单品种法。在多品种、多步骤的大量大批生产的企业，由于品种较多，生产过程较复杂，月末一般既有完工产品又有在产品，所发生的生产费用既要在不同品种之间进行分配，又要在同一品种的完工产品和在产品之间进行分配。这种情况下所使用的品种法在计算程序上有别于简单品种法，普遍适用于采纳品种法的企业，可称之为典型品种法。

二、品种法的特点

一种成本计算方法的特点可以从成本核算对象、成本计算期、生产费用在完工产品和在产品之间的分配三个方面进行概括。

（一）成本核算对象

品种法以产品品种为成本核算对象，企业发生的生产费用按产品品种进行归集。如果企业只生产一种产品，则发生的生产费用可直接计入该产品成本。如果企业生产的产品不止一种，则发生的生产费用应区分产品品种按成本项目进行归集，直接成本直接计入各产品成本，间接成本则分配计入各产品成本。

（二）　成本计算期

品种法适用于大量大批生产。由于这种类型的生产，其生产周期往往较短，每月都有连续不断的投入与产出，不能经济方便地界定产品生产的起讫日期或生产周期，月末往往既有完工产品又有在产品，因此该方法以会计报告期而不是产品的生产周期作为成本计算期，定期在每月月末计算产品成本。

（三）　生产费用在完工产品与在产品之间的分配

在简单品种法应用环境下，期末一般不存在在产品或在产品数量很少可以忽略，所以期末一般不需要在完工产品与在产品之间分配生产费用。在典型品种法应用环境下，期末一般既有完工产品又有数量较多的在产品，此时需要选择合适的方法将生产费用在完工产品与在产品之间进行分配，从而计算出完工产品和在产品的成本。

三、品种法的计算程序

典型品种法的一般计算程序主要包含以下步骤。

（一）　确定产品品种作为成本核算对象，设置产品成本明细账

采用品种法，应以产品品种为成本核算对象，并按产品的品种设置"生产成本——基本生产成本"明细账，在明细账中一般设置直接材料、燃料和动力、直接人工和制造费用等成本项目。此外，通常还需要设置"生产成本——辅助生产成本""制造费用"等账户的明细账。

（二）　分配要素费用

根据外购材料、外购燃料、外购动力、职工薪酬、折旧等各项要素费用发生的原始凭证和其他有关资料，归集、分配生产过程中发生的要素费用。所发生的生产费用若为直接费用应直接计入产品成本，若为间接费用则选择合适的方法分配计入产品成本。要素费用的分配通过编制要素费用分配表进行，包括编制材料费用分配表、燃料和动力费用分配表、职工薪酬分配表、折旧费用分配表及其他费用分配表，根据各要素费用分配表的分配结果填制记账凭证，并登记各品种产品的基本生产成本明细账，以及辅助生产成本明细账和制造费用明细账等账簿。

（三）　分配辅助生产费用

编制辅助生产费用分配表，据以登记基本生产成本明细账、制造费用明细账等，将辅助生产成本明细账所归集的辅助生产费用按适当的方法分配计入各受益对象，登记各品种产品的基本生产成本明细账以及基本生产车间的制造费用明细账等。

（四）　分配制造费用

编制基本生产车间的制造费用分配表，将基本生产车间制造费用明细账所归集的生产费用按合理的方法在各品种产品之间进行分配，并记入各品种产品的基本生产成本明细账。

（五）　计算完工产品成本和在产品成本

月末汇总各品种产品的基本生产成本明细账所归集的生产费用，编制产品成本计算单，将生产费用按适当的方法在完工产品和在产品之间进行分配，计算结转完工产品成本，登记库存商品明细账。

需要说明的是，有的企业除了为基本生产车间设置制造费用明细账外，还为辅助

生产车间设置制造费用明细账，在这种情况下，部分要素费用的发生会归集在辅助生产车间制造费用明细账当中，月末应首先编制辅助生产车间制造费用分配表，将辅助生产车间制造费用明细账所归集的生产费用分配转入到辅助生产成本明细账中，和其他辅助生产费用汇总后，再进行上述第三步辅助生产费用的分配。在单独核算废品损失和停工损失的企业，品种法的计算程序中还应增加对废品损失和停工损失进行核算的流程，具体请参阅第三章第六节"生产损失的核算"的相关内容。

上述典型品种法下的计算程序示意图如图4-1所示。

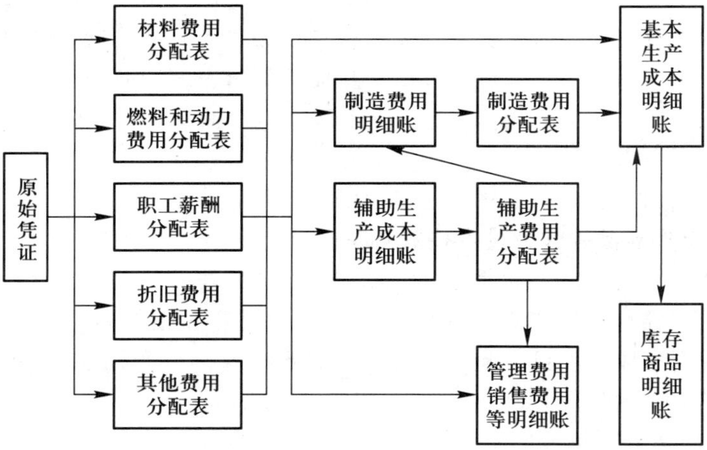

图4-1　品种法计算程序示意图

简单品种法的计算程序相对上述典型品种法而言，生产费用在各明细账之间的流转程序是相似的，只是在简单品种法下由于产品品种单一，所以生产费用流转过程中的分配工作量要小得多。由于简单品种法下通常没有月初、月末在产品，所以在基本生产成本明细账中所归集的本月发生的生产费用就是本月完工产品成本，月末不需要在完工产品和在产品之间分配生产费用。

四、品种法举例

（一）简单品种法举例

[例4-1] 某水厂只生产自来水一种产品，该水厂提取原水后，首先加入药剂进行混凝反应，使水中不易沉淀的胶粒及微小悬浮物相互聚结形成较大的絮状物，经混凝反应处理过的水接着流入沉淀池进行沉淀处理，使水中颗粒沉淀于池底堆积，沉淀处理后的水再经过过滤和消毒处理，最后通过输水管网送给千家万户。

该水厂使用简单品种法核算自来水的成本，在进行成本核算时，该水厂的职能部门被划分为生产部门和管理科室两类部门。由于只是大量生产一种产品，所以生产过程中发生的生产费用都是直接成本，可以直接计入自来水的成本，因此该水厂设置了"生产成本"总账科目，而没有设置"生产成本——辅助生产成本"和"制造费用"科目，并且结合费用控制的需求在"生产成本"明细账按生产费用的经济性质设立，包括"电费""药剂费""职工薪酬""折旧费""检修维护费""其他费用"等。

　　按自来水生产的特点，该水厂当月发生的生产费用即为当月自来水的总成本，除以自来水的总产量，即为自来水的单位成本。

　　202×年 7 月月末，财务部门根据各项费用发生的原始凭证编制动力费用分配表、职工薪酬分配表、折旧费用分配表及其他费用分配表。各分配表只是在生产部门和管理科室之间分配费用，比较简单，此处省略。该水厂 7 月份与生产部门有关的生产费用及其会计分录列示如下。

　　（1）分配电费。本月电费用银行存款支付，根据电费分配表，其中生产部门承担 260 万元。

　　　　借：生产成本——电费　　　　　　　　　　　　　　　　　　　　2 600 000

　　　　　　贷：银行存款　　　　　　　　　　　　　　　　　　　　　　　　　2 600 000

　　（2）本月发生药剂费 90 万元，用银行存款支付。

　　　　借：生产成本——药剂费　　　　　　　　　　　　　　　　　　　　900 000

　　　　　　贷：银行存款　　　　　　　　　　　　　　　　　　　　　　　　　900 000

　　（3）分配本月职工薪酬。根据职工薪酬分配表，其中生产部门职工薪酬 98 万元。

　　　　借：生产成本——职工薪酬　　　　　　　　　　　　　　　　　　　980 000

　　　　　　贷：应付职工薪酬　　　　　　　　　　　　　　　　　　　　　　　980 000

　　（4）分配折旧费。根据折旧费分配表，生产部门承担 290 万元。

　　　　借：生产成本——折旧费　　　　　　　　　　　　　　　　　　　2 900 000

　　　　　　贷：累计折旧　　　　　　　　　　　　　　　　　　　　　　　　2 900 000

　　（5）分配检修费用。检修费用以银行存款支付，其中生产部门承担 73 万元。

　　　　借：生产成本——检修费　　　　　　　　　　　　　　　　　　　730 000

　　　　　　贷：银行存款　　　　　　　　　　　　　　　　　　　　　　　　730 000

　　（6）分配其他费用。其他费用以银行存款支付，其中生产部门承担 80 万元。

　　　　借：生产成本——其他费用　　　　　　　　　　　　　　　　　　800 000

　　　　　　贷：银行存款　　　　　　　　　　　　　　　　　　　　　　　　800 000

　　根据上述会计处理，登记"生产成本明细账"，见表 4-3。

表 4-3　生产成本明细账

金额单位：元

202×年		凭证号	摘要	电费	药剂费	职工薪酬	折旧费	检修费	其他费用	合计
月	日									
7	31	略	分配电费	2 600 000						2 600 000
			分配药剂费		900 000					900 000
			分配职工薪酬			980 000				980 000
			分配折旧费				2 900 000			2 900 000
			分配检修费用					730 000		730 000

续表

202×年 月	日	凭证号	摘要	电费	药剂费	职工薪酬	折旧费	检修费	其他费用	合计
			分配其他费用						800 000	800 000
			本月合计	2 600 000	900 000	980 000	2 900 000	730 000	800 000	8 910 000
			本月转出	2 600 000	900 000	980 000	2 900 000	730 000	800 000	8 910 000

根据"生产成本明细账"和自来水产量统计资料，编制自来水成本计算单如表4-4所示。

表 4-4   自来水成本计算单

产量：15 000 000 m³

成本项目	总成本（元）	单位成本（元/m³）
电费	2 600 000	0.17
药剂费	900 000	0.06
职工薪酬	980 000	0.07
折旧费	2 900 000	0.19
检修费用	730 000	0.05
其他费用	800 000	0.05
合计	8 910 000	0.59

结转本月自来水销售成本，编制会计分录如下：

借：主营业务成本　　　　　　　　　　　　　　　　　　8 910 000

　　贷：生产成本　　　　　　　　　　　　　　　　　　　　8 910 000

（二）典型品种法举例

[例 4-2] 某企业大量生产甲、乙两种产品，该企业生产部门设有一个基本生产车间和供水车间、运输车间两个辅助生产车间。该企业根据生产特点和成本管理要求采用品种法计算产品成本，按产品品种设置"生产成本——基本生产成本"明细账，并设置"直接材料""燃料和动力""直接人工"和"制造费用"四个成本项目。甲、乙两种产品生产所需的原材料在生产开始时一次性投入，两种产品共同耗用的原材料按两种产品各自直接领用的原材料消耗比例进行分配。基本生产车间职工薪酬、制造费用以及消耗的电费均按生产工时比例分配计入产品成本。辅助生产车间不单独核算制造费用，归集的辅助生产费用采用直接分配法进行分配。月末在完工产品和在产品之间分配生产费用采用约当产量法，月末在产品的完工程度为50%。

202×年7月的月初在产品成本如表4-5所示。

表 4-5 月初在产品成本

金额单位：元

产品品种	直接材料	燃料和动力	直接人工	制造费用	合计
甲产品	42 000	7 200	5 580	8 046	62 826
乙产品	52 000	10 800	5 820	9 564	78 184

7 月份产量记录如表 4-6 所示。

表 4-6 产量记录

单位：件

产品品种	甲产品	乙产品
月初在产品	100	120
本月投产	900	380
本月完工	800	400
月末在产品	200	100

7 月份生产工时的资料如表 4-7 所示。

表 4-7 生产工时

单位：小时

产品品种	生产工时
甲产品	18 000
乙产品	12 000
合计	30 000

运输、供水两个辅助生产车间所提供的劳务情况如表 4-8 所示。

表 4-8 辅助生产车间为各部门提供的劳务

202×年 7 月

受益部门	运输车间（千米）	供水车间（吨）
基本生产车间	18 000	48 000
运输车间		300
供水车间	1 200	
管理部门	4 800	500
合计	24 000	48 800

生产部门的本月生产费用，包括原材料费用、动力费、职工薪酬、折旧费及其他费用的发生额如表 4-9 至表 4-13 所示。

表 4-9　原材料费用

202×年 7 月   金额单位：元

领料用途	直接领用原材料 A	共同耗用原材料 B	合计
甲产品	60 000		
乙产品	80 000		
小计	140 000	28 000	168 000
运输车间	3 000		3 000
供水车间	5 000		5 000
基本生产车间一般耗用	4 000		4 000
合计	152 000	28 000	180 000

表 4-10　动　力　费

202×年 7 月

用电部门	用电量（千瓦·时）	金额（元）
基本生产车间	70 000	63 000
运输车间	2 000	1 800
供水车间	8 000	7 200
合计	80 000	72 000

表 4-11　职　工　薪　酬

202×年 7 月   金额单位：元

人员类别	工资	其他薪酬
产品生产工人	120 000	43 200
基本生产车间管理人员	6 000	2 160
运输车间	10 800	3 888
供水车间	7 200	2 592
合计	144 000	51 840

表 4-12　折　旧　费

202×年 7 月   金额单位：元

车间名称	金额
基本生产车间	48 000
运输车间	19 352
供水车间	10 583
合计	77 935

表 4-13 其 他 费 用

202×年 7 月 金额单位：元

车间名称	办公费	保险费	周转材料	其他	合计
基本生产车间	1 200	5 750	4 000	1 280	12 230
运输车间	480	2 200	800	1 000	4 480
供水车间	520	1 800	600	880	3 800
合计	2 200	9 750	5 400	3 160	20 510

根据上述资料，按品种法计算产品成本的过程如下。

1. 要素费用分配

（1）根据审核无误的领料凭证，按材料用途编制材料费用分配表如表 4-14 所示。

表 4-14 材料费用分配表

202×年 7 月 金额单位：元

应借账户			原材料 A	原材料 B			合计
总账账户	二级账户	明细账户		分配标准	分配率	分配额	
生产成本	基本生产成本	甲产品	60 000	60 000		12 000	72 000
		乙产品	80 000	80 000		16 000	96 000
		小计	140 000	140 000	0.2	28 000	168 000
	辅助生产成本	运输车间	3 000				3 000
		供水车间	5 000				5 000
制造费用	基本生产车间		4 000				4 000
合计			152 000			28 000	180 000

根据材料费用分配表，编制会计分录如下：

借：生产成本——基本生产成本——甲产品 72 000

　　　　　　　　　　　　　　——乙产品 96 000

　　生产成本——辅助生产成本——运输车间 3 000

　　　　　　　　　　　　　　——供水车间 5 000

　　制造费用——基本生产车间 4 000

　　　贷：原材料 180 000

（2）编制动力费分配表如表 4-15 所示。

表 4-15　动力费分配表
202×年 7 月

应借账户				生产工时（小时）	分配率（元/小时）	金额（元）
总账账户	二级账户	明细账户	成本项目			
生产成本	基本生产成本	甲产品	燃料和动力	18 000		37 800
		乙产品	燃料和动力	12 000		25 200
		小计		30 000	2.1	63 000
	辅助生产成本	运输车间				1 800
		供水车间				7 200
合计						72 000

根据动力费分配表，编制会计分录如下：

借：生产成本——基本生产成本——甲产品　　　　　　　　　　　37 800

　　　　　　　　　　　　　　——乙产品　　　　　　　　　　　25 200

　　生产成本——辅助生产成本——运输车间　　　　　　　　　　 1 800

　　　　　　　　　　　　　　——供水车间　　　　　　　　　　 7 200

　　贷：银行存款　　　　　　　　　　　　　　　　　　　　　　72 000

（3）编制职工薪酬分配表如表 4-16 所示。

表 4-16　职工薪酬分配表

202×年 7 月　　　　　　　　　　　　　　　　金额单位：元

应借账户			分配标准（生产工时）	工资	其他薪酬	职工薪酬合计
总账账户	二级账户	明细账户				
生产成本	基本生产成本	甲产品	18 000	72 000	25 920	97 920
		乙产品	12 000	48 000	17 280	65 280
		小计	30 000	120 000	43 200	163 200
	辅助生产成本	运输车间		10 800	3 888	14 688
		供水车间		7 200	2 592	9 792
制造费用	基本生产车间			6 000	2 160	8 160
合计				144 000	51 840	195 840

表 4-16 中，基本生产车间生产工人工资 120 000 元及其他薪酬 43 200 元均按生产工时比例分配计入甲、乙两种产品成本中。根据职工薪酬分配表，编制会计分录如下：

借：生产成本——基本生产成本——甲产品　　　　　　　　　　　97 920

　　　　　　　　　　　　　　——乙产品　　　　　　　　　　　65 280

　　生产成本——辅助生产成本——运输车间　　　　　　　　　　14 688

——供水车间	9 792
制造费用——基本生产车间	8 160
贷：应付职工薪酬	195 840

（4）编制折旧费分配表如表4-17所示。

表4-17 折旧费分配表

202×年7月 金额单位：元

应借账户			金额
总账账户	二级账户	明细账户	
制造费用	基本生产车间		48 000
生产成本	辅助生产成本	运输车间	19 352
		供水车间	10 583
合计			77 935

根据折旧费分配表，编制会计分录如下：

借：制造费用——基本生产车间	48 000
生产成本——辅助生产成本——运输车间	19 352
——供水车间	10 583
贷：累计折旧	77 935

（5）编制其他费用分配表如表4-18所示。

表4-18 其他费用分配表

202×年7月 金额单位：元

应借账户			办公费	保险费	周转材料	其他	合计
总账账户	二级账户	明细账户					
制造费用	基本生产车间		1 200	5 750	4 000	1 280	12 230
生产成本	辅助生产成本	运输车间	480	2 200	800	1 000	4 480
		供水车间	520	1 800	600	880	3 800
合计			2 200	9 750	5 400	3 160	20 510

已知其他费用中除周转材料之外，其余各项均由银行存款支付，周转材料使用一次摊销法摊销。根据折旧费分配表，编制会计分录如下：

借：制造费用——基本生产车间	12 230
生产成本——辅助生产成本——运输车间	4 480
——供水车间	3 800
贷：周转材料	5 400
银行存款	15 110

2. 分配辅助生产费用

根据上述有关资料，登记"生产成本——辅助生产成本"明细账，归集出待分配的辅助生产费用，如表4-19、表4-20所示。

表4-19   生产成本——辅助生产成本明细账

辅助生产车间：运输车间   金额单位：元

年 月	年 日	凭证号	摘要	原材料	动力费	职工薪酬	折旧费	其他费用	合计
7	31	略	分配材料费	3 000					3 000
			分配动力费		1 800				1 800
			分配职工薪酬			14 688			14 688
			分配折旧费				19 352		19 352
			分配其他费用					4 480	4 480
			本月合计	3 000	1 800	14 688	19 352	4 480	43 320
			分配转出	3 000	1 800	14 688	19 352	4 480	43 320

表4-20   生产成本——辅助生产成本明细账

辅助生产车间：供水车间   金额单位：元

年 月	年 日	凭证号	摘要	原材料	动力费	职工薪酬	折旧费	其他费用	合计
7	31	略	分配材料费	5 000					5 000
			分配动力费		7 200				7 200
			分配职工薪酬			9 792			9 792
			分配折旧费				10 583		10 583
			分配其他费用					3 800	3 800
			本月合计	5 000	7 200	9 792	10 583	3 800	36 375
			分配转出	5 000	7 200	9 792	10 583	3 800	36 375

采用直接分配法将归集的辅助生产费用分配给除了辅助生产车间之外的其他受益对象，编制辅助生产费用分配表如表4-21所示。

表4-21   辅助生产费用分配表

项目	运输车间	计量单位	供水车间	计量单位	合计（元）
待分配的辅助生产费用	43 320	元	36 375	元	79 695
提供给辅助生产车间之外的劳务量	22 800	千米	48 500	吨	
辅助生产费用分配率	1.9	元/千米	0.75	元/吨	

续表

项目			运输车间	计量单位	供水车间	计量单位	合计（元）
应借账户	制造费用	接受劳务量	18 000	千米	48 000	吨	
		应分配费用	34 200	元	36 000	元	70 200
	管理费用	接受劳务量	4 800	千米	500	吨	
		应分配费用	9 120	元	375	元	9 495
合计			43 320	元	36 375	元	79 695

根据辅助生产费用分配表编制会计分录如下：

借：制造费用　　　　　　　　　　　　　　　　　　　　　　　　70 200

　　管理费用　　　　　　　　　　　　　　　　　　　　　　　　　9 495

　　贷：生产成本——辅助生产成本——运输车间　　　　　　　　43 320

　　　　　　　　　　　　　　　　——供水车间　　　　　　　　36 375

根据该笔分录，在"生产成本——辅助生产成本"明细账中登记分配转出的辅助生产费用。转出后，"生产成本——辅助生产成本"账户的月末余额为零。

3. 分配制造费用

根据有关会计分录（记账凭证）登记制造费用明细账，归集出本月发生的制造费用，如表 4-22 所示。在归集出本月发生的制造费用后，编制制造费用分配表如表4-23 所示。

表 4-22　制造费用明细账

车间：基本生产车间　　　　　　　　　　　　　　　　　　　　金额单位：元

202×年 月	日	凭证号	摘要	机物料	职工薪酬	折旧费	运输费	水费	办公费	保险费	周转材料	其他	合计
7	31	略	分配材料费用	4 000									4 000
			分配职工薪酬		8 160								8 160
			分配折旧费			48 000							48 000
			分配其他费用						1 200	5 750	4 000	1 280	12 230
			分配辅助生产费用				34 200	36 000					70 200
			本月合计	4 000	8 160	48 000	34 200	36 000	1 200	5 750	4 000	1 280	142 590
			分配转出	4 000	8 160	48 000	34 200	36 000	1 200	5 750	4 000	1 280	142 590

表 4-23   制造费用分配表

应借账户			分配标准 （生产工时）	分配率 （元/小时）	分配金额 （元）
总账账户	二级账户	明细账户			
生产成本	基本生产成本	甲产品	18 000		85 554
		乙产品	12 000		57 036
合计			30 000	4.753	142 590

根据制造费用分配表编制会计分录：

借：生产成本——基本生产成本——甲产品   85 554

              ——乙产品   57 036

      贷：制造费用   142 590

根据该笔分录，在"制造费用"明细账中登记分配转出的制造费用。转出后，"制造费用"账户的月末余额为零。

4. 在月末完工产品与在产品之间分配生产费用

根据"生产成本——基本生产成本"明细账（表4-26、表4-27）所反映的本月生产费用合计数，编制产品成本计算单（表4-24、表4-25），采用约当产量法在月末完工产品与在产品之间分配生产费用。

表 4-24   甲产品成本计算单

完工产品 800 件   在产品 200 件（完工程度 50%）   金额单位：元

项目	直接材料	燃料和动力	直接人工	制造费用	合计
月初在产品成本	42 000	7 200	5 580	8 046	62 826
本月生产费用	72 000	37 800	97 920	85 554	293 274
生产费用合计	114 000	45 000	103 500	93 600	356 100
约当总产量（件）	1 000	900	900	900	
单位成本	114	50	115	104	383
完工产品成本	91 200	40 000	92 000	83 200	306 400
月末在产品成本	22 800	5 000	11 500	10 400	49 700

表 4-25   乙产品成本计算单

完工产品 400 件   在产品 100 件（完工程度 50%）   金额单位：元

项目	直接材料	燃料和动力	直接人工	制造费用	合计
月初在产品成本	52 000	10 800	5 820	9 564	78 184
本月生产费用	96 000	25 200	65 280	57 036	243 516
生产费用合计	148 000	36 000	71 100	66 600	321 700
约当总产量（件）	500	450	450	450	

续表

项目	直接材料	燃料和动力	直接人工	制造费用	合计
单位成本	296	80	158	148	682
完工产品成本	118 400	32 000	63 200	59 200	272 800
月末在产品成本	29 600	4 000	7 900	7 400	48 900

根据产品成本计算单结转完工产品成本，编制会计分录如下：

```
借：库存商品——甲产品                              306 400
           ——乙产品                              272 800
    贷：生产成本——基本生产成本——甲产品                 306 400
                              ——乙产品                 272 800
```

根据该笔分录，将转出的完工产品成本登记到"生产成本——基本生产成本"明细账中，结出该账户月末余额即月末在产品成本。

表 4-26 生产成本——基本生产成本明细账

产品品种：甲产品   金额单位：元

202×年 月	202×年 日	凭证号	摘要	直接材料	燃料和动力	直接人工	制造费用	合计
7	31	略	月初余额	42 000	7 200	5 580	8 046	62 826
			分配材料费用	72 000				72 000
			分配动力费		37 800			37 800
			分配职工薪酬			97 920		97 920
			分配制造费用				85 554	85 554
			本月合计	114 000	45 000	103 500	93 600	356 100
			结转完工产品成本	91 200	40 000	92 000	83 200	306 400
			月末余额	22 800	5 000	11 500	10 400	49 700

表 4-27 生产成本——基本生产成本明细账

产品品种：乙产品   金额单位：元

202×年 月	202×年 日	凭证号	摘要	直接材料	燃料和动力	直接人工	制造费用	合计
7	31	略	月初余额	52 000	10 800	5 820	9 564	78 184
			分配材料费用	96 000				96 000
			分配动力费		25 200			25 200
			分配职工薪酬			65 280		65 280

续表

202×年		凭证号	摘要	直接材料	燃料和动力	直接人工	制造费用	合计
月	日							
7	31	略	分配制造费用				57 036	57 036
			本月合计	148 000	36 000	71 100	66 600	321 700
			结转完工产品成本	118 400	32 000	63 200	59 200	272 800
			月末余额	29 600	4 000	7 900	7 400	48 900

第三节　产品成本计算的分批法

一、分批法的概念及适用范围

分批法是以产品的生产批别为成本核算对象，按产品的生产批别设置生产成本明细账归集生产费用、计算产品成本的方法。

分批法一般适用于管理上不要求分步计算产品成本的单件小批生产，这类生产批别之间的成本耗费水平差异较大，每批产品具有独特性，需要按批别进行反映，以利于成本控制及定价决策等管理工作的开展。例如，以下类型的企业或生产通常比较适合采用分批法：① 根据客户订单组织生产的企业。这类企业根据客户的要求，为其生产特定规格、型号、数量的产品，例如，根据客户订单要求生产船舶、重型机械、专用设备等产品的企业通常适用分批法。② 产品种类、规格经常变动的小规模制造企业，如小型五金厂、服装厂、印刷厂等。这类企业的生产比较灵活，能根据市场需要不断改变产品的种类、规格，进行小批量而不是大量的生产，并且一般不重复生产，即使重复生产，也是不定期的，因此比较合适采用分批法计算每一批别的产品成本。③ 承揽修理业务的企业。这类企业与客户签订的修理业务合同通常采用成本加成定价法，即在成本的基础上加上一定的利润作为修理业务应收取的价款。由于企业承揽的每笔修理业务都具有自身的独特性，与客户签订的每一份合同对应的修理作业成本都不一样，因此需要按分批法计算每次修理作业的成本以正确定价并反映经营成果。④ 新产品试制。一些企业为了适应市场变化需要进行新产品试制，新产品试制生产量小、生产周期较长，每次试制都具有自身的独特性，因此也比较适合采用分批法计算新产品成本。

采用分批法时，对于单件、小批的生产，通常按客户订单的要求组织生产，包括生产的品种、数量、完工的时间等方面的要求均根据订单来确定。需要注意的是，订单和生产批别并不总是一致的。如果一张订单要求生产多种产品，企业需要按照产品的品种划分不同的批别组织生产；如果一张订单虽然只要求生产一种产品，但生产数量很大，不便于集中投料并在同一批生产中完工，则可以将这份订单的生产划分为多个生产批别进行；如果同一时期内，几张不同的订单要求生产的是相同的某一种产品，则企业可以将这些订单要求的产品安排在同一生产批别中进行生产。由此可见，批别和订单是不一定相同的，在成本核算时应注意不要误把订单等同于批别，以确保成本核算工作的准确性。

二、分批法的特点

（一）以生产批别作为成本核算对象

企业生产的计划部门根据客户订单签发生产任务通知单，生产部门据此安排生产批别。在用分批法进行成本核算时，以生产批别作为成本核算对象，并按生产批别设置产品成本明细账。

（二）成本计算期为生产周期

采用分批法核算产品成本时，仍需按月归集、分配有关的生产费用，但只有在某批产品完工后才能计算该批产品的总成本和单位成本，因此分批法下成本计算期与生产周期一致，而与会计报告期（月份）不一定一致。

（三）一般不需要在完工产品与在产品之间分配生产费用

分批法主要适用于单件、小批生产，这种类型的生产投产数量较小，同一批产品往往同一时间完工，因此月末某一批产品要么全部完工，要么全部在产。如果全部完工，则该批产品至本月末所归集的生产费用构成完工产品成本。如果全部在产，则该批产品至本月末所归集的生产费用就是月末在产品成本。所以，分批法下一般不需要在完工产品与在产品之间分配生产费用。但是，分批法下也可能出现批内产品跨月陆续完工的情况，此时则需要采用适当的方法将生产费用在完工产品与在产品之间进行分配。

三、分批法的计算程序

采用分批法计算产品成本时，其一般计算程序如下。

（一）确定生产批别作为成本核算对象，设置产品成本明细账

采用分批法，应以产品生产批别为成本核算对象。在每批产品投产时，应区分生产任务通知单的批号，按产品的生产批别设置产品成本明细账，并结合成本管理的要求确定成本项目，用以归集某批产品的各项生产费用。成本项目通常设置直接材料、燃料和动力、直接人工和制造费用等项目。

（二）分配要素费用

根据外购材料、外购燃料、外购动力、职工薪酬、折旧等各项要素费用发生的原始凭证和其他有关资料，编制要素费用分配表，包括材料费用分配表、燃料和动力费用分配表、职工薪酬分配表、折旧费用分配表及其他费用分配表等，据以填制记账凭证，登记各批别的生产成本明细账以及辅助生产成本明细账和制造费用明细账等账簿。

（三）分配辅助生产费用

通过"生产成本——辅助生产成本"明细账归集本月发生的辅助生产车间生产费用，编制辅助生产费用分配表，将辅助生产费用在各受益对象之间进行分配，分配时应遵循谁受益谁承担的原则，采用合适的方法进行分配。根据辅助生产费用分配的结果，进一步登记各批别的生产成本明细账、基本生产车间的制造费用明细账等，将

辅助生产费用转由各受益对象承担。

（四）分配制造费用

通过基本生产车间的"制造费用"明细账归集出基本生产车间本期发生的制造费用，编制制造费用分配表，将基本生产车间发生的制造费用按合理的方法在各个生产批别之间进行分配，分配结果分别登记到各个批别的生产成本明细账中。

（五）计算完工产品成本和在产品成本

如果某批产品全部完工，则该批产品的产品成本明细账上所归集的生产费用就是完工产品总成本。如果某批产品全部在产，则该批产品的产品成本明细账上所归集的生产费用就是月末在产品成本。如果某批产品存在跨月陆续完工的情况，则需要编制产品成本计算单，采用适当的方法将生产费用在批内完工产品与在产品之间进行分配。在完工产品数量不多且企业定额工作做得比较好的情况下，为了简化成本计算工作，通常按定额成本计算结转完工产品成本。

可见，分批法与品种法的成本计算程序基本相同，主要区别是两者成本核算对象不同，从而导致分配过程中生产费用分配的对象有所不同。

四、分批法举例

[例4-3] 某工业企业根据客户订单要求小批生产甲、乙两种产品，采用分批法计算产品成本，202×年8月份生产情况及生产费用发生情况资料如下。

（1）8月份生产的产品批号及完工情况如下：

601号产品——6月份投产甲产品10件，8月全部完工。

702号产品——7月份投产乙产品30件，8月完工16件，未完工14件。

803号产品——8月份投产丙产品18件，计划9月份完工，8月提前完工2件。

（2）8月初在产品成本如表4-28所示。

表4-28　月初在产品成本

金额单位：元

批别	直接材料	燃料及动力	直接人工	制造费用	合计
601	12 000	4 800	14 300	8 560	39 660
702	24 780	4 864	12 600	8 578	50 822

（3）按批别归集和分配各项生产费用（分配表的编制略），得到的各批产品本月发生的生产费用如表4-29所示。

表4-29　8月份各批产品生产费用资料

金额单位：元

批别	原材料	燃料及动力	直接人工	制造费用	合计
601	—	6 200	12 000	6 400	24 600
702	—	5 210	13 160	7 890	26 260
803	22 730	4 360	10 586	9 870	47 546

（4）各批完工产品与在产品之间的费用分配方法如下：

601 号批次甲产品本月全部完工，生产费用不需要在完工产品与在产品之间进行分配，全部转入完工产品成本。

702 号批次甲产品本月完工产品数量占比较大，采用约当产量法将本月生产费用合计数在完工产品与月末在产品之间进行分配。该批产品原材料在生产开始时一次投入，月末在产品完工程度为 50%。

803 号批次乙产品本月完工产品数量占比较小，为简化计算，完工产品成本按定额成本结转。单位完工产品定额成本为：直接材料 810 元，燃料和动力 428 元，直接人工 980 元，制造费用 682 元，合计 2 900 元。

根据上述资料，将生产费用分配的结果登记到各批别产品的产品成本明细账中，归集出各批别产品本月生产费用合计数，再通过编制各批产品成本计算单（本例略），分配计算出各批产品应该结转的完工产品成本，在各批别产品的产品成本明细账中进行登记。各批产品的产品成本明细账登记结果如表 4-30、表 4-31 和表 4-32 所示。实际工作中，考虑到完工产品的批别较多，通常根据各批别产品成本计算单数据汇总形成完工产品成本汇总表，如表 4-33 所示，并据以编制结转完工产品成本的会计分录。

表 4-30　产品成本明细账

产品批别：601　　　　　　投产批量：10 件　　　　　投产日期：6 月

产品名称：甲　　　　　　本月完工：10 件　　　　　完工日期：8 月　金额单位：元

202×年		凭证号	摘要	直接材料	燃料和动力	直接人工	制造费用	合计
月	日							
8	1		月初在产品成本	12 000	4 800	14 300	8 560	39 660
	31	略	分配燃料和动力费		6 200			6 200
			分配人工费			12 000		12 000
			分配制造费用				6 400	6 400
			本月合计	12 000	11 000	26 300	14 960	64 260
			结转完工产品成本	12 000	11 000	26 300	14 960	64 260
			完工产品单位成本	1 200	1 100	2 630	1 496	6 426

表 4-31　产品成本明细账

产品批别：702　　　　　　投产批量：30 件　　　　　投产日期：7 月

产品名称：乙　　　　　　本月完工：16 件　　　　　完工日期：　　　　金额单位：元

202×年		凭证号	摘要	直接材料	燃料和动力	直接人工	制造费用	合计
月	日							
8	1		月初在产品成本	24 780	4 864	12 600	8 578	50 822
	31	略	分配燃料和动力费		5 210			5 210

| 202×年 | | 凭证号 | 摘要 | 直接材料 | 燃料和动力 | 直接人工 | 制造费用 | 合计 |
月	日							
8	31	略	分配人工费			13 160		13 160
			分配制造费用				7 890	7 890
			本月合计	24 780	10 074	25 760	16 468	77 082
			结转完工产品成本	13 216	7 008	17 920	11 456	49 600
			完工产品单位成本	826	438	1 120	716	3 100
			月末在产品成本	11 564	3 066	7 840	5 012	27 482

表 4-31 中完工产品单位成本（费用分配率）的计算如下：

$$直接材料分配率 = \frac{24\ 780}{16+14} = 826$$

$$燃料和动力分配率 = \frac{10\ 074}{16+14×50\%} = 438$$

$$直接人工分配率 = \frac{25\ 760}{16+14×50\%} = 1\ 120$$

$$制造费用分配率 = \frac{16\ 468}{16+14×50\%} = 716$$

表 4-32   产品成本明细账

产品批别：803　　　　　　投产批量：18 件　　　　　　投产日期：8 月
产品名称：丙　　　　　　本月完工：2 件　　　　　　完工日期：　　　金额单位：元

| 202×年 | | 凭证号 | 摘要 | 直接材料 | 燃料和动力 | 直接人工 | 制造费用 | 合计 |
月	日							
8	31	略	分配材料费用	22 730				22 730
			分配燃料和动力费		4 360			4 360
			分配人工费			10 586		10 586
			分配制造费用				9 870	9 870
			本月合计	22 730	4 360	10 586	9 870	47 546
			结转完工产品成本	1 620	856	1 960	1 364	5 800
			单位产品定额成本	810	428	980	682	2 900
			月末在产品成本	21 110	3 504	8 626	8 506	41 746

表 4-33 完工产品成本汇总表

金额单位：元

项目		产量（件）	直接材料	燃料和动力	直接人工	制造费用	合计
601 批次 甲产品	总成本	10	12 000	11 000	26 300	14 960	64 260
	单位成本		1 200	1 100	2 630	1 496	6 426
702 批次 乙产品	总成本	16	13 216	7 008	17 920	11 456	49 600
	单位成本		826	438	1 120	716	3 100
803 批次 丙产品	总成本	2	1 620	856	1 960	1 364	5 800
	单位成本		810	428	980	682	2 900

结转本月各批别完工产品成本的会计分录如下：

借：库存商品——甲产品　　　　　　　　　　　　　　64 260
　　　　　　——乙产品　　　　　　　　　　　　　　49 600
　　　　　　——丙产品　　　　　　　　　　　　　　 5 800
　　贷：生产成本——基本生产成本——601 批次　　　　64 260
　　　　　　　　　　　　　　　——702 批次　　　　49 600
　　　　　　　　　　　　　　　——803 批次　　　　 5 800

五、简化分批法

（一）简化分批法的概念

简化分批法是指通过采用累计分配率对除了直接材料之外的其他生产费用进行分配，以减少成本计算工作量的分批法。这种方法在按生产批别设置产品成本明细账的同时，还要设置基本生产成本二级账。

企业在某个时期可能同时开展很多生产批别产品的生产，这个时期所发生的燃料和动力费、人工费以及制造费用理应由这些生产批别共同承担。但在简化分批法下，如果没有完工产品，就不分生产批别反映这些生产费用，而是把各生产批别的这些费用混合在一起，在基本生产成本二级账中区分燃料和动力、直接人工以及制造费用等成本项目进行累计反映。用这些成本项目累计的金额分别除以累计生产工时就得到各成本项目的累计分配率。等到有某个批别的完工产品出现时，再用各成本项目的累计分配率分别乘以完工产品所耗的生产工时，就得到其应承担的燃料和动力费、人工费以及制造费用。简化分批法下，对于没有完工产品的生产批别，其产品成本明细账上只反映投入的直接材料和生产工时，其他成本项目包括燃料和动力费、直接人工以及制造费用等不予反映，它们要等到完工时再根据累计分配率计算反映。由于这个原因，简化分批法也被称为不分批计算在产品成本的分批法。

（二）简化分批法的主要特点

与一般意义的分批法相比较，简化分批法有以下主要特点。

1. 增设基本生产成本二级账

简化分批法和一般意义的分批法一样，以生产批别作为成本核算对象，按生产批别设置产品成本明细账。在此基础上，简化分批法还要增设基本生产成本二级账，区分直接材料、燃料和动力、直接人工以及制造费用等成本项目汇总登记所有生产批别发生的生产费用，并汇总登记所有生产批别的生产工时。各批别的产品成本明细账在产品没有完工前只登记所发生的直接材料和生产工时，不登记燃料和动力、直接人工以及制造费用等其他成本项目的金额。

2. 需要计算累计分配率

在转出完工产品成本之前，基本生产成本二级账中燃料和动力、直接人工以及制造费用等成本项目累计登记的金额分别除以累计生产工时得到各成本项目的累计分配率。累计分配率是分配计算完工产品成本的依据，其计算公式如下：

$$\text{某成本项目累计分配率} = \frac{\text{该成本项目月初结余} + \text{该成本项目本月发生额}}{\text{生产工时月初结余数} + \text{生产工时本月发生数}} \qquad (4-1)$$

3. 按同一累计分配率分配计算不同生产批别的完工产品成本

在有完工产品出现，需要计算反映该完工产品应承担的燃料和动力、直接人工以及制造费用等成本项目金额时，无论该完工产品属于哪一生产批别，均使用同一成本项目累计分配率计算分配，有关公式如下：

$$\text{某批次完工产品应分配成本项目金额} = \text{该批次完工产品累计生产工时}$$
$$\times \text{该成本项目累计分配率} \qquad (4-2)$$

（三）简化分批法的主要计算过程

反映其特点的简化分批法主要计算过程如图 4-2 所示。

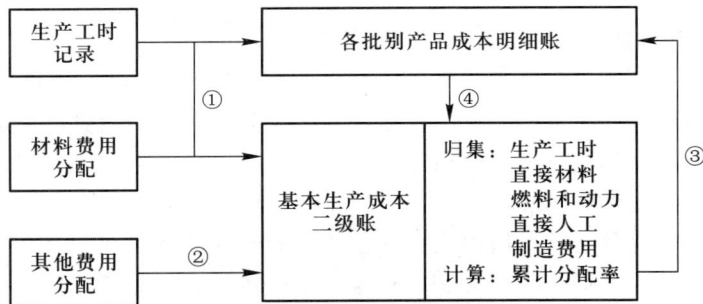

图 4-2   简化分批法主要计算过程示意图

图 4-2 中的有关计算过程说明如下：① 生产工时记录和材料费用分配的结果同时在各批别产品成本明细账和基本生产成本二级账中进行登记；② 除材料费用之外的其他费用发生时只在基本生产成本二级账中进行登记；③ 用基本生产成本二级账中各成本项目累计的金额除以累计的生产工时计算出各成本项目的累计分配率，当有完工产品出现时，用累计分配率乘以该完工产品已投入的生产工时计算出完工产品成本，登记相应批别产品成本明细账中的完工产品成本转出数；④ 各生产批别的完工产品成本区分成本项目加总在一起，登记基本生产成本二级账中的完工产品成本转出数。

（四）简化分批法举例

[**例 4-4**] 某企业为简化成本计算和登记产品成本明细账的工作量，采用简化分

批法计算产品成本。该企业202×年6月份有关产品批别的生产情况见表4-34。

表4-34 各批别产品的投产及完工情况

批别	产品名称	投产批量	投产日期	完工情况
401	A	20台	4月6日	6月30日全部完工
501	B	12台	5月8日	本月完工2台
601	C	16台	6月3日	本月未完工
602	D	8台	6月16日	本月未完工

各批产品原材料均在生产开始时一次投入。501号产品部分完工，按定额工时计算结转完工产品成本，已知单位产品定额工时为40小时。至6月末，各批次的产品生产所发生的生产费用和投入的生产工时已经根据有关费用分配表和工时记录登记到基本生产成本二级账中，其中直接材料项目的发生额和生产工时也已平行登记到各批别产品成本明细账中，如表4-35至表4-39所示。

表4-35 基本生产成本二级账

金额单位：元

202×年 月	日	凭证号	摘要	生产工时（小时）	直接材料	燃料和动力	直接人工	制造费用	合计
6	1		月初结余	880	15 600	3 672	9 696	8 704	37 672
	30	略	本月发生	1 440	12 000	4 100	14 200	13 800	44 100
	30		本月累计	2 320	27 600	7 772	23 896	22 504	81 772
	30		累计分配率			3.35	10.30	9.70	
	30		完工产品成本转出	1 180	8 600	3 953	12 154	11 446	36 153
	30		月末结余	1 140	19 000	3 819	11 742	11 058	45 619

表4-35中各成本项目累计分配率的计算如下：

燃料和动力累计分配率 $= \dfrac{7\ 772}{2\ 320} = 3.35$

直接人工累计分配率 $= \dfrac{23\ 896}{2\ 320} = 10.30$

制造费用累计分配率 $= \dfrac{22\ 504}{2\ 320} = 9.70$

基本生产成本二级账中的完工产品成本转出数等于各批别产品成本明细账中完工产品成本转出数的汇总数。同时，其中的燃料和动力、直接人工以及制造费用三个成本项目的完工产品成本转出数也等于累计生产工时转出数与各项目累计分配率的乘积。

表 4-36　产品成本明细账

产品批别：401　　　　　　　　投产批量：20 台　　　　　　　投产日期：4 月 6 日

产品名称：A　　　　　　　　　本月完工产量：20 台　　　　　完工日期：6 月 30 日

金额单位：元

202×年		凭证号	摘要	生产工时（小时）	直接材料	燃料和动力	直接人工	制造费用	合计
月	日								
4	30	略	本月耗用工时及原材料	300	7 200				
5	31		本月耗用工时及原材料	380					
6	30		本月耗用工时及原材料	420					
			本月合计	1 100	7 200				
			累计分配率			3.35	10.30	9.70	
			完工产品成本转出	1 100	7 200	3 685	11 330	10 670	32 885
			完工产品单位成本		360.00	184.25	566.50	533.50	1 644.25

　　401 批次产品全部完工，其产品成本明细账中所归集的直接材料费全部计入完工产品成本，完工产品应承担的燃料和动力费、人工费以及制造费用分别由各项目的累计分配率与累计生产工时（1 100 小时）相乘得到。

表 4-37　产品成本明细账

产品批别：501　　　　　　　　投产批量：12 台　　　　　　　投产日期：5 月 8 日

产品名称：B　　　　　　　　　本月完工产量：2 台　　　　　　完工日期：　　　金额单位：元

202×年		凭证号	摘要	生产工时（小时）	直接材料	燃料和动力	直接人工	制造费用	合计
月	日								
5	31	略	本月耗用工时及原材料	200	8 400				
6	30		本月耗用工时及原材料	210					
			本月合计	410	8 400				
			累计分配率			3.35	10.30	9.70	
			完工产品成本转出	80	1 400	268	824	776	3 268

202×年		凭证号	摘要	生产工时（小时）	直接材料	燃料和动力	直接人工	制造费用	合计
月	日								
6	30		完工产品单位成本		700	134	412	388	1 634
			月末结余	330	7 000				

表 4-37 中，501 批次产品完工 2 台，每台定额工时是 40 小时，所以完工产品转出的生产工时是 80 小时。这 2 台完工产品应承担的燃料和动力费、直接人工以及制造费用分别由各项目的累计分配率与完工产品生产工时（80 小时）相乘得到。由于材料是在生产开始时一次投入的，所以直接材料按产量进行分配，每台产品承担材料费 = 8 400÷12 = 700 元，则 2 台完工产品应承担直接材料 1 400 元。表中的"本月合计"数减去"完工产品成本转出"数得到"月末结余"数，"月末结余"数只反映"生产工时"和"直接材料"，表示月末在产品截至月末所投入的生产工时及其应承担的材料费。按简化分批法简化登记工作量的目的，"月末结余"一行中燃料和动力、直接人工以及制造费用等栏目不予登记。

表 4-38 产品成本明细账

产品批别：601 　　　　投产批量：16 台 　　　　投产日期：6 月 3 日

产品名称：C 　　　　本月完工产量： 　　　　完工日期： 　　　金额单位：元

202×年		凭证号	摘要	生产工时（小时）	直接材料	燃料和动力	直接人工	制造费用	合计
月	日								
6	30	略	本月耗用工时及原材料	540	8 000				8 000

表 4-39 产品成本明细账

产品批别：602 　　　　投产批量：8 台 　　　　投产日期：6 月 16 日

产品名称：D 　　　　本月完工产量： 　　　　完工日期： 　　　金额单位：元

202×年		凭证号	摘要	生产工时（小时）	直接材料	燃料和动力	直接人工	制造费用	合计
月	日								
6	30	略	本月耗用工时及原材料	270	4 000				4 000

表 4-38 和表 4-39 分别对应 601 批次和 602 批次产品成本明细账，这两批产品都没有完工，所以产品成本明细账中只登记本月投入的生产工时和发生的直接材料费

用，而不登记应承担的其他成本项目发生额，其他成本项目金额要等到有产品完工时再根据累计分配率计算登记完工转出数。

（五）简化分批法的优缺点及适用条件

简化分批法的主要优点是简化账簿登记和生产费用分配的工作量。采用简化分批法，某批次的产品在完工之前，其产品成本明细账上只要对直接材料和生产工时进行日常登记，而对除直接材料之外的其他成本项目不用进行日常登记，使登记账簿的工作得到简化。当某批次产品完工时，不论其生产批次，均只需按同一累计分配率计算分配其完工转出成本，使生产费用分配计算工作得到简化。值得注意的是，这种工作量的简化在企业未完工批次较多时才比较明显。

采用简化分批法的缺点主要有以下两个方面：① 未完工产品成本明细账不能完整反映各成本项目的发生额，即不能完整地反映在产品成本。② 简化分批法将除了直接材料之外的其他费用按累计分配的方式进行分配，将这些费用在不同月份之间的耗费水平差异平均化了，如果不同月份之间费用水平差异较大的话，简化分批法计算的产品成本准确性较差。

结合简化分批法的优缺点，这种方法的采用应符合两个条件：一是同一月份投产的批次较多，而且月末未完工批次所占比重较大；二是除了直接材料之外的燃料和动力、直接人工以及制造费用等其他成本项目各月份的单位工时耗费水平差异不大。

第四节   产品成本计算的分步法

一、分步法的概念和适用范围

分步法是以产品的生产步骤作为成本核算对象，按生产步骤归集生产费用，计算产品成本的方法。这里所指的生产步骤有时和生产车间一致，有时不完全一致。很多情况下，一个生产车间往往对应一个生产步骤，但有时出于方便成本计算的目的将几个车间的生产合并于一个生产步骤，或出于深化生产步骤管理的要求将一个车间的生产分几个生产步骤来计算成本。

分步法主要适用于大量大批多步骤生产并且管理上要求分步骤计算产品成本的企业，如大批量多步骤生产的冶金、纺织等企业。这些企业的工艺流程由若干可以间断的生产步骤组成，比如钢铁厂通常有炼铁、炼钢、轧钢等生产步骤，纺织厂通常有纺纱、织布、印染等生产步骤。这一系列的生产步骤中，处于前面的每个生产步骤都产出一种半成品，这些半成品既可以成为后面生产步骤的加工对象，也可以用于直接对外销售。为了适应这种生产特点，企业不仅要计算每一种产品的成本，还要计算每个生产步骤的成本。

二、分步法的特点

（一）以生产步骤作为成本核算对象

用分步法进行成本核算时，以生产步骤作为成本核算对象，并按生产步骤设置产品成本明细账，归集生产费用计算产品成本。为适应这一特点，生产车间发生的各种费用，其原始凭证上应反映费用发生的生产步骤的信息，以便编制各种费用分配表，登记各产品成本明细账。

（二）以月份为成本计算期

采用分步法的企业，通常连续不断地重复大量生产，不能经济方便地确定完工产品的生产周期，因而其成本计算期不是生产周期，而是月份，即与会计报告期一致，定期在每月月末计算完工产品成本。

（三）一般需要在完工产品与在产品之间分配生产费用

分步法适用于大量大批多步骤生产，月末通常有一定数量的在产品，因此需要采用合适的方法将各步骤产品成本明细账上归集的生产费用在完工产品和在产品之间进行分配。

实际工作中，按成本管理要求的不同，分步法在结转各步骤成本时，又分为逐步结转分步法和平行结转分步法。

三、逐步结转分步法

（一）逐步结转分步法概述

1. 逐步结转分步法的概念及适用条件

逐步结转分步法是按产品各个生产步骤的顺序，逐步计算并结转完工半成品的成本，直到最后一个生产步骤计算出完工产品成本的成本计算方法。

如果一个采用分步法的企业是要求提供各生产步骤的完工半成品成本数据的，则该企业应采用逐步结转分步法，而不是平行结转分步法，因为逐步结转分步法能提供各生产步骤完工半成品的成本，而平行结转分步法不能。例如，有的企业生产的半成品部分是对外销售的，为了与其收入相配比以正确反映销售利润，需要计算该半成品的成本；有的企业虽然没有对外销售半成品，但出于业绩评价的目的进行内部结算时需要知道完工半成品的成本资料；有的企业生产的半成品被好几种产品的生产所领用，为了分别计算出各种产品的成本，也需要有完工半成品成本的资料。上述这些类型的企业如果采用分步法，则应该选择逐步结转分步法。

2. 逐步结转分步法的计算程序

逐步结转分步法的计算程序如下。

（1）以产品生产步骤为成本核算对象，并按生产步骤设置产品成本明细账。产品成本明细账中应结合成本管理的要求确定成本项目，用以归集某步骤产品的各项生产费用。成本项目通常设置直接材料（或半成品）、燃料和动力、直接人工和制造费用等项目。其中，某一步骤领用上一步骤生产的半成品的成本，可以在本步骤产品成本明细账中单独设"半成品"成本项目进行费用的归集，也可以将半成品的领用看成是原材料的领用，其耗费情况不单独设"半成品"成本项目反映，而是放在"直接材料"项目下予以反映。

（2）在各步骤产品成本明细账中归集生产费用。当发生生产费用时，通过分配要素费用、分配辅助生产费用、分配制造费用等环节，将生产费用登记到各步骤产品成本明细账中。在这个过程中，如果发生的生产费用能经济方便地追溯到某个生产步骤，则直接计入该生产步骤产品成本。否则，应采用适当的方法分配计入该生产步骤产品成本。

（3）逐步计算各步骤的完工半成品成本。月末，首先在第一步骤的产品成本明细账中，把月初在产品成本与该步骤本月发生的生产费用合计在一起，选择合适的方法在该步骤的月末完工半成品和在产品之间进行分配。接着，将第一步骤半成品成本随实物转入第二步骤，与第二步骤产品成本明细账中的月初在产品成本、本月发生的除第一步骤转入半成品成本之外的生产费用合计在一起，在第二步骤的完工半成品和在产品之间进行分配。然后，将分配得到的第二步骤完工半成品成本转入第三步骤产品成本明细账中继续做上述类似处理，以此类推，直至最后步骤计算出完工产品的成本。

上述逐步结转分步法的计算程序，可以用图 4-3 表示。

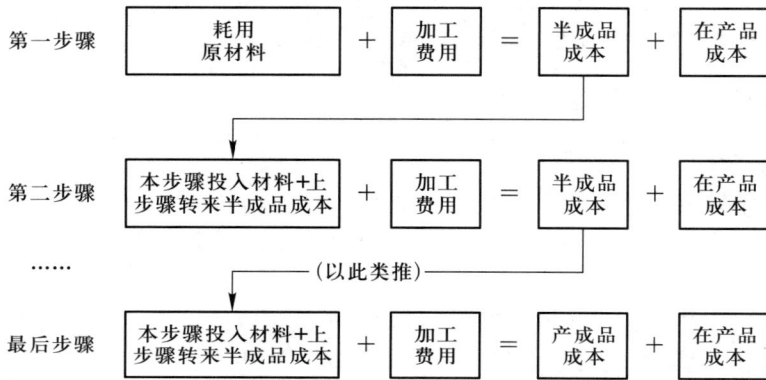

图 4-3   逐步结转分步法计算程序

逐步结转分步法按结转的半成品成本在下一个生产步骤产品成本明细账中反映方式的不同，可以进一步划分为综合结转分步法和分项结转分步法。

（二）综合结转分步法

1. 综合结转分步法的概述

上一步骤完工半成品成本转入下一步骤时，不区分成本项目而是把各项目的金额综合在一起，记入下一步骤产品成本明细账的"直接材料"或"半成品"成本项目中，这样一种逐步结转分步法称为综合结转分步法。

在这种方法下，如果某一步骤所耗用的半成品是从上一步骤直接领用的，那么半成品成本在各步骤之间直接结转，结转半成品成本的会计分录示例如下。

借：生产成本——基本生产成本——第二步骤

　　贷：生产成本——基本生产成本——第一步骤

如果半成品完工后通过半成品库中转收发，则需要设置"自制半成品"科目进行核算。例如，在第一步骤半成品完工入库时：

借：自制半成品

　　贷：生产成本——基本生产成本——第一步骤

在第二步骤领用半成品时：

借：生产成本——基本生产成本——第二步骤

　　　　贷：自制半成品

　　由于各月半成品的实际成本水平可能不同，其发出核算参考存货计价方法，可采用先进先出法、加权平均法等方法。

　　采用综合结转分步法，除第一步骤外，其他各步骤产品成本明细账中的"半成品"或"直接材料"成本项目金额是一项综合性质的成本，它转自上一步骤，包含材料费、人工费和制造费用在内。因此，除第一步骤外，综合结转分步法下前面步骤计算出来的半成品成本及最后步骤计算出来的产成品成本其明细账上并不能反映原始成本项目的耗费资料，不便于成本构成分析，不便于按原始成本项目开展成本控制。所以，企业通常需要对综合结转分步法计算出来的产品成本进行成本还原。

　　2. 成本还原

　　成本还原是指综合结转分步法下，将完工产品成本中"半成品"项目所包含的综合成本逐步分解，还原成"直接材料""燃料和动力""直接人工"和"制造费用"等原始成本项目，从而求得用原始成本项目反映的完工产品成本。

　　成本还原从最后一个步骤开始，把各步骤所耗上一步骤的半成品综合成本，按上一步骤完工半成品所含成本项目的金额比例分解还原。像这样从后面往前面逐步分解还原，直到把所有步骤的"半成品"成本项目综合成本都分解为原始成本项目的金额。然后，将各步骤还原后的原始成本项目金额汇总，得到按原始成本项目反映的完工产品成本构成。

　　成本还原的方法有成本结构还原法和成本还原率还原法两种方法。

　　（1）成本结构还原法。成本结构还原法是指按照上一步骤本月完工半成品成本中各成本项目所占的比重分解还原本步骤完工转出数中的"半成品"综合成本的成本还原方法。有关计算公式如下：

$$\text{上一步骤完工半成品某成本项目金额所占比重} = \frac{\text{上一步骤完工半成品某成本项目金额}}{\text{上一步骤完工半成品总成本}} \tag{4-3}$$

$$\begin{aligned}\text{本步骤"半成品"综合成本中还原出的某成本项目金额}\\ =\text{待还原的本步骤"半成品"综合成本}\times\text{上一步骤完工}\\ \text{半成品该成本项目金额所占比重}\end{aligned} \tag{4-4}$$

　　将"半成品"综合成本还原成原始成本项目金额后，区分原始成本项目重新汇总就可以得到完工产品按原始成本项目反映的成本构成。需要注意的是，还原后的完工产品各原始成本项目金额之和应等于还原前的完工产品总成本。

　　（2）成本还原率还原法。成本还原率还原法是指先用本步骤待还原的"半成品"综合成本除以上一步骤完工半成品总成本计算出成本还原率，再用成本还原率分别乘上一步骤完工半成品中各成本项目的金额进行还原的成本还原方法。其计算公式如下：

$$\text{成本还原率} = \frac{\text{本步骤待还原的"半成品"综合成本}}{\text{上一步骤完工半成品总成本}} \tag{4-5}$$

$$\begin{aligned}\text{本步骤"半成品"综合成本中还原出的某成本项目金额}\\ =\text{成本还原率}\times\text{上一步骤完工半成品中该成本项目金额}\end{aligned} \tag{4-6}$$

还原后对各原始成本项目金额进行汇总，可以反映完工产品原始形态项目的成本构成，其总额与还原前完工产品总成本一致。

成本结构还原法和成本还原率还原法实质是一样的，从公式的角度看，公式4-3、公式4-4归并在一起，其结果与公式4-5、公式4-6归并在一起的结果是一样的，可以表示为：

本步骤"半成品"综合成本中还原出的某成本项目金额
=待还原的本步骤"半成品"综合成本×
上一步骤完工半成品中该成本项目金额÷
上一步骤完工半成品总成本　　　　　　　　　　　　　　　（4-7）

在公式4-7中，如果先计算上一步骤完工半成品中该成本项目金额与上一步骤完工半成品总成本的比值，得到的是上一步骤完工半成品某成本项目金额所占比重，对应的方法即成本结构还原法；如果公式4-7中先计算的是待还原的本步骤"半成品"综合成本与上一步骤完工半成品总成本的比值，得到的则是成本还原率，对应的还原方法就是成本还原率还原法。

3. 综合结转分步法举例

[例4-5] 某企业有三个基本生产车间分别对应三个生产步骤，一车间生产甲半成品，甲半成品直接转入二车间继续加工生产出乙半成品，乙半成品直接转入三车间继续加工后生产出丙产品。丙产品生产过程中所需的原材料在一车间产品开始生产时一次投入。该企业采用综合结转分步法计算产品成本，按生产步骤设置的产品成本明细账中设有直接材料（或半成品）、直接人工和制造费用成本项目。各车间的生产费用在完工产品与月末在产品之间采用约当产量法进行分配。该企业生产比较均衡，各基本生产车间的月末在产品完工程度均为50%。

该企业本月各车间的产量资料如表4-40所示。

表4-40　产　量　资　料

单位：件

项目	一车间	二车间	三车间
月初在产品数量	30	40	50
本月投入或上步骤转入	250	200	180
本月完工产品数量	200	180	210
月末在产品数量	80	60	20

各车间月初在产品成本及本月生产费用资料如表4-41所示。

表4-41　月初在产品成本

金额单位：元

项目	直接材料	半成品	直接人工	制造费用	合计
一车间	1 840		200	240	2 280
二车间		8 120	770	920	9 810

项目	直接材料	半成品	直接人工	制造费用	合　计
三车间		20 940	1 540	2 460	24 940
合　计	1 840	29 060	2 510	3 620	37 030

按生产步骤归集和分配各项生产费用（分配表的编制略），得到的各步骤本月生产费用资料如表4-42所示。

表4-42　本月生产费用

金额单位：元

项目	直接材料	直接人工	制造费用	合　计
一车间	48 000	8 200	11 760	67 960
二车间		11 200	14 200	25 400
三车间		14 300	18 000	32 300
合　计	48 000	33 700	43 960	125 660

现根据上述条件用综合结转分步法计算丙产品成本。为节约篇幅，本例不列示各基本生产车间的产品成本明细账及其登记过程，而通过产品成本计算单计算并反映各步骤完工半成品（或产成品）的成本。

（1）编制一车间产品成本计算单如表4-43所示。

表4-43　一车间产品成本计算单

产品名称：甲半成品

完工半成品：200 件　　　　　　　　在产品：80 件（完工程度50%）　　　　金额单位：元

摘要	直接材料	直接人工	制造费用	合　计
月初在产品成本	1 840	200	240	2 280
本月发生生产费用	48 000	8 200	11 760	67 960
生产费用合计	49 840	8 400	12 000	70 240
约当总产量（件）	280	240	240	
单位成本	178	35	50	263
完工半成品成本	35 600	7 000	10 000	52 600
月末在产品成本	14 240	1 400	2 000	17 640

表4-43中，将月初在产品成本和本月发生生产费用的合计数除以约当总产量得到单位成本。其中，约当总产量为完工产品数量与月末在产品约当产量的总和，各成本项目的约当总产量计算如下：

直接材料项目约当总产量 = 200+80×100% = 280（件）

直接人工和制造费用项目约当总产量 = 200+80×50% = 240（件）

用单位成本乘以完工产品数量即可得到完工半成品成本，由一车间产品成本计算单可知，一车间甲半成品的总成本为 52 600 元。该半成品成本不区分成本项目，以综合成本的形式随实物转入二车间。有关会计分录如下：

借：生产成本——基本生产成本——二车间   52 600

    贷：生产成本——基本生产成本——一车间   52 600

（2）编制二车间产品成本计算单如表 4-44 所示。

表 4-44   二车间产品成本计算单

产品名称：乙半成品

完工半成品：180 件   在产品：60 件（完工程度 50%）   金额单位：元

摘要	半成品（甲）	直接人工	制造费用	合计
月初在产品成本	8 120	770	920	9 810
本月发生生产费用	52 600	11 200	14 200	78 000
生产费用合计	60 720	11 970	15 120	87 810
约当总产量（件）	240	210	210	
单位成本	253	57	72	382
完工半成品成本	45 540	10 260	12 960	68 760
月末在产品成本	15 180	1 710	2 160	19 050

表 4-44 中二车间产品成本计算单的编制计算过程与一车间产品成本计算单相似。需要注意的是，二车间用半成品成本项目反映所耗用的来自一车间的半成品成本，本例中半成品项目下的"本月发生生产费用"数为 52 600 元，它转自一车间的完工半成品成本。表中各成本项目的约当总产量计算如下：

半成品项目约当总产量 = 180+60×100% = 240（件）

直接人工和制造费用项目约当总产量 = 180+60×50% = 210（件）

由于半成品可以看成是一种原材料，其领用相当于原材料的一次性领用，所以在用月末在产品数量乘以投料率计算该项目月末在产品约当产量时，投料率应视为 100%。

计算出二车间完工半成品成本后，将其转入三车间成本明细账，有关会计分录如下：

借：生产成本——基本生产成本——三车间   68 760

    贷：生产成本——基本生产成本——二车间   68 760

（3）编制三车间产品成本计算单如表 4-45 所示。

表 4-45   三车间产品成本计算单

产品名称：丙产品

完工产品：210 件   在产品：20 件（完工程度 50%）   金额单位：元

摘要	半成品（乙）	直接人工	制造费用	合计
月初在产品成本	20 940	1 540	2 460	24 940
本月发生生产费用	68 760	14 300	18 000	101 060

续表

摘要	半成品（乙）	直接人工	制造费用	合计
生产费用合计	89 700	15 840	20 460	126 000
约当总产量（件）	230	220	220	
单位成本	390	72	93	555
完工产品成本	81 900	15 120	19 530	116 550
月末在产品成本	7 800	720	930	9 450

表 4-45 中半成品项目的本月发生额 68 760 元转自二车间。表中各成本项目的约当总产量计算如下：

半成品项目约当总产量 = 210+20×100% = 230（件）

直接人工和制造费用项目约当总产量 = 210+20×50% = 220（件）

计算出完工产品成本后，将其转入库存商品账户，有关会计分录如下：

借：库存商品——丙产品　　　　　　　　　　　　　　　　　116 550

　　贷：生产成本——基本生产成本——三车间　　　　　　　　　116 550

丙完工产品总成本是 116 550 元，其中包括半成品项目的金额 81 900 元，该成本项目的金额是一种综合性质的成本，既包含以前步骤耗费的材料费，也包含以前步骤耗费的直接人工和制造费用，需要将其还原为原始成本项目的金额。

（4）成本还原。对三车间完工产品成本进行成本还原，以反映其原始成本项目构成情况，方便成本分析与考核。成本还原的结果如表 4-46、表 4-47 所示。

表 4-46　成本还原（成本结构还原法）

金额单位：元

摘要		半成品（乙）	半成品（甲）	直接材料	直接人工	制造费用	合计
① 还原前丙完工产品成本		81 900			15 120	19 530	116 550
第一次还原	② 乙半成品各成本项目金额		45 540		10 260	12 960	68 760
	③ 乙半成品各成本项目比重		0.66		0.15	0.19	1
	④ 乙半成品成本还原	-81 900	54 242.67		12 220.68	15 436.65	0
第二次还原	⑤ 甲半成品各成本项目金额			35 600	7 000	10 000	52 600
	⑥ 甲半成品各成本项目比重			0.68	0.13	0.19	1
	⑦ 甲半成品成本还原		-54 242.67	36 711.77	7 218.61	10 312.29	0
⑧ 还原后丙完工产品成本（①+④+⑦）		0	0	36 711.77	34 559.29	45 278.94	116 550

表 4-46 使用成本结构还原法进行成本还原，完工产品成本中有待还原的综合性质成本即半成品（乙）成本 81 900 元，因其来自二车间，所以它的成本项目构成与

二车间产品成本计算单中所反映的乙半成品的成本项目构成一致，应按二车间乙半成品成本结构进行第一次还原。表中第②行数据是取自二车间产品成本计算单的乙完工半成品成本的数据，据此计算出乙半成品中所包含的半成品（甲）、直接人工和制造费用三个成本项目金额占乙半成品总成本的比例。将待还原的半成品（乙）成本81 900元分别乘以这三个比例，得到第一次成本还原的结果，将半成品（乙）成本81 900元分解成半成品（甲）54 242.67元、直接人工12 220.68元和制造费用15 436.65元。由于其中的半成品（甲）54 242.67元还是一项综合性质的成本，所以继续进行第二次还原。甲半成品由一车间生产，所以根据一车间产品成本计算单中甲完工半成品各成本项目的金额计算出各成本项目比重，如表中第⑥行所示。将待还原的半成品（甲）成本54 242.67元分别乘以这三项比例，得到第二次还原的结果，半成品（甲）成本54 242.67元被分解为直接材料36 711.77元、直接人工7 218.61元和制造费用10 312.29元。至此，丙完工产品中所包含的半成品综合性质成本被全部还原为原始成本项目金额。将还原后的各项金额区分原始成本项目进行汇总，得到表中最后一行数据，它们的总额等于还原前完工产品的总成本116 550元。表中第一行数据和最后一行对比，即还原前后完工产品成本构成的对比，还原前是用半成品、直接人工、制造费用三项反映完工产品的成本构成，还原后则是用直接材料、直接人工和制造费用三项原始成本项目反映完工产品成本构成。

表 4-47　成本还原（成本还原率还原法）

金额单位：元

摘要		成本还原率	半成品（乙）	半成品（甲）	直接材料	直接人工	制造费用	合计
① 还原前丙完工产品成本			81 900			15 120	19 530	116 550
第一次还原	② 乙半成品各成本项目金额			45 540		10 260	12 960	68 760
	③ 乙半成品成本还原率	1.191 10						
	④ 乙半成品成本还原		−81 900	54 242.67		12 220.68	15 436.65	0
第二次还原	⑤ 甲半成品各成本项目金额				35 600	7 000	10 000	52 600
	⑥ 甲半成品成本还原率	1.031 23						
	⑦ 甲半成品成本还原			−54 242.67	36 711.77	7 218.61	10 312.29	0
⑧ 还原后丙完工产品成本（①+④+⑦）			0	0	36 711.77	34 559.29	45 278.94	116 550

表 4-47 使用成本还原率还原法进行成本还原。将待还原的半成品（乙）成本除以二车间完工半成品总成本得到第一次还原的成本还原率。即：

$$第一次还原的成本还原率 = \frac{81\ 900}{68\ 760} = 1.191\ 10$$

再用成本还原率分别乘以第②行中显示的二车间乙半成品各成本项目金额，得到第一次成本还原的结果，即将 81 900 元半成品（乙）成本分解成半成品（甲）54 242.67 元、直接人工 12 220.68 元和制造费用 15 436.65 元。其中的半成品（甲）54 242.67 元还需要继续进行第二次还原，用它除以一车间甲半成品总成本得到第二次还原的成本还原率：

$$第二次还原的成本还原率 = \frac{54\ 242.67}{52\ 600} = 1.031\ 23$$

再用该成本还原率分别乘以第⑤行中显示的一车间甲半成品各成本项目金额，得到第二次成本还原的结果，即将半成品（甲）成本 54 242.67 元分解为直接材料 36 711.77 元、直接人工 7 218.61 元和制造费用 10 312.29 元。

将表 4-47 中第①、④、⑦三行成本数据加总，即还原前的原始成本项目金额加上还原后分解出来的原始成本项目金额，得到丙完工产品按原始成本项目反映的成本构成情况。

（三）分项结转分步法

上一步骤完工半成品成本转入下一步骤时，区分成本项目分别转入下一步骤产品成本明细账，这种逐步结转分步法称为分项结转分步法。如果半成品通过自制半成品库收发，设置的自制半成品明细账也要区分成本项目进行登记。使用分项结转分步法可以直接提供按原始成本项目反映的企业产品成本资料，不需要进行成本还原。但各步骤之间的成本结转工作较复杂，而且各步骤完工产品成本中不能单独反映所耗的上一步骤半成品费用和本步骤的加工费用信息。

[例 4-6] 若例 4-5 中的企业改按分项结转分步法核算产品成本，各车间月初在产品成本及本月生产费用资料重新整理如表 4-48 所示，其余资料不变。

表 4-48 各车间月初在产品成本及本月生产费用资料

金额单位：元

车间	摘要	直接材料	直接人工	制造费用	合计
一车间	月初在产品成本	1 840	200	240	2 280
	本月生产费用	48 000	8 200	11 760	67 960
二车间	月初在产品成本	7 730	980	1 100	9 810
	本月生产费用		11 200	14 200	25 400
三车间	月初在产品成本	17 800	3 260	3 880	24 940
	本月生产费用		14 300	18 000	32 300

根据修改后的资料：

（1）编制一车间产品成本计算单如表 4-49 所示。

表 4-49   一车间产品成本计算单

产品名称：甲半成品

完工半成品：200 件   在产品：80 件（完工程度 50%）   金额单位：元

摘要	直接材料	直接人工	制造费用	合计
月初在产品成本	1 840	200	240	2 280
本月发生生产费用	48 000	8 200	11 760	67 960
生产费用合计	49 840	8 400	12 000	70 240
约当总产量（件）	280	240	240	
单位成本	178	35	50	263
完工半成品成本	35 600	7 000	10 000	52 600
月末在产品成本	14 240	1 400	2 000	17 640

（2）编制二车间产品成本计算单如表 4-50 所示。

表 4-50   二车间产品成本计算单

产品名称：乙半成品

完工半成品：180 件   在产品：60 件（完工程度 50%）   金额单位：元

摘要	直接材料	直接人工	制造费用	合计
月初在产品成本	7 730	980	1 100	9 810
本月耗用上一步骤半成品成本	35 600	7 000	10 000	52 600
本月本步骤加工费用		11 200	14 200	25 400
生产费用合计	43 330	19 180	25 300	87 810
约当总产量（件）	240	210	210	
单位成本	180.54	91.33	120.48	392.35
完工半成品成本	32 497.50	16 440.00	21 685.71	70 623.21
月末在产品成本	10 832.50	2 740.00	3 614.29	17 186.79

（3）编制三车间产品成本计算单如表 4-51 所示。

表 4-51   三车间产品成本计算单

产品名称：丙产品

完工半成品：210 件   在产品：20 件（完工程度 50%）   金额单位：元

摘要	直接材料	直接人工	制造费用	合计
月初在产品成本	17 800	3 260	3 880	24 940
本月耗用上一步骤半成品成本	32 497.50	16 440.00	21 685.71	70 623.21
本月本步骤加工费用		14 300	18 000	32 300
生产费用合计	50 297.50	34 000.00	43 565.71	127 863.21

续表

摘要	直接材料	直接人工	制造费用	合计
约当总产量（件）	230	220	220	
单位成本	218.68	154.55	198.03	571.26
完工产品成本	45 923.80	32 454.55	41 585.45	119 963.80
月末在产品成本	4 373.70	1 545.45	1 980.26	7 899.41

（四）逐步结转分步法的优缺点

采用逐步结转分步法计算产品成本时，半成品实物和半成品成本的结转是一致的，各步骤产品成本明细账上的月末在产品成本就是该月末在产品实际占用的生产资金，将各步骤月末在产品成本合计在一起，就可以算出企业实际占用的生产资金总额。因此，采用逐步结转分步法计算产品成本有利于考核生产资金的占用情况，加强对生产资金的管理。同时，逐步结转分步法能提供各步骤的完工半成品成本，可以反映下一步骤消耗上一步骤半成品的情况，可以为企业半成品的直接销售提供所需的成本资料，可以为同行业之间半成品成本的对比、为企业内部结算考核提供所需要的数据。但是，如果采用综合结转分步法，在企业要求按原始成本项目反映产品成本时，需要进行成本还原，计算工作比较繁杂。如果采用分项结转分步法，虽然可以避免成本还原，但是各步骤之间半成品成本的结转需要按成本项目逐一结转，转账的工作量比较大。

四、平行结转分步法

（一）平行结转分步法概述

不计算各步骤完工半成品的成本，而是在归集出本步骤发生的生产费用后计算出其中应计入产成品成本的份额，再将各步骤应计入产成品成本的份额平行汇总计算出产成品的成本，这种产品成本计算方法称为平行结转分步法。

在一些多步骤生产或复杂生产的企业，半成品种类较多，又不对外出售，一般不需要计算各步骤半成品的成本，而只需要计算出最终产成品的成本，这类企业为了简化或加速成本计算工作可以采用平行结转分步法。

平行结转分步法也是一种分步法，也是以生产步骤为成本核算对象归集生产费用。与逐步结转分步法不同的是，平行结转分步法不计算各生产步骤的半成品成本，各生产步骤只归集本步骤所发生的生产费用，领用的上一步骤的半成品虽然实物转入本步骤，但不结转半成品成本。月末，各步骤归集的本步骤生产费用在狭义完工产品和广义在产品之间进行分配，分配成应计入产成品成本的份额和应计入在产品成本的份额，各步骤应计入产成品成本的份额平行加以汇总即可算出产成品成本。

（二）平行结转分步法的计算程序

平行结转分步法的一般计算程序如下。

1. 确定成本核算对象，设置产品成本明细账

以产品生产步骤为成本核算对象，并按生产步骤设置产品成本明细账。

2. 在各步骤产品成本明细账中归集生产费用

当生产费用发生时，通过分配要素费用、分配辅助生产费用、分配制造费用等环节，将生产费用直接计入或采用适当的方法分配计入某生产步骤，登记到该步骤产品成本明细账中。需要注意的是各步骤只归集本步骤发生的生产费用，而不结转从上一步骤转入的半成品的成本。

3. 分配计算应计入产成品成本的份额和应计入在产品成本的份额

一个生产步骤的生产费用在其明细账中归集出来之后，将其在狭义完工产品和广义在产品之间进行分配，得出本步骤生产费用应计入产成品成本的份额和应计入在产品成本的份额。狭义完工产品即最终产成品，对某个步骤而言的广义在产品由两部分组成：一是处于该步骤中的在产品，即狭义在产品；二是处于其他步骤或自制半成品库中、经由本步骤生产完工但尚未经历所有生产步骤加工形成产成品的所有产品。

4. 计算完工产品成本和在产品成本

将各个生产步骤应计入产成品成本的份额平行加以汇总即可算出产成品成本，各个生产步骤应计入在产品成本的份额平行加以汇总即可算出广义在产品的总成本。

上述平行结转分步法的计算程序，可以用图 4-4 表示。

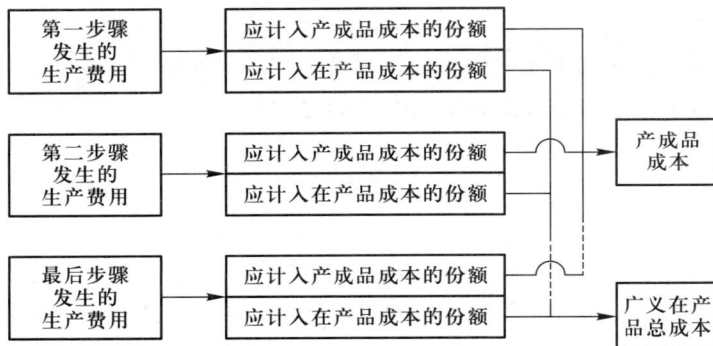

图 4-4 平行结转分步法成本计算程序图

（三）平行结转分步法下应计入产成品成本的份额计算

平行结转分步法下，归集出一个生产步骤的生产费用之后，要将其在狭义完工产品和广义在产品之间进行分配，分配成应计入产成品成本的份额和应计入在产品成本的份额。分配的方法通常可采用约当产量法，各步骤应计入产成品成本的份额按以下公式进行计算：

某步骤完工半成品约当产量＝该步骤在产品数量折算为该步骤完工半成品约当产量＋以后步骤在产品数量折算为该步骤完工半成品约当产量＋半成品库半成品数量折算为该步骤完工半成品约当产量＋产成品数量折算为该步骤完工半成品约当产量

$$（4-8）$$

$$某步骤生产费用分配率＝\frac{该步骤月初在产品成本＋该步骤本月发生的生产费用}{该步骤完工半成品约当产量}$$

$$（4-9）$$

某步骤应计入产成品成本的份额＝产成品数量折算为该步骤完工半成品约当产量×

该步骤生产费用分配率 （4-10）

某步骤应计入在产品成本的份额＝（该步骤在产品数量折算为该步骤完工半成品约当

产量+以后步骤在产品数量折算为该步骤完工半成

品约当产量+半成品库半成品数量折算为该步骤完

工半成品约当产量）×该步骤生产费用分配率

（4-11）

有的产品在加工过程中，后面步骤每件产品的生产可能要耗用两件或两件以上前面步骤的半成品，因此，公式 4-8 中需要将广义在产品和最终产成品都折算为本步骤的完工半成品约当产量，以正确进行生产费用的分配。

上述公式中的"完工半成品"在最后步骤就是指产成品。

（四）平行结转分步法举例

[例 4-7] 某企业通过三个车间分三步大量生产甲产品，原材料在第一车间生产开始时一次投入，各步骤完工半成品直接转入下一步骤继续加工，第二车间单位产品耗用 2 件第一车间半成品，第三车间单位产品耗用 2 件第二车间半成品。由于燃料和动力费在产品成本中占比较小，所以该企业未单独设置"燃料和动力"成本项目，只设置了"直接材料""直接人工"和"制造费用"三个成本项目。该企业采用平行结转分步法计算产品成本，并按约当产量法计算各步骤应计入产成品成本的份额，在产品完工程度均为 50%。该企业 202×年 8 月份有关产量及成本费用资料见表 4-52 和表 4-53。

表 4-52 各车间产量

单位：件

摘要	第一车间	第二车间	第三车间
月初在产品数量	50	80	60
本月投产或上步骤转入数量	550	240	140
本月完工数量	480	280	130
月末在产品数量	120	40	70

表 4-53 月初在产品成本及本月生产费用资料

金额单位：元

摘要		直接材料	直接人工	制造费用	合计
第一车间	月初在产品成本	22 200	6 400	5 700	34 300
	本月生产费用	265 800	78 200	64 800	408 800
第二车间	月初在产品成本		3 200	2 800	6 000
	本月生产费用		33 760	29 120	62 880
第三车间	月初在产品成本		4 560	3 790	8 350
	本月生产费用		42 300	36 800	79 100

表 4-53 中月初在产品成本的数据从上月结转，本月生产费用的数据则来自本月各项费用分配表，各项费用分配表的编制此处省略。

根据上述资料，编制甲产品各步骤的产品成本计算单如表 4-54、表 4-55 和表 4-56 所示。

表 4-54　第一车间产品成本计算单

金额单位：元

摘要	直接材料	直接人工	制造费用	合计
月初在产品成本	22 200	6 400	5 700	34 300
本月发生生产费用	265 800	78 200	64 800	408 800
生产费用合计	288 000	84 600	70 500	443 100
约当产量（件）	1 000	940	940	
生产费用分配率	288	90	75	453
应计入产成品成本的份额	149 760	46 800	39 000	235 560
月末在产品成本	138 240	37 800	31 500	207 540

表 4-54 中"约当产量"一行根据公式 4-8 计算，各成本项目的约当产量计算如下：

直接材料约当产量 = 120+40×2+70×4+130×4 = 1 000（件）

直接人工约当产量 = 120×50%+40×2+70×4+130×4 = 940（件）

制造费用约当产量 = 120×50%+40×2+70×4+130×4 = 940（件）

表 4-54 中"生产费用合计"数除以对应项目的约当产量得到生产费用分配率，再用生产费用分配率乘以产成品约当产量，即可得到各成本项目应计入产成品成本的份额，具体计算如下：

直接材料应计入产成品成本的份额 = 288×130×4 = 149 760（元）

直接人工应计入产成品成本的份额 = 90×130×4 = 46 800（元）

制造费用应计入产成品成本的份额 = 75×130×4 = 39 000（元）

其加总数为 235 560 元，即表示第一车间本月发生的生产费用有 235 560 元应由产成品负担。

表 4-54 中"生产费用合计"一行减去"应计入产成品成本的份额"一行所得到的差额表示本月发生的生产费用应计入在产品成本的份额，反映在产品成本计算单中最后一行"月末在产品成本"中。需要注意的是此处的月末在产品并不是指第一车间的狭义在产品，而是一个广义在产品的概念。

表 4-55　第二车间产品成本计算单

金额单位：元

摘要	直接材料	直接人工	制造费用	合计
月初在产品成本		3 200	2 800	6 000
本月发生生产费用		33 760	29 120	62 880

续表

摘要	直接材料	直接人工	制造费用	合计
生产费用合计		36 960	31 920	68 880
约当产量（件）		420	420	
生产费用分配率		88	76	164
应计入产成品成本的份额		22 880	19 760	42 640
月末在产品成本		14 080	12 160	26 240

表4-55中各成本项目的约当产量计算如下：

直接人工约当产量＝40×50%＋70×2＋130×2＝420（件）

制造费用约当产量＝40×50%＋70×2＋130×2＝420（件）

各成本项目应计入产成品成本的份额计算如下：

直接人工应计入产成品成本的份额＝88×130×2＝22 880（元）

制造费用应计入产成品成本的份额＝76×130×2＝19 760（元）

表4-56　第三车间产品成本计算单

金额单位：元

摘要	直接材料	直接人工	制造费用	合计
月初在产品成本		4 560	3 790	8 350
本月发生生产费用		42 300	36 800	79 100
生产费用合计		46 860	40 590	87 450
约当产量（件）		165	165	
生产费用分配率		284	246	530
应计入产成品成本的份额		36 920	31 980	68 900
月末在产品成本		9 940	8 610	18 550

表4-56中各成本项目的约当产量计算如下：

直接人工约当产量＝70×50%＋130＝165（件）

制造费用约当产量＝70×50%＋130＝165（件）

各成本项目应计入产成品成本的份额计算如下：

直接人工应计入产成品成本的份额＝284×130＝36 920（元）

制造费用应计入产成品成本的份额＝246×130＝31 980（元）

以上三个车间的成本计算单中"本月发生生产费用"这行数据归集的都是各步骤自身发生的生产费用，均未包含所领用的上一步骤半成品的成本。即平行结转分步法下，各步骤之间结转半成品实物但不结转半成品成本。由于材料在生产开始时一次投入，第二、第三车间没有投入材料费，所以这两个车间的产品成本计算单中就没有涉及对直接材料项目的分配，成本计算工作因此得到简化。

根据三个车间的成本计算单，编制完工产品成本汇总表，把各车间应计入产成品成本的份额汇总得到本月完工产品的总成本，再除以完工产品产量得到完工产品单位成本，如表 4-57 所示。

表 4-57　完工产品成本汇总表

产品名称：甲产品　　　　　　　　　完工产品：130 件　　　　　　　　　金额单位：元

摘要	直接材料	直接人工	制造费用	合计
第一车间	149 760	46 800	39 000	235 560
第二车间		22 880	19 760	42 640
第三车间		36 920	31 980	68 900
完工产品总成本	149 760	106 600	90 740	347 100
完工产品单位成本	1 152	820	698	2 670

据此可以编制结转完工产品成本的会计分录。

借：库存商品——甲产品　　　　　　　　　　　　　　347 100
　　贷：生产成本——基本生产成本——第一车间　　　　235 560
　　　　　　　　　　　　　　　　——第二车间　　　　 42 640
　　　　　　　　　　　　　　　　——第三车间　　　　 68 900

[例 4-8] 某厂生产 AB 产品。第一车间生产 A 零件，第二车间生产 B 零件，第三车间将 A 零件、B 零件装配成 AB 产品，每件 AB 产品由 A、B 零件各一件组成。A 零件耗用的原材料在生产开始时一次投入，B 零件所耗用的原材料随着加工进度逐步投入。各车间在产品完工率均为 50%。202×年 3 月份各车间生产情况如表 4-58 所示。

表 4-58　3 月份各车间生产情况

单位：件

项目	A 零件	B 零件	AB 产品
期初在产品数量	80	120	200
本期投产数量	800	720	760
完工转出数量	760	760	800
期末在产品数量	120	80	160

各车间月初在产品成本资料，如表 4-59 所示。

表 4-59　各车间月初在产品成本

金额单位：元

车间	直接材料	直接人工	制造费用	合计
第一车间	4 700	760	690	6 150
第二车间	2 100	550	390	3 040
第三车间	—	100	160	260

各车间本月生产费用资料如表 4-60 所示。

表 4-60　各车间本月生产费用资料

金额单位：元

车间	直接材料	直接人工	制造费用	合计
第一车间	14 740	3 320	2 472	20 532
第二车间	6 400	1 550	1 110	9 060
第三车间	—	912	1 248	2 160

根据上述资料，该厂采用平行结转分步法编制三个车间的产品成本计算单分别如表 4-61、表 4-62、表 4-63 所示，汇总完工产品总成本并计算单位产品成本如表 4-64 所示。

表 4-61　第一车间产品成本计算单

产品名称：A 零件　　202×年 3 月　　　　完工产品：800 件　　金额单位：元

摘要	直接材料	直接人工	制造费用	合计
月初在产品成本	4 700	760	690	6 150
本月发生生产费用	14 740	3 320	2 472	20 532
生产费用合计	19 440	4 080	3 162	26 682
约当产量（件）	1 080	1 020	1 020	
生产费用分配率	18	4	3.10	25.10
应计入产成品成本的份额	14 400	3 200	2 480	20 080
月末在产品成本	5 040	880	682	6 602

表 4-61 中各成本项目的约当产量计算如下：

直接材料约当产量 = 800×1+160×1+120 = 1 080（件）

直接人工约当产量 = 800×1+160×1+120×50% = 1 020（件）

制造费用约当产量 = 800×1+160×1+120×50% = 1 020（件）

表 4-61 中"生产费用合计"数除以对应项目的约当产量得到生产费用分配率：

$$直接材料分配率 = \frac{19\ 440}{1\ 080} = 18$$

$$直接人工分配率 = \frac{4\ 080}{1\ 020} = 4$$

$$制造费用分配率 = \frac{3\ 162}{1\ 020} = 3.10$$

用生产费用分配率乘以产成品约当产量，可得各成本项目应计入产成品成本的份额：

直接材料应计入产成品成本的份额 = 800×1×18 = 14 400（元）

直接人工应计入产成品成本的份额 = 800×1×4 = 3 200（元）

制造费用应计入产成品成本的份额 = 800×1×3.10 = 2 480（元）

用生产费用分配率乘以广义在产品约当产量，或用生产费用合计数减去应计入产成品成本的份额，可得应计入在产品成本的份额，即表 4-61 中月末在产品成本：

直接材料应计入在产品成本份额 = 19 440−14 400 = 5 040（元）

直接人工应计入在产品成本份额 = 4 080−3 200 = 880（元）

制造费用应计入在产品成本份额 = 3 162−2 480 = 682（元）

表 4-62　第二车间产品成本计算单

产品名称：B 零件　　　　202×年 3 月　　　　完工产品：800 件　　　　金额单位：元

摘要	直接材料	直接人工	制造费用	合计
月初在产品成本	2 100	550	390	3 040
本月发生生产费用	6 400	1 550	1 110	9 060
生产费用合计	8 500	2 100	1 500	12 100
约当产量（件）	1 000	1 000	1 000	
生产费用分配率	8.50	2.10	1.50	12.10
应计入产成品成本的份额	6 800	1 680	1 200	9 680
月末在产品成本	1 700	420	300	2 420

表 4-62 中各成本项目的约当产量计算如下：

直接材料约当产量 = 800×1+160×1+80×50% = 1 000（件）

直接人工约当产量 = 800×1+160×1+80×50% = 1 000（件）

制造费用约当产量 = 800×1+160×1+80×50% = 1 000（件）

表 4-62 中"生产费用合计"数除以对应项目的约当产量得到生产费用分配率：

$$直接材料分配率 = \frac{8\ 500}{1\ 000} = 8.50$$

$$直接人工分配率 = \frac{2\ 100}{1\ 000} = 2.10$$

$$制造费用分配率 = \frac{1\ 500}{1\ 000} = 1.50$$

用生产费用分配率乘以产成品约当产量，可得各成本项目应计入产成品成本的份额：

直接材料应计入产成品成本的份额 = 800×1×8.50 = 6 800（元）

直接人工应计入产成品成本的份额 = 800×1×2.10 = 1 680（元）

制造费用应计入产成品成本的份额 = 800×1×1.50 = 1 200（元）

用生产费用分配率乘以广义在产品约当产量，或用生产费用合计数减去应计入产成品成本的份额，可得应计入在产品成本的份额：

直接材料应计入在产品成本份额 = 8 500−6 800 = 1 700（元）

直接人工应计入在产品成本份额 = 2 100−1 680 = 420（元）

制造费用应计入在产品成本份额 = 1 500−1 200 = 300（元）

表 4-63　第三车间产品成本计算单

产品名称：AB 产品　　　202×年 3 月　　　完工产品：800 件　　　金额单位：元

摘要	直接材料	直接人工	制造费用	合计
月初在产品成本		100	160	260
本月发生生产费用		912	1 248	2 160
生产费用合计		1 012	1 408	2 420
约当产量（件）		880	880	
生产费用分配率		1.15	1.60	2.75
应计入产成品成本的份额		920	1 280	2 200
月末在产品成本		92	128	220

表 4-63 中各成本项目的约当产量计算如下：

直接人工约当产量 = 800×1+160×50% = 880 （件）

制造费用约当产量 = 800×1+160×50% = 880 （件）

表 4-63 中"生产费用合计"数除以对应项目的约当产量得到生产费用分配率：

直接人工分配率 = $\dfrac{1\,012}{880}$ = 1.15

制造费用分配率 = $\dfrac{1\,408}{880}$ = 1.60

用生产费用分配率乘以产成品约当产量，可得各成本项目应计入产成品成本的份额：

直接人工应计入产成品成本的份额 = 800×1×1.15 = 920 （元）

制造费用应计入产成品成本的份额 = 800×1×1.60 = 1 280 （元）

用生产费用分配率乘以广义在产品约当产量，或用生产费用合计数减去应计入产成品成本的份额，则可得表 4-63 中月末在产品成本：

直接人工应计入在产品成本份额 = 1 012-920 = 92 （元）

制造费用应计入在产品成本份额 = 1 408-1 280 = 128 （元）

应计入 AB 产品的成本汇总如表 4-64 所示。

表 4-64　产品成本汇总表

产品名称：AB 产品　　　202×年 3 月　　　完工产品：800 件　　　金额单位：元

摘要	直接材料	直接人工	制造费用	合计
第一车间	14 400	3 200	2 480	20 080
第二车间	6 800	1 680	1 200	9 680
第三车间	—	920	1 280	2 200
产成品总成本	21 200	5 800	4 960	31 960
产品单位成本	26.50	7.25	6.20	39.95

编制产成品入库的会计分录如下：

借：库存商品——AB 产品   31 960
　　贷：生产成本——基本生产成本——第一车间   20 080
　　　　　　　　　　　　　　　　——第二车间   9 680
　　　　　　　　　　　　　　　　——第三车间   2 200

（五）平行结转分步法的优缺点

采用平行结转分步法计算产品成本，由于各步骤不计算所耗上一步骤的半成品的成本，而只将本步骤增加发生的费用分配为应计入产成品成本的份额和应计入在产品成本的份额，因此能起到简化成本计算的作用。而且，由于这种方法下各步骤的成本计算工作可以同时展开，不必像逐步结转分步法一样要等到算出上一步骤半成品成本之后才能继续本步骤的成本计算，因此这种方法还能起到加快成本计算工作的作用。此外，平行结转分步法能提供按原始成本项目反映的产品成本资料，不必进行成本还原，有利于成本分析与考核。

然而，平行结转分步法下，半成品实物和半成品成本的结转相脱节，各步骤产品成本明细账中的月末在产品成本表示的是本步骤生产费用应计入广义在产品成本的份额，并不表示本步骤狭义在产品的成本，某一生产步骤月末在产品实物的成本是多少并不能从账面上得到反映，所以这种方法不利于在产品资金管理。

（六）平行结转分步法与逐步结转分步法的比较

虽然平行结转分步法与逐步结转分步法都属于分步法，但两者之间还是有较多的不同之处，如表 4-65 所示。

表 4-65   平行结转分步法和逐步结转分步法的主要区别

对比项目	逐步结转分步法	平行结转分步法
生产费用包含的内容	既包含本步骤增加发生的生产费用，也包含从上一步骤转入的半成品成本	只包含本步骤增加发生的生产费用，不结转从上一步骤转入的半成品的成本
半成品成本与实物的关系	半成品成本随实物结转	半成品成本不随实物结转
完工产品含义	广义：包括产成品和各步骤完工半成品	狭义：产成品
在产品含义	狭义：本步骤的在制品	广义：本步骤的在制品，以及本步骤完工但未经历所有步骤加工的产品
产成品成本计算	按生产过程逐步计算，综合结转分步法下还需要成本还原	各生产步骤可以同时展开计算，计算出应计入产成品成本的份额后平行汇总得到完工品总成本
成本计算速度	须按生产步骤逐步计算，相对较慢	各步骤可以同时计算，相对较快
生产资金管理	在产品实物与资金相一致，便于生产资金管理	在产品实物与资金相脱离，不便于生产资金管理

📁 本章小结

　　企业的生产工艺流程、组织方式和管理上对成本计算的要求不一样，对产品成本计算的要求就不一样，所以需要根据生产特点和管理要求选择产品成本计算方法。

　　品种法以产品品种为成本核算对象，是产品成本计算方法中最基本的一种方法。该方法的应用建立在对计算程序的正确理解之上，从要素费用的分配到辅助生产费用的分配，再到基本生产车间制造费用的分配，这种顺序要注意不能颠倒。

　　分批法以生产批别为成本核算对象，是实际工作中运用较广泛的一种方法，企业可以根据生产类型特点，灵活采用一般分批法或简化的分批法。

　　分步法以生产步骤为成本核算对象，可以分为逐步结转分步法和平行结转分步法。逐步结转分步法下实物流转与成本流转一致，又可分为综合结转分步法和分项结转分步法。平行结转分步法下实物流转与成本流转不一致，不结转所耗上一步骤的半成品成本，也不计算各步骤完工半成品的成本，只计算本步骤增加发生的生产费用应计入产成品成本的份额，再平行汇总得到完工产品总成本。

📱 关键名词

　　品种法　是指以产品品种为成本核算对象，按产品品种设置生产成本明细账归集生产费用、计算产品成本的方法。

　　分批法　是指以产品的生产批别为成本核算对象，按产品的生产批别设置生产成本明细账归集生产费用、计算产品成本的方法。

　　简化分批法　是指通过采用累计分配率对除了直接材料之外的其他生产费用进行分配，以减少成本计算工作量的分批法。

　　分步法　是指以产品的生产步骤为成本核算对象，按产品的生产步骤设置生产成本明细账归集生产费用、计算产品成本的方法。

　　逐步结转分步法　是指按产品生产各个生产步骤的顺序，逐步计算并结转完工半成品的成本，直到最后一个生产步骤计算出完工产品成本的成本计算方法。

　　综合结转分步法　上一步骤完工半成品成本转入下一步骤时，不区分成本项目而是把各项目的金额综合在一起，记入下一步骤产品成本明细账的"直接材料"或"半成品"成本项目中，这种逐步结转分步法称为综合结转分步法。

　　成本还原　是指在综合结转分步法下，将完工产品成本中"半成品"项目所包含的综合成本逐步分解，还原成"直接材料""燃料和动力""直接人工"和"制造费用"等原始成本项目，从而求得用原始成本项目反映的完工产品成本。

　　分项结转分步法　上一步骤完工半成品成本转入下一步骤时，区分成本项目分别转入下一步骤产品成本明细账，这种逐步结转分步法称为分项结转分步法。

　　平行结转分步法　不计算各步骤完工半成品的成本，而是在归集出本步骤发生的生产费用后计算出其中应计入产成品成本的份额，再将各步骤应计入产成品成本的份额平行汇总计算出产成品的成本，这种产品成本计算方法称为平行结转分步法。

⏱ **即测即评**

请扫描二维码，进行即测即评。

✉ **思考与练习题**

1. 产品成本计算的基本方法有哪几种？它们最主要的区别是什么？

2. 简述生产特点和管理要求与产品成本计算基本方法选择之间的关系。

3. 简化分批法的主要特点是什么？这种方法"简化"在哪里？适用范围如何？

4. 什么是成本还原？成本还原的方法有哪两类？其基本原理如何？

5. 比较逐步结转分步法与平行结转分步法，它们有何不同？

6. 中兴工厂第二生产车间生产 A、B 两种产品，原材料在生产开始时一次投入，成本计算采用品种法。A、B 两种产品共同耗用的甲原材料按定额消耗量比例进行分配；直接人工和制造费用按实际工时比例分配。

（1）A 产品期初在产品成本为：直接材料 13 200 元，直接人工 4 600 元，制造费用 1 200 元。B 产品无期初在产品成本。

（2）材料费用、直接人工及制造费用分配资料如下：A 产品甲材料定额消耗量为 4 000 千克，B 产品甲材料定额消耗量为 2 500 千克；甲材料的实际成本为 66 300 元；A 产品实际工时为 26 000 小时，B 产品为 16 000 小时；人工成本为 16 800 元；制造费用总额为 6 300 元。

（3）A 产品完工产品和在产品的费用按约当产量法分配，该产品本月完工 2 100 件，期末在产品 1 500 件（完工程度 60%）。B 产品完工产量 1 000 件，无期末在产品。

要求：

（1）编制材料费用及直接人工、制造费用分配表，并编制有关会计分录。

（2）设置并登记产品成本明细账，计算完工产品总成本及单位成本。

（3）编制完工产品入库的会计分录，并在产品成本明细账中进行登记。

7. 某厂生产组织方式为小批生产，采用简化分批法计算产品成本，4 月份生产情况如下：

（1）月初在产品成本：101 批号直接材料 3 750 元，102 批号直接材料 2 200 元，103 批号直接材料 1 600 元。月初直接人工费 1 725 元，制造费用 2 350 元。

（2）月初在产品耗用累计工时：101 批号 1 800 小时，102 批号 590 小时，103 批号 960 小时。

（3）发生的工时和直接材料如表 4-66 所示。

表 4-66　各批别本月发生工时和直接材料等有关数据

批号	批量（件）	投产日期	完工日期	本月发生工时	本月发生直接材料
101	10	2 月	4 月	450	250
102	5	3 月	4 月	810	300
103	4	3 月	6 月	1 640	300

本月发生直接人工 1 400 元，制造费用 2 025 元。

要求：设置基本生产成本二级账和产品成本明细账，登记生产费用，计算各完工批别产品的成本。

8. 某企业大量生产甲产品，顺序经过三个生产步骤，分设三个车间进行加工。该企业采用逐步综合结转分步法计算产品成本。原材料在生产开始时一次投入，其他费用陆续发生，各步完工半成品不通过半成品库，在产品成本使用约当产量法计算，6 月份在产品完工率为 50%，其他有关资料如表 4-67、表 4-68 所示。

表 4-67　产 量 记 录

数量单位：件

摘要	一车间	二车间	三车间	产成品
月初在产品	40	100	80	—
本月投入	360	—	—	—
上步转入	—	300	350	—
本月完工	300	350	350	350
月末在产品	100	50	80	—

表 4-68　费 用 资 料

金额单位：元

摘要	车间	直接材料	半成品	直接人工	制造费用	合计
月初在产品成本	一车间	4 000	—	860	1 650	6 510
	二车间	—	6 400	950	2 000	9 350
	三车间	—	8 400	1 600	1 200	11 200
本期发生费用	一车间	38 000	—	7 890	12 000	57 890
	二车间	—	—	2 850	5 000	7 850
	三车间	—	—	4 000	3 600	7 600

要求：

（1）设置产品成本明细账并登记生产费用，计算各步骤完工半成品的成本及最后步骤的产成品成本。

（2）设置成本还原计算表将最后步骤的完工产品成本按成本还原率法进行还原。

9. 某企业通过三个车间分三步大量生产甲产品，原材料在第一车间生产开始时一次投入，各步骤完工半成品直接转入下一步骤继续加工。该企业的生产成本明细账设置了"直接材料""直接人工"和"制造费用"三个成本项目，采用平行结转分步法计算产品成本，并按约当产量法计算各步骤应计入产成品成本的份额，在产品完工程度均为 50%。该企业 202×年 8 月份有关产量及成本费用资料见表 4-69 和表 4-70。

表 4-69　各车间产量

单位：件

摘要	第一车间	第二车间	第三车间
月初在产品数量	100	200	400
本月投产或上步骤转入数量	1 100	1 000	1 000
本月完工数量	1 000	1 000	1 100
月末在产品数量	200	200	300

表 4-70　月初在产品成本及本月生产费用资料

金额单位：元

摘要		直接材料	直接人工	制造费用	合计
第一车间	月初在产品成本	18 000	8 000	6 200	32 200
	本月生产费用	36 000	26 000	10 800	72 800
第二车间	月初在产品成本		10 000	8 000	18 000
	本月生产费用		20 000	14 500	34 500
第三车间	月初在产品成本		5 500	4 000	9 500
	本月生产费用		22 000	16 000	38 000

根据上述资料，编制甲产品各步骤的产品成本计算单。

案例分析

请扫描二维码查看。

拓展阅读

请扫描二维码阅读。

第五章 产品成本计算辅助方法

💻 **学习目标**

通过学习本章内容，读者应该能够：

1. 理解成本计算分类法的特点和适用范围，掌握分类法的成本计算程序；
2. 掌握联产品、副产品与等级品的成本计算方法；
3. 掌握定额法的特点和计算程序，理解定额法的优缺点和应用条件；
4. 理解标准成本法的基本程序及其与定额成本法的异同，掌握标准成本的制定、标准成本差异的计算与分析及标准成本法的账务处理；
5. 理解变动成本法的理论依据和特点，掌握变动成本法的账务处理，明确变动成本法与完全成本法的差异、变动成本法的优点及局限性；
6. 理解倒推成本法的概念和前提，掌握倒推成本法的账务处理。

第一节　产品成本计算的分类法

一、分类法的特点和适用范围

产品成本计算的分类法（joint costing），又称类别法，是先按照产品类别归集生产费用，计算出各类完工产品的总成本，然后按一定的标准，分配计算出类别内各品种、规格产品成本的一种方法。在一些工业企业中，生产的产品品种、规格、型号繁多，如果按照前述的产品品种等归集生产费用，计算产品成本，其计算工作极为繁重。在这种情况下，为了简化成本核算工作，可以按产品类别作为成本计算对象归集生产费用，采用分类法计算各品种、规格、型号的产品成本。

采用分类法计算产品成本，每类产品内各产品的生产费用不论是间接费用还是直接费用，都按一定的标准进行分配计算。因此，领料凭证、工时记录和各种费用分配表都应按照产品类别填列，基本生产成本明细账也按产品类别开设，从而合并了成本计算对象，很大程度上简化了成本计算工作，而且也能分类掌握产品成本水平。

具体而言，分类法具有以下几方面的特点。

（1）分类法以产品的类别作为成本计算对象，以此来设置基本生产成本明细账。

（2）分类法本身不是独立的产品成本计算方法，在划分产品类别后，要根据企业的生产特点和管理要求，具体结合品种法、分批法、分步法等成本计算方法计算出该类完工产品的总成本。

（3）将某类完工产品总成本按一定的标准在该类内各产品之间进行分配，再计算出类内各产品的成本。

分类法由于不是一种独立的成本计算方法，因此它与生产特点不存在直接关系，它是成本计算的辅助方法。其适用的范围有：灯泡企业生产的各种不同种类和规格、型号的灯泡、灯管，针织企业生产的各种不同种类和规格、型号的针织品，食品企业生产的各种糖果、饼干、面包，电子元件企业生产的各种不同规格、型号的电子元件等，以及生产主要产品的过程中附带生产的一些非主要产品，如炼钢厂的炉渣、煤气厂的柏油等。

二、分类法的成本计算程序

分类法的成本计算程序归纳如下。

（1）合理地划分产品的类别。采用分类法，首先要区分不同产品在耗用的原材料、生产工艺过程、性质、结构、用途等方面的差异，选择划分产品类别的显著标志，将产品划分成若干类别。在划分产品类别时，要注意不能为了追求简化成本核算而任意减少类别数，而使成本计算缺乏准确性。

（2）计算各类完工产品总成本。以划分好的产品类别为成本计算对象，按产品生产的特点和管理要求，相应地结合品种法、分批法、分步法等方法归集分配生产费用，并计算出各类完工产品的总成本。

（3）计算类内各种产品的成本。在计算出各类完工产品的总成本以后，要采用适当的分配标准进一步在同类的各种产品之间进行成本的分配。

分类法的成本计算程序如图 5-1 所示。

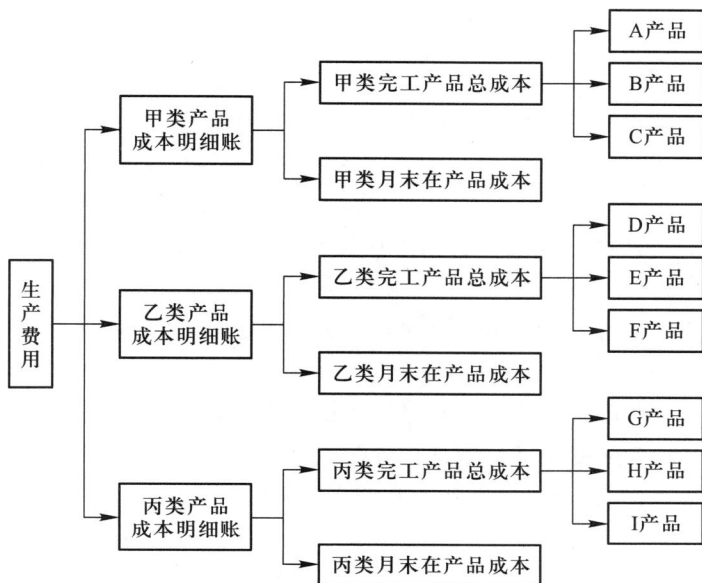

图 5-1 分类法的成本计算程序

三、类内产品费用分配的方法

类内产品费用的分配标准是否合理，是影响各种产品成本计算正确与否的关键。类内产品费用分配标准有定额消耗量、定额费用、售价，以及产品的重量、体积和长度等。在选择分配标准时，应尽可能选择与产品成本的高低关系较大的分配标准。各成本项目可采用同一分配标准，也可采用不同的分配标准，以达到分配结果更加合理的目的。

类内产品费用的划分方法一般有系数分配法和定额比例法。

（一）系数分配法

系数分配法（method of allocating norm parameter）是分配计算类内各产品成本的一种常用方法。这种方法首先选择与费用关系最为密切的因素（比如体积、重量、定额消耗量、定额成本等）作为分配标准，并将该分配标准折算成相对固定的系数，然后按照系数分配类别内部各种产品的费用，计算产品成本。具体而言，系数分配法的计算步骤如下。

（1）选择标准产品。在同类产品中选择一种有代表性的产品（比如产销量大、生产稳定、规格适当的产品）作为标准产品，并将标准产品的系数确定为"1"。

（2）计算同类其他产品的系数。同类其他产品的系数则为该产品与标准产品的分配标准之比（例如，以定额成本作为分配标准，则某种产品的系数就等于该产品的定额成本与标准产品的定额成本之比）。

$$某种产品系数 = \frac{该产品定额消耗量（或定额费用）}{标准产品定额消耗量（或定额费用）} \qquad (5-1)$$

（3）计算标准总产量。将各种（规格）产品的实际产量分别乘以其系数，即为标准总产量。

$$某产品标准产量 = 该产品实际产量 \times 该产品系数 \qquad (5-2)$$

（4）计算费用分配率。即单位标准产品应分配的费用。

$$某类产品某项费用分配率 = \frac{该类完工产品该项费用总额}{该类内各种产品标准产量之和} \qquad (5-3)$$

（5）计算各种产品应分配的费用。根据某种产品的标准产量和某项费用的分配率计算该产品应负担的该项费用。

$$某种产品应分配的某项费用 = 该产品标准产量 \times 该产品该项费用分配率 \qquad (5-4)$$

（二）定额比例法

如果企业定额基础好，各项消耗定额比较齐全、准确和稳定，某类产品的总成本可以按该类内各种产品的定额比例进行分配，这种按定额比例进行分配的方法，通常称为定额比例法（fixed ratio method or the norm unit concept）。

定额比例法的计算公式为：

$$某类产品某项费用分配率 = \frac{该类完工产品该项费用总额}{该类内各种产品该项费用的定额成本（或定额耗用量）之和} \qquad (5-5)$$

该类内某种产品某项费用的实际成本 = 类内该产品该项费用的定额成本（或定额消耗量）× 该产品该项费用分配率   (5-6)

定额比例法在第三章第七节中已进行了讲述，在此不再赘述。

四、分类法成本计算举例

[**例 5-1**] 假定某工业企业生产的产品品种繁多，成本计算采用分类法，将产品结构、所耗用原材料和生产工艺过程相近的产品合为一类（甲类产品）计算成本。甲类产品包含 A、B 和 C 三种产品。该类产品的直接材料费用按照各种产品的直接材料费用系数进行分配；直接材料费用系数按直接材料费用定额确定，该企业规定 B 产品为标准产品。根据各种产品所耗各种原材料的消耗定额、计划单价以及费用定额，编制直接材料费用系数计算表，见表 5-1。

表 5-1   各种产品直接材料费用系数计算表

金额单位：元

产品名称	单位产品原材料费用				直接材料费用系数
	原材料名称或编号	消耗定额（千克）	计划单价	费用定额	
A	1 051	5	20	100	$\dfrac{1\ 350}{2\ 000}=0.675$
	2 055	15	30	450	

续表

产品名称	单位产品原材料费用				直接材料费用系数
	原材料名称或编号	消耗定额（千克）	计划单价	费用定额	
A	3 056	20	40	800	$\dfrac{1\ 350}{2\ 000}=0.675$
	合计	—	—	1 350	
B	1 051	10	20	200	$\dfrac{2\ 000}{2\ 000}=1$
	2 055	20	30	600	
	3 056	30	40	1 200	
	合计	—	—	2 000	
C	1 051	20	20	400	$\dfrac{3\ 400}{2\ 000}=1.7$
	2 055	40	30	1 200	
	3 056	45	40	1 800	
	合计	—	—	3 400	

只要上列各种产品所消耗的原材料的品种、规格、定额和原材料计划单价没有发生变动，这些产品的直接材料费用系数就不应变更。

假定该企业的甲类产品成本明细账如表5-2所示。

表5-2 甲类产品成本明细账

金额单位：元

月	日	摘要	直接材料	直接人工	制造费用	合计
8	31	月初在产品成本（定额成本）	41 220	16 780	46 380	104 380
9	30	本月发生费用	56 380	19 220	60 120	135 720
9	30	生产费用合计	97 600	36 000	106 500	240 100
9	30	结转本月完工产品成本	58 890	23 600	56 640	139 130
9	30	月末在产品成本（定额成本）	38 710	12 400	49 860	100 970

该企业规定，甲类产品各种产品之间的直接人工和制造费用均按各种产品的定额工时比例分配。其工时定额为：A产品15小时，B产品10小时，C产品12小时。其9月份实际产量为：A产品120件，B产品100件，C产品160件。根据各种产品的产量、直接材料费用系数，以及甲类产品成本明细账中的9月份产成品成本资料，编制甲类产品各种产品成本计算表，见表5-3。

表 5-3   甲类产品各种产品成本计算表

202×年 9 月   金额单位：元

产品名称	产量（件）	直接材料系数	直接材料总系数	工时消耗定额	定额工时	直接材料	直接人工	制造费用	总成本	单位成本
费用分配率	—	—	—	—	—	130	5	12	—	—
A 产品	120	0.675	81	15	1 800	10 530	9 000	21 600	41 130	342.75
B 产品	100	1.000	100	10	1 000	13 000	5 000	12 000	30 000	300.00
C 产品	160	1.700	272	12	1 920	35 360	9 600	23 040	68 000	425.00
合计	—	—	453	—	4 720	58 890	23 600	56 640	139 130	—

在表 5-3 中，各成本项目专栏的合计金额是分配计算的对象，应根据表 5-2 甲类产品成本明细账中"结转本月完工产品成本"填列。表 5-3 中直接材料的总系数，是产量与直接材料系数的乘积，是各种产成品之间分配直接材料费用的依据；定额工时是产量与单位工时消耗定额的乘积，是分配直接人工费用和制造费用的依据。表 5-3 中各种费用的分配率，按下列算式计算。

$$直接材料费用分配率 = \frac{58\ 890}{453} = 130$$

$$直接人工费用分配率 = \frac{23\ 600}{4\ 720} = 5$$

$$制造费用分配率 = \frac{56\ 640}{4\ 720} = 12$$

以直接材料费用分配率乘以各种产品的直接材料总系数，即为该产品的直接材料费用；以直接人工费用分配率和制造费用分配率，分别乘以各种产品的定额工时，即为该产品的直接人工费用和制造费用。

最后根据表 5-3，做如下会计分录：

借：库存商品——A 产品   41 130

　　　　　——B 产品   30 000

　　　　　——C 产品   68 000

　　贷：生产成本——基本生产成本——甲类产品   139 130

五、分类法的优缺点和注意事项

采用分类法计算产品成本的优点主要体现如下。

（1）在产品品种繁多、但可按一定标准分类的情况下，减少了成本计算对象，从而简化了成本计算工作量。

（2）既能提供各种产品的成本信息，又能提供各类产品的成本信息，便于企业对各类产品成本进行考核和分析。

同时，采用分类法的缺点主要体现如下。

（1）由于是按产品类别归集生产费用，类内各种产品是按一定标准分配成本的，因而分配结果有一定的假定性。

（2）如果类别成本增加或减少，则该类内各种产品成本就同增或同减相应幅度，形成类内产品之间成本的平均化，在一定程度上影响了计算的准确性。

必须指出的是，产品的分类和分配标准（或系数）的确定是否恰当，既是采用分类法时能否做到简化成本计算的关键，又是成本计算相对正确与否的关键。在进行产品分类时，类距既不宜定得过小，使成本计算工作复杂；也不能定得过大，导致成本计算的"大锅烩"。在分配标准的选定上，要选择与成本水平高低有密切联系的分配标准来分配费用。当产品结构、所用原材料或工艺过程发生较大变动时，应该修订分配系数或考虑另选分配标准，以提高成本计算的正确性。

六、联产品的成本计算

联产品（joint products）是指使用同种原料，经过同一加工过程而同时生产出来的具有同等地位的主要产品（main product）。联产品可以有两种或两种以上，它们虽然在性质上和用途上不同，但在经济上具有同等重要的意义，它们都是各企业生产的主要目的。例如，制糖厂用甘蔗做原料可以同时生产出白砂糖和赤砂糖等；乳制品加工厂可以同时生产出牛奶、奶油等；炼油厂把原油催化后，可以生产出汽油、轻柴油、重柴油和润滑油等联产品；煤气厂在煤气生产过程中，可同时产生煤气、焦炭和煤焦油等产品。

联产品是使用同样的原材料，在同一生产过程中生产出来的各种产品，因此无法按每种产品来归集费用，直接计算其成本，而只能将同一生产过程的联产品，视为同类产品，采用分类法计算其分离前的实际成本，然后采用一定的分配标准，在各联产品之间分配成本。

各种联产品一般要到生产过程终了时才能分离出来，有时也可能在生产过程的某个步骤分离出来。分离时的生产步骤称为"分离点"（split off point）。在分离点之前，各种联产品的生产费用是综合在一起的，故称为"综合成本"或"联合成本"（joint cost）。联合成本的归集和计算，应根据联产品的生产特点，采用适当的方法进行。如果有些产品分离后，还要继续加工，那么也要按照分离后的生产特点，选择适当的方法计算成本。这时，这些产品的成本包括该种产品应负担的联合成本和分离后继续加工的成本，把这些分离后继续加工的成本称为可归属成本（separable costs）。它们之间的关系见示意图5-2。

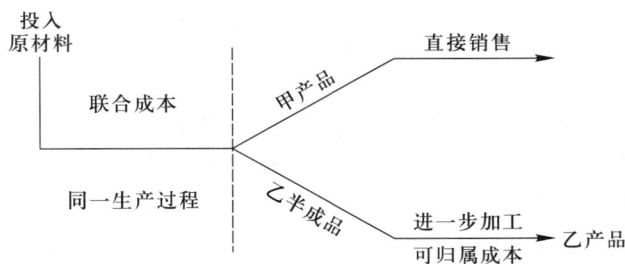

图5-2　联合成本与可归属成本间的关系示意图

就实质来说，联产品可以看成是经同一生产过程加工而成的同一类产品。因此，对于联合成本的计算，可以采用类似分类法的思路进行。具体而言，联合成本的分配，常用的方法有实物计量分配法（physical measure method）、系数分配法（method of allocating norm parameter）、销售价值分配法（sales value method）和可实现净值分配法（net realizable value method）等。

（一）实物计量分配法

[例5-2] 假设某工厂在使用同一种原材料加工的过程中会同时生产出甲、乙、丙三种产品。投入180 000元的联合成本将生产出甲产品2 000千克、乙产品3 000千克、丙产品4 000千克。根据该资料计算联产品的成本如下：

$$分配率 = \frac{180\ 000}{2\ 000 + 3\ 000 + 4\ 000} = 20$$

甲产品应承担的成本 = 20×2 000 = 40 000（元）

乙产品应承担的成本 = 20×3 000 = 60 000（元）

丙产品应承担的成本 = 20×4 000 = 80 000（元）

（二）系数分配法

系数分配法就是将各种联产品的实际产量按事前规定的系数折算为相对产量，然后将联产品的联合成本按各联产品的相对产量比例来进行分配。举例说明如下：

[例5-3] 某炼油厂用原料同时生产出汽油、催化轻柴油、重质柴油和液化气四种联产品，本期发生的成本共为79 000元，其中，原料成本为62 000元，生产工人工资为9 000元，制造费用为8 000元。本期产出汽油3 000千克，催化轻柴油625千克，重质柴油500千克，液化气800千克。假定各联产品之间规定的系数分别是1.0，0.8，0.2，0.5。各产品应分摊的联合成本如表5-4所示。

表5-4　联产品成本计算表（系数分配法）

202×年9月

品名	产量（千克）	系数	相对产量（千克）	分配比例	应承担成本（元）	单位成本（元）
汽油	3 000	1.0	3 000	0.750	59 250	19.750
催化轻柴油	625	0.8	500	0.125	9 875	15.800
重质柴油	500	0.2	100	0.025	1 975	3.950
液化气	800	0.5	400	0.100	7 900	9.875
合计	4 925	—	4 000	1.000	79 000	—

这里需要强调的是，采用系数分配法分摊联产品的联合成本，其正确程度取决于系数的确定。合理的系数应该能够正确反映各联产品单位耗用水平，只有这样才能使各联产品的成本计算比较准确。

（三）销售价值分配法

销售价值分配法是按各联产品的销售价值的比例分配联合成本的方法。这种方法把联合成本的分配与联产品的最终销售价值联系起来，目的是使这些联产品能取得相同的毛利率。显然，这个方法弥补了简单平均单位成本法的缺点，把联合成本的分配和联产品的最终销售价值联系起来，按各联产品的销售价值的比例来分摊产品分离前的联合成本。

[**例 5-4**]　某厂生产 X、Y 两种产品，本期发生材料与直接人工、制造费用合计为 30 000 元。X 产品产量为 3 000 千克，售价为每千克 5.0 元，Y 产品产量为 2 000 千克，售价为每千克 12.5 元。其联合成本分配如表 5-5 所示。

表 5-5　联产品成本计算表（销售价值分配法）

202×年 9 月

品名	产量（千克）	单价（元）	销售价值（元）	比例	应承担成本（元）	单位成本（元）	毛利（元）	毛利率
X	3 000	5.0	15 000	0.375	11 250	3.750	3 750	0.250
Y	2 000	12.5	25 000	0.625	18 750	9.375	6 250	0.250
合计	5 000	—	40 000	1.000	30 000		10 000	—

从计算过程和结果看出，这个方法与实物计量分配法不同，X 产品和 Y 产品的单位成本不一样，但是它们的毛利率是一致的。这个方法避免了实物计量分配法使售价低的产品可能亏损的缺点，但也有其缺点。因为不是所有的成本都是与售价有关的，价格高的产品不一定有较高的成本；同时，这个方法的分配结果使各联产品的毛利率相同，但是事实上这些联产品的获利能力不一定相同。这种方法适用于分离后不再加工的联产品。假定在 X、Y 两种产品中，Y 产品在分离后还须进一步加工，其成本为 5 000 元，可以发现，减去进一步加工成本后 Y 产品利润率下降了。在分离后加工较多的情况下，有时也会出现利润率过低，甚至亏损的情况。为了弥补这个缺点，可以采用可实现净值分配法。

（四）可实现净值分配法

可实现净值分配法是将联产品的联合成本按各联产品的最终销售价格减去分离后成本的价值比例分摊的方法。

[**例 5-5**]　继续上例的资料，可实现净值分配法下其联合成本分配如表 5-6 所示。

表 5-6　联产品成本计算表（可实现净值分配法）

202×年 9 月

品名	产量（千克）	单价（元）	销售价值（元）	分离后加工成本（元）	净实现价值（元）	比例	应承担成本（元）	单位成本（元）	毛利（元）	毛利率
X	3 000	5.0	15 000		15 000	0.428 6	12 858	4.286	2 142	0.142 8
Y	2 000	12.5	25 000	5 000	20 000	0.571 4	17 142	8.571	2 858	0.114 3
合计	5 000	—	40 000	5 000	35 000	1.000 0	30 000	—	5 000	—

总之，联产品的成本的分摊方法很多，各企业应该根据企业的特点和联产品加工的情况，选择最合适的方法，使联产品的成本计算尽可能做到既准确合理，又简便易行。

七、副产品的成本计算

副产品（byproduct）是指使用同种原料，在生产主要产品的同时，附带生产出来的非主要产品。例如，制皂生产过程中附带生产出来的甘油，在原油的加工过程中产生的渣油、石油焦等。副产品虽然不是企业的主要产品，但也能满足一定的社会需要，具有一定的经济价值，因而也应该对其进行成本核算。

副产品成本计算就是要确定副产品应负担的分离点前的联合成本。但是，副产品成本计算与联产品成本计算不同，这是因为副产品是随主要产品生产而附带出来的，其价值较低，因而，副产品的成本计算一般不像联产品那么复杂。通常只要将副产品按一定标准计价，从分离前的联合成本中扣除。

副产品在分离后，可以作为成品直接销售，也可以进一步加工后再出售。副产品的成本计价将由于这两种不同的情况而不同。

（一）无须进一步加工的副产品的计价

1. 价值较低的副产品

对于分离后不再加工的副产品，如果价值不大的话，可以将其销售收入直接作为其他收益处理。也就是说，在这种方法下，副产品不负担分离前的联合成本，副产品的销售也不影响主产品的成本。

采用这种方法，手续简单、方便。但是由于副产品不计价，不负担分离前的联合成本，这样就会影响主产品的成本的正确性。

2. 价值较高的副产品

如果副产品价值较高，应该以其销售价格作为依据，一般是以销售价格扣除税金和销售费用后，作为副产品的应负担成本从联合成本中减除。副产品的成本可以从原材料成本项目中一笔扣除，也可以按比例从各成本项目中减除。

[例5-6] 某厂生产出甲、乙联产品的同时，生产出丙副产品，假定本期共发生费用600 000元，其中原材料500 000元，直接人工100 000元。丙副产品产量为3 000件，单位售价为20元，单位税金5元，单位销售费用为3元。假定副产品成本按比例从各成本项目中减除，则成本分摊情况如表5-7所示。

表5-7 副产品成本计算表

202×年9月   金额单位：元

成本项目	总成本	丙副产品应负担成本	甲乙主要产品应负担成本
原材料	500 000	30 000	470 000
直接人工	100 000	6 000	94 000
合计	600 000	36 000	564 000

丙副产品应扣成本 = (20−5−3)×3 000

　　　　　　　　　 = 36 000（元）

这种方法比前一种有所提高，至少它揭示主产品的产品成本的净额。但是与联产品的销售价值分配法相同，这个方法也有不足之处。最主要的就是当市价大幅度地波动时，副产品的价值和成本将大受影响，随之又影响主产品成本的正确程度。

（二）需要进一步加工的副产品的计价

在许多情况下，由于市场销路、利润高低等各种原因，副产品在分离点并不直接出售，而是在做进一步加工后再出售。对于这一类副产品，其成本计价也可以有两种不同的方法。

1. 副产品只负担可归属成本

用这种方法对副产品的成本计价，副产品不负担分离点前发生的任何成本，而只把分离后进一步加工的成本，作为该副产品的成本。很明显，这个方法简便、易行、实用，但是它低估了副产品的成本，高估了主产品的成本。

2. 副产品既负担可归属成本，也负担分离点前的联合成本

这种方法下联合成本的分摊，可采用如前所述的方法，按销售价格扣除费用和税金后的价值减去进一步加工后的价值比例来分摊。下面举例说明：

[**例 5-7**] 继续上例的资料，现假定丙副产品在分离后还需进一步加工，其加工成本为每单位 4 元。则：

丙副产品应负担成本 = (20−5−3−4)×3 000

　　　　　　　　　　 = 24 000（元）

副产品应负担的成本如表 5-8 所示。

表 5-8　副产品成本计算表

202×年 9 月　　　　　　　　　　　　　　　　　　金额单位：元

成本项目	总成本	丙副产品应负担成本	甲乙主要产品应负担成本
原材料	500 000	20 000	480 000
直接人工	100 000	4 000	96 000
合计	600 000	24 000	576 000

与无须进一步加工的副产品计价的方法基本相同，只是丙副产品的应负担成本数量从 36 000 元降到 24 000 元。因为扣除了丙副产品进一步加工的成本数。

这种方法也受销售价格的影响。当价格波动较大时，可能会影响成本计算的正确性。为了弥补这一不足，在售价波动较大时，也可按固定价格或以计划成本计价。

八、等级品的成本核算

原则上不同等级的产品成本不应有所区别，在特殊情况下不同等级的产品可以有不同的成本。

（一）等级品的含义

等级品（grade products）是指使用同一种原材料，经过同一生产过程生产出来的品种相同但质量上有差别的产品。各等级品由于质量高低不同，单价也不同。如针织厂生产的棉毛衫等内衣可以分为一级、二级、三级。等级品与联产品、副产品以及副次产品是不同的概念，其区别在于等级品是同一品种不同质量的产品，联产品、副产品则是不同品种的产品。等级品是合格品，而副次产品是指等级以下的产品，是非合格品。

（二）等级品的成本计算

等级品的成本计算方法，应按不同企业的具体情况来确定。如果等级品的产生，是由于操作不善、技术不熟练等生产经营管理原因所造成的，但这时各等级品内部结构相同，使用的原材料相同，经过的工艺操作过程也相同，因而它们的单位成本也理应相同。这样，次级产品由于售价较低而引起的损失，正好说明企业生产和管理上存在的缺陷，从而促使企业不断改善生产经营管理，提高产品质量。举例如下：

[**例 5-8**] 某电子元件厂制造电感器，本期共生产 80 000 只，其中 A 级 50 000 只，B 级 20 000 只，C 级 8 000 只，D 级 2 000 只。其售价分别为 20 元、15 元、12 元和 10 元，本期全部联合成本为 900 000 元。按实物数量的比例分配成本如表 5-9 所示。

表 5-9   等级品成本计算表

202×年 9 月

产品等级	产量（只）	比例	各产品应负担成本（元）	单位成本（元）
A	50 000	0.625	562 500	11.25
B	20 000	0.250	225 000	11.25
C	8 000	0.100	90 000	11.25
D	2 000	0.025	22 500	11.25
合计	80 000	1.000	900 000	—

如果等级品是由于目前生产技术水平、原材料质量或工艺技术上的原因而形成，该等级品的质量差别较大、售价差别较大，这时不能对各等级品确定相同的成本，一般是以单位售价的比例定出系数，按系数的比例来分配各等级品应分摊的联合成本。

[**例 5-9**] 继续按照上例的资料，假定其等级品产生的原因来自工艺技术上的局限，按单位售价比例定出系数后分摊成本如表 5-10 所示。

表 5-10   等级品成本计算表

202×年 9 月

产品等级	产量（只）	单位售价（元）	系数	相对产量（只）	相对比例	各产品应负担成本（元）	单位成本（元）
A	50 000	20	1	50 000	0.706 2	635 580	12.71
B	20 000	15	0.75	15 000	0.211 9	190 710	9.54

产品等级	产量（只）	单位售价（元）	系数	相对产量（只）	相对比例	各产品应负担成本（元）	单位成本（元）
C	8 000	12	0.6	4 800	0.067 8	61 020	7.63
D	2 000	10	0.5	1 000	0.014 1	12 690	6.35
合计	80 000	—	—	70 800	1.000 0	900 000	—

至于副次产品，原则上应作为废品处理。这就是说，副次产品应与合格品同样计算成本，然后在"生产成本——基本生产成本"账户将副次产品成本转入"废品损失"栏目。副次产品销售收入作为残值回收，在废品损失中冲减。实际工作中，也有将副次产品按等级品处理的。

九、Menmory Manufacturing 公司联合成本分配的案例分析[①]

（一）Menmory Manufacturing 公司的基本资料

Menmory Manufacturing 公司（简称 MM 公司）为计算机行业生产各种配套内存模块。该公司内存模块产品的生产包括两个基本工艺流程：一是内存芯片的制造与测试，二是模块的组装与测试。

在内存芯片制造与测试工序中，投入的原材料是硅片，经过一个由 200 多道操作过程组成的加工程序，每批投入的硅片生产出两种规格的芯片。根据芯片的存储容量（芯片上的存储单位数目）和存储速度（到达存储单位需要的时间）分为标准芯片和高档芯片。由于两种芯片是在同一生产过程中生产出来的，因此每种内存芯片的成本是不可识别的，每批芯片的加工联合成本为 260 000 元。

在模块的组装与测试阶段，每批芯片中的标准芯片以 80 000 元的单独可识别成本转化为标准内存模块，而每批芯片中的高档芯片以 120 000 元的单独可识别成本转化为高档内存模块。表 5-11 给出了一批标准芯片和高档芯片的加工成本和价格资料。

表 5-11 芯片的加工成本和价格资料表

项 目	高档内存模块	标准内存模块
每批生产数量（单位）	450	650
每批生产的存储单位数量（兆）	420 000	160 000
每批的可分组装与测试成本（元）	120 000	80 000
每批销售价格（元）	220 000	130 000

（二）案例问题

（1）MM 公司应将标准内存模块作为联产品还是副产品进行成本核算？

（2）芯片的生产成本是内存模块的主要成本，应采用下面哪种方法计算标准芯片

---

① 该案例改编自：查尔斯·T. 亨格瑞，斯坎特·M. 达塔，乔治·福斯特. 成本与管理会计. 11 版. 王立彦，等，译. 北京：中国人民大学出版社，2004.

和高档芯片的生产成本？① 实物计量分配法（根据生产的存储单位数量）；② 可实现净值分配法；③ 系数分配法。

（3）公司正在考虑是否将每批650单位标准内存模块进一步加工成550单位具有更快读写速度的新型内存模块 DRAM，将650单位标准内存模块加工成550单位 DRAM 的附加成本是42 000元，DRAM 的单位售价预计为300元。假定公司采用实物计量分配法，根据生产的存储单位数量来分配联合成本，那么 MM 公司应生产标准内存模块还是 DRAM？

（三）案例分析

（1）从联产品和副产品的定义来看，两者的主要区别在于是否为生产过程中的主要产品。分析 MM 公司生产内存模块数量和销售价值可知，标准芯片组装成的标准内存模块是企业的主要产品之一，具有较高的经济价值，而不是高档内存模块的附属产品，因此企业将其作为联产品进行成本核算更为合理。

（2）从企业的相关成本和销售资料来看，实物量即生产的存储单位数量是可以直接获得的数据，而可实现净值分配法和系数分配法计算成本所需要的相关数据则不能直接获取，因此企业可以采用实物计量分配法对联合成本进行分配。

（3）计算成本和销售毛利率。

每批产品的联合成本 $= 260\ 000 - 120\ 000 - 80\ 000 = 60\ 000$（元）

$$联合成本分配率 = \frac{60\ 000}{420\ 000 + 160\ 000} = 0.103\ 448\ 28$$

每批高档内存模块应负担的联合成本 $= 0.103\ 448\ 28 \times 420\ 000 = 43\ 448$（元）

每批标准内存模块应负担的联合成本 $= 0.103\ 448\ 28 \times 160\ 000 = 16\ 552$（元）

每批高档内存模块总成本 $= 120\ 000 + 43\ 448 = 163\ 448$（元）

每批标准内存模块总成本 $= 80\ 000 + 16\ 552 = 96\ 552$（元）

$$标准内存模块的销售毛利率 = \frac{130\ 000 - 96\ 552}{96\ 552} \times 100\% = 34.64\%$$

每批 DRAM 的销售额 $= 550 \times 300 = 165\ 000$（元）

$$DRAM 的销售毛利率 = \frac{165\ 000 - 96\ 552 - 42\ 000}{96\ 552 + 42\ 000} \times 100\% = 19.09\%$$

从上面的计算结果可知，公司生产标准内存模块的获利能力更优。

第二节　产品成本计算的定额法

一、定额法的特点

采用前述的各种产品成本计算方法——品种法、分批法、分步法和分类法时，生产费用的日常核算都是按照生产费用的实际发生额进行的，产品的实际成本，也都是根据实际生产费用计算的。这样，生产费用和产品成本实际与定额之间的差异及其发生的原因，只有在月末通过实际资料和定额资料的对比、分析，才能得以揭示。这时，差异已经形成，属于反馈控制，不便于及时对产品成本进行事前与事中的控制和管理，不能更有效地发挥成本核算在节约费用、降低成本中的重要作用。

产品成本计算的定额法（norm costing），是为了克服上述几种成本计算方法的一些缺陷所进行的事前控制。其基本原理是以产品定额成本（norm cost）为基础，加上（或减去）脱离定额差异（difference of norm deviation）、定额变动差异（difference of norm variation）和材料成本差异（material cost variance），最后计算出产品实际成本的方法。

采用定额法计算产品成本，实际成本的计算公式如下：

$$实际成本 = 定额成本 \pm 脱离定额差异 \pm 定额变动差异 \pm 材料成本差异 \qquad (5-7)$$

定额法的主要特点有：

（一）　事前制定产品的消耗定额、费用定额和定额成本

定额法与产品成本计算的品种法、分批法、分步法和分类法不同，它是以产品的定额成本为基础来计算产品的实际成本的。采用定额法计算产品成本，企业必须事前制定产品的各项消耗定额和费用定额，并以现行消耗定额和费用定额为依据，制定产品的定额成本，作为降低产品成本、节约费用支出的目标。

（二）　在生产费用发生时，将符合定额的费用和脱离定额的差异分别核算

采用定额法，在生产费用发生的当时，就应当对符合定额的费用和脱离定额的差异分别进行核算，以及时揭示实际生产费用脱离定额的差异，加强生产费用和产品成本的日常核算、分析和控制。

（三）　月末，在定额成本的基础上，加减各种成本差异得到实际成本

定额法下，完工产品的实际成本，是以完工产品的定额成本为基础，加上或减去完工产品应负担的脱离定额差异、定额变动差异和材料成本差异等成本差异而得出的。

二、定额法成本计算的程序

定额法成本计算的一般程序如下。

（1）制定定额成本。采用定额法，首先应当根据企业现行消耗定额和费用定额，按照企业的成本计算对象和确定的成本项目，分别制定对应的定额成本。为了便于进行成本分析和考核，定额成本包括的成本项目和计算方法，应当与计划成本、实际成本包括的成本项目和计算方法一致。

（2）按产品成本对象设置生产成本明细账。按成本项目设置"月初在产品成本""本月生产费用""生产费用合计""本月产成品成本"和"月末在产品成本"等专栏，各栏又分为"定额成本""脱离定额差异""定额变动差异"和"材料成本差异"各小栏。若月初定额有变动，还应加设"月初在产品定额成本变动"栏，并将其分为"定额成本调整"和"定额变动差异"两栏。

（3）按照成本项目，按定额成本和定额差异分项汇总本月发生的生产费用。

（4）登记各产品成本明细账。产品成本明细账中的月初在产品成本可以根据上月成本明细账中的月末在产品各栏目登记，若当月修订定额，应调整月初在产品的定额成本，计算月初定额变动。本月生产费用各栏可根据各费用分配明细账登记。

（5）在生产成本明细账中计算生产费用合计数。将"月初在产品成本""月初在产品定额成本变动"和"本月生产费用"各栏的数字分别按照定额成本、脱离定额变动差异和定额变动加计，计算出总额记入"生产费用合计"栏内。

（6）在完工产品和月末在产品之间分配成本差异。月末，企业应当将月初结转和本月发生的脱离定额差异、材料成本差异和定额变动差异分别汇总，按照企业确定的成本计算方法，在完工产品和月末在产品之间进行分配。为了简化工作，材料成本差异和定额变动差异可以全部由完工产品成本负担，月末在产品只分摊脱离定额差异。

（7）计算完工产品的实际总成本和单位成本。以本月完工产品的定额成本为基础，加上或减去各项成本差异，计算出完工产品的实际总成本；完工总成本除以总产量，即为完工产品的实际单位成本。

（8）成本核算人员应将成本核算、分析及改进建议报告有关负责人，由责任人对成本控制做出评价。

三、定额成本及各种差异的计算

（一）定额成本的制定

采用定额法，必须制定单位产品的消耗定额、费用定额，并据以制定单位产品的定额成本。产品定额成本的制定过程，也是对产品成本进行事前控制的过程。确定后的产品消耗定额、费用定额和定额成本，既是对生产耗费、生产费用进行事中控制的依据，又是月末计算产品实际成本的基础，也是进行产品成本事后分析和考核的标准。

1. 各项定额成本的形成

原材料费用定额＝产品原材料消耗定额×原材料计划单价

＝本月投产量×单位产品原材料消耗定额×原材料计划单价

（5-8）

生产工资费用定额＝产品生产工时定额×生产工资计划单价

＝约当产量×单位产品生产工时定额×生产工资计划单价

（5-9）

其他费用定额＝产品生产工时定额×其他费用计划单价

＝约当产量×单位产品生产工时定额×其他费用计划单价（5-10）

其中，生产工资计划单价，就是计划每小时工资额或计划的生产工资分配率，亦称计划工资率；其他费用是指制造费用等，这些费用通常按生产工时比例分配计入产品成本，因而其计划的费用分配率，简称计划费用率。上述各项费用的合计数即为单位产品的定额成本。

2. 产品定额成本的计算程序

不同的工业部门由于产品的生产工艺过程不同，产品定额成本的计算程序也不尽相同。下面以机械工业企业的产品为例来说明定额成本的计算程序。

机械产品通常由零件和部件组成，如果产品的零部件不多，一般先计算零件定额成本，然后再汇总计算部件和产成品的定额成本；如果产品的零部件较多，为了简化成本计算工作，也可以不计算零件定额成本，而直接根据所有零件的原材料消耗定额、工序计划和工时消耗定额，以及原材料计划单价、计划的工资率和其他费用率，计算部件定额成本，然后汇总计算产成品定额成本。产品的定额成本一般由企业的计划、技术和会计等部门共同制定。

[例5-10] 假定某种产品的零部件较多，只计算编制零件定额卡、部件定额成本计算表和产品定额成本计算表。其格式如表5-12、表5-13和表5-14所示。

表5-12　零件定额卡

零件编号：1879　　　　　　　零件名称：×××　　　　　　　202×年9月

材料编号	材料名称	计量单位	材料消耗定额
5011	×××	千克	5
工序	工时定额	累计工时定额	
1	2	2	
2	1	3	
3	3	6	
4	2.5	8.5	
5	3.5	12	

表5-13　部件定额成本计算表

部件编号：8012　　　　　　　部件名称：×××　　　　　　　202×年9月

零件编号	零件数量（个）	材料定额						金额合计（元）	工时定额（小时）
		1101			1102				
		数量（千克）	计划单价（元/千克）	金额（元）	数量（千克）	计划单价（元/千克）	金额（元）		
210	3	15	4	60				60	20
212	2				10	5	50	50	15
装配									5
合计				60			50	110	40

定额成本项目					定额成本合计（元）
原材料	工资及福利费		制造费用		
	计划工资率	金额（元）	计划费用率	金额（元）	
110	0.8	32	3	120	262

表5-14　产品定额成本计算表

产品编号：673　　　　　　　产品名称：×××　　　　　　　202×年9月

部件编号	所用部件数量（个）	材料费用定额		工时定额	
		部件	产品	部件	产品
8600	2	60	120	30	60
8601	3	50	150	40	120

续表

部件编号	所用部件数量（个）	材料费用定额		工时定额	
		部件	产品	部件	产品
装配					20
合计			270		200

产品定额成本项目					产品定额成本合计数（元）
原材料	工资及福利费		制造费用		
	每小时定额	金额（元）	每小时定额	金额（元）	
270	3	600	5	1 000	1 870

在实际工作中，由于定额成本修订的工作量比较大，降低消耗定额往往又存在一些困难，因而有的企业在制定定额成本以后，很难根据变化了的生产技术和工艺水平及时修订，致使定额成本脱离实际，不能很好地发挥应有的作用。但随着会计电算化的普及，成本定额修订工作中大量烦琐的计算可由计算机完成，这一问题在一定程度上得到了解决。

（二）脱离定额差异的计算

脱离定额差异是各项生产费用的实际支出脱离现行定额或预算的数额。要加强生产耗费的日常控制，必须进行脱离定额差异的日常核算，及时分析差异发生的原因，明确差异的责任，并及时地采取措施进行处理：属于实际消耗中存在的浪费和损失等问题的，应制止发生或防止以后再次发生；属于定额脱离实际的，应按规定调整、修订定额。这样做，就能将生产耗费控制在既先进又切实可行的定额范围之内，节约生产耗费、降低产品成本。因此，及时、正确地核算和分析生产费用脱离定额的差异，控制生产费用支出，是定额法的重要内容。为此，在发生生产费用时，应该为符合定额的费用和脱离定额的差异，分车间和产品品种，按成本项目编制定额凭证和差异凭证，并在有关费用分配表和明细分类账中分别予以登记。为了防止生产费用超支，避免浪费和损失，差异凭证填制后，还必须按照规定办理审批手续，并且尽可能将脱离定额差异的日常核算同车间或班组的经济核算结合起来，依靠广大职工群众管好生产耗费，不断降低产品成本。

脱离定额差异主要包括原材料脱离定额差异、直接人工费用脱离定额差异和制造费用脱离定额差异。

1. 原材料脱离定额差异的计算

原材料脱离定额差异的计算方法，一般有以下三种，即限额法、切割核算法和盘存法。

（1）限额法。限额法也称材料凭证限额法，又称差异凭证法，它通过实行限额领料（或定额发料）制度，来反映原材料在生产过程中的使用情况。在这种制度下，凡符合定额的原材料应根据限额领料单（或定额发料单）等定额凭证领发。如果增加产品产量，需要增加用料，必须办理追加限额手续，然后根据定额凭证领发。

限额领料单的限额就是定额消耗量。限额领料单所列未领用材料的余额，即是原材料脱离定额的节约差异；超定额领料单上所列原材料的数额，就是原材料脱离定额的超支差异。在每批生产任务完成后，如果有已领未用的材料，则应填制退料单，办理退料手续，退料单应视为差异凭证，退料单所列示的材料数量，是原材料脱离定额的节约差异。

　　[例5-11] 限额领料单规定的产品数量为400件，每件材料的消耗定额为4千克，则领料限额为1 600（400×4）千克。假定实际领料1 550千克，其领料差异为少领50千克。如果实际耗用材料的产品数量（投产的产品数量）与限额领料单规定的产品数量一致，也是400件，而且，车间没有期初和期末余料，或者期初和期末余料数量相等，在这种情况下，领料限额1 600千克就是材料的定额消耗量，其领料差异或少领50千克就是用料脱离定额的节约差异。但是，在实际工作中，投产的产品数量不一定等于限额领料单规定的产品数量，车间往往有期初和期末余料，而且，期初和期末余料的数量一般不相等。因此，限额领料单规定的领料限额不一定就是原材料的定额消耗量，两者的差异不一定就是用料脱离定额差异。现假定本期投产的产品数量为360件，小于规定的产品数量，车间期初余料为90千克，期末余料为120千克，则原材料定额消耗量、原材料实际消耗量和原材料脱离定额差异为：

　　　　原材料定额消耗量＝产品投产数量×原材料消耗定额

　　　　　　　　　　＝360×4＝1 440（千克）

　　　　原材料实际消耗量＝本期领料数量＋期初余料数量－期末余料数量

　　　　　　　　　　＝1 550＋90－120＝1 520（千克）

　　　　原材料脱离定额差异＝原材料实际消耗量－原材料定额消耗量

　　　　　　　　　　＝1 520－1 440＝80（千克）

　　（2）切割核算法。对于经过切割才能使用的材料（如板材、棒材等），可以采用切割核算法，通过材料切割核算，了解用料差异、控制用料。这种核算单应按切割的批别开立，单中应填明发交材料的种类、消耗定额和应切割材料的毛坯数量，切割后还要填明实际割成的毛坯数量和材料的实际消耗量。用实际割成毛坯的数量乘以单位定额耗用量，可算出实际产量的材料定额耗用总量，用来与材料的实际消耗量比较，就可以确定材料脱离定额差异。材料切割核算单的格式如表5-15所示。

表5-15　材料切割核算单

材料编号：2101　　　　　　　　　　产品名称：×××　　　　　　　　　202×年9月

产品名称：乙产品　　　　　　　　　　　　　　　　　材料计划单位成本：8元

切割工人：李×　　　　　发送切割日期：202×年9月3日　　完成日期：202×年9月10日

发料数量	退回余料数量		材料实际消耗量		废料收回数量
360	20		340		8
单件消耗定额	单位回收废料定额	应割成毛坯数量	实际割成毛坯数量	材料定额消耗量	废料定额回收量
6	0.1	60	55	330	5.5

续表

材料脱离定额差异		废料脱离定额差异			差异原因	过失人
数量	金额	数量	单价	金额	技术不熟练	李×
+10	80 元	−2.5	3 元	−7.5 元		

采用材料切割核算单进行材料切割的核算，可以及时反映和控制材料的耗用情况。如果条件具备，材料切割的核算也可以与车间或班组的经济核算结合起来，由相关的经济核算员负责。

[例 5-12] 某企业本月投产乙产品 600 件，单位产品 B 材料消耗定额为 30 千克，每千克计划单位成本 5 元，超额领料单本月登记数量为 200 千克。乙产品的 B 材料定额差异计算如下：

乙产品 B 材料定额成本 = 600×30×5 = 90 000（元）

乙产品 B 材料脱离定额差异 = 200×5 = 1 000（元）

（3）盘存法。在连续投料、企业不能按批别划分的大量生产中，按批计算材料的脱离定额差异会有困难，这时需要用盘存的方法来进行核算。采用这种方法，即按一定的间隔日数（如按工作日、按周或按旬），按车间或生产班组，对生产中的余存材料进行盘点，根据盘点确定的材料结存额，算出每批材料的实际耗用量，与定额耗用量相比较就可以计算出直接材料脱离定额的差异。需要说明的是，投产的产品数量与完工的产品数量不同，原材料的定额消耗量不应该根据本期完工产品数量乘以原材料消耗定额计算，而应根据本期投产的产品数量乘以原材料消耗定额计算。

[例 5-13] 某企业生产乙产品耗用 C 材料。乙产品期初在产品 60 件，本期完工产品 1 200 件，期末在产品 160 件。原材料在生产开始一次投入，乙产品的原材料消耗定额为每件 3 千克，原材料的计划单价为 12 元。限额领料单中载明的本期已实际领料数量为 3 800 千克。车间期初余料为 80 千克，期末余料为 30 千克。根据有关数据可以计算得出：

投入的产品数量 = 1 200+160−60 = 1 300（件）

原材料定额消耗量 = 1 300×3 = 3 900（千克）

原材料实际消耗量 = 3 800+80−30 = 3 850（千克）

原材料脱离定额差异（数量）= 3 850−3 900 = −50（千克）（节约）

原材料脱离定额差异（金额）= −50×12 = −600（元）（节约）

2. 直接人工费用脱离定额差异的计算

直接人工费用脱离定额差异也称生产工资脱离定额差异，其计算方法因采用工资形式的不同而有所不同，现按计件工资和计时工资分别说明如下：

在计件工资形式下，直接人工费用属于直接费用，其脱离定额差异的计算与原材料脱离定额差异的计算类似，符合定额的直接人工费用，应该反映在产量记录中，脱离定额的差异通常反映在专设的补付单等差异凭证中。直接人工费用差异凭证也应填明原因，并应办理一定的审批手续。

在计时工资形式下，直接人工费用脱离定额的差异不能在平时按照产品直接计算，只有在月末实际生产工人工资总额确定以后，才能按照下列公式进行计算：

$$计划每小时生产工资 = \frac{某车间计划产量的定额生产工人工资总额}{该车间计划产量的定额生产工时总数} \quad (5-11)$$

$$实际每小时生产工资 = \frac{某车间实际生产工人工资总额}{该车间实际生产工时总数} \quad (5-12)$$

$$该产品定额生产工资 = 该产品实际完成定额生产工时 \times 计划每小时生产工资 \quad (5-13)$$

$$该产品实际生产工资 = 该产品实际生产工时 \times 实际每小时生产工资 \quad (5-14)$$

$$该产品直接人工费用脱离定额的差异 = 该产品实际生产工资 - 该产品定额生产工资 \quad (5-15)$$

从上述的计算公式可以看出，要降低单位产品的计时工资，必须降低单位小时的生产工资或单位产品的生产工时。

[**例 5-14**] 某企业生产乙产品，每工时产量定额为 5 件，本月约当产量为 1 800 件，计划每工时人工费为 4 元，实际人工费为 1 500 元。其直接人工费用脱离定额差异计算如下。

资料显示，每工时产量定额为 5 件，可知每件产量的定额工时为 0.2 小时，所以：

乙产品定额生产工时 = 1 800×0.2 = 360（小时）

乙产品定额工资 = 360×4 = 1 440（元）

乙产品直接人工费用脱离定额差异 = 1 500-1 440 = 60（元）

3. 制造费用脱离定额差异的计算

制造费用通常属于间接费用，在日常核算中一般不能在费用发生时就直接按产品确定其脱离定额的差异。只能根据预先制定各产品的定额制造费用，到月末，将实际发生的制造费用分配到各产品，经比较后，才能确定各产品的制造费用脱离定额差异。

$$计划每小时制造费用 = \frac{某车间计划产量的制造费用总额}{该车间计划产量的定额生产工时总数} \quad (5-16)$$

$$实际每小时制造费用 = \frac{某车间实际制造费用总额}{该车间实际生产工时总数} \quad (5-17)$$

$$该产品定额制造费用 = 该产品实际完成定额生产工时 \times 计划每小时制造费用 \quad (5-18)$$

$$该产品实际制造费用 = 该产品实际生产工时 \times 实际每小时制造费用 \quad (5-19)$$

$$该产品制造费用脱离定额差异 = 该产品实际制造费用 - 该产品定额制造费用 \quad (5-20)$$

（三）定额变动差异的计算

定额变动差异，是指由于修订消耗定额或生产耗费的计划价格而产生的新旧定额之间的差额。它表明企业生产技术提高和生产组织改善对定额影响的程度。它是定额本身变动的结果，与生产费用支出的节约或超支无关。定额成本一般在月初、季初或年初定期进行修订，但在定额变动的月份，月初在产品的定额成本并未修订，它仍然是按照旧的定额计算的。为了将按旧定额计算的月初定额成本和按新定额计算本月投入产品的定额成本置于同一基础上，需要按新定额计算月初在产品的定额变动差异，用以调整月初在产品的定额成本。

月初在产品定额变动的差异，可以通过定额发生变动的在产品盘存数量或在产品账面结存数量和修订前后的定额消耗量，确定定额消耗量的差异和差异金额。这种计算要按照零件、部件和工序进行，工作量较大。为了简化计算工作，也可以按照单位产品采用下述系数计算的方法确定：

$$定额变动系数 = \frac{按新定额计算的单位产品费用}{按旧定额计算的单位产品费用} \qquad (5-21)$$

［例 5-15］ 某企业从 202×年 9 月 1 日起修订生产乙产品的某些零件的材料消耗定额，单位产品旧的材料消耗定额为 50 元，新的材料消耗定额为 48 元，该产品月初在产品按旧定额计算的材料定额成本为 18 000 元。则月初在产品定额变动差异计算结果如下：

定额变动系数 = 48÷50 = 0.96

月初在产品定额变动差异 = 18 000×(1-0.96)

= 720（元）

这一过程应在原材料定额成本和脱离定额差异汇总表中进行，如表 5-16 所示。

表 5-16   原材料定额成本和脱离定额差异汇总表

产品名称：乙   202×年 9 月

成本项目	旧定额（元）	新定额（元）	定额变动系数	月初在产品定额成本（元）	月初在产品定额变动差异
原材料	50	48	0.96	18 000	720
合计	50	48		18 000	720

消耗定额的修订一般表现为不断降低的趋势，因而月初在产品定额变动差异，通常表现为月初在产品价值的降低，即贬值。这时，应从上述月初在产品定额成本中扣除该项差异，并将该项差异加入本月产品成本中；相反，如果消耗定额不是降低，而是提高，则月初在产品增值的差异应加入月初在产品定额成本中，同时从本月产品成本中扣除这部分增值差异。因此，本月产品定额成本未变，即月初在产品成本与本月生产成本之和，或者说本月完工产品成本与月末在产品成本之和都不变，只是内部的表现形式有所改变，定额降低时，减少了定额成本，增加了定额变动差异；定额提高时，则反之。

（四）材料成本差异的计算

采用定额法计算产品成本，为了便于产品成本的分析和考核，原材料的日常核算必须按计划成本进行计价。其中，原材料的定额成本和脱离定额差异都按原材料的计划成本计算。前者是原材料的定额消耗量与其计划单位成本的乘积，后者是原材料的实际消耗数量差异与其计划单位成本的乘积，两者之和，就是原材料的实际消耗数量与其计划单位成本的乘积。因此，在月末计算产品实际消耗的原材料成本时，还必须计算应该分配负担的原材料成本差异，即所耗原材料的价格差异。其计算公式如下：

某种产品应分配的成本差异 =（该原材料定额成本±原材料脱离定额差异）
$$×原材料成本差异率 \quad (5-22)$$
产品实际成本 =（产品定额成本±原材料脱离定额差异）×原材料或半成品成本差异率
$$(5-23)$$

[例 5-16] 某企业生产乙产品所耗原材料定额成本为 16 000 元，材料脱离定额差异为超支 2 000 元，原材料的材料成本差异率为节约 2%。则该产品应负担的材料成本差异为：

材料成本差异 =（16 000+2 000）×（-2%）= -360（元）

耗用材料的实际成本 = 16 000+2 000-360 = 17 640（元）

对于上述计算所得的脱离定额差异、定额变动差异以及材料成本差异，月末应在完工产品和在产品之间按照定额成本的比例进行分配。其计算公式如下：

$$差异分配率 = \frac{月初在产品差异 + 本期发生差异}{完工产品定额成本 + 月末在产品定额成本} ×100\% \quad (5-24)$$

$$完工产品应负担的差异 = 完工产品定额成本 × 差异分配率 \quad (5-25)$$

$$月末在产品应负担的差异 = 月末在产品定额成本 × 差异分配率 \quad (5-26)$$

如果各种差异数额不大，或者差异虽然较大但各月在产品数量比较均衡，则月末在产品可按定额成本计价，即不负担差异，差异全部由产成品负担。

四、定额法举例

根据上述对定额法原理的基本介绍，现举例说明在定额法下产品成本的计算。

[例 5-17] 某企业是大量、大批生产的机械企业，定额管理制度比较健全、稳定，该企业采用定额法计算产品成本。

1. 计算相关的资料

（1）产品定额成本计算表如表 5-17 所示。

表 5-17　产品定额成本计算表

产品名称：丙　　　　　　　　　　202×年 1 月　　　　　　　　　　金额单位：元

材料名称	计量单位	材料消耗定额	计划单价	材料费用定额
×××	千克	60	10	600

工时定额	直接人工		制造费用		产品定额成本合计
	工资率	金额	费用率	金额	
40	3	120	3.5	140	860

该产品材料在生产开始时一次投入。由于外部环境的影响，于 202×年 6 月对材料消耗定额进行修订，原材料消耗定额为 60 千克，材料定额费用为 576 元。计算 202×年 7 月丙产品成本。

（2）月初在产品定额成本和脱离定额差异如表 5-18 所示。

表 5-18   月初在产品定额成本和脱离定额差异

产品名称：丙   202×年 7 月   金额单位：元

成本项目	定额成本	脱离定额差异
直接材料	6 000	−300
直接人工	600	+50
制造费用	700	+80
合 计	7 300	−170

（3）本月生产量和生产费用。丙产品月初在产品 10 件，本月投产 50 件，本月完工 48 件，月末在产品 12 件；月初、月末在产品完工程度均为 50%。本月投入定额工时为 1 960（48×40+12×50%×40−10×50%×40＝1 960）小时。

根据限额领料单，原材料实际领用 2 800 千克，金额为 28 000 元，材料成本差异率为+4%，实际生产工人工资为 6 235 元，实际制造费用为 6 380 元。

2. 产品成本的计算

（1）本月定额成本和脱离定额差异汇总表如表 5-19 所示。

表 5-19   定额成本和脱离定额差异汇总表

产品名称：丙   202×年 7 月   金额单位：元

成本项目	定额成本	实际费用	脱离定额差异
直接材料	28 800	28 000	−800
直接人工	5 880	6 235	+355
制造费用	6 860	6 380	−480
合 计	41 540	40 615	−925

其中：

直接材料定额成本＝50×576＝28 800（元）

直接人工定额成本＝1 960×3＝5 880（元）

制造费用定额费用＝1 960×3.5＝6 860（元）

（2）材料成本差异的计算。

丙产品材料成本差异＝（28 800−800）×4%＝+1 120（元）

（3）月初定额变动差异的计算。

丙产品定额变动系数＝$\dfrac{576}{600}$＝0.96

月初定额变动差异＝6 000×（1−0.96）＝240（元）

（4）编制产品成本计算表，如表 5-20 所示。

表 5-20　产品成本计算表

产品名称：丙　　　　　　　　　　202×年7月　　　　　　　　　金额单位：元

成本项目		直接材料	直接人工	制造费用	合计
月初在产品成本	定额成本	6 000	600	700	7 300
	脱离定额差异	−300	+50	+80	−170
月初在产品定额变动	定额成本调整	−240			−240
	定额变动差异	+240			+240
本月生产费用	定额成本	28 800	5 880	6 860	41 540
	脱离定额差异	−800	+355	−480	−925
	材料成本差异	+1 120			+1 120
生产费用合计	定额成本	34 560	6 480	7 560	48 600
	脱离定额差异	−1 100	+405	−400	−1 095
	材料成本差异	+1 120			+1 120
	定额变动差异	+240			+240
脱离定额差异分配率		−3.18%	+6.25%	−5.29%	
产成品成本	定额成本	27 648	5 760	6 720	40 128
	脱离定额差异	−880	+360	−355.56	−875.56
	材料成本差异	+1 120			+1 120
	定额变动差异	+240			+240
	实际成本	28 128	6 120	6 364.44	40 612.44
月末在产品成本	定额成本	6 912	720	840	8 472
	脱离定额差异	−220	+45	−44.44	−219.44

编制结转完工产品成本的会计分录如下：

借：库存商品——丙产品　　　　　　　　　　　　　　　　　　　40 612.44

　　贷：生产成本——丙产品　　　　　　　　　　　　　　　　　　40 612.44

生产费用合计中的直接材料定额成本，根据月初在产品直接材料定额成本加定额成本调整（本例题中为−240元）加本月定额成本计算；直接人工和制造费用，根据月初在产品直接人工、制造费用定额成本加本月定额成本计算。脱离定额差异分配率的计算和产成品、月末在产品应分配脱离定额差异的计算公式如下：

$$\text{脱离定额差异分配率} = \frac{\text{脱离定额差异数总额}}{\text{完工产品定额成本} + \text{月末在产品定额成本}} \times 100\% \qquad (5\text{-}27)$$

例题中丙产品本月产成品定额成本为40 128元，实际成本为40 612.44元，成本超支484.44元。从各种成本差异看，并非全部是不利因素。其中，脱离定额差异为节约875.56元，这是生产节约，是车间工作的成绩；材料成本差异为超支1 120元，主要是由于材料价格上涨，这是客观原因所致而不是车间工作的原因；定额变动差异为超支240元，是月初在产品修订定额降低消耗定额的结果，是车间前一段时期改进生产技术、节约原材料消耗的成绩。这三种成本差异的代数和就是本月产成品成本净超出的 484.44 元。上述分析，还可按照各个成本项目分别进行，这有利于定期考核成本计划的完成情况，寻求降低产品成本的途径。

五、定额法的优缺点、适用范围和应用条件

综上所述，定额法是将产品成本的定额工作、核算工作和分析工作有机地结合起来，将事前、事中、事后反映和监督融为一体的一种产品成本计算方法和成本管理制度。

定额法的优点如下：

（1）通过对生产耗费与生产费用脱离定额（或计划）的差异的日常核算，能够在各耗费和费用发生的当时反映和监督脱离定额（或计划）的差异，加强成本控制，从而及时、有效地加强节约生产耗费工作，降低产品成本。

（2）由于产品实际生产成本是按照定额成本和各种成本差异分别反映的，因而便于进行产品生产成本的定期分析，有利于进一步挖掘降低产品生产成本的潜力。

（3）通过对脱离定额差异和定额变动差异的核算，有利于提高产品生产成本的定额管理和计划管理工作水平。

（4）由于有着现成的定额成本资料，因而能够比较合理和简便地解决完工产品和月末在产品之间分配费用的问题。

定额法的缺点是：由于要制定定额成本，单独计算脱离定额的差异，在定额变动时还要修订定额成本，计算定额变动差异，因而核算的工作量较大。

为了充分发挥定额法的作用，并且简化核算工作，采用定额法必须具备一定的条件：① 定额管理工作的基础比较好，定额管理制度比较健全；② 产品的生产已经定型，各项消耗定额比较准确、稳定。

应当指出的是，由于大批大量生产比较容易具备这些条件，因而定额法最早应用在大批大量生产的机械制造企业中，以后才逐渐应用到具备上述条件的其他企业中。并且，定额法不是为了解决产品成本计算的对象问题而产生的，因此定额法不可单独应用，而必须与成本计算的品种法、分批法或分步法等结合起来应用。

第三节   标准成本法

一、标准成本法概述

20 世纪 20 年代，标准成本法（standard costing）在泰勒（Frederick Winslow Taylor）的生产过程标准化思想影响下形成。标准成本法是泰勒科学管理思想在成本会计中的体现，在第二次世界大战后逐步成为一种较为普遍使用的成本核算和控制的方法。我国财政部发布的《管理会计应用指引》明确把标准成本法列为当前企业的成本管理工具之一。具体来说，标准成本法，首先运用技术测定等科学方法根据产品的标准耗费和耗费的标准价格预先制定标准成本，然后将这个标准成本与生产过程的实际成本进行比较，并核算和分析二者的成本差异。这个成本差异成为一种重要的"信号"，可以让企业管理人员了解和明确差异形成的原因和责任，以便采取相应的

措施，使生产经营中的各种不正常的、低效能的因素及时被消除，避免各种不利差异的再次出现。因此，标准成本法既是一种产品成本计算方法，也是加强成本控制、评价经营业绩的一种成本控制制度。

但是，必须指出的是，标准成本法并不是单独的成本核算方法，它可以与其他成本计算方法结合使用，例如，可以与分批法相结合，也可以与分步法相结合。在实务中与分步法结合的情况较多，因为在采用分步法进行成本核算的企业中，制定标准成本更为现实。

由于标准成本法的核心是按照标准成本记录和反映产品成本的形成过程和结果，并借以实现对成本的控制，为此，它通常包括以下基本程序。

（1）制定标准成本。单位产品标准成本的制定，是标准成本计算和成本控制的起点和基础。单位产品的标准成本通常是按照某产品在生产各阶段耗费的直接材料、直接人工和制造费用等项目制定各成本项目的标准成本，然后将各成本项目的标准成本相加。可用公式表示如下：

$$单位产品标准成本＝直接材料标准成本＋直接人工标准成本＋制造费用标准成本$$

$$（5-28）$$

（2）按标准成本进行产品成本核算。其计算过程可用公式表示如下：

$$某种产品的标准成本＝产品的实际产量×单位产品标准成本 \qquad （5-29）$$

（3）确定成本差异。计算各成本项目实际成本与标准成本的各种成本差异，并设立各种成本差异账户进行归集，以便用来控制和考核产品成本。在各个成本差异账户中，借方登记超支差异，贷方登记节约差异。可用公式表示如下：

$$成本差异＝实际成本-标准成本 \qquad （5-30）$$

实际成本大于标准成本的差异为超支，亦称为不利差异或借差；实际成本小于标准成本的差异为节约，亦称为有利差异或贷差。

（4）成本反馈。成本差异的情况要及时反馈到有关部门，便于挖掘潜力，提出降低成本的措施或修订标准成本的建议。

上述标准成本法的程序是个有机的整体，各程序之间的关系密不可分。它们之间的相互联系如图5-3所示。

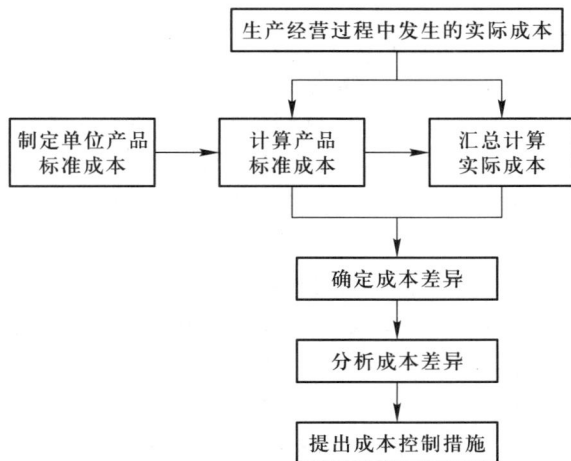

图 5-3　标准成本法的基本程序图

二、标准成本的种类

标准成本是企业为开展一项业务活动或达到一项具体目标而发生的预算开支，它是企业完成某项任务发生的花费的期望。因此，企业在生产服务过程中的不同期望水平形成不同的标准成本类型。

（一）理想标准成本

理想标准成本（ideal standard cost）是企业现有技术、设备和经营管理水平处于最优状态的最低成本水平。这里"最优状态"是指在没有任何资源浪费、没有任何设备故障的基础上，企业具备最理想的生产要素耗费、最理想的生产要素价格和最高的生产经营能力利用程度的状态。因此，理想标准成本通常具有前瞻性。但是，考虑到企业在现实中会存在不可避免的合理损耗、设备故障以及人工闲置等因素的影响，理想标准成本是不易实现的。

（二）正常标准成本

正常标准成本（normal standard cost）是根据正常的生产技术水平、经营管理条件和耗费水平制定的目标成本。它是企业过去较长时间内所达到的平均水平，是在实际工作中经过努力可以达到的水平，又被称为可达到标准成本（attainable standard cost）。但该标准成本是根据过去经验估计的，不一定能反映目前的实际水平，若把它用于评价各个时期的业绩，可能不符合实际，难以达到有效控制成本的目的。

（三）现实标准成本

现实标准成本（practical standard cost）是指在正常标准成本基础上考虑到目前的实际情况而制定的目标成本。它是根据合理的耗用量、合理的费用耗用水平和合理的生产能力利用程度制定的切合实际的一种标准成本。这种标准成本是通过努力能够切实可行的标准成本。标准成本法下的标准成本是指现实标准成本。

三、标准成本的作用

标准成本对于指导和控制企业的日常经济活动意义重大，并已得到了广泛的应用，其主要作用体现如下。

（1）便于厘清各成本中心的责任。企业可以把标准成本按成本中心划分为一、二、三级，而三级成本已划到车间、作业区这一级。这样，三级成本中心也能揭示出相应的标准成本差异。因此消除了吃大锅饭的现象，明确了成本中心的责任。进一步，产品标准成本的制定，包括标准价格和标准数量，也是分别按照成本项目来确定的。因而可以具体反映出每个成本项目实际脱离标准差异的责任归属，从而更好地划清各部门的责任。

（2）便于成本控制和业绩评价。通过制定各项成本项目的标准成本，可以在事前对各种消耗和费用的发生起到一定的限制作用；在成本形成过程中，可以按照标准成本控制支出，随时揭示实际发生的成本与标准成本之间的差异，及时抑制浪费以达到降低成本的目的；在产品形成以后，通过分析差异产生的原因，采取适当措施，可以为未来降低成本指明方向。标准成本法还为企业经营活动和业绩评价提供基础。偏离标准的差异应被严格地当作更好理解经营过程和改进经营活动的一种投入或代价。组织行为学研究表明，成功的经营活动通常缘于适当的激励。使用标准成本法能通过积极的加压和恰当的激励来影响员工的行为。

（3）有利于提高企业决策的准确性和有效性。标准成本法提供的成本信息具有一致性和及时性的特点，消除了生产中的低效率和偶发因素对成本的影响。实施标准成本管理，产品的标准成本可以随时提供，以标准成本作为定价等决策的基础，从而有利于企业决策者及时地做出正确的决策。在传统的成本管理中，产品的实际成本一般只能在期末提供，这就干扰了决策者的决策。

（4）可使会计工作得到简化。在标准成本法下，存货和销售成本都是按照标准成本计量的，日常不需核算完工产品和在产品等的实际成本，可以减少会计的日常工作量，从而提高会计和财务工作效率，提高了会计信息的及时性。

但也要指出的是，管理者和员工对采用标准成本法的态度会影响这种方法的效果。不合理的标准成本的采用、标准成本制定的非公开性或专断的控制程序、缺乏沟通、太大的压力及不公平的奖励制度都可能会带来消极的态度。抱有消极态度的管理者或员工会感到沮丧，并且可能会出现防范、无故缺工、热情降低等情况。

四、标准成本的制定

（一）标准成本的制定方法

企业有很多途径和方法来制定标准成本，常见的有：历史数据分析法、工程技术测算法、作业分析法、同行企业的标准。

1. 历史数据分析法

制造类似产品的历史数据是确定一项经营活动的标准成本的捷径。在成熟的生产过程，企业已经积累了大量的生产经验，历史成本可为预测未来成本提供基础。通过仔细分析产品的历史数据，管理者可以确定营业活动的适当标准。但是，尽管历史成本数据在制定成本标准时具有相关性，但是企业管理者也要警惕过度依赖历史数据。即使产品在制造过程中的细微变动，也可能导致与历史成本数据几乎完全不同。同时，过度依赖历史标准会导致带有偏见性，并会继续过去的低效率。此外，有些新产品往往没有制定标准成本所需的历史数据，新产品标准成本的制定一般需要获取新的成本信息。

2. 工程技术测算法

工程技术测算法是指根据机器设备、生产技术的先进程度和技术指标，对产品生产过程的投入产出比例进行估计从而计算出标准成本的方法。这种方法的理论依据是产品成本的高低与机器设备及生产技术的技术指标有密切的关系。一般来说，先进的机器设备和生产工艺可以降低产品的单位成本。

3. 作业分析法

作业分析是指对完成一项作业或业务活动所需的作业进行分析，以确定应花费多少。其重点是从研究产品过去发生多少成本转移到未来应花费多少。一项完整的作业分析包括有效完成此项任务所需的所有因素和作业活动。作业分析需要来自不同职能部门人员的参与，包括产品技术人员、设计人员、财务人员和生产工人等。

通过适当地进行作业分析，能提供确定标准成本相关的精确资料。但作业分析会耗费大量的人力、物力和财力。

4. 同行企业的标准

企业以同一行业内与本企业的经营活动相关或类似的其他企业的标准或实际数据，作为确定本企业标准的依据。但是，近年来，世界级企业在选择标准时并不满足于利用同一行业企业的标准，而是采用任何企业的最佳业绩作为标准。这有利于企业在全球激烈竞争的环境中保持竞争优势。企业定期检验其标准和实际执行的情况，并与全球最好的业绩进行比较，能使公司在经营上比竞争对手有压倒性优势。但是，企业也要注意其他行业的这些企业标准有可能不完全适用于本企业的特定经营环境。

企业在实际制定标准成本时，通常会综合运用历史数据分析法、工程技术测算法、作业分析法、同行企业的标准等，而不是仅仅采用其中一种方法。例如，企业只有生产流程的某一步骤发生技术变化时，管理层和技术员工一起为技术发生改变的生产步骤制定新的成本标准，然后财务人员采用耗费较少的历史数据分析法更新生产过程其他步骤的成本标准，最后得出该产品的总成本。并且，标准成本的制定是企业多方参与和努力的结果，包括企业管理层、产品设计部门、财务人员、生产技术人员、采购部门、人事部门以及受标准影响的其他相关方。

（二）标准成本的具体制定

由前述章节的内容可知，产品的生产成本包括在生产中耗用的直接材料、直接人工和制造费用三大部分，因此，产品的标准成本的制定也是按照直接材料、直接人工和制造费用三大项分别进行的。标准成本的制定模式是标准"数量"乘以标准"价格"而得到的。

1. 直接材料标准成本的制定

直接材料的标准成本等于直接材料标准数量和直接材料标准价格之积。其中，直接材料标准数量是以正常生产条件下生产产品所必须耗用的材料数量确定的，包括形成产品实体的材料数量和在正常范围内允许发生的损耗及不可避免的废品所耗费的材料数量。同时，直接材料数量应以技术分析为基础，按产品所需的各种材料分别计算。

直接材料标准价格的确定相对困难，因为材料价格受多种因素的影响。通常，直接材料标准价格是在最有利的市场条件下企业取得某种材料所应支付的单位材料价格，包含买价和采购费用。

在此基础上，直接材料的标准成本可用如下公式确定：

$$直接材料标准成本 = 直接材料标准数量 \times 直接材料标准价格 \qquad (5-31)$$

直接材料标准成本的制定不仅要关注直接材料的数量和价格，而且也要重视直接材料的质量。因为直接材料的质量一般会影响生产过程中所需要直接材料的数量和价格。因此，需要在生产部门、技术部门等有关部门事先确定产品直接材料的质量后，再考虑直接材料的数量和价格问题。

[**例5-18**] 假定某制造企业生产乙产品耗用 A、B、C 三种直接材料，其直接材料标准成本计算如表 5-21 所示。

表 5-21 乙产品直接材料标准成本计算表

标准	材料 A	材料 B	材料 C
标准数量（千克）	4	8	10
标准价格（元）	50	20	35
成本价格（元）	200	160	350
单位产品直接材料标准成本（元）	710		

2. 直接人工标准成本的制定

企业在制定产品直接人工标准成本时，首先要对产品生产流程包含哪些过程、哪些作业或操作工序等进行分析，再考虑企业的工资形式、制度，然后结合实际情况来制定标准成本。

直接人工标准数量是指正常生产产品所需要的直接人工小时。在确定直接人工的标准数量时应考虑有关工种、产品的复杂程度、工人的技能水平、制造过程的性质、使用设备的类型与条件等因素，甚至有时还要考虑生产过程中的必要间歇或停工时间。考虑这些因素时也需要多个相关部门的参与，例如，产品的设计部门、工程部门、技术部门、工会、人事部门和财务部门。

直接人工标准价格即标准工资率，由人事部门根据用工情况制定。在不同工资制度下，标准工资率有不同的表现形式：当采用计件工资制时，标准工资率就是标准计件单价；采用计时工资制时，标准工资率就是单位工时标准工资率。其计算公式为：

$$单位工时标准工资率 = \frac{标准工资总额}{标准总工时} \quad (5-32)$$

因此，直接人工标准成本通过如下公式确定：

$$直接人工标准成本 = 标准工时 \times 标准工资率 \quad (5-33)$$

[例 5-19] 续上例，对该企业乙产品直接人工标准成本计算如表 5-22 所示。

表 5-22 乙产品直接人工标准成本计算表

项目	标准
月标准总工时（1）	16 000 小时
月标准总工资（2）	160 000 元
标准工资率（3）=（2）÷（1）	10 元/小时
单位产品标准工时（4）	1.5 小时
直接人工标准成本（5）=（4）×（3）	15 元

3. 制造费用标准成本的制定

企业的直接材料和直接人工与某项具体生产过程直接相关联，企业可以直接计算出投入的标准成本。但是制造费用的发生与生产过程没有直接联系，所以企业不能直接确定制造费用的标准，而是通过编制制造费用预算作为控制制造费用的标准。一般而言，企业的制造费用预算按照固定制造费用和变动制造费用两部分分别编制。因此相应的制造费用标准分配率计算公式为：

$$固定制造费用标准分配率 = \frac{固定制造费用预算}{标准总工时} \quad (5-34)$$

$$变动制造费用标准分配率 = \frac{变动制造费用预算}{标准总工时} \quad (5-35)$$

制造费用标准数量即工时用量标准，与上述直接人工标准工时的制定相同。制造费用标准成本可由单位产品的标准工时与相应的标准分配率的乘积求得，其计算公式为：

$$固定制造费用标准成本 = 标准工时 \times 固定制造费用标准分配率 \quad (5-36)$$

$$变动制造费用标准成本 = 标准工时 \times 变动制造费用标准分配率 \quad (5-37)$$

[**例 5-20**] 续上例，对该企业乙产品制造费用标准成本计算如表 5-23 所示。

表 5-23   乙产品制造费用标准成本计算表

项目	标准
月标准总工时（1）	16 000 小时
变动制造费用预算（2）	64 000 元
变动制造费用标准分配率（3）=（2）÷（1）	4 元/小时
单位产品标准工时（4）	1.5 小时
变动制造费用标准成本（5）=（4）×（3）	6 元
固定制造费用预算（6）	192 000 元
固定制造费用标准分配率（7）=（6）÷（1）	12 元/小时
固定制造费用标准成本（8）=（4）×（7）	18 元
单位产品制造费用标准成本（9）=（5）+（8）	24 元

4. 标准成本计算单

有了上述各项标准成本以后，企业通常要为每一种产品设置一个标准成本计算单，并在该计算单中分别列示各项成本的标准价格和标准数量，通过直接汇总的方法得出单位产品的标准成本，如表 5-24 所示。

表 5-24   乙产品标准成本计算单

成本项目		标准数量	标准价格	单位标准成本
直接材料	A	4 千克	50 元	200 元
	B	8 千克	20 元	160 元
	C	10 千克	35 元	350 元
	合计			710 元
直接人工		1.5 小时	10 元	15 元
变动制造费用		1.5 小时	4 元	6 元
固定制造费用		1.5 小时	12 元	18 元
乙产品单位标准成本				749 元

五、标准成本差异的计算与分析

成本的日常控制是指成本形成过程中通过对实际发生的各项成本和费用进行控制和监督，以保证原定的目标成本得以实现的管理活动。日常经济活动中往往由于种种原因，使得实际发生的成本数额与预定的标准成本出现差额，这种差额就叫成本差异。实际成本低于标准成本所形成的差异为节约差异，也称为有利差异，表示成本节约，用负数表示（或 F 表示）；实际成本高于标准成本的差异为超支差异，也称为不利差异或逆差，表示成本超支，用正数表示（或 U 表示）。由于标准成本由数量和价格两个基本因素计算得出，因而差异的分析也是从数量和价格两个因素入手进行，也具体分为直接材料成本差异、直接人工成本差异和制造费用成本差异三部分。制造费用成本差异又按形成原因不同，进一步分为变动制造费用成本差异和固定制造费用成本差异。

（一）直接材料成本差异的计算与分析

直接材料成本差异是一定作业水平的直接材料的实际成本与其标准成本之间的差额。

$$直接材料成本差异 = 直接材料实际成本 - 直接材料标准成本 \qquad (5-38)$$
$$= 实际数量 \times 实际价格 - 标准数量 \times 标准价格$$

由于直接材料成本是材料价格与材料数量之积，因此直接材料成本差异是由直接材料价格差异和直接材料数量差异构成的。

1. 直接材料数量差异

直接材料数量差异（material usage variance）是指由于直接材料实际用量与其标准用量的差异而导致的直接材料成本差异。其计算公式为：

$$直接材料数量差异 = （材料实际数量 - 材料标准数量）\times 材料标准价格 \qquad (5-39)$$

直接材料数量差异表明企业生产过程中已使用的直接材料与经营活动应该使用的材料数量不同。出现直接材料数量差异可能是由于生产工人的努力程度不够，监管不力，工人缺乏训练或经验，员工技术操作水平和责任心的变化，不同材料或其他生产要素之间的替代，材料质量的改变，产品设计、工艺和加工设备的更新，等等。直接材料数量差异主要是在生产过程中形成的，生产监工常处于最佳影响位置。生产监工通过严格监督和对员工的有效激励可以将材料浪费降到最低程度。此外，技术人员对材料的数量差异负有部分责任，因为他们决定材料和零部件的等级和技术限制等。

2. 直接材料价格差异

直接材料价格差异（material price variance）是指直接材料实际价格与其标准价格的差异而导致的直接材料成本差异。其计算公式为：

$$直接材料价格差异 = （材料实际价格 - 材料标准价格）\times 材料实际数量 \qquad (5-40)$$

直接材料价格差异是在采购过程形成的，与生产过程无关。直接材料价格差异形成的原因有主观原因和客观原因。例如，供应单位和供应价格发生变动、材料运输方式和运输路线发生变动、材料采购批量发生变动、材料质量发生变化和使用替代材料等，都可能导致材料的价格差异。但由于它与采购部门的工作情况关系更为密切，所以主要责任部门是采购部门。

需要指出的是，直接材料的数量差异和价格差异存在相互作用，加大了确认特定责任的难度。例如，采购部门以较低的价格购入较差的材料，这会导致直接材料价格差异为有利差异。但是，生产部门使用这种材料可能会产生废品、工序中断或再加工等，使生产用料高于预期的标准用料，从而在生产过程发生不利的直接材料数量差异。

[例5-21] 假设前例中，该企业本月投产乙产品 9 000 件，领用 A 材料 42 000 千克，其实际价格为每千克 45 元。根据该产品标准成本计算单所列示，该产品 A 材料的标准数量为 4 千克，标准价格为 50 元。其直接材料成本差异计算如下：

直接材料实际成本 = 42 000×45 = 1 890 000（元）

直接材料标准成本 = 9 000×4×50 = 1 800 000（元）

直接材料成本差异 = 1 890 000 - 1 800 000 = +90 000（元）

其中：

材料数量差异 =（42 000 - 9 000×4）×50 = +300 000（元）

材料价格差异 =（45 - 50）×42 000 = -210 000（元）

通过以上计算，可以发现，乙产品本月耗用 A 材料发生 90 000 元超支。由于生产部门耗用材料超过标准，导致超支 300 000 元，应该查明材料用量超标的具体原因，以便节省材料耗费。但就价格而言，材料价格降低节约了 210 000 元，从而抵消了一部分由于材料超标耗用形成的成本超支。

3. 直接材料的多种类型

产品制造过程经常涉及多种材料。在这种情况下，就需要对每种材料计算直接材料的数量差异和价格差异，再汇总得到数量差异总额和价格差异总额，如表 5-25 所示。

表 5-25 丁产品耗费多种直接材料的数量差异和价格差异计算

金额单位：元

项目	数量差异	价格差异
直接材料 A	600（节约）	250（超支）
直接材料 B	300（超支）	400（节约）
直接材料 C	400（超支）	100（超支）
差异总额	100（超支）	50（节约）

在我国企业中，按一定比例混合使用多种材料的情况下，有时将材料的数量差异又分为结构差异和产出差异。材料标准成本按预定的比例计算，如果实际的混合比例与预定的混合比例不同，就会产生差异，这种差异称为材料结构差异，也就是耗用材料品种结构所引起的差异。实际混合材料投入后的产出量与预定的混合材料投入后的产出量的差异叫材料产出差异。材料的结构差异和材料的产出差异均为材料数量差异的表现形式。

$$材料数量差异 = 材料结构差异 + 材料产出差异 \qquad (5-41)$$

材料结构差异 =（用实际混合比例计算的平均标准价格 - 用预定混合比例计算的

平均标准价格）×实际数量　　　　　　　　　　　　　　　（5-42）

材料产出差异＝（实际产出的实际用量-实际产出的标准用量）×用预定混合比例

计算的平均标准价格　　　　　　　　　　　　　　　　（5-43）

价格差异＝（用实际混合比例计算的平均实际价格-用实际混合比例计算的平均

标准价格）×实际数量　　　　　　　　　　　　　　　　（5-44）

下面举例进行说明具体如何计算。

[例5-22] 假设某企业生产丁产品，其单位产品预定材料混合成本资料如表5-26所示，该企业本月投入A材料1 200千克，B材料800千克，实际产量为400件。

表5-26　丁产品耗费直接材料的资料

材料名称	预定数量（千克）	标准价格（元）	实际价格（元）
材料A	2	17	20
材料B	2	14	12
合计	4		

用预定混合比例计算的平均标准价格 $=\dfrac{17\times2+14\times2}{2+2}=15.5$（元）

用实际混合比例计算的平均标准价格 $=\dfrac{17\times1\ 200+14\times800}{1\ 200+800}=15.8$（元）

用实际混合比例计算的平均实际价格 $=\dfrac{20\times1\ 200+12\times800}{1\ 200+800}=16.8$（元）

材料结构差异＝（15.8-15.5）×（1 200+800）＝600（元）

材料产出差异＝[（1 200+800）-400×4]×15.5＝6 200（元）

价格差异＝（16.8-15.8）×（1 200+800）＝2 000（元）

（二）直接人工成本差异的计算与分析

直接人工成本差异是指产品的直接人工实际成本与标准成本之间的差额。其计算公式如下：

直接人工成本差异＝实际工资-标准工资

＝实际人工工时×实际小时工资率-标准人工工时×

标准工资率　　　　　　　　　　　　　　（5-45）

其中，标准人工工时为单位产品工时耗用标准数量×产品的实际产量。

直接人工成本是直接人工工资率与直接人工工时耗用数量之积。因此，直接人工成本差异包括直接人工效率差异和直接人工工资率差异。

1. 直接人工效率差异

直接人工效率差异（labor efficiency variance）是直接人工的用量差异，因为在既定产量下人工用量的多少反映着效率的高低。其计算公式为：

直接人工效率差异＝（实际人工工时-标准人工工时）×标准工资率　　（5-46）

直接人工效率差异缘于新来工作的或缺乏严格训练的工人或监工，批量规模与标准规模有异，机器设备的运转情况，作业计划安排的合理性，企业劳动组织和人员配备情况，工人的技术熟练程度和责任感，监管到位情况，工具配备情况，材料的质量、规格和供应的及时性，等等。

直接人工效率差异一般由生产部门负责，但也可能有一部分由其他部门负责。应按差异产生的具体原因，划清差异的责任归属。

2. 直接人工工资率差异

直接人工工资率差异（labor rate variance）即直接人工的价格差异。人工的价格表现为小时工资率。其计算公式为：

$$直接人工工资率差异 = （实际工资率 - 标准工资率）\times 实际人工工时\quad （5-47）$$

直接人工工资率一般缘于企业工资的调整，工资等级的变更，对工人安排和使用的变化，工人的技术等级，等等。企业的人事部门通常对直接人工工资率差异负责。但是差异的具体原因也会涉及生产部门或其他部门，需要具体问题具体分析。例如，生产部门选择雇用超过标准成本计算单中规定的高技能的员工。

[例5-23] 续[例5-21]，该企业本月乙产品实际用工 11 000 小时，实际应付直接人工工资 115 500 元。根据乙产品标准成本计算单列示，该产品标准工时为 1.5 小时，标准工资率为 10 元/小时，标准工资为 15 元。其直接人工成本差异计算如下：

直接人工成本差异 = 115 500 - 9 000×15 = -19 500 （元）

其中：

直接人工效率差异 = （11 000 - 9 000×1.5）×10 = -25 000 （元）

$$直接人工工资率差异 = \left(\frac{115\ 500}{11\ 000} - 10\right) \times 11\ 000 = +5\ 500 \ （元）$$

通过以上计算可以看出，该产品的直接人工成本总体上节约 19 500 元。其中直接人工效率差异为节约 25 000 元，但直接人工工资率差异为超支 5 500 元。工资率超过标准，可能是为了提高产品质量，调用了高技能和工资级别较高的工人，使小时工资率增加了 0.5（115 500÷11 000-10）元。这会提高企业产品的质量，同时也会提高人工效率，使工时的耗用由标准的 13 500（即 9 000×1.5）小时降为 11 000 小时，节约工时为 2 500 小时，从而导致了最终的成本节约。可见生产部门在生产组织上的成绩在一定程度上是值得肯定的。

3. 直接人工的多种类型

在实际生产中，一种产品的生产可能要由不同工资等级的工人来完成，而不同工资等级的工人的小时工资率是不同的。这就需要对每种人工计算工资率差异和效率差异，再汇总得到工资率差异和效率差异总额。如表 5-27 所示。

表 5-27   丁产品耗费多类型直接人工的效率差异和工资率差异计算

金额单位：元

项目	效率差异	工资率差异
C 级人工	600（节约）	400（超支）
D 级人工	700（超支）	600（超支）
差异总额	100（超支）	1 000（超支）

在我国企业中，对于生产中涉及多种类型的直接人工的情况，可以将直接人工的效率差异分为人工结构差异和人工产出差异。人工结构差异是指在一定的总工时中，不同等级的人工完成的工时所占比重的变动而产生的差异。人工产出差异是指实际混合工时投入后的产出量与预定的混合工时投入的产出量的差异。

人工结构差异＝(用实际混合比例计算的平均标准工资率－用预定混合比例计算的
平均标准工资率)×实际工时　　　　　　　　　　　　　　　　　　　(5－48)

人工产出差异＝(实际产出的实际工时－实际产出的标准工时)×用预定混合比例
计算的平均标准工资率　　　　　　　　　　　　　　　　　　　　(5－49)

工资率差异＝(用实际混合比例计算的平均实际工资率－用实际混合比例计算的平
均标准工资率)×实际工时　　　　　　　　　　　　　　　　　　　(5－50)

[**例 5-24**] 假定某企业生产丁产品，本期实际生产 45 件，单件丁产品的直接人工标准成本如表 5-28 所示。已知 A 级工人和 B 级工人实际发生的工时分别为 240 小时和 260 小时，A 级工人和 B 级工人实际小时工资率分别为 10 元/小时和 8 元/小时。

表 5-28　丁产品耗费直接人工的资料

工人等级	单位产品的标准工时	标准工资率	标准人工成本
A 级工人	6 小时	12 元/小时	72 元
B 级工人	4 小时	10 元/小时	40 元

$$用预定混合比例计算的平均标准工资率 = \frac{12×6+10×4}{6+4} = 11.2（元）$$

$$用实际混合比例计算的平均标准工资率 = \frac{12×240+10×260}{240+260} = 10.96（元）$$

$$用实际混合比例计算的平均实际工资率 = \frac{10×240+8×260}{240+260} = 8.96（元）$$

人工结构差异＝(10.96－11.2)×(240＋260)＝－120（元）

人工产出差异＝[(240＋260)－(6×45＋4×45)]×11.2＝560（元）

工资率差异＝(8.96－10.96)×(240＋260)＝－1 000（元）

(三)　变动制造费用成本差异的计算与分析

变动制造费用成本差异由效率差异和耗费差异两部分组成。

1. 效率差异

变动制造费用效率差异即变动制造费用的用量差异，它是因实际耗用工时脱离标准而导致的成本差异。其计算公式为：

变动制造费用效率差异＝(实际工时－标准工时)×变动制造费用标准分配率
(5－51)

公式中的工时既可以是人工工时，也可以是机器工时，这取决于变动制造费用的分配方法；公式中的标准工时是指实际产量下的标准总工时。

变动制造费用效率差异是由实际使用的机器加工时间（或直接人工工时）与标准的机器加工时间（或直接人工工时）的不同引起的。变动制造费用效率差异与用电量、间接材料等变动制造费用项目的使用效率无关。

2. 耗费差异

变动制造费用耗费差异即变动制造费用的价格差异，它是因变动制造费用或工时的实际耗费脱离标准而导致的成本差异，也称变动制造费用分配率差异。其计算公式为：

$$变动制造费用耗费差异＝（变动制造费用实际分配率－变动制造费用标准分配率）×实际工时 \tag{5-52}$$

变动制造费用耗费差异是变动制造费用开支额或工时耗费发生变动的情况下出现的成本差异，其责任往往在于发生费用的部门。

[例 5-25] 续 [例 5-23]，该企业本月乙产品实际发生变动制造费用 49 500 元，根据该产品标准成本计算单，其标准工时为 1.5 小时，变动制造费用标准分配率为每小时 4 元。其变动制造费用成本差异计算如下：

变动制造费用成本差异＝49 500－9 000×1.5×4＝－4 500（元）

其中：

变动制造费用效率差异＝（11 000－9 000×1.5）×4＝－10 000（元）

$$变动制造费用耗费差异＝\left(\frac{49\ 500}{11\ 000}-4\right)×11\ 000＝+5\ 500（元）$$

通过以上计算可以看出，该产品制造费用节约 4 500 元，主要是提高效率，工时由 13 500（即 9 000×1.5）小时降为 11 000 小时的结果。由于费用分配率由 4 元提高为 4.5（即 49 500÷11 000）元，使变动制造费用发生超支，从而抵消了部分变动制造费用节约额。

（四）固定制造费用成本差异的计算与分析

固定制造费用成本差异是实际固定制造费用与实际产量标准固定制造费用的差异。其计算公式为：

$$\begin{aligned}固定制造费用成本差异＝&实际固定制造费用－实际产量标准固定制造费用\\＝&实际固定制造费用－实际产量×标准工时×\\&标准费用分配率\\＝&实际固定制造费用－实际产量标准工时×\\&标准费用分配率\end{aligned} \tag{5-53}$$

公式中的成本差异是在实际产量基础上计算得出的。由于固定制造费用相对固定，一般不受产量影响，因此，产量变动会对单位产品成本中的固定制造费用发生影响；当产量增加时，单位产品应负担的固定制造费用会减少；当产量减少时，单位产品应负担的固定制造费用会增加。这就是说，实际产量与设计生产能力规定的产量和计划产量的差异会对产品应负担的固定制造费用产生影响。也正是这个原因，固定制造费用成本差异的分析方法与其他费用成本差异的分析方法有所不同，通常有两差异分析法和三差异分析法。

1. 两差异分析法

两差异分析法将固定制造费用成本差异分为耗费差异和能量差异。固定制造费用耗费差异是指实际固定制造费用与计划（也称预算）固定制造费用之间的差异。计划固定制造费用是按计划产量和标准工时、标准费用分配率事前确定的固定制造费用。这种成本差异的计算公式为：

固定制造费用耗费差异 = 实际固定制造费用 - 计划固定制造费用

= 实际固定制造费用 - 计划产量×标准工时× 标准费用分配率

= 实际固定制造费用 - 计划产量标准工时× 标准费用分配率

$$(5-54)$$

固定制造费用能量差异是指由设计或计划的生产能力利用程度的差异产生的成本差异，也就是实际产量标准工时脱离设计或计划产量标准工时而导致的差异。其计算公式为：

固定制造费用能量差异 = (计划产量标准工时 - 实际产量标准工时)× 标准费用分配率

$$(5-55)$$

[**例 5-26**] 续 [例 5-25]，假定该企业乙产品的计划产量为 10 500 件，实际固定制造费用为 200 000 元。根据前例该产品标准成本计算单所列示，标准工时为 1.5 小时，标准费用分配率为 12 元。其固定制造费用成本差异计划如下：

固定制造费用成本差异 = 200 000 - 9 000×1.5×12 = +38 000 （元）

其中：

固定制造费用耗费差异 = 200 000 - 10 500×1.5×12 = +11 000 （元）

固定制造费用能量差异 = (10 500×1.5 - 9 000×1.5)×12 = +27 000 （元）

通过以上计算可以看出，该企业乙产品的固定制造费用超支 38 000 元，主要是由于生产能力利用不足，实际产量小于计划产量所致。固定制造费用超支，不论是耗费差异还是能量差异，一般均应由有关管理部门负责。

两差异分析法较为简单。该计算公式体现：两差异分析法没有反映和分析生产效率对固定制造费用成本差异的影响。计算能量差异时，使用的都是标准工时，它说明的是按标准工时反映的生产能力利用情况。如果实际产量标准工时和计划产量标准工时一致，则能量差异为零。但是，实际产量的实际工时可能与其标准工时存在差异，而生产能力的实际利用情况更取决于实际工时而非标准工时。实际工时与标准工时之间的差异，属于效率高低的问题。因此，固定制造费用成本差异的分析更多地采用将能量差异划分为能力差异和效率差异的三差异分析法。

2. 三差异分析法

三差异分析法将固定制造费用的成本差异区分为耗费差异、能力差异和效率差异三种成本差异。其中耗费差异与两差异分析法相同，其计算公式仍然为：

固定制造费用耗费差异 = 实际固定制造费用 - 计划固定制造费用

= 实际固定制造费用 - 计划产量×标准工时× 标准费用分配率

= 实际固定制造费用 - 计划产量标准工时× 标准费用分配率

$$(5-56)$$

同时，将两差异分析法中的能量差异进一步划分为能力差异和效率差异。能力差异是指实际产量实际工时脱离计划产量标准工时而引起的生产能力利用程度差异而导致的成本差异。其计算公式为：

$$固定制造费用能力差异 = (计划产量标准工时 - 实际产量实际工时) \times$$
$$标准费用分配率 \qquad (5-57)$$

效率差异是指因生产效率差异导致的实际工时脱离标准工时而产生的成本差异。其计算公式如下：

$$固定制造费用效率差异 = (实际产量实际工时 - 实际产量标准工时) \times$$
$$标准费用分配率 \qquad (5-58)$$

［例5-27］利用［例5-26］中乙产品的有关资料，计算固定制造费用成本差异如下：

固定制造费用成本差异 = 200 000 - 9 000 × 1.5 × 12 = +38 000（元）

其中：

固定制造费用耗费差异 = 200 000 - 10 500 × 1.5 × 12 = +11 000（元）

固定制造费用能力差异 = (10 500 × 1.5 - 11 000) × 12 = +57 000（元）

固定制造费用效率差异 = (11 000 - 9 000 × 1.5) × 12 = -30 000（元）

六、标准成本法的账务处理

（一）标准成本法的账户设置

在采用标准成本法的企业中，为了能够提供标准成本、成本差异和实际成本的信息，一般要增加设置以下成本差异账户，即"直接材料数量差异""直接材料价格差异""直接人工效率差异""直接人工工资率差异""变动制造费用效率差异""变动制造费用耗费差异""固定制造费用耗费差异""固定制造费用能量差异"账户，如果固定制造费用成本差异采用三差异分析法进行分析，把"固定制造费用能量差异"账户改设为"固定制造费用能力差异""固定制造费用效率差异"两个账户。

一般而言，成本差异账户的借方登记超支差异，贷方登记节约差异。

（二）成本差异的账务处理

1. 成本差异归集的账务处理

在发生各种成本差异时，对于超支差异，应借记各该成本差异科目，贷记有关科目；对于各种节约差异，应借记有关科目，贷记各该成本差异科目。对应的成本、费用则按标准成本登记。

现将前例企业本月乙产品的各种成本差异归集并编制会计分录如下：

（1）借：基本生产成本——乙产品　　　　　　　　　　　　　1 800 000
　　　　　直接材料数量差异　　　　　　　　　　　　　　　　300 000
　　　　贷：直接材料价格差异　　　　　　　　　　　　　　　　210 000
　　　　　　原材料　　　　　　　　　　　　　　　　　　　　1 890 000

记入"基本生产成本"账户借方的直接成本1 800 000（即1 890 000 - 300 000 + 210 000）元，为乙产品耗用材料的实际成本减去超支差异、加上节约差异而算出的标准成本。与此类似，以下会计分录中的"制造费用"账户也按标准成本登记。

（2）借：基本生产成本——乙产品　　　　　　　　　　　　　135 000

直接人工工资率差异		5 500
贷：直接人工效率差异		25 000
应付职工薪酬		115 500

其中，直接人工标准成本 135 000＝9 000×10×1.5 元。

（3）借：制造费用　　　　　　　　　　　　　　　　54 000
　　　　变动制造费用耗费差异　　　　　　　　　　　5 500
　　　　　贷：变动制造费用效率差异　　　　　　　　　　10 000
　　　　　　　原材料、应付职工薪酬等科目　　　　　　49 500

其中，变动制造费用标准成本 54 000＝9 000×1.5×4 元。

（4）借：制造费用　　　　　　　　　　　　　　　　162 000
　　　　固定制造费用耗费差异　　　　　　　　　　　11 000
　　　　固定制造费用能力差异　　　　　　　　　　　57 000
　　　　　贷：固定制造费用效率差异　　　　　　　　　　30 000
　　　　　　　原材料、应付职工薪酬等科目　　　　　　200 000

其中，固定制造费用标准成本 162 000＝9 000×1.5×12 元。

2. 成本差异期末结转的账务处理

月末对本月发生的各种成本差异可以按直接处理法、分摊处理法、年末集中处理法或分项处理法进行处理。

（1）直接处理法。直接处理法是指将本月发生的各种差异全部计入销售成本、本月损益的一种处理方法。此方法的根据在于：本月成本差异体现本月成本控制的业绩，应在本月利润中予以反映。

假定该企业本月只发生上列第（1）—（4）项会计分录所示的各项成本差异，月末应编制结转成本差异的会计分录如下：

借：主营业务成本　　　　　　　　　　　　　　　　104 000
　　直接材料价格差异　　　　　　　　　　　　　　210 000
　　直接人工效率差异　　　　　　　　　　　　　　25 000
　　变动制造费用效率差异　　　　　　　　　　　　10 000
　　固定制造费用效率差异　　　　　　　　　　　　30 000
　　　贷：直接材料数量差异　　　　　　　　　　　　　300 000
　　　　　直接人工工资率差异　　　　　　　　　　　　5 500
　　　　　变动制造费用耗费差异　　　　　　　　　　　5 500
　　　　　固定制造费用耗费差异　　　　　　　　　　　11 000
　　　　　固定制造费用能力差异　　　　　　　　　　　57 000

通过上列结转分录，月末各成本差异账户均无余额，本月主营业务成本负担了本月全部成本差异；若把主营业务成本转入"本年利润"账户以后，本月成本差异就全部计入本月损益。这种方法核算工作比较简便，并使本月经营成果与当月成本控制的业绩直接挂钩，因此，采用标准成本法的企业大多采用这种方法。但当成本标准过于陈旧或实际成本水平波动幅度过大时，就会因为成本差异额过大而导致当月利润的扭曲，同时会使在产品和产成品等存货成本信息出现人为主观的虚假陈述。

（2）分摊处理法。分摊处理法是把本月各种成本差异按标准成本的比例在月末存货和本月销货之间分摊，从而将存货成本和销货成本调整为实际成本的一种差异处理方法。该方法强调成本差异的产生与存货、销货都有关系，不能只由本月销货负担，应该有一部分差异随月末存货递延到下一月。

[例5-28] 假设上例企业乙产品月初在产品和产成品等存货为零，月末在产品比率为25%，产成品出售60%，则本月发生的成本差异中，应由在产品负担26 000（104 000×25%）元，由产成品负担78 000（104 000×75%）元。在产成品成本差异中，销售成本应负担46 800（78 000×60%）元，库存产成品应负担31 200（78 000×40%）元。月末，应编制分摊成本差异的会计分录如下：

借：主营业务成本　　　　　　　　　　　　　　　　　　　46 800
　　库存商品　　　　　　　　　　　　　　　　　　　　　31 200
　　基本生产成本（即在产品）　　　　　　　　　　　　　26 000
　　直接材料价格差异　　　　　　　　　　　　　　　　　210 000
　　直接人工效率差异　　　　　　　　　　　　　　　　　25 000
　　变动制造费用效率差异　　　　　　　　　　　　　　　10 000
　　固定制造费用效率差异　　　　　　　　　　　　　　　30 000
　　贷：直接材料数量差异　　　　　　　　　　　　　　　　300 000
　　　　直接人工工资率差异　　　　　　　　　　　　　　　5 500
　　　　变动制造费用耗费差异　　　　　　　　　　　　　　5 500
　　　　固定制造费用耗费差异　　　　　　　　　　　　　　11 000
　　　　固定制造费用能力差异　　　　　　　　　　　　　　57 000

在上面的会计分录中，本月销售成本、库存商品和在产品所负担的各种成本差异的合计数，仍为104 000元。这种方法可以确定产品的实际成本，但分配成本差异工作过于烦琐，一般只在总账上保留产成品和在产品（基本生产成本）应负担的成本差异总数，不在各种在产品和产成品之间分配成本差异。因此，就某一产品来说，依然只计算标准成本，不计算实际成本。

（3）年末集中处理法。这种方法是各月只归集各种成本差异，并不进行结转账务处理，待到年末才集中结转处理。年末时，如果成本差异余额不大，可以全部转入年末销售成本；如果成本差异余额较大，原则上应将差异余额按分摊处理法转入"主营业务成本""基本生产成本"和"库存商品"账户，以便把它们的年末余额由标准成本调整为实际成本。

采用年末集中处理法不仅可以简化各月结转成本差异的工作，而且各月差异正负相抵后，年末余额一般不大，可以避免各月利润因每月负担的差异而波动。但是如果年内某种成本差异累计数过大，则会在很大程度上歪曲各月财务成果。

（4）分项处理法。分项处理法是将各种成本差异按形成的原因分别处理：对数量差异按直接处理法处理，而对价格差异按分摊处理法处理。这种方法既能在一定程度上通过利润来反映当月成本控制的业绩，又可以将非主观努力可以控制的成本差异

（主要是大部分价格差异）合理地分配到有关对象。但是，分项处理法的缺点也是明显的，其处理工作过于烦琐。

七、标准成本法与定额法的异同

标准成本法与定额法相比，两者既有相同之处，也有不同之处。

（一）两者的共同点

（1）标准成本法和定额法都在事前制定目标成本，进行成本的事前控制。

（2）标准成本法和定额法都是根据目标成本而进行成本的事中控制。

（3）标准成本法和定额法都进行成本差异的事中和事后分析，并进行反馈，根据反馈的信息改进工作。例如，若发生成本差异是超支，一方面要采取相应的措施来降低实际耗费和实际成本；另一方面，需要分析发生的成本差异是否缘于标准成本、定额成本脱离实际，考虑企业是否要修订标准、定额。因此，两者都能较好地发挥对于成本的控制作用。

（二）两者的区别

1. 制定目标成本的依据不同

定额成本是按现行定额以及计划单位成本、分成本项目来制定的。与之相比，标准成本的制定比较灵活，通常有理想标准成本、正常标准成本、现实标准成本。标准成本的制定，通常也是从直接材料成本、直接人工成本和制造费用三方面着手进行。但与定额法不同的是，直接材料成本包括标准数量和标准价格两方面；直接人工成本包括标准工时和标准工资率两方面；制造费用进一步分为变动制造费用和固定制造费用两部分，都是按标准数量和标准分配率来计算的。

2. 两者的成本差异的揭示方式不同

在定额法下，脱离定额的差异是指生产过程中各项生产费用的实际支出脱离现行定额或预算的数额，这种定额法下的差异是通过每一笔领料或加工零件来揭示并通过差异凭证来反映的。例如，对于原材料脱离定额差异核算的方法通常有限额法、切割核算法和盘存法三种。因此，定额法要求会计工作做得很细致，而且工作量比较大。

标准成本法往往根据一定时期实际产量的实际耗用量和实际价格与实际产量的标准耗用量和标准价格的计算比较来揭示差异，一般没有专用的差异凭证。如材料成本差异只是通过公式计算，即直接材料成本差异＝实际价格×实际耗用量－标准价格×标准数量。标准成本法工作量相对少，但查明差异的具体原因往往还需要进一步的调查和分析。

3. 两者的成本差异的设置程度不同

定额法下的差异主要有脱离定额差异（包括原材料、直接人工费用、制造费用脱离定额的差异）、定额变动差异和材料成本差异三大类，其设置口径比较粗。在标准成本法下，其差异主要有脱离标准成本的差异这一类，具体包括直接材料成本差异（具体分为直接材料数量差异和直接材料价格差异）、直接人工成本差异（具体分为直接人工工资率差异和直接人工效率差异）、变动制造费用成本差异（具体分为变动制造费用耗费差异和变动制造费用效率差异）、固定制造费用成本差异（具体分为固定制造费用耗费差异、固定制造费用能力差异和固定制造费用效率差异）等，相对而言，其差异分类口径比较细，这样有利于发现问题和追究相关责任。

4. 两者的成本差异的账务处理不同

在定额法下，其成本差异的核算较为简单，只核算各成本项目的差异，且不是为各种成本差异单独设置会计账户，而是与定额成本在同一个成本明细账中进行核算。而在标准成本法下，要为各种成本差异专门设置许多总账进行核算，如：对材料成本差异，设置了"直接材料价格差异"和"直接材料数量差异"账户；对直接人工成本差异，设置了"直接人工效率差异"和"直接人工工资率差异"账户；对变动制造费用成本差异，设置了"变动制造费用效率差异"和"变动制造费用耗费差异"账户；对固定制造费用成本差异，设置了"固定制造费用耗费差异""固定制造费用能力差异"和"固定制造费用效率差异"账户，并相应地列示于利润表中。

5. 两者的成本差异的分配方法不同

在定额法下，要将成本差异在各种产品之间、完工产品与在产品之间进行分配。具体方法是：脱离定额的差异用定额比例法或在产品按定额成本，在完工产品和月末在产品之间进行分配。材料成本差异一般全部计入完工产品成本，定额变动差异一般按定额比例在完工产品和月末在产品之间进行分配，或在差异额较小时全部计入完工产品成本。而在标准成本法下，对各种差异分别设差异账户单独归集，在月末或年终予以处理，或者转为销售产品成本，或者直接计入损益。具体方法是：将本期的各种差异，按标准成本的比例分配给期末在产品、期末库存产成品和本期已售产品；或者将本期发生的各种差异全部计入当期损益。第二种方法比较简洁，在我国和西方国家大都采用这种方法。

6. 关于是否与变动成本法相结合

典型的标准成本法是核算各种产品的标准完全成本的。变动成本法产生后，标准成本法与变动成本法可以结合起来，把产品的标准成本划分为变动成本和固定成本两部分，这也是目前标准成本法划分成本差异较为细致的原因之一。例如，制造费用成本差异分为变动制造费用成本差异和固定制造费用成本差异。定额法一般不区分变动成本和固定成本，而核算各种产品的定额完全成本和实际完全成本。

7. 提供管理信息的详细程度和侧重点不同

在定额法下，成本按成本报表的要求划分成各成本项目，强调对材料成本的控制，而且材料数量要采用各种凭证在日常核算中揭示，例如，有限额法、切割核算法和盘存法等一套日常控制方法。其他费用是通过对比实际数和预算数求出差异。而在标准成本法下，成本必须分为变动成本和固定成本，以分清哪些责任由采购部门负责（如材料成本差异），哪些责任由车间负责（如材料数量差异），哪些责任由生产部门负责（如固定费用产量差异）等。资料详细、系统，强调全面管理，有利于各职能部门、生产车间分清责任、相互配合，有利于经济责任制的建立。

8. 提供产品成本资料不同

在定额法下，定额变动差异要分摊到产品成本中，一般都要将定额成本调整为实际成本。也就是说，定额法下提供的产品成本是实际成本资料，产成品、在产品在资产负债表中以实际成本列示。而在标准成本法下，产品的成本是按标准成本列示的，实际成本与标准成本之间的差异只对改进管理有作用。因此，标准成本法一般只计算产品的标准成本，不计算产品的实际成本，产成品、在产品在资产负债表上以标准成本列示。这是标准成本法的最主要特点，这也是标准成本法与定额法的显著性区别。也正是因为此，采用标准成本法不仅可以加强成本控制和成本分析，还在总体上简化了成本核算工作。

八、中兴制衣有限公司：标准成本法应用的案例分析[①]

（一）中兴制衣有限公司的成本资料

中兴制衣有限公司生产并销售一款男式风衣产品，产品首先销售给批发商，再由批发商销售给服装店。公司在营销、分销阶段的成本，这里暂时不予以考虑，生产成本成为企业唯一的成本，采用标准成本法进行产品生产成本控制。某年度 3 月份有关标准成本资料如下：

1. 直接材料标准成本

风衣生产耗用面料和衬里两种布料，直接材料标准成本资料如表 5-29 所示。

表 5-29　直接材料标准成本资料表

标准	面料	衬里
标准数量（1）	3 米	2.5 米
标准价格（2）	20 元/米	10 元/米
标准成本（3）=（1）×（2）	60 元	25 元
直接材料标准成本	85 元	

2. 直接人工标准成本

产品直接人工标准成本资料如表 5-30 所示。

表 5-30　直接人工标准成本资料表

项目	标准
月标准总工时（1）	12 400 小时
月标准工资总额（2）	99 200 元
标准工资率（3）=（2）÷（1）	8 元/小时
单位产量标准工时（4）	5 小时
直接人工标准成本（5）=（4）×（3）	40 元

3. 制造费用标准成本

本期制造费用标准成本资料如表 5-31 所示。

[①]　该案例来自：冯巧根 . 成本会计 . 北京：北京师范大学出版社，2007.

表 5-31 制造费用标准成本资料表

项目	标准
月标准总工时（1）	12 400 小时
变动制造费用预算总额（2）	37 200 元
固定制造费用预算总额（3）	49 600 元
变动制造费用标准分配率（4）=（2）÷（1）	3 元/小时
固定制造费用标准分配率（5）=（3）÷（1）	4 元/小时
标准工时（6）	5 小时
变动制造费用标准成本（7）=（6）×（4）	15 元
固定制造费用标准成本（8）=（6）×（5）	20 元
制造费用标准成本（9）=（7）+（8）	35 元

4. 实际成本

本月共生产该种男式风衣 2 500 件，相关实际成本资料如下：

（1）实际耗用面料 8 000 米，实际单价 19 元；实际耗用衬里 6 500 米，实际单价 10.5 元。

（2）本月生产实际耗用工时 15 000 小时，实际人工小时工资率 8.2 元/小时。

（3）本月发生变动制造费用总额 39 000 元，固定制造费用总额 58 500 元。

（二）案例问题

（1）计算单位产品标准成本及实际产量标准总成本。

（2）计算单位产品实际成本及实际产量实际总成本。

（3）计算各成本项目标准成本差异，并对差异进行分解。

（三）案例解析

（1）单位产品标准成本 = 85+40+35 = 160（元）

实际产量标准总成本 = 160×2 500 = 400 000（元）

（2）单位产品实际材料成本 = 8 000÷2 500×19+6 500÷2 500×10.5 = 88.1（元）

单位产品实际工时 = 15 000÷2 500 = 6（小时）

单位产品实际人工成本 = 8.2×6 = 49.2（元）

变动制造费用实际小时分配率 = 39 000÷15 000 = 2.6（元/小时）

固定制造费用实际小时分配率 = 58 500÷15 000 = 3.9（元/小时）

单位产品实际变动制造费用 = 2.6×6 = 15.6（元）

单位产品实际固定制造费用 = 3.9×6 = 23.4（元）

单位产品实际成本 = 88.1+49.2+15.6+23.4 = 176.3（元）

实际产量实际总成本 = 176.3×2 500 = 440 750（元）

（3）产品标准成本差异总额 = 440 750−400 000 = 40 750（元）

$$单位产品标准成本差异 = \frac{40\ 750}{2\ 500} = 16.3（元）$$

其中：

单位产品材料成本差异 = 88.1－85 = 3.1（元）

面料用量差异 = $\left(\dfrac{8\,000}{2\,500}-3\right)\times 20 = 4$（元）

面料价格差异 = （19－20）×3.2 = －3.2（元）

衬里用量差异 = $\left(\dfrac{6\,500}{2\,500}-2.5\right)\times 10 = 1$（元）

衬里价格差异 = （10.5－10）×2.6 = 1.3（元）

单位产品人工成本差异 = 49.2－40 = 9.2（元）

单位产品直接人工效率差异 = （6－5）×8 = 8（元）

单位产品直接人工工资率差异 = （8.2－8）×6 = 1.2（元）

单位产品变动制造费用效率差异 = （6－5）×3 = 3（元）

单位产品变动制造费用耗费差异 = （2.6－3）×6 = －2.4（元）

单位产品固定制造费用成本差异 = 23.4－20 = 3.4（元）

　　通过上面的差异计算和分解，可以清楚地了解到企业实际生产成本脱离标准成本的数额和原因，从而可以从材料采购、材料投入、人工工作效率、机器工时耗费等各个方面寻找降低成本的途径。在这里，标准成本法不仅是一种成本核算方法，更是企业进行成本控制的重要制度，通过差异对比分析，采取相应措施，可以降低企业成本，提高经济效益。

第四节　变动成本法

一、变动成本法概述

（一）变动成本法的理论依据

　　变动成本法由美国会计学家哈里斯（Jonathan N. Haris）于1936年首先提出，但当时变动成本法并没有受到普遍重视。第二次世界大战后，经济迅速发展，市场竞争更加激烈，企业为了在竞争中求得生存和发展，迫切要求会计部门提供更广泛、更有用的管理信息，以加强对经济活动的规划与控制，于是变动成本法得到了迅速推广，形成了一种成本计算制度，并成为企业改进经营管理、提高经济效益的重要工具。我国财政部发布的《管理会计应用指引》也明确把变动成本法列为当前企业的成本管理工具之一。

　　变动成本法（variable costing）也称变动成本计算法或直接成本法（direct costing），是指在计算产品的生产成本和存货成本时，只将产品生产过程中直接发生的变动生产成本（包括直接材料、直接人工和变动制造费用）作为产品成本内容，而将固定制造费用及非生产成本作为期间成本（period cost）的一种成本计算方法。在英国则习惯地称之为边际成本计算法（marginal costing）。

　　变动成本法与传统的完全成本法（full costing）在成本确认上有本质的区别。对于完全成本法，在计算产品生产成本和存货成本时，要把一定期间所发生的直接材料、直接人工、变动制造费用和固定制造费用全部包括在内，即产品成本包含产品制造过程所发生的全部费用（直接材料、直接人工和制造费用），因此完全成本法被称为制造成本计算法。也正因为它把变动生产成本和固定生产成本都归纳入产品成本，所以也称为吸收成本计算法（absorpting costing）。

实施变动成本法的理论依据在于体现了"费用与收益相配比"这一公认的原则，要求从企业实际情况出发，产品成本只应当包括那些构成产品实体，并随着产品产量的变动而变动的成本。这部分成本（包括直接材料、直接人工和变动制造费用等）物化于产品，具体表现为本期的销售成本和期末存货成本，只有当产品实现销售时才能与相关收入实现配比并得以补偿。因此，在变动成本法下，本期发生的产品成本得以补偿的归属期有两种：一种是以销售成本的形式记入利润表，与当期销售收入相配比；另一种是以当前的产成品或在产品存货成本形式记入期末资产负债表，可与以后期间的销售收入相配比。

固定制造费用（固定生产成本）主要是为了企业提供一定的经营条件而发生的生产成本，它与产品产量的关系并不密切，在一定范围内，产量的变动与固定制造费用的数额无关，而与会计期间密切相关。例如，厂房和机器设备的折旧、生产部门管理人员的工资等，在一定的相关范围内其费用总额不随产量的变动而变动，而同维持生产能力的时间长短成正比例。因此，在这一点上，固定制造费用与销售费用、管理费用和财务费用等非生产成本一样，只是定期地为创造和维持企业生产经营的必要条件，在其发生的当期全额计入当期损益。

若将固定制造费用计入产品成本，只要在某个会计期间内，产品的产量大于销售量时，就必然会有一部分固定生产成本保留在存货成本中，这种固定生产成本"盘存化"会带来不合理的结果。因为这样处理会使企业生产量的大小和销售量的多少一样都对企业损益有直接的影响。同时，若将固定制造费用计入产品成本，会使产量变动而引起的成本升降与节约（或浪费）引起成本升降两个因素混淆，从而给企业的成本预测、成本决策、成本控制和成本分析等工作带来困难。

（二）变动成本法的特点

与传统的完全成本法相比，变动成本法的特点主要体现在如下几个方面。

（1）变动成本法以成本性态分析为应用的前提条件。首先要按照成本性态将企业一定时期发生的所有成本划分为固定成本和变动成本两大类。在变动成本法下，将与业务量成正比的生产成本（即变动成本）作为产品成本，并据以确定销售产品成本和期末存货成本的基础。将与业务量无关的固定生产成本（固定制造费用）和销售费用、管理费用、财务费用一并作为期间成本处理，全额计入当期损益。正是对固定制造费用（固定生产成本）处理上的差异，决定了变动成本法在进行成本计算时，是以一定期间的全部成本划分为固定成本和变动成本两大类为基础的。

在根据成本性态进行固定成本和变动成本的确认时，一个重要的限制条件就是相关范围。固定成本总额的"固定性"是相对的，是在一定的相关范围内针对某一限制条件而言的。这一相关范围具有两层含义：其一，它是指特定的期间，因为从长期来看，一切成本都是可变的；其二，它是指特定的业务量水平，一般指企业现有的生产能力水平，因为业务量超过一定的水平以后，必然要扩建厂房、增加新设备、扩充必要的组织机构等，从而使得原本归属于固定成本的折旧费、大修理费、管理人员工资等也相应增加。因此，固定成本的"固定性"也是针对某一特定的业务量范围而言的。

（2）在产品成本的构成上，变动成本法下的产品成本就是变动性的生产成本，是在产品生产过程发生的、同产量直接相关的直接材料、直接人工和变动制造费用。变动成本法的产品成本具有以下两个特征：第一，产品成本与产品实体的形成或产品产出有着密切的联系，只要有产品产出，就会发生这些成本，并随产品实体而发生移动；第二，产品成本与产出量（即生产数量）成正向变动，如果产品生产数量发生变化，产品成本的总额也会发生变化，且产品成本变动幅度与产品产量的变动幅度相同。

（3）变动成本法下的期间成本不仅包括销售费用、管理费用和财务费用，还包括产品生产过程所发生的固定制造费用。期间成本与企业生产经营能力密切相关，只要企业形成并维持生产能力，就必须发生期间成本。但是期间成本的发生额的大小与生产能力利用无关，即与一定限度内的产品生产数量和销售数量无关，而与企业生产经营持续期的长短成正向变动。因此，企业的期间成本对于一定的业务量来说却是固定成本的性质，而对于会计期间长短来说，具有变动性质。期间成本不能计入产品成本，只能于发生的当期全额记入利润表，不能递延到以后各期。

（4）变动成本法下的营业利润的确定程序与完全成本法不同。完全成本法是通过传统式损益确定程序计算利润，而变动成本法是按贡献式损益确定的程序计算营业利润。贡献式损益确定的程序计算营业利润首先要计算产品的贡献毛益，即用销售收入减去变动成本求得，然后，用产品的贡献毛益减去固定成本，就得出营业利润。当企业的贡献毛益大于企业的固定成本，企业为盈利，否则企业为亏损。

二、变动成本法的账务处理

（一）变动成本法下的账户设置

在变动成本法下，一般需要设置以下有关账户。

开设"在产品"账户，在其借方归集产品生产过程所发生的变动生产成本（包括直接材料、直接人工和变动制造费用），在产品完工时，按其完工产品所耗费的变动成本金额从"在产品"账户的贷方结转到完工产品的"产成品"账户的借方。"产成品"账户类似完全成本法下的"库存商品"账户，借方归集完工的产成品的变动生产成本，当该产成品销售时，从"产成品"账户的贷方结转到"产品销售成本"账户的借方。开设"变动制造费用"账户，借方归集产品生产过程发生的变动制造费用，期末将其发生额从贷方结转到"在产品"的借方。也可不设置"变动制造费用"账户，而在"制造费用"总账下设置"变动制造费用"二级明细账。开设"存货中固定制造费用"账户，借方归集本期日常发生的固定制造费用，到期末，将汇集在"存货中固定制造费用"账户借方的总额在产成品的已销售部分、未销售部分和在产品之间进行分配，从"存货中固定制造费用"账户的贷方结转到"产品销售成本调整""产成品存货调整"和"在产品存货调整"账户的借方。

（二）变动成本法举例

[例5-29] 某企业从事生产制造乙产品，为便于企业有效地做经营管理决策，该企业采用变动成本法来计算公司生产的产品成本，存货发出时采用先进先出法计价。

该企业 202×年 8 月份有关资料如下所示。

1. 月初资料

月初乙产成品存货为 200 件，总成本为 12 000 元，其中变动生产成本为 10 000 元，固定制造费用为 2 000 元。

2. 本月有关资料

本月投产 1 000 件，期初在产品为 0 件，本月完工 800 件，期末在产品 200 件。

3. 本月发生的成本费用资料

（1）有关材料费用情况。生产乙产品发生的直接材料费用为 80 000 元，材料在生产开始一次投入，发生生产车间的间接材料费用为 10 000 元，其中，变动制造费用为 6 000 元，固定制造费用为 4 000 元。

（2）有关人工费用情况。本月工资总额为 60 000 元，其中，车间生产工人工资为 30 000 元，车间管理人员的工资为 10 000 元，厂部管理人员的工资为 20 000 元。

（3）有关制造费用情况。车间发生的其他制造费用为 6 000 元，其中变动制造费用为 5 000 元，固定制造费用为 1 000 元。

4. 编制相关会计分录

期末完工产品和期末在产品之间的费用分配采用约当产量法进行，期末在产品完工程度为 50%。8 月份该企业乙产品的销售量为 600 件，每件单价为 200 元。

根据上述资料，编制相关的会计分录如下：

（1）车间领用材料时的会计分录：

借：在产品	80 000
变动制造费用	6 000
存货中固定制造费用	4 000
贷：原材料	90 000

（2）发生人工费用的会计分录：

借：在产品	30 000
存货中固定制造费用	10 000
管理费用	20 000
贷：应付职工薪酬	60 000

（3）发生其他制造费用的会计分录：

借：变动制造费用	5 000
存货中固定制造费用	1 000
贷：银行存款等有关科目	6 000

（4）结转变动制造费用的会计分录：

借：在产品	11 000
贷：变动制造费用	11 000

（5）完工产品成本和在产品成本的计算：

$$直接材料费用的分配率 = \frac{80\ 000}{800+200} = 80$$

产成品的直接材料 $= 800 \times 80 = 64\ 000$（元）

在产品的直接材料 = 200×80 = 16 000（元）

直接人工费用的分配率 = $\dfrac{30\ 000}{800+200\times50\%}$ = 33. 333

产成品的直接人工费用 = 800×33. 333 = 26 667（元）

在产品的直接人工费用 = 200×50%×33. 333 = 3 333（元）

变动制造费用的分配率 = $\dfrac{11\ 000}{800+200\times50\%}$ = 12. 222

产成品的变动制造费用 = 800×12. 222 = 9 778（元）

在产品的变动制造费用 = 200×50%×12. 222 = 1 222（元）

（6）结转完工产品的会计分录：

借：产成品　　　　　　　　　　　　　　　　　　　　　　　　　　100 445
　　贷：在产品　　　　　　　　　　　　　　　　　　　　　　　　　　100 445

结转完工产品成本后"在产品"账户的余额为 20 555 元。

（7）采用先进先出法计算和结转已经销售产品成本的会计分录：

本期已销售产品成本 = 10 000+400×$\dfrac{100\ 445}{800}$ = 60 222. 5（元）

借：产品销售成本　　　　　　　　　　　　　　　　　　　　　　60 222. 5
　　贷：产成品　　　　　　　　　　　　　　　　　　　　　　　　　60 222. 5

结转已经销售产品成本后"产成品"账户的余额为 50 222. 5$\left(400\times\dfrac{100\ 445}{800}\right)$元。

（8）分配存货中的固定制造费用。

存货中固定制造费用分配率 = $\dfrac{4\ 000+10\ 000+1\ 000+2\ 000}{600+400+200\times50\%}$ = 15. 454 5

已销售产品应承担的固定制造费用 = 600×15. 454 5 = 9 272. 7（元）

库存产成品存货应承担的固定制造费用 = 400×15. 454 5 = 6 181. 8（元）

在产品存货应承担的固定制造费用 = 200×50%×15. 454 5 = 1 545. 5（元）

编制相应的会计分录如下：

借：在产品存货调整　　　　　　　　　　　　　　　　　　　　　1 545. 5
　　　产成品存货调整　　　　　　　　　　　　　　　　　　　　　6 181. 8
　　　产品销售成本调整　　　　　　　　　　　　　　　　　　　　9 272. 7
　　贷：存货中固定制造费用　　　　　　　　　　　　　　　　　　　17 000

期末经调整后利润表中反映的产品销售成本（即完全成本法下的生产成本）为 69 495. 2 元（60 222. 5 元+9 272. 7 元）。在资产负债表中，存货项目中的产成品和在产品的成本为 78 504. 8 元（50 222. 5 元+6 181. 8 元+20 555 元+1 545. 5 元），这是在完全成本法下的生产成本。

三、变动成本法与完全成本法的比较与分析

变动成本法是与传统的完全成本法相对应的一种成本核算方法。为了更好地理解变动成本法，在此有必要与传统的完全成本法加以比较、分析。

（一）提供信息的用途不同

这是完全成本法与变动成本法最显著的差异。完全成本法把企业的间接成本分配给各受益的产品，包含了生产产品过程发生的全部资金耗费，并据以确定产品实际成本和当期损益。通过日常的确定、计量、记录和报告等基本程序，完全成本法可以比较方便地把企业有关产品成本和利润的信息提供给其投资者、债权人等使用人，以便满足他们的决策之用。完全成本法也是我国会计准则要求采用的成本计算方法，被广泛运用于确定存货价值和产品制造成本的财务报告之中。

而变动成本法的重点是为了更好满足企业内部经营管理决策的需要，因为变动成本法能够提供产品成本与产品数量和利润之间关系的信息，在限定其他因素不变时，企业的营业利润主要取决于单价、成本和销售量三个因素。因此只要单价和成本水平保持不变，营业利润多少就直接与产品销售量相关，营业利润的变化趋势能直接与销售量的变动相一致，这一规律在变动成本法下得到了直观的体现。毫无疑问，变动成本法有助于刺激和重视企业销售及进行科学的预测和短期经营决策。

（二）应用的前提条件不同

变动成本法要求以成本性态分析作为应用的前提条件，将全部成本划分为变动成本和固定成本两大部分。其中，变动成本主要包括直接材料、直接人工、变动制造费用、变动销售费用和变动管理费用；固定成本主要包括固定制造费用、固定销售费用和固定管理费用。

完全成本法要求把全部成本按其职能划分为生产成本和非生产成本。凡是在生产过程中发生的成本属于产品的生产成本，包括直接材料、直接人工和制造费用；凡是在流通领域和服务领域，视为组织日常销售或进行行政管理而发生的成本，归于非生产成本，包括管理费用、销售费用等。

（三）产品成本和期间成本的组成不同

变动成本法下的产品成本只包含变动生产成本，也就是在产品生产过程发生的直接材料、直接人工、变动制造费用等，而把固定制造费用和全部销售费用、全部管理费用和全部财务费用都作为期间成本处理，作为贡献毛益的扣除项目。

完全成本法下的产品成本就是传统的生产成本，包括直接材料、直接人工和全部制造费用，而将全部非生产成本均作为期间成本处理。

（四）销售成本和存货的计价不同

在完全成本法下，由于各期所发生的固定制造费用同其他生产成本一样在完工产品和在产品之间进行分配，因此当完工产品销售时，全部成本还需要在已销售产品和期末存货之间进行分配，从而导致已经销售产品所包含的固定制造费用也作为销售成本计入当期损益了，期末存货所包含的另一部分固定制造费用则留在期末存货成本中而递延至以后的会计期间。

在变动成本法下，产品成本只包括变动生产成本，固定制造费用直接列为期间成本，因此固定制造费用不可能会转化为销售成本或存货成本。这样，在产品、产成品和销售产品均只承担变动生产成本。

（五）对报告收益的影响不同

正如上文所言，变动成本法把固定制造费用作为期间成本处理，而完全成本法把固定制造费用作为产品生产成本处理，并要在期末存货和已销售产品之间进行分配，使一部分固定生产成本被期末存货吸收而递延到以后期间，另一部分固定制造费用作为销售成本计入当期损益，这会对两种计算方法下的报告利润产生影响。下面举例进行说明。

　　[例5-30] 假设某企业为生产制造型企业，其连续三年的成本、生产和销售的资料如表5-32所示，且假定该企业的3年内单位售价、单位变动生产成本、单位变动销售和管理费用均不变，采用先进先出法计算存货成本。

表5-32　生产资料表

项目	2018 年	2019 年	2020 年
生产和存货数据（件）：			
期初产成品存货	0	30 000	30 000
实际产量	100 000	100 000	80 000
销售量	70 000	100 000	100 000
期末产成品存货	30 000	30 000	10 000
3 年中收入与成本数据（元）：			
单位售价	30		
单位变动生产成本	10		
年固定生产成本总额	500 000		
单位变动销售和管理费用	2		
年固定销售和管理费用	300 000		

　　根据上述资料，下面分别采用完全成本法和变动成本法计算营业利润，结果如表5-33和表5-34所示。

表5-33　完全成本法下营业利润计算表

项目	2018 年	2019 年	2020 年
销售收入（30 元/件）	2 100 000	3 000 000	3 000 000
减：产品销售成本	1 050 000	1 500 000	1 587 500
期初存货成本	0	450 000	450 000
本期生产成本	1 500 000	1 500 000	1 300 000
期末存货成本	450 000	450 000	162 500
毛利	1 050 000	1 500 000	1 412 500
减：销售和管理费用	440 000	500 000	500 000
变动销售和管理费用	140 000	200 000	200 000
固定销售和管理费用	300 000	300 000	300 000
营业利润	610 000	1 000 000	912 500

表 5-34   变动成本法下营业利润计算表

项目	2018 年	2019 年	2020 年
销售收入（30 元/件）	2 100 000	3 000 000	3 000 000
减：变动成本	840 000	1 200 000	1 200 000
变动生产成本	700 000	1 000 000	1 000 000
变动销售和管理费用	140 000	200 000	200 000
贡献毛益	1 260 000	1 800 000	1 800 000
减：固定成本	800 000	800 000	800 000
固定制造费用	500 000	500 000	500 000
固定销售和管理费用	300 000	300 000	300 000
营业利润	460 000	1 000 000	1 000 000

当存货数量增加时，按完全成本法计算的营业利润大于按照变动成本法计算的营业利润。由于 2018 年期末存货数量比期初数量增加了 30 000 件，而这两种计算方法的存货成本中，变动成本法的单位产品成本 10 元，完全成本法的单位产品成本为 15 元。两种成本计算方法产生的单位成本差异为 5 元，期末存货 30 000 件，因此在完全成本法下，有 150 000 元的存货中的固定生产成本递延到下一会计期间，导致完全成本法的营业利润比变动成本法的营业利润多 150 000 元。

当存货数量不变时，按完全成本法计算的营业利润与按变动成本法计算的营业利润相等。由于期初存货数量与期末存货数量相同，在完全成本法下上期递延到本期的存货中固定制造费用与本期递延到下期的存货中的固定制造费用相同，也就是相当于本期发生的固定制造费用全部计入了当期已销售产品成本中，没有发生固定制造费用跨期转移。但需要注意的是，如果企业产量超出了一定时期的相关范围导致前后会计期间固定制造费用总额发生改变，即使期初存货数量与期末存货数量相等，两种方法计算的营业利润也不会相等。因为此时在完全成本法下的上期递延到本期的存货中的固定制造费用与本期递延到下期的存货中的固定制造费用不会相同，即发生了固定制造费用跨期转移，从而导致了两种方法计算的营业利润不同。

当存货数量减少时，按完全成本法计算的营业利润小于按变动成本法计算的营业利润。由于期初存货数量大于期末存货数量，在完全成本法下上期递延到本期的存货中的固定制造费用大于本期递延到下期的存货中的固定制造费用，即本期销售产品中所包含的固定制造费用增加了，从而导致完全成本法计算的营业利润小于变动成本法计算的营业利润。

四、完全成本法的评价

完全成本法目前之所以仍然得到公认会计原则的认可并在实际工作中广泛应用，是因为既然变动生产成本与固定生产成本都是产品生产时所必须支付的费用，这两种成本就应计入产品成本中。因而，以完全成本法为基础提供的成本资料也就可以直接用来编制对外的财务报表，不需要任何加工处理。

　　完全成本法也有利于刺激企业加速生产的积极性。按照完全成本法，在一定的范围内，企业产量越大，单位固定成本就越低，从而使单位产品成本也随之降低，超额利润也越大。这在客观上有助于刺激生产的发展。

　　完全成本法虽然有上述的优势，但是完全成本法不利于企业进行预测和编制弹性预算等内部管理。在完全成本法下，产品成本没有按成本习性分为变动成本和固定成本，这样无法进行本量利分析，难以预期企业的利润，也不利于企业进行短期的决策。同时，由于企业弹性预算的编制也需要把企业的成本划分变动成本和固定成本，因此完全成本法难以直接实现这一职能，难以进行有效的成本控制。

　　此外，完全成本法下的固定制造费用的分配工作十分烦琐，不仅工作量大，而且分配的结果不可避免地会受到人为主观的影响。

五、变动成本法的优点及局限性

（一）变动成本法的优点

　　变动成本法的优点，是与它的特点相联系而存在，又同完全成本法相比较而彰显的。因此，在讨论变动成本法的优点时，一方面既要从它的特点出发，另一方面也要同完全成本法做些比较。概括起来，变动成本法的优点有如下几点。

　　（1）有利于企业管理层重视销售环节，防止盲目生产。采用完全成本法，很容易出现反常情况。例如，产品销售量增加，当期利润不仅没有相应增加，反而出现了减少。也会出现销售量下降、利润反而有所增长的情况下，更容易助长只重视生产、忽视销售这种不良现象。尤其在技术迅猛发展的今天，在生产的机械化、自动化程度日益提高，资本有机构成不断上升的情况下，如果仍采用完全成本法，就更容易助长忽视销售的现象。这显然是和现代市场经济的客观要求相背离的。相反，变动成本法可以排除生产量对利润的影响，利润的增长只与销售量的增长方向一致，即当某一期间产品销售量减少，则该期间的营业利润也相应减少，当某一期间的产品的销售量增加，则该期间的营业利润也增加。这样就会激发企业管理层努力开拓销售渠道，密切跟踪市场动态，充分掌握市场需求，以销定产，并努力提高产品质量，大力做好售后服务工作，以此来提高产品的信誉和企业的威望，从而促进企业长期健康的发展。

　　（2）能够提供各种有用的会计信息，有利于企业管理层科学地进行短期决策和加强经营控制。一般认为，完全成本法是按照公认的会计原则的要求，经过严格确认、计量、记录和报告等基本程序提供有关企业产品成本和当期损益等信息，这些信息主要是为企业投资者、债权人等外部使用者服务的。然而，这些信息对企业内部管理者进行预测和决策以及生产经营活动的管理过程的作用并不是很大。企业的短期决策不同于长期决策，这种决策一般不考虑生产经营能力即固定资产方面的因素，在比较各种方案时，比较关心的是成本、产量和利润之间的依存和消长关系。而变动成本法正可以提供这些决策所需要的信息。

　　（3）变动成本法便于正确进行不同期间的业绩评价。采用完全成本法计算时，如果本期的生产能力得不到有效利用，单位成本就将随产量的下降而上升。当其中部分产品转入下期销售时，这种损失还会部分地转嫁到下期，从而减少下期的利润。反之，则会猛增下期的利润，使盈亏不能正确地反映当期的经营业绩。当采用变动成本法时，就可以避免这种不合理情形的出现。

（4）采用变动成本法有利于分清企业各部门经济责任，有利于进行成本控制和业绩评价。采用完全成本法需要将企业的成本按经济用途分为生产成本和非生产成本两大类，这种成本分类的基础，不便于确认企业内部各单位责任成本，势必影响各部门进行成本控制的积极性。而变动成本法下，根据成本性态对成本项目进行控制。例如，变动生产成本的高低主要是生产部门和供应部门的责任，固定生产成本的高低主要是由管理部门负责。这就有助于企业各部门的成本控制和业绩评价，以及具体分析影响成本的原因和采用相应的成本控制方法。

（5）可以简化成本计算，避免固定成本分摊中的主观随意性。由于变动成本法下的单位成本不包括固定成本，而把固定制造费用列为期间成本，从贡献毛益总额中一并扣减。这样就可以省掉许多间接费用的分摊程序，极大简化了产品成本的计算工作。同时也可以避免间接费用分摊中的主观随意性。在传统的生产条件下，对生产多品种的企业这一优点显得更为明显。

（二）变动成本法的局限性

变动成本法的优点是主要的，但它也不可避免地存在一定的局限性。

（1）变动成本法所确定的存货价值不符合资产的定义和对外报告的要求。资产是指企业过去的交易或事项形成的，由企业拥有或控制的，预期会给企业带来经济利益的资源。在财务会计中，资产的计量主要是以历史成本为基础的。而产品成本是指一定种类、数量的产品的有关活劳动和物化劳动耗费的货币表现，应该既包含变动生产成本也包含固定生产成本。这种成本观念得到了广泛的认可，并作为对外财务报告的标准。但是变动成本法下的产品成本仅仅包括变动的生产成本，所提供的成本资料不符合通用财务报告的要求。

（2）不能适应长期决策的需要。一般而言，决策都是面向未来的，不论是哪一种成本计算方法都只能提供"过去"的信息为未来的决策做参考。当这个"未来"发生巨大的变化时，由过去所提供的信息往往就显得无能为力。而且，长期决策也不同于短期决策，它所要解决的是生产能力的增加或减少、经济规模的扩大或缩小等方面的问题。但是从较长时间来看，随着科学技术的进步，通货膨胀及企业生产经营规模变化等各种因素的影响，企业的固定成本不可能保持不变，单位成本也会随着技术的进步和劳动生产率提高而下降或随着通货膨胀而上升，长期决策必然要突破相关范围的限制。因此变动成本法所提供的成本资料只能在相关范围内满足短期决策的需要，不能满足长期决策的需要。此外，在产品定价决策中，由于变动成本法下固定制造费用从产品存货中剔除，低估了这些存货的成本，因而不利于进行产品定价。

（3）成本性态的划分存在假设性，影响变动成本法所提供的资料的准确性。变动成本法应用的前提条件是成本性态的划分，但是企业的实际工作中，很少有成本项目表现为纯粹的变动成本和纯粹的固定成本，大多数情况下成本项目是以混合成本形式存在的。如果企业要采用变动成本法，首先就要对混合成本项目进行分解，但是一般情况下只能做到对成本的近似划分。因此，这必然会影响到以成本性态为基础的变动成本法所提供的成本信息的准确性。

第五节　倒推成本法

传统的和标准的成本核算体系使用顺序追溯法（sequential costing，或称为同步追溯法，synchronous tracking）来进行核算，即在会计系统中产品成本核算的日记账分录与实际购买生产流是同步的。这些传统体系在直接材料、在产品、产成品和销售之间进行连续的成本追溯。但是连续的追溯通常需要耗费大量的人力、物力和财力，尤其是在企业管理层试图要把购买的直接材料和人工成本计到个别作业或产品中去时更是明显。为了简化核算、节省管理成本，以及由于即时生产体系（just in time production system，JIT）的出现，西方会计界推出了倒推成本法。

一、倒推成本法的概念和前提

倒推成本法（backflush costing）是一种当产品完工或销售时，倒过来计算在产品、产成品等生产成本的简单的成本计算方法。倒推成本法与传统的成本计算方法方向正好相反。传统的生产成本的记录、归集和分配，是随着材料与产品实体的转移而转移，即生产成本的会计记录与生产成本发生的实物流程是同步的。在许多成本核算体系中，倒推成本法作为顺序追溯法的一种替代方法，本质上就是推迟会计记录，最极端的就是待产品出售后再做分录。因此倒推成本法亦称为递延成本法（delayed costing）、末端成本法（endpoint costing）或事后推理成本法（post-deduct costing）。

企业采用倒推成本法一般要满足以下三个条件：

（1）企业管理层需要一个简单的会计体系，认为详细的成本记录是多余的。

（2）每种产品都有一套预算或标准成本，存货数量相对较少。

（3）倒推成本法下的财务结果与传统成本法下的财务结果相差不大，没有扭曲成本。

在采用 JIT 制度的企业，由于存货水平很低，产品成本就会直接计入销售成本，而不必经过存货环节。所以，企业管理人员一般会认为不值得在在产品、产成品及销售成本的分摊上浪费时间。因此，倒推成本法尤其适用于那些采用 JIT 制度而使存货水平很低的企业。即使存货水平较高，但只要它是相对稳定的，那么，传统成本法与倒推成本法也会产生基本相同的结果，所以，倒推成本法也适用于采用 JIT 制度以外的企业。

二、倒推成本法的账户设置和会计处理

由于倒推成本法不同于以往的传统成本制度，因而在账户设置与会计处理上也是有所区别的。这主要体现在以下几个方面。

（一）设置"原材料与在产品"账户

由于在产品数量极少，没有必要为其单独设置账户，可将其与原材料账户合并。当购入材料时，直接借记"原材料与在产品"账户。

（二）设置"加工成本"账户

所谓加工成本，是指直接人工成本与制造费用。在 JIT 制度下，由于自动化水平相对较高，直接人工成本金额很少，因此将其与各项制造费用合并记入"加工成本"账户。

（三）分配制造费用的时点

在传统成本制度下，分配制造费用的时点一般都选择产品生产完成时或期末时，而且都是先分配记入"生产成本"，再转入"库存商品"。然而，在 JIT 制度下，制造费用的分配，通常都是在产品生产完成时进行。在纯粹的 JIT 环境下，产品生产完成时即为出售产品之时，因此，可将使用（等于购入）的材料与加工成本直接计入销售成本。但是，这种纯粹的 JIT 在现实中很难实现。因此，如果发生生产量大于销售量或存在加工未完成的在产品的情况，则可将销售成本账户中的一部分调整转出，作为"库存商品"或"原材料与在产品"账户的结存数。

（四）倒推成本法有三种基本类型

按其记账的时点的不同，其会计处理方式也有差异，因而形成了三种处理方式不同的倒推成本法：① 倒推成本法方法一，这种方法的记账时点是在材料购进、产品完工时刻；② 倒推成本法方法二，这种方法的记账时点是在材料购进、产品出售时刻；③ 倒推成本法方法三，这种方法的记账时点是在产品出售时刻。

下面用具体实例来说明三种倒推成本法的运用。

三、倒推成本法举例

[例 5-31] 某企业采用 JIT 制度，并采用倒推成本法进行成本核算。为简化起见，做如下假设：企业只生产一种丙产品，原材料期初余额为零，在产品没有期初、期末余额；没有直接材料差异（如果有，差异的核算与标准成本法处理基本一致）。该企业 202× 年 9 月份发生下列交易和事项：

（1）用银行存款购入原材料 32 000 元。

（2）该月实际发生加工成本 88 000 元。

（3）该月生产完工丙产品 5 000 件，丙产品的标准单位成本为：直接材料 6.2 元，加工成本 16.8 元，两者之和为单位丙产品的标准成本 23 元。

（4）该月出售丙产品 4 800 件。

下面就倒推成本法的三种核算类型分别加以介绍：

方法一：以材料购进、产品完工为记账时点。

则该企业 202× 年 9 月份应编制的会计分录如下：

（1）购进材料时：

借：原材料与在产品   32 000

      贷：银行存款   32 000

（2）该月发生加工成本：

借：加工成本   88 000

      贷：应付职工薪酬等相关账户   88 000

（3）计算完工产品成本：

借：库存商品　　　　　　　　　　　　　　　（5 000×23）115 000

　　贷：原材料与在产品　　　　　　　　　　　（5 000×6.2）31 000

　　　　加工成本　　　　　　　　　　　　　　（5 000×16.8）84 000

（4）结转销售成本：

借：主营业务成本　　　　　　　　　　　　　（4 800×23）110 400

　　贷：库存商品　　　　　　　　　　　　　　　　　　　　110 400

（5）会计期间内发生的实际加工成本可能会分配不足或分配过多，因此，企业应在月末进行调整，假定该企业是在月末进行调整，则会计分录为：

借：主营业务成本　　　　　　　　　　　　　（88 000-84 000）4 000

　　贷：加工成本　　　　　　　　　　　　　　　　　　　　4 000

于是，9月份各存货账户余额："原材料与在产品"借方余额为1 000元，"库存商品"借方余额为4 600（115 000-110 400）元，共计5 600元。

相对传统成本法而言，上述会计处理大大减少了会计工作量。

方法二：以材料购进、产品出售为记账时点。

这种方法与第一种方法的区别是：记账时点不是产品完工时，而是产品出售时。这样处理的目的是消除各生产单位为存货而生产的动机，从而更着眼于产品销售。在这种方法下，不强调了解存货构成，因此，将"原材料与在产品"及"库存商品"两个账户合并为一个"存货"账户。该企业202×年9月份应编制的会计分录如下：

（1）购进材料时：

借：存货　　　　　　　　　　　　　　　　　　　　　　　32 000

　　贷：银行存款　　　　　　　　　　　　　　　　　　　　32 000

（2）该月发生加工成本：

借：加工成本　　　　　　　　　　　　　　　　　　　　　88 000

　　贷：应付职工薪酬等相关账户　　　　　　　　　　　　　88 000

（3）产品出售时，结转销售成本：

借：主营业务成本　　　　　　　　　　　　　（4 800×23）110 400

　　贷：存货　　　　　　　　　　　　　　　　（4 800×6.2）29 760

　　　　加工成本　　　　　　　　　　　　　　（4 800×16.8）80 640

（4）由于加工成本不计入存货，但88 000元的加工成本只分配了80 640元，其中差额7 360元便是分配不足的数额，应于月末编制调整分录：

借：主营业务成本　　　　　　　　　　　　　　　　　　　7 360

　　贷：加工成本　　　　　　　　　　　　　　　　　　　　7 360

于是，9月末存货余额为2 240元。

方法三：以产品出售时为记账时点。

这种方法是JIT环境下所采用的最简单的会计处理方法，也是倒推成本法中"倒推"的由来。采用这种方法，该企业202×年9月份应编制如下会计分录：

（1）购进原材料：

借：主营业务成本　　　　　　　　　　　　　　　　　　　32 000

　　　　贷：银行存款　　　　　　　　　　　　　　　　　　　　　　　　　32 000
　　（2）该月发生加工成本：
　　借：加工成本　　　　　　　　　　　　　　　　　　　　　88 000
　　　　贷：应付职工薪酬等相关账户　　　　　　　　　　　　　　　　　88 000
　　（3）用销售成本倒推出期末存货。由于该月生产 5 000 件丙产品，但是只售出
4 800 件，还剩 200 件，则该 200 件未售出的丙产品的标准成本 4 600（200×23）元
就为期末存货成本。企业应于月末编制调整分录：
　　借：存货　　　　　　　　　　　　　　　　　　　　　　　4 600
　　　　贷：主营业务成本　　　　　　　　　　　　　　　　　　　　　　4 600

四、倒推成本法的局限性

　　倒推成本法并没有严格遵循一般公认会计原则，因为倒推成本法没有确认在产品
的具体成本。但是，倒推成本法的支持者往往引用重要性原则为之争辩：即使存货水
平很高，如果各期存货水平没有重大变化，那么，营业收入和存货水平的数值在倒推
成本法下和在传统成本法下并无重大差别。
　　但是如果倒推成本法与传统成本法反映的财务结果存在着较大的差别，应通过编
制调整分录，使倒推成本法的数值符合外部报表的要求。例如，方法二中的会计分
录（4），将加工成本差额 7 360 元全部转入主营业务成本。但如果企业部分加工成本
进入存货，那么会计分录（4）应调整为：
　　借：主营业务成本　　　　　　　　　　　　　　　　　　　4 000
　　　　存货　　　　　　　　　　　　　　　　　　（16.8×200）3 360
　　　　贷：加工成本　　　　　　　　　　　　　　　　　　　　　　　7 360
　　编制上述调整分录，就使得方法二与方法一的计算数值保持一致了，期末存货价
值都为 5 600 元。
　　倒推成本法最吸引人之处是它的简易性。但是简易的会计系统一般难以像复杂的
会计系统那样提供更多的有用信息。因此，对倒推成本法的批评也就集中在它的缺乏
审计追踪的能力方面，即它无法确认生产中每一步详细的资源使用情况。当然，不可
否认的是，企业管理层必要时也可以通过监测、计算机控制和其他非财务手段予以控
制。而且，在个别部门或作业领域，实际成本是可以得到确认，并能和标准成本进行
比较分析的。这种比较分析至少可以按月进行，有时甚至可以每天进行，这就在一定
程度上弥补了倒推成本法的不足。

📁 本章小结

　　产品成本计算的分类法，又称类别法，是先按照产品类别归集生产费用，计算出
各类完工产品的总成本，然后按一定的标准，分配计算出类别内各种品种、规格产品
成本的一种方法。采用分类法计算产品成本，每类产品内各产品的生产费用不论是间
接费用还是直接费用，都按一定的标准进行分配计算。因此，类内产品费用的分配标
准是否合理，是影响各种产品成本计算相对正确与否的关键。类内产品费用的划分方

法一般有系数分配法和定额比例法。分类法计算产品成本的主要优点是减少了成本计算对象，从而简化了成本计算工作量，其主要缺点是类内各种产品成本分配结果有一定的假定性。

联产品可以看成是经同一生产过程加工而成的同一类产品。因此，对于联合成本的计算，可以采用类似分类法的思路进行。具体而言，联合成本的分配，常用的有实物计量分配法、系数分配法、销售价值分配法和可实现净值分配法。

副产品成本计算就是要确定副产品应负担的分离点前的联合成本。但是，副产品成本计算与联产品成本计算不同，这是因为副产品是随主要产品生产而附带出来的，其价值较低，因而，副产品的成本计算一般不像联产品那么复杂。通常只要将副产品按一定标准计价，从分离前的联合成本中扣除。

定额法是以产品定额成本为基础，加上（或减去）脱离定额差异、定额变动差异和材料成本差异，最后计算出产品实际成本的方法。定额法是将产品成本的定额工作、核算工作和分析工作有机地结合起来，将事前、事中、事后反映和监督融为一体的一种产品成本计算方法和成本管理制度。其缺点是：由于要制定定额成本，单独计算脱离定额的差异，在定额变动时还要修订定额成本和计算定额变动差异，因而核算的工作量较大。

标准成本法是在泰勒的生产过程标准化思想影响下形成的，是泰勒科学管理思想在成本会计中的一种体现。实施标准成本的作用：便于厘清各成本中心的责任，便于成本控制和业绩评价，有利于提高企业决策的准确性和有效性，可使会计工作得到简化。产品的标准成本的制定按照直接材料、直接人工和制造费用三大项分别进行，并且，标准成本的制定模式是"数量"标准乘以"价格"标准。由于标准成本由数量和价格两个基本因素而计算得出，因而差异的分析也是从数量和价格两个因素着手进行的，具体可分为直接材料成本差异、直接人工成本差异和制造费用成本差异三部分。

变动成本计算法简称变动成本法或直接成本法。与传统的完全成本法相比，变动成本法的特点主要体现在：变动成本法以成本性态分析为应用的前提条件，变动成本法下的产品成本就是变动性的生产成本，变动成本法下的期间成本不仅包括销售费用、管理费用和财务费用，还包括产品生产过程所发生的固定制造费用，变动成本法下的营业利润的确定程序与完全成本法也不相同。变动成本法的优点：有利于企业管理层重视销售环节，防止盲目生产，所提供的信息有利于企业管理层科学地进行短期决策和加强经营控制，便于正确进行不同期间的业绩评价，有利于分清企业各部门经济责任，避免固定成本分摊中的主观随意性。变动成本法的优点是主要的，但也存在一定的局限性。

倒推成本法是一种当产品完工或销售时，倒过来计算在产品、产成品等生产成本的简单的成本计算方法。企业采用倒推成本法一般要满足以下三个条件：企业管理层需要一个简单的会计体系，认为详细的成本记录是多余的；每种产品都有一套预算或标准成本，存货数量相对较少；倒推成本法下的财务结果与传统成本法下的财务结果相差不大，没有扭曲成本。

📱 关键名词

分类法　是指先按照产品类别归集生产费用，计算出各类完工产品的总成本，然后按一定的标准，分配计算出类别内各种品种、规格产品成本的一种方法。

联产品　是指使用同种原料，经过同一加工过程而同时生产出来的具有同等地位的主要产品。

副产品　是指使用同种原料，在生产主要产品的同时，附带生产出来的非主要产品。

等级品　是指使用同种原料，经过同一生产过程生产出来的品种相同但质量上有差别的产品。

定额法　是指以产品定额成本为基础，加上（或减去）脱离定额差异、定额变动差异和材料成本差异，最后计算出产品实际成本的方法。

脱离定额差异　是指各项生产费用的实际支出脱离现行定额或预算的数额。

定额变动差异　是指由于修订消耗定额或生产耗费的计划价格而产生的新旧定额之间的差额。

标准成本法　是指首先运用技术测定等科学方法根据产品的耗费标准和耗费的标准价格预先制定标准成本，然后将这个标准成本与生产过程的实际成本进行比较，并核算和分析二者的成本差异的一种方法。

理想标准成本　是指企业现有技术、设备和经营管理水平处于最优状态的最低成本水平。

正常标准成本　是指根据正常的生产技术水平、经营管理条件和耗费水平制定的目标成本。

现实标准成本　是指在正常标准成本基础上考虑到目前的实际情况而制定的目标成本。

变动成本计算法　是指在计算产品的生产成本和存货成本时，只将产品生产过程中直接发生的变动生产成本（包括直接材料、直接人工和变动制造费用）作为产品成本内容，而将固定制造费用及非生产成本作为期间成本的一种成本计算方法。

完全成本法　完全成本法下，在计算产品生产成本和存货成本时，要把一定期间所发生的直接材料、直接人工、变动制造费用和固定制造费用全部包括在内，即产品成本包含产品制造过程所发生的全部费用（直接材料、直接人工和制造费用）。

倒推成本法　是指当产品完工或销售时，倒过来计算在产品、产成品等生产成本的一种简单的成本计算方法。

⊘ 即测即评

请扫描二维码，进行即测即评。

思考与练习题

1. 何为成本计算的分类法？其特点有哪些？

2. 什么是成本计算的定额法？其主要特点有哪些？

3. 标准成本法的基本程序包括哪些？

4. 与传统的完全成本法相比，变动成本法的特点主要体现在哪些方面？

5. 企业采用倒推成本法一般要满足哪些条件？

6. 某企业生产 A、B 两大类产品，A 类产品有三种规格的产品，其名称分别为 A1、A2 和 A3。该材料在生产开始时一次投入。A 类产品 9 月份有关产量、生产费用等资料如表 5-35 和表 5-36 所示。

表 5-35　A 类产品产量及定额资料表

产品名称	单位定额成本（元）	完工数量（件）	月末在产品	
			数量（件）	完工率
A1	30	200	600	20%
A2	60	300	400	25%
A3	72	500	250	30%

表 5-36　A 类产品生产费用资料表

金额单位：元

项目	直接材料	直接人工	制造费用	合计
月初在产品成本	20 000	11 000	1 400	32 400
本月生产费用	30 000	30 000	3 600	63 600
生产费用合计	50 000	41 000	5 000	96 000

要求：根据上述资料，采用系数分配法编制系数计算表，计算 A 类内三种规格的产品完工产品成本。

7. 某企业生产纺织品，在生产过程中由于技术条件限制，产生了等级产品。某月完工产品中：一等品 6 000 个，二等品 1 200 个，三等品 800 个。当月生产中共发生联合成本 124 722 元，其中，原材料费用 88 560 元，直接人工 23 985 元，制造费用 12 177 元。该公司以售价作为分配标准，以一等品作为标准产品，各等级产品的售价分别为 20 元、15 元、12 元。

要求：采用系数分配法分配联合成本，计算各等级产品成本。

8. 某公司采用定额法计算乙产品成本，本月该产品有关直接材料的资料如下：

（1）月初在产品定额成本为 1 000 元，月初在产品脱离定额差异为节约 200 元，月初在产品定额成本调整后降低 100 元。定额变动差异全部由完工产品负担。

（2）本月定额成本为 9 000 元，本月脱离定额差异为节约 97 元。

（3）本月原材料成本差异为超支 1%，原材料成本差异全部由完工产品成本负担。

（4）本月完工产品的定额原材料费用为 8 100 元。

要求：

（1）计算月末在产品的直接材料费用（定额成本）。

（2）计算完工产品和月末在产品的直接材料实际成本（脱离定额差异按定额成本比例在完工产品和月末在产品之间分配）。

9. 某企业 10 月份生产乙产品 19 200 件，实际消耗材料 39 000 千克，实际单价为 5.05 元/千克，每件产品标准耗用量为 2 千克，标准单价为 5 元/千克；本月实际支付工资 341 600 元，实际工时为 56 000 小时，产品标准工时为 3 小时/件，标准工资率为 6 元/小时。

要求：

（1）计算直接材料的数量差异和价格差异。

（2）计算直接人工的效率差异和工资率差异。

📷 案例分析

请扫描二维码查看。

📖 拓展阅读

请扫描二维码阅读。

第六章　成本报表与成本分析

💻 **学习目标**

通过学习本章内容，读者应该能够：

1. 理解企业成本报表的含义、作用、分类和编制要求；
2. 掌握各种产品成本报表和费用报表的编制方法；
3. 理解成本分析的理论基础与基本方法；
4. 掌握商品产品成本分析、计划完成情况分析、可比产品成本降低任务完成情况分析、产品单位成本分析等方法；
5. 了解技术经济指标变动对成本的影响。

第一节   成本报表概述

一、成本报表的概念和作用

会计报表（accounting statements）是根据日常会计核算资料归集、加工、汇总而成的总结性书面文件，用以提供有关企业某一特定日期财务状况和某一会计期间经营成果、现金流量的信息。企业会计报表主要分为两大类，一类是对外报送的财务报表（financial statements），例如，资产负债表、利润表、现金流量表和所有者权益变动表等；另一类是面向企业内部经营管理需要的成本报表（cost statements）。

财务报表具有以下方面的基本特征：首先，它面向市场，立足企业，主要向企业外部利益关系集团提供信息；其次，财务报表的编制要遵守公认会计原则（GAAP），并需要经过注册会计师的审计；最后，财务报表是以一系列同外在经济环境相联系的基本假设（basic postulates）和基本假定（fundamental assumptions）为前提，运用一整套概念框架来建立和评估的规范体系。

与财务报表不同，成本报表主要是为了满足企业内部成本管理的需要，依据企业日常成本核算资料和其他有关资料编制的，用以反映企业资金耗费和产品成本的构成及其升降变动情况，分析和考核企业在一定时期内成本计划执行情况及结果的会计报表。由于成本报表所反映的成本信息是企业的一种商业秘密，因此，成本报表不需要对外报送，并且，企业成本报表的种类、格式和内容均可由企业根据其生产经营特点和管理要求自行确定。

编制成本报表是企业成本管理中的一项重要工作，也是成本会计的一项重要内容。成本报表的作用概括地讲，就是向企业领导、各管理职能部门和职工提供成本信息，用以加强成本管理，提高经济效益。具体地讲，主要表现在以下几个方面。

（1）通过成本报表反映一定时期内实际耗费水平，将其与计划相比，企业管理层可以了解各部门完成成本计划的进度和结果，进一步挖掘降低成本的潜力；也可以结合其他相关资料，进行综合分析，以利于做出正确的经营决策。另外，将实际成本水平与上期相比，可以揭示出企业成本水平的变动趋势。

（2）企业管理层通过分析和利用成本报表，可以考核成本计划的完成情况，落实奖惩措施、激励先进、鞭策落后，促进降低成本战略和措施的实施，为贯彻和完善经济管理政策提供参考依据。

（3）企业职工通过分析和利用成本报表，可以了解他们为完成成本计划、增产节约做出了多少贡献，以利于他们总结经验，为降低成本、提高经济效益做出新成绩；还可以了解成本计划的执行情况，监督企业经济活动，帮助企业各级领导改进成本管理工作，从而充分发挥他们参与企业管理的积极性。

（4）根据成本报表提供的有关报告期成本降低任务完成情况的信息，结合对下一会计期间有关材料消耗、人工费用水平变化的预测和生产计划的安排及市场前景的预期等信息，有针对性地编制下期的成本计划或费用预算。

二、成本报表的特点

成本报表作为内部报表，与按照企业会计准则和会计制度的要求编制的财务报表相比，具有以下特征。

（1）编制成本报表的目的主要是满足企业内部经营管理的需要，因此其反映的内容具有较强的保密性和针对性。企业对外提供的财务报表，包括资产负债表、利润表、现金流量表和所有者权益变动表等，主要是为企业投资者、债权人、管理层和政府等利益相关者服务的。但是，在现代市场经济条件下，企业成本信息属于商业秘密，一般不对外公开，成本报表作为内部报表主要是为企业的内部经营管理服务，满足相关管理层和职工对成本信息的需求。因此，成本报表提供的信息具有较强的保密性和针对性，而不是千篇一律地对外提供信息，要能促使企业相关部门和员工高度重视成本，明确对成本升降影响的相关责任。

（2）成本报表的种类、内容和格式没有统一的规范，具有高度的灵活性，由企业自行决定。在现行会计准则规范下的财务报表的种类、内容和格式以及报送对象等均有统一的规范，企业不得随意更改。但是，成本报表没有这样统一的规范，其内容、格式以及编制方法均由企业自主确定、自行设计。为了满足企业内部管理层的不同需求，财务部门除了定期编报全面反映成本计划（包括产品成本计划和各项费用计划）完成情况的报表外，还要专门编制特定目的的成本报表对某一方面问题进行重点反映。成本报表的格式和内容可以灵活多样，企业可以自由裁量。在成本报表的编制时间上，企业可以根据相应的需要自行确定，可以事后编报，也可以在事中编报。

（3）由于成本报表主要满足企业内部经营管理的需要，因此它更强调时效性。企业对外的财务报表一般都是定期编制和报送，而成本报表作为对内报表，除开为满足考核和分析成本计划的完成情况定期编制一些报表外，为了及时反馈成本信息和发现成本工作中存在的问题，还可采用日报、周报或旬报的形式，定期或不定期地编制特定内容和目的的成本报表，或是报告直接与成本升降有关的技术经济指标的变动信息，企业尽可能使成本报表所提供的信息与其反映的内容在时间上保持一致，以满足企业内部及时、有效决策的需要。

三、成本报表的种类

企业成本报表是服务于企业内部经营管理的内部会计报表，因此从报表的种类、格式、内容到报送时间、报送对象，都是由企业根据自身生产经营过程的特点、企业经营管理特别是成本管理的具体要求所确定的。同时，在瞬息万变的市场经济环境中，企业还要适应其连续不断的变化而不断调整其成本策略。所以，不仅各企业之间成本报表的内容不尽相同，就是同一企业不同时期也可能会要求编制不同的成本报表。一般情况下，企业编制的成本报表都具有较大的灵活性和多样性。为了充分且正确地认识和理解各有关成本报表，有必要对其进行科学的分类。依据不同的标准，企业成本报表可分为不同的种类。

（一）按报表反映的内容分类

企业成本报表按其反映的内容，可以分为反映成本计划执行情况的报表、反映费用支出情况的报表、反映生产经营情况的报表。

1. 反映成本计划执行情况的报表

这类报表侧重于揭示企业为生产一定产品所发生的成本是否达到了预定的要求。通过将报告期的实际成本与前期平均成本、历史最好水平成本、本期计划成本等进行对比分析，可以了解企业产品成本的发展变化趋势和成本计划完成情况，并为进行深入的成本分析，挖掘降低成本的潜力提供资料。这类报表主要有商品产品成本表和主要产品单位成本表等。

2. 反映费用支出情况的报表

这类报表主要反映企业在报告期内某些费用支出的总额及其构成情况。通过对这类报表的分析，可以了解企业费用支出的合理程度及变化趋势，有利于企业制定费用预算，考核费用预算的实际完成情况。这类报表主要有制造费用明细表、管理费用明细表、销售费用明细表、财务费用明细表等。

3. 反映生产经营情况的报表

这类报表属于反映企业某些专项成本、费用情况或成本管理专题情况的报表，通常包括责任成本表和质量成本表等。

（二）按报表编制的时间分类

企业成本报表按编制的时间分类，可分为定期成本报表和不定期成本报表。

1. 定期成本报表

这类报表是按规定期限报送的成本报表。按报送期限的长短，定期成本报表可分为年报、季报、月报、旬报、周报和日报。其中，旬报、周报和日报是为及时反馈某些重要的成本信息，以便管理部门采取相应对策而编制的。因此，定期成本报表一般按月、季、年来编制。一般地，商品产品成本表、主要产品单位成本表、制造费用明细表、管理费用明细表等都是定期报表。

2. 不定期成本报表

这类报表是针对成本、费用管理中出现的某些问题或急需解决的问题而随时按要求编制的有关成本报表。例如，发生了金额较大的内部故障成本，需立即将信息反馈到有关部门而编制的质量成本表等。

（三）按报表编制的范围分类

无论是厂部还是车间，或车间里的生产班组甚至个人，都有可能根据需要提供有关成本、费用情况的报表，因此，编制的成本报表的空间范围往往是不同的。企业成本报表按编制的范围划分，可分为全厂成本报表、车间成本报表、班组成本报表和个人成本报表。一般地，商品产品成本表、主要产品单位成本表、管理费用明细表、财务费用明细表等都是全厂成本报表，而制造费用明细表、责任成本表、质量成本表等，既可以是全厂成本报表，也可以是车间（或班组、个人）成本报表。

四、成本报表的编制要求

成本报表所反映的信息能否有效满足企业的内部经营管理决策的需要，这首先取决于其所提供信息的质量。为了充分发挥成本报表的作用，企业成本报表的编制应符合下列基本要求。

1. 信息真实，不得有虚假陈述

成本报表是反映一定时期成本资料的主要载体，如果其内容有虚假陈述，就无法发挥成本报表的作用，甚至可能导致错误的决策。因此，企业成本报表中各项指标的数据必须真实可靠，能如实地反映企业实际发生的成本费用。为了达到这一要求，企业成本报表必须根据审核无误的账簿资料编制，不得随意使用估计的数据，也不能为了赶编成本报表而提前结账。

2. 信息正确性

企业成本报表中各项指标的数字要计算正确；各种成本报表之间、主表与附表之间、各项目之间，凡是有勾稽关系的数字，应相互一致；本期报表与上期报表之间有关的数字应相互衔接。

3. 信息要完整

成本报表的内容完整有两层含义：一方面，成本报表作为一个报表体系，其完整性主要体现在有关报表之间客观存在的内在联系；另一方面，每一张具体的成本报表需填列的指标和文字说明必须全面，表内项目和表外补充资料不论根据账簿资料直接填列，还是分析计算填列，都应当完整无缺，不得漏项、漏表。

4. 提供信息要及时

在规定期限及时向成本报表的使用者报送成本报表，保证成本报表所提供的成本信息的及时性。信息的及时性是信息质量的重要保证，只有及时报送成本报表，才能准确利用和分析成本报表，及时发现问题并采取措施加以解决。

5. 信息表达明晰

成本报表的目的在于为管理层提供决策有用的信息，为使成本报表的使用者正确理解会计信息，成本报表所提供的相关指标及文字说明必须简洁明了地反映企业的成本状况，反映出成本变动的原因和提出的改进措施，不得含糊其词。

第二节　成本报表的编制

一、产品生产成本表

产品生产成本表也称商品产品成本表，是反映工业企业在报告期内生产的全部产品的总成本的报表。该表一般分为两种形式，一种按成本项目反映，另一种按产品种类反映。

（一）按成本项目反映的产品生产成本表

1. 按成本项目反映的产品生产成本表的结构和作用

该表是按成本项目汇总反映工业企业在报告期内发生的全部生产费用以及产品生产成本合计数的报表。因此，该表主要包含生产费用和产品生产成本两部分。表中生产费用部分按照成本项目反映报告期内发生的各种生产费用及其合计数；产品生产成本部分是在生产费用合计数的基础上，加上在产品和自制半成品的期初余额，减去在产品和自制半成品的期末余额，最终得出产品生产成本的合计数。同时，该表还提供这些费用和成本的上年实际数、本年计划数、本月实际数和本年累计实际数。其基本结构如表 6-1 所示。

表 6-1　产品生产成本表

（按成本项目反映）

光明工厂　　　　　　　　　　　　　202×年 12 月　　　　　　　　　金额单位：元

项目		上年实际	本年计划	本月实际	本年累计实际
生产费用	直接材料费用	410 000	405 000	40 000	400 000
	直接人工费用	180 000	190 000	15 000	185 000
	制造费用	310 000	280 000	25 000	291 000
生产费用合计		900 000	875 000	80 000	876 000
加：在产品、自制半成品期初余额		50 000	48 000	39 000	40 000
减：在产品、自制半成品期末余额		40 000	41 000	48 000	48 000
产品生产成本合计		910 000	882 000	71 000	868 000

从表 6-1 可以看出，按成本项目反映的产品生产成本表有以下几方面的作用。

（1）可以反映报告期内全部产品生产费用的支出和各种费用的构成情况，并据以对生产费用支出进行一般评价。

（2）本表为 12 月份的产品生产成本，因此该表本年累计实际生产费用与本年计划数和上年实际数相比较，可以分析年度生产费用计划的执行结果，以及本年生产费用比上年的增减情况。

（3）若将表中各期产品生产成本合计数与该期的销售收入或利润进行对比，可计算出成本销售收入率和成本利润率，还可以进一步分析该期的经济效益。

2. 按成本项目反映的产品生产成本表的编制

在按成本项目反映的产品生产成本表中，上年实际数应根据上年 12 月份本表的本年累计实际数填列；本年计划数应根据成本计划有关资料填列；本年累计实际数应根据本月实际数，再加上月本表的本年累计实际数计算填列。表中本月实际数按如下方法填列：按照成本项目反映的各种生产费用数应该根据各种产品成本明细账所记录的本月生产费用按照成本项目分别填列；表中的在产品、自制半成品期初、期末余额，应根据各种产品成本明细账的期初、期末在产品成本和各种自制半成品明细账的期初、期末余额，分别填列。

根据表中的生产费用合计数，加减在产品、自制半成品期初、期末余额，即可计算出表中的产品生产成本合计数。

（二）按产品种类反映的产品生产成本表

1. 按产品种类反映的产品生产成本表的结构和作用

一般而言，企业全部商品产品包括主要产品和非主要产品两大类，对于主要产品要按产品种类进行反映，而且，需要进一步分为可比产品和不可比产品两类产品。表 6-2 是按产品种类汇总反映工业企业在报告期内生产的全部产品的单位成本和总成本的报表，该表提供了新华工厂 202×年度所生产的甲、乙、丙、子和丑五种产品的生产成本情况。

该表按产品类别分别反映本年计划产量、本年实际产量、上年实际平均单位成本、本年计划单位成本、本年实际平均单位成本、按上年实际平均单位成本计算的本年累计总成本、按本年计划单位成本计算的本年累计总成本和本年实际总成本。

表 6-2 产品生产成本表
（按产品种类反映）

新华工厂　　　　　　　　　　　　　202×年 12 月　　　　　　　　　　　金额单位：元

产品名称		产量（件）		单位成本			本年累计总成本		
		计划	实际	上年实际平均	本年计划	本年实际平均	按上年实际平均单位成本计算	按本年计划单位成本计算	本年实际
		(1)	(2)	(3)	(4)	(5)	$(6)=$ $(2)\times(3)$	$(7)=$ $(2)\times(4)$	$(8)=$ $(2)\times(5)$
可比产品	可比产品合计						4 835 000	4 577 500	4 495 000
	其中：甲产品	5 000	6 000	460	430	420	2 760 000	2 580 000	2 520 000
	乙产品	2 000	2 000	500	480	475	1 000 000	960 000	950 000
	丙产品	2 000	2 500	430	415	410	1 075 000	1 037 500	1 025 000
不可比产品	不可比产品合计							224 000	222 000
	其中：子产品	350	400		420	425		168 000	170 000
	丑产品	200	200		280	260		56 000	52 000
全部产品成本合计								4 801 500	4 717 000

该表具有以下方面的作用：

（1）报表使用人可以分析和考核各种类产品和全部产品本年的成本计划的结果，对各种产品成本和全部产品成本的节约或超支情况进行一般的评价。

（2）报表使用人可以分析和考核各种可比产品和全部可比产品本年的成本比上年的升降情况，以便促进企业采取措施，不断降低产品成本。

（3）报表使用人可以了解哪些产品成本节约较多，哪些产品成本超支较多，为进一步进行产品单位成本分析指明方向。

2. 按产品种类反映的产品生产成本表的编制

该表的填列方法如下：

（1）"产品名称"项目应填列主要的"可比产品"与"不可比产品"的名称，对主要商品产品的品种，要按规定注明其名称、规格和计量单位。

（2）"产量"项目分为本年的计划产量和实际产量，其中计划产量应按照计划数填列，实际产量要依据成本计算单或产成品明细账的记录计算并如实填列。

（3）"单位成本"项目内："上年实际平均"栏反映各种主要可比产品的上年实际平均单位成本，应分别根据上年度本表所列各种可比产品的全年实际平均单位成本填列；"本年计划"栏反映各种主要商品产品的本年计划单位成本，应根据年度成本计划的有关数字填列；"本年实际平均"栏分别反映本月和自年初起至本月末止企业生产的各种产品的实际总成本，应根据成本计算单的有关数字，并按下列公式计算填列：

$$某产品本年实际平均单位成本 = \frac{该产品本年累计实际总成本}{该产品本年累计实际产量} \qquad (6-1)$$

（4）"本年累计总成本"项目内："按上年实际平均单位成本计算"栏根据本年累计实际产量乘以上年实际平均单位成本计算填列；"按本年计划单位成本计算"栏根据本年累计实际产量乘以本年计划单位成本计算填列；"本年实际"栏根据本年成本计算单的资料填列。

此外，对于成本的降低额和降低率的计算将在本章第三节"成本分析"部分进行介绍。

二、主要产品单位成本表

主要产品是指企业经常生产、在企业全部产品中所占比重较大、能概括反映企业生产经营情况的那些产品。

主要产品单位成本表是反映企业在报告期内生产的各种主要产品单位成本的构成情况和各项主要技术经济指标执行情况的成本报表。由于在商品产品成本表中所列示的各种主要产品的单位成本只是一个总数，无法据此分析其单位成本的构成情况，要了解其单位成本的构成情况，必须编制主要产品单位成本表。因此，主要产品单位成本表是商品产品成本表的补充报表，即对商品产品成本表中各种主要产品的单位成本做进一步补充说明。

通过编制主要产品单位成本表，可以按照成本项目分析和考核主要产品单位成本计划的执行情况；可以按照成本项目将本月实际和本年累计实际平均单位成本，与上年实际平均单位成本和历史先进水平进行对比，了解单位成本的变动情况，分析各成本项目和消耗定额的增减变动情况及其原因，以利于找出差距，挖掘潜力，降低产品成本。

主要产品单位成本表的结构可分为上半部和下半部。上半部反映单位产品的成本项目，并分别列出历史先进水平、上年实际平均、本年计划、本月实际和本年累计实际平均单位成本。下半部是补充资料部分，用来反映单位产品的主要技术经济指标。主要产品单位成本表的一般格式如表6-3所示。

表6-3 主要产品单位成本表
202×年12月

本月计划产量：30 件
本月实际产量：32 件

产品名称：甲   计量单位：件   金额单位：元   本年累计计划产量：360 件
产品规格：××   销售单价：920 元   本年累计实际产量：380 件

成本项目	历史先进水平	上年实际平均	本年计划	本月实际	本年累计实际平均
原材料	480	490	490	485	492
燃料及动力	48	62	58	50	63
工资及福利费	91	96	92	85	88

续表

成本项目	历史先进水平	上年实际平均	本年计划	本月实际	本年累计实际平均
制造费用	150	152	150	155	160
产品单位成本	769	800	790	775	803
主要技术经济指标	计量单位	耗用量	耗用量	耗用量	耗用量	耗用量
A 材料	千克	24	26	25	23	23
B 材料	千克	37	38	37	35	39

主要产品单位成本表的填列方法如下：

（1）产量。本月及本年累计计划产量应根据生产计划填列；本月及本年累计实际产量应根据产品成本明细账或产成品成本汇总表填列；销售价格根据产品定价表填列。

（2）各成本项目的"历史先进水平"是指本企业历史上该种产品成本最低年度的实际平均单位成本，应依据成本历史资料填列。

（3）各成本项目的"上年实际平均"是指上年实际平均单位成本，应依据上年度本表的本年累计实际平均单位成本填列。

（4）各成本项目的"本年计划"是指本年计划单位成本，应依据本年度成本计划中的资料填列。

（5）各成本项目的"本月实际"是指本月实际单位成本，应依据本月完工的该种产品成本资料填列。

（6）各成本项目的"本年累计实际平均"，是指本年年初至本月末止该种产品的实际平均单位成本，应根据年初至本月末止的已完工产品成本计算单等有关资料，采用加权平均方法计算后填列，其计算公式如下：

$$某产品的实际平均单位成本 = \frac{该产品累计总成本}{该产品累计产量} \qquad (6\text{-}2)$$

对于不可比产品，则不填列"历史先进水平"和"上年实际平均"的单位成本。

上述"上年实际平均""本年计划""本月实际"和"本年累计实际平均"的单位成本，应与商品产品成本表中的各该单位成本的数字分别相等。

（7）"主要技术经济指标"是指该种产品主要原材料的耗用量，应根据业务技术资料填列。

三、制造费用、销售费用、管理费用、财务费用明细表

（一）制造费用明细表

1. 制造费用明细表的结构和作用

制造费用明细表是反映企业在报告期内发生的各项制造费用及其构成情况的报表。编制此表的目的是利用该表所提供的资料，分析各项费用的构成和增减变化情况，考核制造费用计划的执行结果，以便采取措施，节约开支，降低费用。

制造费用明细表所列示的费用项目，应分别反映本年计划数、上年同期实际数、

本月实际数、本年累计实际数。这样做，便于加强对制造费用的管理。由于制造费用的明细项目在不同企业间并不完全一致，因此，应列示哪些明细项目可由企业根据其生产经营特点和管理要求以及重要性原则自行确定。制造费用明细表的一般格式如表6-4所示。

表6-4   制造费用明细表

编制单位：××工厂　　　　　　　　　　202×年12月　　　　　　　　　金额单位：元

费用要素	本年计划数	上年同期实际数	本月实际数	本年累计实际数
工资及福利费	65 110	5 210	5 312	64 000
折旧费	45 210	3 431	3 600	42 810
修理费	25 000	2 600	2 400	25 100
办公费	28 000	2 300	2 113	28 511
水电费	32 510	2 822	2 700	33 200
机物料消耗	29 000	2 400	2 321	30 412
劳动保护费	36 000	3 100	2 900	37 600
在产品盘亏、毁损		2 400	2 332	15 631
停工损失		1 900		6 142
其他	26 120	3 500	3 400	16 323
合计	286 950	29 663	27 078	299 729

制造费用明细表的作用有以下几个方面：

（1）可以按费用要素分析制造费用本月实际数比上年同期实际数的增减变化情况；在表中列有本月计划数的情况下，还可以分析本月计划的执行结果。

（2）可以在年度内按照费用要素分析制造费用年度计划的执行情况，预测年末时制造费用是否节约，会不会超支，以便采取措施，将制造费用控制在年度计划之内；可以在年末按照费用要素分析制造费用年度计划执行的结果，分析节约或超支的原因。

（3）可以分析本月实际和本年累计实际制造费用的构成情况，并与上年同期实际构成情况和计划构成情况进行比较，分析制造费用构成的发展变化情况和原因。

2. 制造费用明细表的编制

制造费用明细表的填列方法是："本年计划数"栏各项数字，根据各项制造费用的年度计划数填列；"上年同期实际数"栏各项数字，根据上年同期本表的"本年累计实际数"填列。如果表内所列费用项目和上年度的费用项目在名称或内容上不一致，应对上年度的各项数字按表内所规定的项目进行调整；"本月实际数"栏各项数字应根据"制造费用"总账所属各基本生产车间制造费用明细账的本月合计数汇总计算填列；"本年累计实际数"栏各项数字，填列自年初起至本月末止的累计实际数，应根据制造费用明细账的记录来计算填列。如果需要，也可以根据制造费用的分月计划，在表中加列本月计划数。

（二）销售费用明细表

销售费用明细表是反映企业在报告期内发生的销售费用及其构成情况的报表。企业利用销售费用明细表可以考核产品销售费用计划或预算的执行情况，分析各项费用的构成及其增减变动的原因，以便节约开支，增加企业的盈利。

该表一般按照费用项目分别反映各项费用的本年计划数、上年同期实际数、本月实际数和本年累计实际数。销售费用明细表的一般格式如表6-5所示。

表6-5　销售费用明细表

编制单位：××公司　　　　　　　　　　202×年12月　　　　　　　　　　金额单位：元

费用要素	本年计划数	上年同期实际数	本月实际数	本年累计实际数
港杂费	36 250	3 120	3 200	36 880
整柜陆运费	86 550	8 200	8 100	85 000
报关费	45 320	3 902	3 820	44 560
保税区费	22 000	2 100	2 250	21 250
测试费	23 220	2 050	2 150	22 550
样品耗材费	18 000	1 300	1 250	17 000
国内快运费	11 000	1 050	1 030	10 500
国外快运费	18 000	1 440	1 450	18 550
展会快递费	11 000	900	910	10 650
展会装修费	10 230	950	940	10 550
电话费	10 250	910	930	10 330
网络建设费	22 000	2 050	2 150	21 550
业务招待费	25 000	2 220	2 250	26 250
差旅交通费	13 000	1 100	1 050	13 850
差旅住宿费	18 000	1 600	1 550	18 660
差旅餐饮费	10 000	910	920	11 250
路桥费	12 000	1 050	1 030	12 880
汽油费	15 000	1 300	1 250	16 550
车辆维护费	13 000	1 200	1 100	13 660
合计	419 820	37 352	37 330	422 470

上列销售费用明细表中的"本年计划数"，应根据本年销售费用计划数填列；"上年同期实际数"应根据上年同期本表的本月实际数填列；"本月实际数"应根据销售费用明细账的本月合计数填列；"本年累计实际数"应根据销售费用明细账的本月末累计数填列。如果管理上需要，也可以根据销售费用的分月计划，在本表中增加"本月计划数"一栏。

（三）管理费用明细表

管理费用明细表是反映企业在报告期内发生的管理费用及其构成情况的报表。利用此表可以了解和分析行政管理部门为鼓励和组织经营活动所产生的各项费用的构成和增减变动情况，分析各项费用要素变动的原因，以便节约开支，提高企业的利润。

该表一般按照费用项目分别反映各项费用的本年计划数、上年同期实际数、本月实际数和本年累计实际数。管理费用明细表的一般格式如表 6-6 所示。

表 6-6　管理费用明细表

编制单位：××公司　　　　　　　　　　202×年 12 月　　　　　　　　　　金额单位：元

费用要素	本年计划数	上年同期实际数	本月实际数	本年累计实际数
职工薪酬	37 500	2 858	2 610	38 130
材料消耗	5 060	430	395	5 820
折旧费	28 850	1 585	1 450	29 220
工会经费	15 380	680	660	15 906
招待费	21 420	1 720	1 850	20 190
办公费	9 150	698	720	8 585
印花税	12 630	950	930	11 990
会议费	5 390	660	620	5 640
专利使用费	5 330	549	530	5 860
研究设计费	12 250	980	925	13 890
职工教育经费	15 360	1 360	1 310	15 910
修理费	6 750	595	550	6 120
待业保险费	10 680	826	890	10 080
坏账损失	12 270	1 306	1 260	13 520
易耗品	10 230	950	910	10 850
其他	12 450	1 620	1 550	13 820
合计	220 700	17 767	17 160	225 531

在管理费用明细表中，"本年计划数"应根据管理费用计划数填列；"上年同期实际数"应根据上年同期本表的本月实际数填列；"本月实际数"应根据管理费用明细账的本月合计数填列；"本年累计实际数"应根据管理费用明细账的本月末累计数填列。也可以根据管理费用的分月计划，在本表中增加"本月计划数"一栏。

（四）财务费用明细表

财务费用明细表是反映企业在报告期内发生的财务费用及构成情况的报表。企业利用该表，可以分析、考核财务费用计划的执行情况和财务费用的构成及其增减变动原因。本表一般按照费用项目分别反映各项费用的本年计划数、上年同期实际数、本月实际数和本年累计实际数。财务费用明细表的一般格式如表 6-7 所示。

表 6-7　财务费用明细表

编制单位：××公司　　　　　　　　　　202×年 12 月　　　　　　　　　　金额单位：元

费用要素	本年计划数	上年同期实际数	本月实际数	本年累计实际数
利息支出	93 680	5 660	6 840	93 020
汇兑损失	59 380	5 108	5 030	61 350
金融机构手续费	15 320	2 620	2 380	15 880
其他筹资费用	46 260	5 690	5 305	46 585
合计	214 640	19 078	19 555	216 835

上述财务费用明细表中的"本年计划数"，应根据财务费用计划数填列；"上年同期实际数"应根据上年同期本表的本月实际数填列；"本月实际数"应根据财务费用明细账的本月合计数填列；"本年累计实际数"应根据该明细账的本月末累计数填列。还可以根据财务费用的分月计划，在本表中增加"本月计划数"一栏。

第三节　成　本　分　析

成本分析（cost analysis）是利用企业的成本核算资料及其他相关资料，对成本水平及其构成的变动情况进行分析与评价的过程。它是成本会计的重要组成部分，也是成本管理工作的重要环节之一，其主要目的是揭示影响成本升降的因素及其变动原因，寻找有效降低成本的措施和方法。

一、成本分析的理论基础

（一）成本分析的任务

1. 为成本决策提供依据

成本分析是成本决策的基础。通过成本分析，可以对各方案中有关成本的各种因素及其变化趋势做出科学评估，将技术先进性和经济合理性统一考虑，从而为企业的成本决策提供客观依据。

2. 能为编制成本计划和成本预算提供相关资料

企业的成本计划和成本预算的编制离不开成本分析，因为既要预计上年成本计划的执行情况，发现成本变动的原因，又要预测计划年度可能出现的影响成本变动的其他因素，对已经发生和将要发生的问题采取措施，以充分挖掘降低成本的潜力。所以，只有在成本分析基础上制定出来的成本计划和成本预算，才能实现企业的效益最大化，才能促使企业的目标得以实现。

3. 正确分析成本计划的完成情况，客观评价成本责任单位的工作业绩

成本计划完成情况如何，一般很难简单地根据成本核算资料直接做出可信的结论，而应在成本核算的基础上，通过对成本计划本身及其执行情况的分析，对成本责任单位的成本管理成绩或不足予以评价。同时，成本分析可以为落实奖惩制度提供可靠依据，以调动各成本责任单位及职工提高成本效益的自觉性、积极性和创造性。

4. 揭示成本差异原因，把握成本变动规律，逐步提高成本管理水平

由于成本是一个综合性较强的指标，因而成本计划执行过程中必然要受到多方面因素的影响。因此，成本分析应运用科学的手段与方法，揭示成本差异，查明和测定影响成本差异的因素及其影响程度，从而逐步认识和把握成本变动的特征和规律，以便采取措施，进一步提高企业的成本管理水平。

5. 挖掘降低成本的潜力，寻找进一步降低成本的有效途径和方法

成本分析的根本任务是为了挖掘潜力，寻找进一步降低成本的途径和方法，促使企业以较少的劳动耗费生产出更多质量更好的产品，或以较少的支出提供更多更好的服务。因此，成本分析的重点是要充分认识和有效利用企业的资源，积极、主动地找差距、查原因，总结经验，发现进一步提高其利用效率的可能性，克服工作中的缺陷和薄弱环节，把企业降低成本的潜力挖掘出来。

此外，成本分析还有助于检验国家财经纪律和企业成本管理制度的执行情况，从而规范其成本开支行为。

（二）成本分析的原则

成本分析的原则既是成本分析工作内在要求的集中反映，也是成本分析所提供信息的使用者对成本分析工作者基本要求的集中表现。成本分析的原则来源于成本分析工作实践经验的提炼概括，是成本分析的指导规范。成本分析的原则有助于丰富和发展成本分析理论，指导成本分析实践。下面从成本分析的角度出发，总结在成本分析过程中应遵循的原则。

1. 客观性原则

坚持客观性原则，首先要求成本分析工作者具备客观、公正的优秀品质，要敢于面对现实，充分披露问题，注重让事实说话；其次，要求成本分析应深入实际，尽量多地掌握第一手资料；最后，要求具体问题具体分析。客观性原则要求在尊重客观事实的基础上，考虑到分析对象的特殊性，把分析对象与其所处的环境结合起来，全面深入分析各种影响因素及其影响程度，找出具体原因，由此得出客观、公正和合理的结论。

2. 定期分析与不定期分析相结合

定期分析就是在一个规定期限进行的财务分析，例如，在一个年度、季度、月份、旬或周等终了后进行的分析。它能系统、全面地分析该期间的成本计划的完成情况，并指出存在的问题和提出解决的对策，以保证成本计划的顺利完成。不定期分析是根据企业自身的生产经营管理需要随时进行的分析。企业既需要建立定期的成本分析制度，也需要针对生产经营过程出现的重要问题和突发事项等情况而随时进行成本分析，以便能及时发现问题和采取有效措施。

3. 事后分析与事前分析、事中分析相结合

现代成本分析一般既包括事后分析，又包括事前分析和事中分析，三者之间是相互关联的，各有优势，不可偏废。只有在成本发生之前就对企业未来的发展潜力和前景做出预测和分析，并在成本发生过程中实施控制分析，在成本形成之后进行评价考核分析，才能形成事前分析、事中分析和事后分析有机结合的完整分析体系，并将成本分析贯穿于企业生产经营管理的全过程。这也体现了成本分析的时效

性要求。

4. 纵向分析与横向分析相结合

纵向分析是将一个企业的成本资料同该企业历史或未来的成本资料进行比较分析，以揭示出该企业成本的变化趋势和规律。横向分析则是将该企业的成本数据与同类型的其他企业（一般为先进水平的企业或代表性企业）进行比较，以查明与其他企业的差距。企业在成本分析时要做到纵向分析和横向分析相结合，这样既能让企业掌握本企业自身成本变化的趋势，又能发现本企业与同行业其他企业的先进水平的差距，以便采取合理的措施，改进工作，降低成本。

5. 全面分析与重点分析相结合

现代企业生产经营活动是一个错综复杂，既有内部相互牵制，又有外部广泛联系的有机整体。所以进行成本分析时要树立全局观念，着眼于整体利益，将局部与整体、企业与社会的利益结合起来进行分析，既要看到成绩、经验和有利因素，又要看到不足、教训、问题和不利因素，不能强调一点而忽视另一点，这样才能得出正确的结论。但是全面分析并非只是强调分析内容的全面性，也并非要对与成本有关的生产经营活动进行面面俱到、事无巨细的分析，而是在全面分析的基础上抓住重点，即对那些差异额较大、差异率较高、持续时间较长的成本项目进行重点分析。这种分析又称专题分析，是指对生产经营过程中影响成本降低的某些突出问题进行深入细致的分析研究。

6. 定量分析与定性分析相结合

成本分析必须掌握第一手的成本数据，通过对成本的定量分析，可以确定成本变动的大小及其各因素的影响程度。但是对于一些重要的成本项目，仅仅靠数据分析是不够的，成本分析人员在必要的时候还必须亲临生产经营第一线，深入实地调查，进行成本定性分析，这样可以揭示影响成本变动的因素的性质、内在联系及其变动趋势。因此，在成本分析中，定量分析与定性分析是相辅相成、互为补充的，要将成本数据与生产经营活动结合起来进行分析和研究，才能得出可靠的分析结论。

7. 经济分析与技术分析相结合

企业的各项技术经济指标，反映着企业的技术经济状况，与企业的生产技术、工艺特点、成本管理要求密切相关。而各项技术经济指标的水平，也直接或间接地影响到产品成本的高低。因而，分析人员要懂得一些技术知识并注意发动技术人员参加成本分析，要将成本分析与技术经济指标变动结合起来，这样才能使成本分析深入下去，从而查明影响成本变动的具体原因，找出成本降低的有效途径，同时也有助于企业从资金耗费的效果方面促使各职能部门和生产单位更好地完成各项技术经济指标，有利于从经济的角度改善企业的生产技术条件。

（三）成本分析的评价标准

任何分析都是在进行比较，成本分析也是如此。在成本分析之前先要设定一些相关的评价标准，并使之与分析对象进行相应的比较以找到现实差距，而找到现实差距也就确定了分析的起点，然后再分析产生差距的原因，并根据其原因找到降低成本的相应措施和方案，这样就完成了成本分析的基本过程。确定成本分析评价标准是成本分析最为关键的基础工作，其评价标准主要包括历史标准、行业标准和目标标准等。

1. 历史标准

历史标准是以企业过去某一时间的实际业绩作为评价标准。在分析实践中，历史标准也有着多种选择，例如，企业上年同期的成本水平，还可以是正常条件下企业以前的某一时间段内的平均成本水平或该时间段内的最高（最低）水平。采用历史标准的优势是该成本信息具有很强的可靠性，也有很强的可比性，由此可以发现企业自身发展的变动趋势；其缺点是难以全面评价企业在行业中的地位和竞争能力。

2. 行业标准

行业标准是指将企业所处行业的某些成本指标作为评价标准。通过将企业自身指标与相对应的行业标准进行对照，可以有效评价企业成本在同行业中的地位与竞争力。在确定行业标准时需要考虑两个方面的问题：其一是行业的准确界定；其二是同一行业内部的具体分类。只有较为准确地把握了这两个方面，才可能使成本分析更加有效。

3. 目标标准

目标标准是指企业根据自身经营条件或状况制定的预期标准。目标标准通常意味着企业在成本耗费上的行为导向，因为一旦目标标准确定，其就会被细化为一系列特定具体目标或关键结果用以指导企业行为，同时也就成为企业内部进行成本业绩考核的参照。当然，在制定目标标准时不能无视客观存在的各种不确定性，即事实的可调整性，因此目标标准不能被完全固化。

二、成本分析的基本方法

成本分析的方法是达到成本分析的目的、完成成本分析任务的手段，是成本分析工作的科学总结。成本分析方法有许多种，具体采用哪一种，要根据分析的要求和掌握资料的情况来决定。一般来说，成本分析常用的方法有以下几种。

（一）比较分析法

比较分析法是通过某一指标的实际数与各种比较标准进行对比，揭示差异、分析原因的一种分析方法。在成本分析的实际工作中，采用比较分析法，其比较形式主要有以下几种。

（1）实际指标与计划指标（预算数、定额数或标准指标）比较。通过这种比较，可以分析计划指标的完成情况。当然，在比较时，还必须检查计划指标本身的质量。如果计划保守或冒进，就会使指标的比较失去客观依据。

（2）本期实际指标与以前（上期、上年同期或历史最好水平）的实际指标比较。通过这种比较，可以考察企业成本的变动趋势。

（3）本期实际指标与国内外同行业企业的先进指标比较，或者在企业内部与先进车间、班组或个人的指标比较。通过这种比较，有助于找出差距，学习和赶超先进。

比较分析法是一种绝对的分析方法，只适用于对同类型企业、同质指标进行对比分析。在采用比较分析法进行成本指标的比较时，要充分考虑到指标的内容、计算方法、时间长度和影响指标形成的客观条件等的可比性。如果相比的指标之间有不可比因素，应先按可比的口径进行调整，然后再进行对比。在与同行业企业进行成本指标比较时，还要考虑到企业规模、在行业中的排名和技术经济条件等基本接近，即在技术上、经济上具有一定的可比性。当然，同行之间的这种可比性只是相对的。

经济指标出现了数量差异，往往说明有值得进一步分析的问题。比较分析法的主要作用在于揭示财务活动中的数量关系和存在的差距，从中发现问题，为进一步分析原因、挖掘潜力指明方向。比较分析法是最基本的分析方法，没有比较就没有分析。

（二）比率分析法

比率分析法是利用两个指标的相互关系，通过计算它们的相对数（即比率）来进行数量分析的一种分析方法。根据分析的不同内容和要求，比率分析法主要有以下几种。

1. 相关比率分析法

相关比率分析法是将同一时期两个性质不同但又相关的指标加以比较，求出比率，以便更深入地评价企业的成本效益水平。在实际工作中，由于企业规模、生产技术条件等不同，仅仅比较成本、利润、销售收入和产值等的绝对数大小是不够的。如果将成本指标分别与利润、销售收入、产值等指标进行比较，求出成本利润率、销售收入成本率和产值成本率，可以观察比较各企业成本效益水平的高低。

2. 趋势比率分析法

趋势比率分析法是将几个时期的成本指标的数据进行比较，求出比率，分析该指标增减速度和发展趋势，并从中发现企业在成本管理方面所取得的成果和不足。由于对比的标准不同，它又可分为定基比率和环比比率两种，其计算公式分别如下：

$$定基比率 = \frac{分析期指标值}{固定基期指标值} \times 100\% \tag{6-3}$$

$$环比比率 = \frac{分析期指标值}{前一期指标值} \times 100\% \tag{6-4}$$

［例 6-1］ 某企业乙产品单位成本在 202×年的 4 个季度的实际数额分别为 80 元、88 元、92 元、94 元。

下面以第一季度为基期，以该季度单位成本 80 元为基数，计算本年其他季度的单位成本与对比的基期比率如下：

第二季度：88÷80×100% = 110%

第三季度：92÷80×100% = 115%

第四季度：94÷80×100% = 117.5%

通过上述定基比率计算来看，年内各季度乙产品单位成本与第一季度单位成本相比，呈现不断上升的趋势。

如果分别以上季度为基期，可以计算各季度的环比比率如下：

第二季度：88÷80×100% = 110%

第三季度：92÷88×100% = 104.5%

第四季度：94÷92×100% = 102.2%

通过上述环比比率计算来看，从逐季对比上分析，上述指标均呈现下降势头，说明企业采取了一定有效的措施，促使该指标增幅减慢。

3. 构成比率分析法

构成比率分析法也称为比重分析法（或结构分析法），是通过计算某个指标的各个组成部分占总体的比率，来观察它的结构及其变化。其计算公式如下：

$$构成比率 = \frac{某个组成部分数值}{总体数值} \times 100\% \qquad (6-5)$$

在成本分析的实际工作中，采用这种方法将产品成本中的各个成本项目与产品成本总额对比，计算其占产品成本总额的比重，可以显示总体指标的内部架构，表现各项目相互间的联系、区别及其在总体指标中所处的地位，并同某标准进行比较，便可从中了解到成本结构的变化，明确进一步降低成本的重点。

[例6-2] 下面结合趋势比率分析法，对某企业的丁产品单位成本的构成比率进行分析，如表6-8所示。

表6-8   丁产品单位成本构成比率分析表

成本项目	金额（元）		比重（%）	
	2020 年	2021 年	2020 年	2021 年
直接材料	8 560	8 980	60.45	59.67
直接人工	2 400	2 250	16.95	14.95
制造费用	3 200	3 820	22.60	25.38
合计	14 160	15 050	100.00	100.00

由上述分析可以看出，原材料费用在产品成本中所占比率较高，节约使用原材料是降低产品成本的重要内容。为此，企业必须对材料项目进行重点管控和分析。另外，制造费用所占比率在 2021 年为 25.38%，比 2020 年有所上升，因此需要进一步分析制造费用上升的具体原因。

采用比率分析法时，应注意以下问题。

（1）比率指标中的对比指标应具有相关性。进行对比的指标必须是相互关联的，将不相关联的指标进行对比毫无意义。因此，将两个有内在联系的指标对比，才能对有关经济活动做出正确评价。

（2）比率指标中对比指标的计算口径要一致。同比较法一样，在同一比率中的两个对比指标在计算时间、计算方法、计算标准上应当口径一致。

（3）所采用的比率指标要有对比的标准。会计人员应能够从比率指标的相互联系中，发现企业财务活动的内在关系。由于比率指标所反映的只是企业在某一时点或某一时期的实际情况，因此为了说明问题，还应选用一定的标准与之对比，以便对企业的财务状况做出较准确的评价。通常用作对比的标准有绝对标准、企业历史标准、同行业标准、企业指标的目标标准等。

（三）因素分析法

因素分析法是用来确定几个相互联系的因素对某个财务指标的影响程度的一种分析方法。采用这种方法的目的在于，当有若干因素对分析对象产生影响时，假定其他各个因素都不变，按照一定的顺序确定每一因素单独变化所产生的影响。

因素分析法的计算程序如下。

1. 分解指标因素并确定因素的排列顺序

将影响某项经济指标完成情况的因素，按其内在依存关系，分解其构成因素，并按一定的顺序排列这些因素。

2. 逐次替代因素

每次将其中一个因素由基期数替换成分析期数，其他因素暂时不变。每个因素替换为分析期数后不再返回为基期数。后面因素的替换均是在前面因素已经替换成分析期数的基础上进行的。如此类推，有几个因素就需要替换几次，逐一进行替换。

3. 确定影响结果

每个因素替换以后均会得出一个综合指标的结果，将每个因素替换以后的结果与替换前的结果相减，即可得出该替换因素变动对综合指标的影响数额。

4. 汇总影响结果

将已计算出来的各因素的影响额汇总相加并与综合指标变动的总差异进行比较，确定和检验其计算的正确性。

因素分析法可分为连环替代法和差额计算法。连环替代法是按顺序用各项因素的实际数替换基数，借以计算各项因素影响程度的一种分析方法。差额计算法是根据各项因素的实际数与基期的差额来计算各项因素影响程度的方法，是连环替代法的一种简化的计算方法。

连环替代法的原理如下：

假设某一经济指标 M 由相互联系的 X、Y、Z 三个因素组成。即：

$$M = X \times Y \times Z$$

当 M 为计划（基期）指标时，则

$$M_0 = X_0 \times Y_0 \times Z_0$$

当 M 为实际（报告期）指标时，则

$$M_1 = X_1 \times Y_1 \times Z_1$$

指标实际与计划的差额：$M_1 - M_0 = Q$

由于 M 指标从 M_0 变为 M_1 总是 X、Y、Z 三个因素变动影响的结果，因此，只要把其中一个因素作为可变量，顺序进行替代即可。

计算各因素变动对分析指标的影响程度如下：

计划指标：$M_0 = X_0 \times Y_0 \times Z_0$　　　　　　　　　　　　　　　　　　（1）

第一次替换：$M_2 = X_1 \times Y_0 \times Z_0$　　　　　　　　　　　　　　　　　（2）

第二次替换：$M_3 = X_1 \times Y_1 \times Z_0$　　　　　　　　　　　　　　　　　（3）

第三次替换：$M_1 = X_1 \times Y_1 \times Z_1$　　　　　　　　　　　　　　　　　（4）

据此测定的结果：

（2）-（1）= $M_2 - M_0$，此为 X_0 被 X_1 替代的影响。

（3）-（2）= $M_3 - M_2$，此为 Y_0 被 Y_1 替代的影响。

（4）-（3）= $M_1 - M_3$，此为 Z_0 被 Z_1 替代的影响。

将上述各因素的影响值加以综合，即可得到差异数 Q，即：

$$(M_1 - M_3) + (M_3 - M_2) + (M_2 - M_0) = M_1 - M_0$$

差额计算法的原理如下：

$$M_2-M_0=X_1 \times Y_0 \times Z_0-X_0 \times Y_0 \times Z_0=(X_1-X_0) \times Y_0 \times Z_0 \quad (X \text{ 因素变动，其他因素不变})$$

$$M_3-M_2=X_1 \times Y_1 \times Z_0-X_1 \times Y_0 \times Z_0=(Y_1-Y_0) \times X_1 \times Z_0 \quad (Y \text{ 因素变动，其他因素不变})$$

$$M_1-M_3=X_1 \times Y_1 \times Z_1-X_1 \times Y_1 \times Z_0=(Z_1-Z_0) \times X_1 \times Y_1 \quad (Z \text{ 因素变动，其他因素不变})$$

三个因素影响值的合计等于 M 指标变动的总差异 Q。

当所分析的经济现象或指标可以分解为两个或两个以上（或相乘的积，或相除的商）的时候，为了观测每一个因素变动的影响值，从而分清主要因素与次要因素、主观因素与客观因素、有利因素与不利因素等，就可以运用因素分析法。

[例6-3] 某企业 202×年8月份原材料费用的实际数为 95 511 元，而计划数为 84 000 元，实际比计划增加了 11 511 元。由于原材料费用是由产量、单位产品材料耗用量和材料单价三个因素的乘积构成的，因此，把材料费用指标分解为三个因素，然后逐个分析它们对材料总额的影响程度。三个因素的有关数据如表6-9所示。

表6-9　材料费用因素分析资料

项目	单位	计划数	实际数	差异
产品产量	件	300	316	16
单位产品材料耗用量	千克/件	20	19.5	-0.5
材料单价	元/千克	14	15.5	1.5
材料费用总额	元	84 000	95 511	11 511

采用连环替代法分析计算如下：

计划指标：$300 \times 20 \times 14 = 84\ 000$（元）　　　　　　　　　　　　　　　（1）

第一次替代：$316 \times 20 \times 14 = 88\ 480$（元）　　　　　　　　　　　　　　（2）

第二次替代：$316 \times 19.5 \times 14 = 86\ 268$（元）　　　　　　　　　　　　　（3）

第三次替代：$316 \times 19.5 \times 15.5 = 95\ 511$（元）　　　　　　　　　　　　（4）

其中：

产量增加产生的影响 = (2)-(1) = 88 480-84 000 = 4 480（元）

材料耗用量节约产生的影响 = (3)-(2) = 86 268-88 480 = -2 212（元）

材料价格提高产生的影响 = (4)-(3) = 95 511-86 268 = 9 243（元）

验证结果：4 480+(-2 212)+9 243 = 11 511（元）

该例也可采用差额计算法，分析如下：

产量增加产生的影响 = (316-300)×20×14 = 4 480（元）

材料耗用量节约产生的影响 = 316×(19.5-20)×14 = -2 212（元）

材料价格提高产生的影响 = 316×19.5×(15.5-14) = 9 243（元）

因素分析法既可以全面分析各因素对某一经济指标的影响，又可以单独分析某个因素对某一经济指标的影响，在成本分析中应用较为广泛。但是在具体应用这一方法时必须注意以下几个问题：

（1）因素分解的因果关系。即构成经济指标的因素与分析指标之间要具有因果关系，各因素变动是产生该分析指标差额的内在原因，不可任意凑合，否则就失去了分析的意义。

（2）因素替代的顺序性。进行替代时，必须按照各因素的依存关系，排列成一定的顺序并依次替代，因素顺序不可随意加以颠倒，否则就会得出不同的计算结果。如将上述先计算 X 因素变动的影响值，改为先计算 Y 因素变动的影响值，就有：

$$M_2 - M_0 = X_0 \times Y_1 \times Z_0 - X_0 \times Y_0 \times Z_0 = (Y_1 - Y_0) \times X_0 \times Z_0$$

$$M_3 - M_2 = X_0 \times Y_1 \times Z_1 - X_0 \times Y_1 \times Z_0 = (Z_1 - Z_0) \times X_0 \times Y_1$$

$$M_1 - M_3 = X_1 \times Y_1 \times Z_1 - X_0 \times Y_1 \times Z_1 = (X_1 - X_0) \times Y_1 \times Z_1$$

由此可见，因素分析法的顺序改变，虽然各因素影响的合计数仍然等于分析指标的总差异，即 $(M_2 - M_0) + (M_3 - M_2) + (M_1 - M_3) = M_1 - M_0 = Q$，但是各因素影响的程度都不相同，即：

$$(X_1 - X_0) \times Y_0 \times Z_0 \neq (X_1 - X_0) \times Y_1 \times Z_1$$

$$(Y_1 - Y_0) \times X_1 \times Z_0 \neq (Y_1 - Y_0) \times X_0 \times Z_0$$

$$(Z_1 - Z_0) \times X_1 \times Y_1 \neq (Z_1 - Z_0) \times X_0 \times Y_0$$

运用因素分析法，应当合理地掌握好因素替代计算的顺序，一经确定替代顺序，不应随意变动。一般说来，因素顺序的确定规则是：如果既有数量因素又有质量因素，就先替代数量因素后替代质量因素；如果既有实物量因素又有价值量因素，就先替代实物量因素后替代价值量因素；如果有几个数量因素或质量因素，就先替代主要因素后替代次要因素。

（3）顺序替代的连环性。连环替代法在计算每一个因素变动的影响时，都是在前一次计算的基础上进行，并采用连环比较的方法确定因素变化的影响结果。因为只有保持计算程序上的连环性，才能使各个因素的影响额之和等于分析指标的总差额。

（4）计算结果的假定性。由于在确定某个因素的影响结果时，是以其他因素不变为前提的，而且是按某一顺序计算的，因而计算出来的因素影响值，也只是指标在某一假定条件下的影响值。

三、产品总成本分析

产品总成本分析，主要包括全部商品产品成本计划完成情况分析和可比产品成本降低任务完成情况分析。这是成本分析的第一步，其目的在于找出影响产品成本计划完成的因素，测定其影响程度，为进一步查明成本升降的原因指明方向。产品总成本分析一般是在月末、季末或年末，根据商品产品成本表，采用比较分析法进行分析。

（一）全部商品产品成本计划完成情况分析

全部商品产品成本计划完成情况分析，就是将全部商品产品本期实际总成本与按本期实际产量调整的上期（或计划）总成本进行比较，计算出降低额和降低率，借以分析全部商品产品成本的升降情况。全部商品产品包括主要产品和非主要产品两大类，对于主要产品要按产品类别进行分析，对于非主要产品可按产品类别或按汇总数进行分析。无论是主要产品还是非主要产品，都含有可比产品与不可比产品两大类。对于可比产品成本，不仅可以同计划比较，还可以同上期实际比较，而对于不可比产品成本则只能同计划成本进行比较。所以，全部商品产品成本计划完成情况的分析，在没有不可比产品的情况下，可以采用本期实际与上期实际或本期计划的比较方式；否则，只能采取本期实际与本期计划的比较方式。

对全部商品产品成本计划完成情况进行分析，可以按产品类别将本期实际总成本与按本期实际产量调整的计划（或上期）总成本进行比较，确定其升降额和升降率以及这些差异对全部商品产品总成本的影响程度。

[例6-4] 设某企业202×年度生产 A、B、C、D、E 五种产品，其有关资料如表6-10所示。

表6-10 商品产品成本表

编制单位：××公司　　　　　　　　　　　202×年×月　　　　　　　　　金额单位：元

产品名称		计量单位	本年实际产量	单位成本			总成本（按本年实际产量计算）		
				上年实际	本年计划	本年实际	上年实际	本年计划	本年实际
主要产品	可比产品 A	吨	170	740	720	690	125 800	122 400	117 300
	可比产品 B	千克	310	276	283	257	85 560	87 730	79 670
	可比产品 C	千克	180	115	109	96	20 700	19 620	17 280
	小计						232 060	229 750	214 250
	不可比产品 D	件	260		80	78		20 800	20 280
非主要产品 E		件	320	6	4.6	5	1 920	1 472	1 600
合计							233 980	252 022	236 130

根据表6-10的资料及有关成本计划资料，按产品类别进行全部商品产品成本计划完成情况的分析如表6-11所示。

表6-11 全部商品产品成本分析表（按产品类别）

编制单位：××公司　　　　　　　　　　　202×年×月　　　　　　　　　金额单位：元

产品名称			计量单位	本年实际产量	单位成本			本年实际产量的总成本			本年比上年		本年比计划		各产品成本差异对总成本影响的百分比（%）
					上年实际	本年计划	本年实际	上年实际	本年计划	本年实际	升降额	升降率（%）	升降额	升降率（%）	
主要产品	可比产品	A	吨	170	740	720	690	125 800	122 400	117 300	-8 500	-6.76	-5 100	-4.17	-2.02
		B	千克	310	276	283	257	85 560	87 730	79 670	-5 890	-6.88	-8 060	-9.19	-3.20
		C	千克	180	115	109	96	20 700	19 620	17 280	-3 420	-16.52	-2 340	-11.93	-0.93
		小计						232 060	229 750	214 250	-17 810	-7.67	-15 500	-6.75	-6.15
	不可比产品	D	件	260		80	78		20 800	20 280			-520	-2.50	-0.21
非主要产品		E	件	320	6	4.6	5	1 920	1 472	1 600	-320	-16.67	+128	+8.70	0.05
合计								233 980	252 022	236 130			-15 892	-6.31	-6.31

注：各产品成本差异对总成本影响的百分比（%），按本年实际与计划的比较方式计算。例如，A 产品成本差异对总成本影响的百分比计算如下：

① A 产品成本差异额为-5 100（元）；

② 所有产品的计划总成本为 252 022（元）；

③ A 产品成本差异对总成本影响的百分比=-5 100÷252 022×100%=-2.02%。

类似地，可以得出其他产品成本差异对总成本影响的百分比。

由表 6-11 可见，本年全部商品产品的实际总成本比计划有所下降，降低额为 15 892 元，降低率为 6.31%。其原因是主要产品的实际成本比计划下降，尤其是其中的可比产品成本下降幅度较大，降低额为 15 500 元，降低率为 6.75%。而非主要产品的成本则有所上升，上升额为 128 元，上升率为 8.70%。考虑到非主要产品的成本金额占全部商品产品总成本金额的比重较小，所以以对产品成本升降的原因分析，重点应放在主要产品尤其是可比产品上。

（二）可比产品成本降低任务完成情况分析

在企业正常生产经营的情况下，可比产品往往要占全部产品的绝大部分。因此，控制好可比产品成本，努力完成或超额完成成本降低任务，对全部产品成本的控制和成本水平的降低有着至关重要的作用。

1. 可比产品成本降低任务及其完成情况的衡量指标

可比产品成本的降低任务及其降低任务的完成情况是通过指标来反映的，它包括计划降低指标、实际降低指标和超计划降低指标。可比产品成本计划降低指标是指本年计划成本与按上年实际平均单位成本和本年计划产量计算的总成本之间的差异及其比例，包括计划降低额和计划降低率。其计算公式如下：

$$可比产品成本计划降低额 = \sum \left[计划产量 \times （上年实际平均单位成本 - 本年计划单位成本）\right] \tag{6-6}$$

$$可比产品成本计划降低率 = \frac{计划降低额}{\sum（计划产量 \times 上年实际平均单位成本）} \times 100\% \tag{6-7}$$

可比产品成本实际降低指标是指本年实际成本与按上年实际平均单位成本和本年实际产量计算的总成本之间的差异及其比例，包括实际降低额和实际降低率。其计算公式如下：

$$可比产品成本实际降低额 = \sum \left[实际产量 \times （上年实际平均单位成本 - 本年实际单位成本）\right] \tag{6-8}$$

$$可比产品成本实际降低率 = \frac{实际降低额}{\sum（实际产量 \times 上年实际平均单位成本）} \times 100\% \tag{6-9}$$

可比产品成本降低任务的完成情况，通过实际降低指标与计划降低指标的差异，即超计划降低额和超计划降低率来揭示，其计算公式如下：

$$超计划降低额 = 实际降低额 - 计划降低额 \tag{6-10}$$

$$超计划降低率 = 实际降低率 - 计划降低率 \tag{6-11}$$

[**例 6-5**] 设前例企业 202× 年度可比产品成本降低任务和实际降低情况如表 6-12、表 6-13 所示。

表 6-12　可比产品成本计划降低任务表

金额单位：元

可比产品	计划产量（件）	单位成本		总成本		降低任务	
		上年实际	本年计划	上年实际	本年计划	降低额	降低率（%）
A	210	740	720	155 400	151 200	4 200	2.70
B	386	276	283	106 536	109 238	-2 702	-2.54
C	360	115	109	41 400	39 240	2 160	5.22
合计				303 336	299 678	3 658	1.21

表 6-13　可比产品成本实际降低情况表

金额单位：元

可比产品	实际产量（件）	单位成本			总成本			降低情况	
		上年实际	本年计划	本年实际	上年实际	本年计划	本年实际	降低额	降低率（%）
A	170	740	720	690	125 800	122 400	117 300	8 500	6.76
B	310	276	283	257	85 560	87 730	79 670	5 890	6.88
C	180	115	109	96	20 700	19 620	17 280	3 420	16.52
合计					232 060	229 750	214 250	17 810	7.67

由表 6-12、表 6-13 可知，可比产品成本降低任务完成情况的分析对象为：

超计划降低额 = 17 810-3 658 = 14 152（元）

超计划降低率 = 7.67%-1.21% = 6.46%

说明该企业可比产品成本实际降低额比计划多降低 14 152 元，实际降低率比计划多降低 6.46%。在此基础上，应进一步分析影响可比产品成本降低任务完成情况的各种因素，以便做出正确的评析。

2. 可比产品成本降低任务完成情况的因素分析

影响可比产品成本降低任务完成情况的因素主要有三个，即产品产量、单位成本和品种结构。

（1）产品产量变动的影响。可比产品成本降低任务和实际完成情况的计算方法，决定了在品种结构和单位成本均不变的条件下，产品产量的变动会引起成本降低额发生同比例的变动，但不会影响成本降低率的变动。这一结论可用下列实例来加以说明。

假定前面所举的［例 6-5］中，各种可比产品产量都比计划减少 10%，实际单位成本与计划单位成本保持相等，则相关资料如表 6-14 所示。

表 6-14　产量变动后的可比产品成本降低情况

金额单位：元

可比产品	计划产量成本比例变动后的调整产量（件）	单位成本		总成本		降低情况	
		上年实际	本年计划	上年实际	本年计划	降低额	降低率（%）
A	189.0	740	720	139 860.00	136 080.00	3 780.00	2.70
B	347.4	276	283	95 882.40	98 314.20	−2 431.80	−2.54
C	324.0	115	109	37 260.00	35 316.00	1 944.00	5.22
合计				273 002.40	269 710.20	3 292.20	1.21

由表 6-14 可知，A、B、C 三种产品实际产量均比计划减少10%，降低额相应减少 10%$\left(\dfrac{3\ 658-3\ 292.20}{3\ 658}\times100\%\right)$，但降低率仍是 1.21%。这说明产品产量变动只影响降低额，而不影响降低率。

产量变动对成本降低额的影响＝按产量变动调整后的计划降低额－计划降低额

$$＝\sum（计划产量成本比例变动后的调整产量$$
$$\times上年实际平均单位成本）\times计划降低率$$
$$-计划降低额 \qquad (6-12)$$

具体到［例 6-5］中，可比产品 A、B、C 的本年计划产品分别为 210 件、386 件、360 件，本年实际产量分别为 170 件、310 件、180 件，在此过程中，均发生了产品产量同比例的变动和产品品种结构的变动。进一步分析可以发现，其中，在保持产品品种结构不变时，可比产品 A、B、C 的产量成比例地减少了 50%，详见表 6-15。

表 6-15　产品产量成比例变动后的产量及成本计算表

金额单位：元

可比产品	按产品产量成比例变动调整后的产量（件）	上年实际单位成本	按产品产量成比例变动调整后的产量和上年实际单位成本计算的总成本
A	105	740	77 700
B	193	276	53 268
C	180	115	20 700
合计			151 668

产品产量成比例变动调整后的计划降低额＝3 658×(1−50%)＝1 829（元）

因为产品产量按计划产量成比例变动，其计划降低率是保持不变的，因此也可用如下公式来计算产品产量成比例变动调整后的计划降低额。

产品产量成比例变动调整后的计划降低额
＝∑（计划产量成比例变动后的调整产量×上年实际平均单位成本）×计划降低率
＝151 668×（3 292.20÷273 002.40）＝1 829（元）
产量成比例变动对成本降低额的影响＝1 829−3 658＝−1 829（元）

因为产品产量成比例变动，其计划降低率是保持不变的，因此产量成比例变动对计划成本降低率的影响为 0。

（2）单位成本变动的影响。可比产品成本计划降低额是以本年计划单位成本和上年实际平均单位成本相比较来确定的；可比产品实际降低额是以本年实际单位成本和上年实际平均单位成本相比较来确定的。因此，当本年实际单位成本比计划单位成本降低或升高时，必然会引起可比产品成本降低额和降低率的变动，其计算公式如下：

$$单位成本变动对成本降低额的影响 = \sum（本年实际产量×计划单位成本）$$
$$-\sum（本年实际产量×实际单位成本）$$

$$(6-13)$$

继续［例 6-5］的分析，根据表 6-13 的计算资料：

单位成本变动对成本降低额的影响 = 229 750-214 250 = 15 500（元）

（3）品种结构变动的影响。由于各种产品的成本降低程度不同，因而当产品品种结构变动时，必然影响成本降低任务的完成，会对成本降低率产生影响。这可用简便的差额法来计算求得。

在［例 6-5］中，品种结构变动影响的降低额 = 14 152-（-1 829）-15 500 = 481 元。

以上三个因素对成本降低额的影响情况汇总如表 6-16 所示。

表 6-16　成本降低额的影响情况汇总表

因素变动	降低额（元）
产品产量变动	-1 829
单位成本变动	15 500
品种结构变动	481
降低任务完成情况合计	14 152

由表 6-16 可知，由于产量成比例减少，使降低额减少 1 829 元；由于单位成本变动，使降低额增加了 15 500 元；由于品种结构变动，使降低额增加 481 元。这说明，在企业存在不利因素影响的情况下，成本降低任务之所以能超额完成，主要原因是该企业 A、B、C 三种产品实际单位成本比计划大幅度下降，使降低额与降低率都大大增加了。这是成本下降的关键因素。

四、产品单位成本分析

通过对全部商品产品成本计划完成情况和可比产品成本降低任务完成情况的分析，可以从总体上了解企业成本计划的完成情况。但这显然是不够的，因为产品的成本总额是以单位成本为基础计算的。所以，在上述分析的基础上，还必须对主要产品单位成本进行具体分析。通过这种分析可以揭示各种产品单位成本及其各成本项目和各项目消耗定额的超支或节约情况，查明各种产品成本升降的具体原因，寻求降低成本的具体途径。

对主要产品单位成本进行分析，首先应从总的方面分析主要产品单位成本的变动情况，然后进一步按成本项目分析其成本变动情况。

（一）产品单位成本的一般分析

1. 比较分析

主要产品单位成本的比较分析是根据主要产品单位成本表，利用比较分析法，分析本期比上期或计划的成本升降情况。

[例6-6] 设某企业生产的甲产品，其单位成本表和单位成本比较分析表分别如表6-17、表6-18所示。

表6-17 主要产品单位成本表

金额单位：元

产品名称：甲产品				计量单位：件		计划产量：210件	
						实际产量：160件	
成本项目		上年实际		本年计划		本年实际	
直接材料		664		540		510	
直接人工		161		154		143	
制造费用		76		72		67	
合计		901		766		720	
明细项目	单位	上年实际		本年计划		本年实际	
		单位用量	金额	单位用量	金额	单位用量	金额
原材料：							
T1	千克	34	392	32	310	34	290
T2	千克	24	272	22	230	16	220
工时		316		314		282	

表6-18 甲产品单位成本比较分析表

金额单位：元

成本项目	计划成本	实际成本	升降情况（±）		各项目升降对单位成本的影响（%）
			升降额	升降率（%）	
直接材料	540	510	-30	-5.56	-3.92
直接人工	154	143	-11	-7.14	-1.44
制造费用	72	67	-5	-6.94	-0.65
合计	766	720	-46	-6.01	-6.01

由表6-18可知，甲产品的单位成本比计划降低46元，降低率为6.01%，其主要原因是由于直接材料项目的成本降低，使单位成本比计划降低3.92%，另外，直接人工费用和制造费用都有不同程度的降低，对单位成本降低的影响分别为1.44%

和 0.65%。

在对单位成本进行分析时，企业还可以将本年实际单位成本与上年实际平均单位成本相比较，如果说某成本项目虽超过计划指标，但仍低于上年成本水平，这就应该予以肯定，因为这种变化意味着成本水平在下降，其趋势是良好的。但如果实际单位成本不仅高于计划指标，而且也超过上年成本水平，就应引起重视，及时予以控制。

2. 因素分析

产品单位成本的变动，主要是受产品总成本与总产量两个因素的影响。可用公式表示：

$$单位成本 = \frac{总成本}{总产量} \qquad (6-14)$$

分析上式可知，总成本保持不变时，单位成本与总产量成反比例变动。但是，由于产品总成本包括变动成本和固定成本两部分，而且前者的单位成本（单位变动成本）与总产量不相关，后者的单位成本（单位固定成本）则与总产量成反比例变动，因此单位成本变动的因素分析，一般应采用如下公式：

$$单位成本 = 单位变动成本 + \frac{固定成本}{总产量} \qquad (6-15)$$

采用差额分析法来分别计算单位变动成本、固定成本及总产量三因素对单位成本变动的影响程度。其计算公式如下：

$$单位变动成本变动对单位成本的影响 = 实际单位变动成本 - 计划单位变动成本 \qquad (6-16)$$

$$总产量变动对单位成本的影响 = \frac{固定成本预算}{实际总产量} - \frac{固定成本预算}{计划总产量} \qquad (6-17)$$

$$固定成本变动对单位成本的影响 = \frac{实际固定成本 - 固定成本预算}{实际总产量} \qquad (6-18)$$

[例 6-7] 某企业乙产品某年度的单位成本情况如表 6-19 所示。

表 6-19   总产量及单位成本表

产品：乙   202×年   金额单位：元

项目	总产量（件）	单位变动成本	固定成本	单位固定成本	产品单位成本
计划	6 200	16.20	49 600	8	24.20
实际	7 400	17	51 800	7	24

实际单位成本与计划单位成本的差异额 = 24 - 24.2 = -0.2（元）

因素分析如下：

单位变动成本变动对单位成本的影响 = 17 - 16.2 = 0.8（元）

$$总产量变动对单位成本的影响 = \frac{49\ 600}{7\ 400} - \frac{49\ 600}{6\ 200} = -1.3（元）$$

$$固定成本变动对单位成本的影响 = \frac{51\ 800 - 49\ 600}{7\ 400} = 0.3（元）$$

由上述分析结果可知，乙产品完成了单位成本计划（下降 0.2 元/件），主要是由于产量增长的原因。

（二）产品单位成本分成本项目的分析

在对主要产品单位成本进行一般分析的基础上，为了进一步说明各成本项目发生变动的具体原因，应对重点成本项目进行逐项分析。

1. 直接材料项目分析

一般说来，单位产品直接材料成本取决于单位产品材料耗用量和材料单价两个因素，用公式表示为：

$$单位产品直接材料成本=单位产品材料耗用量（即单耗）\times 材料单价 \qquad (6-19)$$

根据以上公式，采用因素分析法，两个因素变动对直接材料成本的影响程度，可分别按下列公式计算：

$$单耗变动的影响=\sum[（实际单耗-计划单耗）\times 计划单价] \qquad (6-20)$$
$$单价变动的影响=\sum[实际单耗\times（实际单价-计划单价）] \qquad (6-21)$$

在［例 6-6］中，根据表 6-17 所提供的明细材料，可分析甲产品耗用 T1、T2 两种材料的成本变动情况。

T1 材料：

$$单耗的影响=（34-32）\times\frac{310}{32}=19.38 （元）$$

$$单价的影响=34\times\left(\frac{290}{34}-\frac{310}{32}\right)=-39.38 （元）$$

T2 材料：

$$单耗的影响=（16-22）\times\frac{230}{22}=-62.73 （元）$$

$$单价的影响=16\times\left(\frac{220}{16}-\frac{230}{22}\right)=52.73 （元）$$

因而 T1、T2 两种材料的单耗和单价，对直接材料成本的影响程度是：

$$（19.38-62.73）+（-39.38+52.73）=-30 （元）$$

在上述分析的基础上，还应该深入调查研究单价和单耗变动的具体原因。比如，影响单价的原因有：材料买价、运费、运输中合理损耗、材料入库前的挑选整理费等。影响单耗的原因有：材料质量、材料加工方式、材料利用程度、产品或零部件结构、废品回收利用情况等。

2. 直接人工项目分析

直接人工成本包括企业直接从事产品生产人员的工资、奖金、津贴、补贴及职工福利费等。如果企业生产多种产品，直接人工成本一般应按生产工时分配计入各种产品成本。所以，直接人工成本取决于单位产品的生产工时（效率指标）和小时工资率（分配率指标）两个因素，即：

$$单位产品直接人工成本=单位产品生产工时\times 小时工资率 \qquad (6-22)$$

其中：

$$小时工资率=\frac{直接人工成本总额}{生产工时消耗总量}\times 100\% \qquad (6-23)$$

　　根据以上公式，采用因素分析法，两个因素变动对直接人工成本的影响程度，可按下列公式计算：

　　　　效率差异的影响＝（实际单位产品生产工时－计划单位产品生产工时）

　　　　　　　　　　×计划小时工资率　　　　　　　　　　　　　　　　　（6-24）

　　　　小时工资率差异的影响＝实际单位产品生产工时

　　　　　　　　　　　　×（实际小时工资率－计划小时工资率）　　　　（6-25）

　　现仍依据［例6-6］提供的明细资料，对直接人工成本项目实际比计划降低11元的原因予以分析：

$$效率差异的影响＝（282-314）\times\frac{154}{314}＝（-32）\times\frac{154}{314}＝-15.69（元）$$

$$分配率差异的影响＝282\times\left(\frac{143}{282}-\frac{154}{314}\right)＝4.69（元）$$

　　两因素共同影响的结果为：－15.69＋4.69＝－11（元）

　　以上计算结果说明，由于生产效率的提高，实际单位产品生产工时比计划缩短，使单位产品的直接人工成本减少15.69元；由于实际小时工资率比计划有所提高，使单位产品直接人工成本增加了4.69元；两者共同作用的结果，使甲产品单位直接人工成本降低11元。

　　直接人工成本中效率指标的变动，反映了劳动生产率水平的高低。劳动生产率越高，单位产品的工时消耗量越少，它所分配的人工成本也就越低；反之，劳动生产率越低，单位产品分配的人工成本也就越多。至于劳动生产率产生差异的原因，主要有机器设备性能、材料质量、生产工艺及产品设计、工人技术熟练程度和工作态度等。因此，企业应从主观与客观两方面共同抑制其不利影响，提高劳动生产率。小时工资率的大小受两方面因素的影响，一方面受直接人工成本总额的影响；另一方面受到生产工时总量变动的影响，这又主要取决于出勤率和工时利用率的高低。

　　3. 制造费用项目分析

　　制造费用项目包括企业各生产单位为组织和管理生产所发生的全部支出，如固定资产折旧费、维修费、低值易耗品摊销费、车间办公费、水电费等。如果将制造费用全部视为固定费用，并按工时消耗比例分配，则单位产品制造费用便取决于单位产品生产工时（效率指标）和小时制造费用率（分配率指标）两个因素，即：

　　　　单位产品制造费用＝单位产品生产工时×小时制造费用率　　　　（6-26）

$$其中：\quad 小时制造费用率＝\frac{制造费用总额}{生产工时消耗总量}\times100\%\qquad（6-27）$$

　　上述两个因素变动对制造费用的影响程度可用下列公式表示：

　　　　效率差异的影响＝（实际单位产品生产工时－计划单位产品生产工时）

　　　　　　　　　　×计划小时制造费用率　　　　　　　　　　　　　　（6-28）

$$分配率差异的影响=实际单位产品生产工时×（实际小时制造费用率$$
$$-计划小时制造费用率） \tag{6-29}$$

仍根据［例6-6］所提供的明细资料进行分析，以说明甲产品单位制造费用实际比计划降低5元的原因。

$$效率差异的影响=（282-314）×\frac{72}{314}=-7.34（元）$$

$$分配率差异的影响=282×\left(\frac{67}{282}-\frac{72}{314}\right)=2.34（元）$$

两个因素共同影响的结果为：（-7.34）+2.34=-5（元）

如果企业已将制造费用划分为变动制造费用与固定制造费用两部分，那么，单位产品制造费用取决于单位变动制造费用、固定制造费用总额及总产量三个因素，即：

$$单位产品制造费用=单位产品变动制造费用+\frac{固定制造费用总额}{总产量} \tag{6-30}$$

为了进一步了解制造费用变动的具体原因，企业还应按制造费用细目进行分析。

五、主要技术经济指标对产品成本的影响分析

产品成本是企业一系列行为的结果，尽管单位产品成本表现为直接材料、直接人工、制造费用等成本项目的总和，如果深入分析就会发现，任何成本项目的变动都是受一系列因素影响的，这些影响因素来自企业经营活动的各个方面，它们直接或间接影响着企业成本的变动。从抽象角度看，产品生产过程就是活劳动利用劳动手段对劳动对象进行加工从而产生新使用价值并借此实现经济价值的过程，而产品成本也就是这一抽象的投入产出过程中所发生耗费的归集与汇总的结果。由此与产品成本相关的技术经济指标就可以按产品生产流程划分为如下几个方面：与投入有关的劳动生产率、原材料利用程度，与投入转化有关的生产设备利用情况，还有与产出相关的产品质量等因素。

（一）劳动生产率变动对成本的影响

劳动生产率的增长意味着单位产品所消耗时间的减少，从而每种产品所分摊的工资成本也会相应减少。但是劳动生产率的增长往往伴随着工资的提高，这又会使产品的单位成本提高。因此，劳动生产率变动要与工资变动结合到一起来计算其对成本的影响。

$$产品单位成本降低率=\left(1-\frac{1+小时平均工资率提高的百分比}{1+生产工人劳动生产率增长的百分比}\right) \tag{6-31}$$
$$×计划单位成本中生产工人工资所占的比重$$

$$生产工人劳动生产率增长的百分比$$
$$=\frac{单位产品计划工时消耗-单位产品实际工时消耗}{单位产品计划工时消耗}×100\% \tag{6-32}$$

$$小时平均工资率提高的百分比=\frac{实际平均小时工资率-计划平均小时工资率}{计划平均小时工资率}×100\%$$
$$\tag{6-33}$$

［例6-8］设某企业生产乙产品，单位产品计划工时消耗为2 600小时，实际工

时消耗为 2 200 小时；计划平均小时工资率为 14 元，实际平均小时工资率为 15.2 元；计划单位成本中生产工人工资所占的比重为 16%。试分析劳动生产率变动对产品单位成本的影响。

$$生产工人劳动生产率增长的百分比 = \frac{2\ 600 - 2\ 200}{2\ 600} \times 100\% = 15.38\%$$

$$小时平均工资率提高的百分比 = \frac{15.2 - 14}{14} \times 100\% = 8.57\%$$

$$产品单位成本降低率 = \left(1 - \frac{1 + 8.57\%}{1 + 15.38\%}\right) \times 16\% = 0.94\%$$

上述结果表明，生产工人劳动生产率实际比计划增长了 15.38%，小时平均工资率提高了 8.57%，由于这两个因素的共同作用，使本年产品实际单位成本比计划降低了 0.94%。

（二）材料利用率变动对成本的影响

材料利用率在不同类型的企业有不同的表现形式，常用投入材料的重量和实际利用材料的重量之间的比例来表示，其计算公式如下：

$$材料利用率 = \frac{单位产品净重（材料重量）}{材料单耗} \times 100\% \qquad (6-34)$$

在产品设计方案不变（投入的材料及单位产品净重不变）以及原材料价格稳定的前提下，材料利用率变动对产品单位成本的影响程度为：

$$\left(\frac{计划材料利用率}{实际材料利用率} - 1\right) \times 计划单位成本中材料成本所占的比重 \qquad (6-35)$$

上式计算结果，如为负数，表示因提高材料利用率使单位成本下降的比率；如为正数，表示单位成本上升的比率。

[**例 6-9**] 本年度某种产品计划材料利用率 85%，计划单位成本中材料成本占 70%，在产品设计方案及材料单价不变的情况下，实际材料利用率为 90%，则材料利用率变动对产品单位成本的影响程度为：

$$\left(\frac{85\%}{90\%} - 1\right) \times 70\% = -3.89\%$$

计算结果表明由于材料利用率的提高，使该种产品的单位成本下降了 3.89%。

（三）设备利用率变动对成本的影响

不同类型的企业拥有不同技术设备，因而反映设备能力利用的技术经济指标也会不尽相同。但它都与总产量有着直接的关系，例如，单台设备台时产量与总产量的关系可表示为：

$$总产量 = 设备总台时 \times 台时产量$$
$$= 实际使用设备量 \times 单台设备运转时间 \times 台时产量$$
$$= 安装设备量 \times 设备使用率 \times 单台设备计划台时$$
$$\times 计划台时利用率 \times 台时产量 \qquad (6-36)$$

上式中，设备使用率反映设备的数量利用状况；单台设备计划台时，是以生产设备的设计台时为基数，考虑设备检修等正常原因必须停工的台时数后，预计设备可能开动的台时数；计划台时利用率是指设备实际运用台时数与计划台时数之间的比率，它反映了设备工作时间的充分利用情况；台时产量是设备每小时的实际产量，它反映了设备能力的效率情况。

在生产过程中，随着生产设备的数量利用、时间利用及能力利用等技术经济指标的改善，总产量必然增长，而这又将促使单位产品固定性制造费用的减少，从而降低产品单位成本，其计算公式为：

$$总产量变动对单位成本的影响 = \left(\frac{1}{1+总产量增长率}-1\right)×计划单位成本中固定$$
$$制造费用所占的比重 \tag{6-37}$$

上述公式的计算结果如为负数，表示因为增产而使单位成本下降的比率；反之，则表示单位成本的上升比率。

在安装设备的数量及单台设备计划台时保持不变的情况下，应用上述表示总产量的公式，总产量增长率可根据下列公式计算：

$$
\begin{aligned}
总产量增长率 &= \frac{实际总产量}{计划总产量}-1 \\
&= \frac{实际设备使用率×实际台时利用率×实际台时产量}{计划设备使用率×计划台时利用率×计划台时产量}-1 \\
&= (1+设备使用率增长率)×(1+台时利用率增长率) \\
&\quad ×(1+台时产量增长率)-1
\end{aligned}
\tag{6-38}
$$

将上式代入到计算总产量变动对单位成本影响的公式中，便可得到生产设备数量利用、工时利用及能力利用等技术经济指标（统称为生产设备效率）对单位成本影响的公式：

生产设备效率变动对单位成本的影响

$$= \left[\frac{1}{(1+设备使用率增长率)×(1+台时利用率增长率)×(1+台时产量增长率)}-1\right]$$
$$×计划单位成本中固定制造费用所占的比重 \tag{6-39}$$

[例6-10]　某厂报告年度设备数量和单台设备计划台时均未变动，实际设备使用率比计划下降12%，实际台时利用率比计划提高7%，实际台时产量比计划增长14%。设该厂的计划单位成本中固定制造费占35%，则有：

$$
\begin{aligned}
生产设备效率变动对单位成本的影响 &= \left[\frac{1}{(1-12\%)×(1+7\%)×(1+14\%)}-1\right]×35\% \\
&= -2.39\%
\end{aligned}
$$

即表示生产设备利用情况的改善，使单位成本下降2.39%。

（四）产品质量变动对成本的影响

在企业生产的等级产品中，不同质量等级的产品经历了同一生产过程，耗费了等量的劳动，因而产品本身的质量等级一般与产品成本无关。但是，产品质量可通过合格品率、废品损失对产品成本产生影响。

[例6-11]　某企业有关资料如表6-20所示，试分析合格品率对产品单位成本的影响。

表 6-20 企业有关产品合格率和单位成本资料表

指标	计划	实际
材料、工资等变动成本（元）	576 000	574 811.20
合格品产量（件）	980	1 010
合格品率（%）	93%	96%
产品单位成本（元）	587.76	569.12

合格品率变动对产品单位成本的影响，常用下列公式来计算：

$$合格品率变动对产品单位成本的影响 = \frac{实际合格品率 - 计划合格品率}{计划合格品率}$$

$$= \frac{96\% - 93\%}{93\%} = 3.23\%$$

六、以某炼铁厂为案例的成本分析[①]

（一）某炼铁厂的产量和成本相关资料

某炼铁厂 202×年第一季度产品成本计划完成情况如下。

计划单位成本（上年）：1 177.06 元/吨，实际单位成本 1 183.96 元/吨，实际比计划超支 414 万元。实际产量为 60 万吨。

（实际单位成本 - 计划单位成本）×实际产量 =（1 183.96 - 1 177.06）×60 = 414（万元）

根据第一季度该炼铁厂有关资料分析如下（为简化计算，本例采用单位成本报表资料，并且本例所有数据均为假设）。

资料一：某炼铁厂 202×年第一季度主要生产技术指标计划完成情况见表 6-21。

表 6-21 主要生产技术指标计划完成情况表

指标	单位	计划	实际	超降	备注
1. 产量	万吨	58	60	2	
2. 矿石消耗定额	吨/吨	1.872	1.857	-0.015	
3. 综合焦比	吨/吨	0.558	0.563	0.005	
其中：入炉焦比	吨/吨	0.472	0.465	0.007	
焦丁	吨/吨	0.005 4	0.007 2	0.001 8	按 0.9 折焦系数
煤比	吨/吨	0.080 8	0.090 4	0.009 6	按 0.8 折焦系数
4. 入炉品位	%	51.8	52.69	0.89	
5. 碎铁用量	千克	31	22	-9	按 1.2 系数折算矿耗
6. 综合能耗	千克/吨	460	460.8	0.8	
7. 风湿	℃	1 030	1 016	-14	
8. 生铁一级硫率	%	86.6	88.7	2.1	
9. 焦炭	%	82.5	82.6	0.1	
10. 焦炭灰分	%	12.2	12.86	0.66	
11. 焦炭硫分	%	0.64	0.74	0.1	

① 参考：欧阳清，杨雄胜. 成本会计学. 北京：首都经济贸易大学出版社，2003.

资料二：某炼铁厂202×年第一季度产品成本明细表见表6-22。

表 6-22 产品成本明细表　　　　产品名称：生铁

编制单位：某炼铁厂　　　　202×第一季度　　　　实际产量：60 万吨

成本项目	单位	计划		实际	
		数量	金额（元/吨）	数量	金额（元/吨）
一、原主材料			716.25		725.19
1. 热烧	吨	1.215	438.79	1.018	366.74
2. 冷烧	吨	0.375	164.51	0.561	245.89
3. 球团	吨	0.213	87.96	0.231	96.12
4. 天然矿	吨	0.038	13.83	0.025	8.52
5. 碎铁	吨	0.031	11.16	0.022	7.92
矿耗合计	吨	1.872	716.25	1.857	725.19
二、燃料			273.2		272.75
1. 入炉焦比	吨	0.472	233.61	0.465	230.15
2. 焦丁	吨	0.006	2.46	0.008	3.28
3. 煤粉	吨	0.101	37.13	0.113	39.32
燃料合计	吨	0.579	273.20	0.586	272.75
三、动力			88.53		90.96
1. 煤气	吉焦	2.705	27.6	2.695	26.72
2. 水	立方米	29.186	6.99	28.912	6.42
3. 电	千瓦·小时	18.53	7.04	23.459	9.09
4. 风	立方千米	1.686	37.09	1.638	36.04
5. 蒸汽	吉焦	0.265	7.42	0.305	8.54
6. 氧气	立方米	6.637	2.39	11.537	4.15
四、工资	元		3.08		4.08
五、其他职工薪酬	元		0.36		0.55
六、制造费用	元		95.64		90.43
生铁成本	元/吨		1 177.06		1 183.96

（二）对该炼铁厂的成本分析

分析对象：本例第一季度生铁实际成本比计划超支 414 万元，主要影响因素分析如下。

1. 产品产量变动影响的分析

（计划产量－实际产量）×计划单位固定费用＝（58－60）×86.27＝－172.54（万元）

第一季度由于增产 2 万吨，降低成本 172.54 万元。增产的主要原因是：① 高炉系统强化了炉内、炉外的精细操作。② 设备系统加强主体、辅助设备的点检和维护，减少了高炉非计划休风和时间耽误，使高炉生产达到稳定、顺行。③ 烧结矿入炉品位比计划提高 0.89%，大大改善了原料条件。

2. 主要物资消耗影响的分析

本例主要物资消耗合计影响生铁成本超支 655.2 万元，分别见下面的各项分析：

（1）原主材料消耗（矿石消耗定额）的影响。本例矿石消耗部分实际成本比计划成本超支 536.4 万元。

（实际单位成本－计划单位成本）×实际产量＝（725.19－716.25）×60＝536.4（万元）

在炼铁生产中，由于各种含铁矿石消耗具有一定的可替代性，因此，原主材料成本受定额差异、用料结构差异和价格差异三个因素的影响。现根据相关理论计算公式首先进行三因素影响额的计算，再结转生产技术指标变动对原主材料成本的影响，对原主材料成本进行分析。

为方便计算，将资料二提供的成本报表数据做一下调整和补充，见表 6-23。

表 6-23　成本报表数据的调整和补充表（原主材料）

金额单位：元

成本项目	计划			实际		
	单耗	单位成本	单价	单耗	单位成本	单价
1. 热烧	1.215	438.79	361.144	1.018	366.74	360.255
2. 冷烧	0.375	164.51	438.693	0.561	245.89	438.307
3. 球团	0.213	87.96	412.958	0.231	96.12	416.104
4. 天然矿	0.038	13.83	363.947	0.025	8.52	340.8
5. 碎铁	0.031	11.16	360	0.022	7.92	360
矿石消耗合计	1.872	716.25	382.612[①]	1.857	725.19	390.517[②]

注：① 382.612 为计划配比的计划平均单价（716.25÷1.872）。

　　② 390.517 为实际配比的实际平均单价（725.19÷1.857）。

根据表 6-23 有关数据进行技术经济分析如下：

第一，单耗（定额）变动对矿耗成本的影响：

（1.857－1.872）×382.612×60＝－344.4（万元）

第一季度矿石消耗定额比计划降低 15 千克，降低原料成本 344.4 万元。单耗降低的主要原因是：

烧结矿入炉品位的影响：第一季度由于入炉品位比计划期提高 0.89%，根据品位每增加 1%，降低矿耗 28 千克的技术参数计算，影响矿耗降低 24.92 千克/吨铁。

碎铁用量的影响：第一季度由于碎铁用量比计划少用 9 千克，根据 1∶1.2 的生产折算系数计算，影响矿耗升高 10.8 千克/吨铁。

冷烧结矿用量的增加影响：因冷烧结矿入炉前过筛，其冶炼强度、粒度组成大大好于热烧结矿，十分有利于高炉炉况顺行，第一季度多用 186 千克的冷烧，降低矿石消耗 1 千克左右。

从同行业看，该厂矿耗水平比同行业平均水平高出 210 吨左右，影响生铁成本每吨比同行业高出 100 元左右。因此，该厂应坚持精料冶炼方针，大力提高冶铁原料的入炉品位，降低矿石消耗定额，这是降低铁前成本的首要途径。

第二，配比（用料结构）变动对矿耗成本的影响：

$$[(1.018×361.144+0.561×438.693+0.231×412.958+0.025×363.947+0.022×360)÷1.857-382.612]×1.857×60=(391.041-382.612)×1.857×60=939.2 （万元）$$

本例配比（用料结构）差异影响原料成本比计划超支 939.2 万元。主要原因是：第一季度高价料冷烧、球团比计划期用量分别增加 186 千克和 18 千克，低价天然矿比计划用量减少 13 千克，使实际配比的计划平均单价（391.041 元）高于计划配比的计划平均单价（382.612 元），这样就使原料成本超支。

第三，价格变动对矿耗成本的影响：

$$(390.517-391.041)×1.857×60=(-0.524)×1.857×60=-58.4 （万元）$$

由于实际用料配方使原料实际配比的实际平均单价（390.517 元）小于实际配比的计划平均单价（391.041 元），这样，价格差异使材料成本比计划降低 58.4 万元（本例均采用企业内部计划价格，故不涉及实际采购成本的影响）。

通过以上计算分析可见：单耗（定额）变动使原主材料成本降低 344.4 万元，用料结构变动使原主材料成本超支 939.2 万元，各种直接原料价格变动使材料成本降低 58.4 万元，三因素变动综合影响使直接材料成本第一季度比计划超支 536.4 万元。由于定额及成本价格降低的幅度未能抵消结构因素使成本超支的幅度，因此，第一季度的用料结构不是最优的，应在下一个生产周期中注意改进。

（2）燃料消耗（综合焦比）的影响。本例综合焦比成本实际比计划降低 27 万元。

$$(实际单位成本-计划单位成本)×实际产量=(272.75-273.2)×60=-27 （万元）$$

在炼铁生产中，构成综合焦比定额的三种燃料——焦炭、焦丁、煤粉同样具有一定的可替代性。因此，燃料成本同样受单耗、配比、价格三因素的影响。现对燃料成本进行以下分析。

为方便计算，首先将资料二提供的成本报表数据做一些调整和补充，见表 6-24。

表 6-24   成本报表数据的调整和补充表（燃料）

金额单位：元

成本项目	计划				实际			
	单耗	折焦单耗③	单位成本	折焦单价	单耗	折焦单耗	单位成本	折焦单价
1. 入炉焦比	0.472	0.472	233.61	494.936	0.465	0.465	230.15	494.946
2. 焦丁	0.006	0.005 4	2.46	455.556	0.008	0.007 2	3.28	455.556
3. 煤粉	0.101	0.080 8	37.13	459.530	0.113	0.090 4	39.32	434.956
合计	0.579	0.558	273.20	489.606①	0.586	0.563	272.75	484.458②

注：① 489.606 为计划配比的计划平均单价（273.20÷0.558）。

② 484.458 为实际配比的实际平均单价（272.75÷0.563）。

③ 折焦单耗根据实际业务做小数位数取舍。

为便于结合生产技术分析，将成本报表中的焦丁、煤粉单耗分别按 0.9、0.8 的折焦系数折换成焦比，折焦单价＝单位成本÷折焦单耗。

根据表 6-24 有关数据进行技术经济分析如下：

第一，单耗（定额）变动对综合焦比成本的影响：

（0.563－0.558）×489.606×60＝146.88（万元）

第一季度综合焦比比计划升高 5 千克，使燃料成本超支 146.88 万元。综合焦比升高的主要原因是：

产品质量提高的影响：第一季度生铁一级硫率比计划提高了 2.1%，使焦比升高 10.5 千克（生铁一级硫率升高 1%，影响焦比升高 5 千克）。

热风炉风温的影响：第一季度风温比计划降低 14℃，使焦比升高 2.8 千克（风温降低 100℃，焦比升高 20 千克）。

上道工序焦炭质量的影响：第一季度由于受物资采购部门对外采购的洗精煤高灰分、高硫分（价格低，采购部门为了降低本部门的采购成本）的影响，焦炭的灰分、硫分指标分别比计划提高 0.66% 和 0.1%，分别影响焦比升高 7.35 千克、2.78 千克（灰分升高 1%，焦比升高约 2%；硫分升高 0.1%，焦比升高约 0.5%）。焦比升高合计 10.13 千克。

以煤代焦的影响：提高喷煤比以降低焦比是现代炼铁技术发展的方向。第一季度比计划期多喷煤 12 千克（0.113 吨－0.101 吨），降低焦比 9.6 千克。

原料条件的影响：第一季度由于入炉矿石品位提高了 0.89%，使焦比降低 7.45（558×1.5%×0.89）千克（根据铁分升高 1%，焦比降低 1.5% 的技术参数计算）。

从同行业看，该厂的综合焦比水平位居全国十大钢厂倒数第二位。因此，应从外部原料条件的改善、内部加强生产操作和管理入手，降低综合焦比定额，降低生铁成本。

第二，配比差异对综合焦比成本的影响：

[（0.465×494.936＋0.007 2×455.556＋0.090 4×459.530）÷0.563－489.606]×0.563×60＝（488.395 7－489.606）×0.563×60＝－40.89（万元）

第一季度由于比计划期多喷煤 12 千克，同时也注意改善喷煤结构，原煤价格较高的无烟煤（如太西、阳泉所产煤）的比例由计划期的87.49%下降到81.24%，廉价烟煤（如神抚矿所产煤）的比例由计划期的11.15%提高到19.76%，这样，使实际配比的计划平均单价（488.395 7元）低于计划配比的计划平均单价（489.606元），因此，配比差异使综合焦比成本降低40.89万元。

第三，价格差异对成本的影响：

$(484.458-488.3957) \times 0.563 \times 60 = -3.9377 \times 0.563 \times 60 = -133.02$（万元）

由于实际用料配方使燃料消耗实际配比的实际平均单价（484.458元）小于实际配比的计划平均单价（488.395 7元），这样，价格差异使燃料成本比计划降低133.02万元（本例均采用企业内部计划价格）。

通过以上计算分析可见：单耗（定额）变动使燃料成本升高146.88万元，用料结构差异使燃料成本降低40.89万元，各种直接燃料价格变动使燃料成本降低133.02万元，三因素变动综合影响直接燃料成本第一季度比计划降低27万元。由于配比及价格因素降低成本的幅度抵消了定额因素使成本超支的幅度，因此，第一季度综合焦比的配料结构是较理想的。

（3）能源消耗对成本的影响分析。第一季度动力成本比计划升高145.8万元。

（实际单位成本-计划单位成本）×实际产量=$(90.96-88.53) \times 60 = 145.8$（万元）

第一季度综合工序能耗比计划升高2.43元/吨，主要是电、蒸汽、氧气等动力消耗增加。主要原因是：

第一，第一季度为冬季生产，蒸汽的消耗要比全年平均水平稍高一些，定额升高0.04吉焦，使成本超支67.2 $[0.04 \times (7.42 \div 0.265) \times 60]$ 万元。

第二，由于大量喷吹烟煤及增产的需要，使氧气的单耗升高4.9立方米，成本超支105.9 $[4.9 \times (2.39 \div 6.637) \times 60]$ 万元。

第三，由于老煤粉车间改造后投产使用、1#高炉除尘风机的启动、2#双预热等新增设备的运转，使电的单耗增加4.929千瓦·小时，增加成本112.4 $[4.929 \times (7.04 \div 18.53) \times 60]$ 万元。

从同行业看，该厂的综合工序能耗位居十大钢厂倒数第三名左右。所以，工厂应加强对老设备的改造，加强现场能源管理，减少跑冒滴漏，最大限度地降低能源成本。

3. 费用绝对额的影响分析

（1）工资及附加费。工资及附加费影响成本升高71.4万元，主要是第一季度该厂较好地完成了与奖金挂钩比例较大的产量指标，使全厂的奖金水平好于上年。

$(4.63-3.44) \times 60 = 71.4$（万元）

（2）制造费用。该厂第一季度制造费用明细表见表6-25。

表6-25 制造费用明细表

编制单位：某炼铁厂　　　　　　　　202×年第一季度　　　　　　　　金额单位：万元

序号	项目	计划	实际	超降	备注
1	职工薪酬	10	12	2	
2	运输费	190	180	-10	变动费用

续表

序号	项目	计划	实际	超降	备注
3	折旧费	500	520	20	
4	租赁费	80	60	−20	
5	设备修理费	4 000	3 960	−40	
6	消耗材料	450	300	−150	变动费用
7	生产及管理用具	280	200	−80	
8	检斤费	30	31	1	变动费用
9	化检验费	65	67	2	变动费用
10	内部罚款支出	70	54	−16	
11	办公费用	50	30	−20	
12	其他	13.4	11.8	−1.6	
13	合计	5 738.4	5 425.8	−312.6	95.64/90.43
14	变动费用	735	578	−157	
15	固定费用	5 003.4	4 847.8	−155.6	

从表 6-25 可见：年初以来，由于该厂不断完善厂内责任成本核算体系，严格三级经济责任制考核，使年初各项计划指标均做到了层层分解落实。例如，由厂工程设备部门考核的设备修理费、生产及管理用具分别比计划降低 40 万元和 80 万元；由厂供应部门考核的消耗材料费比计划降低 150 万元等。

综上分析，第一季度，该厂成本超支的主要原因是设备装备老化及外部原燃料条件不好。工厂应把降低生铁成本看作是一项系统工程，不断优化铁前工序的产品质量及结构，在铁前系统实施精料方针，稳定炼铁生产；要逐步改进铁前设备装备，向同行业先进水平迈进，增强企业的生存和发展能力。该厂在企业内部，应立足现有条件，继续加强生产操作和设备的点检维护，不断强化成本管理，为提高经济效益多做贡献。

📁 本章小结

成本报表主要是为了满足企业内部成本管理的需要，依据企业日常成本核算资料和其他有关资料编制的，用以反映企业资金耗费和产品成本的构成及其升降变动情况，分析和考核企业在一定时期内成本计划执行情况及结果的会计报表。成本报表可以依据不同的标准进行分类。按照其反映的内容，可以分为反映成本计划执行情况的报表，反映费用支出情况的报表，反映生产经营情况的报表。反映成本计划执行情况的报表主要有商品产品成本表和主要产品单位成本表等；反映费用支出情况的报表主要有制造费用明细表、管理费用明细表、销售费用明细表、财务费用明细表等。成本报表按其编制的时间可以分为定期的和不定期的成本报表。按其编制的范围可以分为企业的、车间的、班组和个人的成本报表。为了提高成本信息的质量，成本报表的编制和提供信息应符合真实性、正确性、完整性、及时性和表达明晰等基本要求。

成本分析是成本会计的重要组成部分，也是成本管理工作的重要环节，其主要目的是揭示影响成本升降的因素及其变动原因，寻找有效降低成本的措施和方法。

📖 关键名词

成本报表　主要是指为了满足企业内部成本管理的需要，依据企业日常成本核算资料和其他有关资料编制的，用以反映企业资金耗费和产品成本的构成及其升降变动情况，分析和考核企业在一定时期内成本计划执行情况及结果的会计报表。

主要产品单位成本表　是指反映企业在报告期内生产的各种主要产品单位成本的构成情况和各项主要技术经济指标执行情况的成本报表。

制造费用明细表　是指反映企业在报告期内发生的各项制造费用及其构成情况的报表。

销售费用明细表　是指反映企业在报告期内发生的销售费用及其构成情况的报表。

管理费用明细表　是指反映企业在报告期内发生的管理费用及其构成情况的报表。

财务费用明细表　是指反映企业在报告期内发生的财务费用及其构成情况的报表。

成本分析　是指利用企业的成本核算资料及其他相关资料，对成本水平及其构成的变动情况进行分析与评价的过程。

相关比率分析法　是指将同一时期两个性质不同但又相关的指标加以比较，求出比率，以便更深入地评价企业的成本效益水平的方法。

趋势比率分析法　是指将几个时期的成本指标的数据进行比较，求出比率，分析该指标增减速度和发展趋势，并从中发现企业在成本管理方面所取得的成果和不足的方法。

构成比率分析法　是指通过计算某个指标的各个组成部分占总体的比率，来观察它的结构及其变化的方法。

因素分析法　是指用来确定几个相互联系的因素对某个财务指标的影响程度的一种分析方法。

⊘ 即测即评

请扫描二维码，进行即测即评。

✉ 思考与练习题

1. 什么是成本报表？它能起到什么作用？
2. 为了保证成本报表所提供的成本信息的质量，编制的成本报表应符合哪些基本要求？

3. 为什么说成本信息是保密的？成本报表应当是对内报送的报表吗？

4. 成本分析的基本方法有哪几种？

5. 为什么要进行可比产品成本分析？如何进行分析？

6. 为什么要对主要产品单位成本进行分析？如何进行分析？

7. 影响产品成本变动的技术经济指标有哪些？如何计算各类技术经济指标变动对产品成本的影响？

8. 试述材料利用率、劳动生产率变动对成本的影响。

9. 某公司 12 月份有关商品产品成本资料如表 6-26 所示。

表 6-26　产品产量及单位成本资料表

金额单位：元

产品名称		单位	产量		单位成本			
			本月	本年累计	上年实际	本年计划	本月实际	本年实际
可比产品	甲产品	件	100	1 100	163	162	161	161.5
	乙产品	件	200	2 450	134	135	136	135.5
不可比产品	丙产品	件	300	3 500		108	106	107

要求：编制商品产品成本表。

10. 某公司生产丙产品，其耗用的直接材料有关资料如表 6-27 所示。

表 6-27　直接材料成本资料表

项目	产品产量（件）	材料单耗（千克）	材料单价（元）	材料成本（元）
计划	200	50	30	
实际	210	48	32	

要求：（1）分别计算直接材料计划成本和实际成本，并比较二者的差异。

（2）采用因素分析法分析各因素变动对总差异的影响程度。

📟 案例分析

请扫描二维码查看。

🐘 拓展阅读

请扫描二维码阅读。

第七章 成本预测、决策、计划、控制与考核

学习目标

通过学习本章内容，读者应该能够：

1. 掌握成本预测、决策、计划、控制与考核的有关内容；
2. 掌握成本预测、决策、计划、控制与考核的有关方法。

第一节   成本预测

一、成本预测的意义

预测，是人们根据已知信息，运用科学的方法来预计、推测事物未来发展趋势和可能结果的一种分析行为。一项有用的预测应具备两个特点：一是能减少有关问题不确定因素，达到一定的目的；二是根据预测所做出的决策能带来比花在预测本身上的费用更大的效益。

将预测理论与方法运用于成本领域，就是成本预测，它属于经济预测中会计预测的一种。成本预测作为现代成本会计的一项重要职能，是根据成本的性态及其与各种技术经济因素的依存关系，并结合发展的前景和采取的各种措施，利用大量观察所得的有关数据，采取科学的方法，对未来成本水平及其变化趋势做出的科学的推测。在市场经济条件下，企业要得到生存和发展，必须重视成本预测。因为产品成本的高低，关系到企业在竞争中的成败。因此，企业总是事先根据目标利润预测目标成本，然后再确定设计工艺标准和生产水平，并在执行中实行成本控制，以达到实现目标利润的目的。实践证明，搞好成本预测，对于生产经营决策科学化，正确制定成本计划，为成本控制提供目标和方向，改善经营管理，调动职工生产积极性，挖掘降低成本的潜力，都具有十分重要的意义。

首先，成本预测是成本决策的依据。成本预测是对成本变动趋势做出的一种估计，可以提供备选方案；成本决策是对成本预测方案的选择，即根据各备选方案确定最佳方案。预测的要点在于揭示和描述经济变动趋势，从而为确定经营目标和方向提供依据。但预测本身并不是目的，其目的在于提供反映未来状况的情况，以便做出尽可能合理的定性分析和尽可能精确的定量分析，为成本决策提供有科学依据和说服力的数据。通过成本预测，对未来经营活动中可能出现的有利和不利因素，进行全面、系统、尽可能准确的分析，以避免成本决策的片面性和局限性，将未来不确定性的程度降到最低。

其次，成本预测是成本计划的基础。计划是对未来的具体要求和部署，预测是对未来事件的描述，两者通过决策环节相联结。预测提出可行的备选方案，决策从备选方案中确定最佳的可行方案，计划则是对决策确定的最佳方案做出实施的具体规划。所以，成本预测是企业编制成本计划过程中不可少的科学分析阶段，是成本计划的基础工作。没有科学准确的成本预测，也就没有科学的决策，更不会存在对决策所选方案进行成本计划的问题。

最后，成本预测有利于成本控制的实施。成本控制是按照既定的成本目标的要求，对生产经营过程中正在发生和将要发生的各种耗费进行严格的计量、分析和检测的过程。要开展成本控制活动，首先必须进行成本预测。通过成本预测，可掌握在一定经济、技术条件下有关因素对产品变动的影响，衡量本企业的产品水平与同行业、同类型产品成本水平之间的差距，指明为实现未来一定期间的成本奋斗目标而有效利用经济资源、节约生产耗费、降低产品成本的方向和途径，从而为加强成本控制，明确成本责任，改善成本管理提供科学的依据。

二、成本预测的程序

成本预测的程序一般包括下列六个步骤。

（一）确定预测对象和目标

这是预测的准备阶段。预测对象是指预测的具体内容，也就是预测的具体项目和指标。预测目标即预测所要达到的目的。只有预测对象和目标明确，才能有目的地收集资料，选择恰当的预测方法，规定预测的期限，从而使预测结果符合未来的成本变化趋势。

（二）收集和分析所需资料

这是决定预测成败的一项重要基础性工作。影响成本的因素很多，因此，要求收集的资料也较多。一般包括社会经济和本部门本企业的历史会计统计资料及其他历史资料，政府现行方针、政策、法规、法令，当前社会经济和市场状况，本部门本企业经济活动状况等。收集和分析资料时要注意其可靠性、完整性和代表性。

（三）提出假设，建立数学模型

数学模型是指用数量来表示已知现象和未知现象之间、原因和结果之间相互联系的数学公式。可借助它来研究、发现事物发展变化的规律性。需要注意的是，数学模型是对客观事物发展变化情况的高度概括和抽象，因此均具有一定的假设性。这是因为预测是以过去事物发展的模式为基础，对未来事物的量和质所做的估计，因此，预测的结果和实际情况难免会有误差存在，因而需要不断地检验和修正。

（四）选定预测方法，做出预测判断

预测方法是指各种预测的技术和手段。预测效果的好坏与预测方法有很大关系。选择预测方法的基本要求是：结果准确、费用节省、方法简便、预测及时。

（五）分析预测误差，评价预测结果

分析预测误差一般有两种情况，一是分析预测所采用的数学模型的理论误差，以便改进数学模型；二是对已作为决策、计划依据的预测结果，追踪检查其与实际执行结果的符合程度，分析误差大小及其产生的原因，以便总结经验、改进预测。评价预测结果是指判断预测的可信程度及是否符合实际情况。评价一般是通过统计检验和直观判断两方面进行。

（六）修正预测结果

由于假设的存在，数学模型往往舍去了一些影响因素或事件，因此要运用定性方法考虑这些因素，并修正定量预测的结果。至于原用定性方法预测的结果，往往也需要应用定量方法加以修正、补充，使预测结果更接近实际。

三、成本预测需考虑的主要因素

导致企业成本变动的因素有很多，既有内部的，也有外部的。各种因素对成本作用的程度和方向是不一样的。在进行成本分析时，要针对不同的影响因素，采取不同的措施，挖掘降低成本的潜力。成本预测需考虑的因素主要有以下几项。

（一）企业的生产规模和销售水平

在一定的生产经营条件下，当产品的生产数量和销售数量不断增加时，单位产品分担的固定费用和变动费用将越来越小，其单位产品的平均成本必然下降。因此，尽可能地扩大产品的产量和提高销售量是企业降低成本的重要途径。

（二）企业的技术条件和劳动者的熟练程度

企业生产的技术条件越好，专业化程度越高，以及生产工人的技术熟练程度和管理人员的业务素质越高，则企业的生产效率会越高，那么，企业耗费在产品中的各种费用将越少，产品的成本必定会不断地下降。

（三）企业资源的利用效果

在产品的生产过程中，其他有关材料、能源消耗的多少，有关设备、厂房使用效果的好坏，都与成本的升降有直接的关系。只有企业合理和有效地使用所拥有的一切经济资源，才会在总体上导致成本的下降。

（四）其他因素

除上述因素外，企业所处的地理位置、市场条件、产品品种都与企业的销售量和生产规模有密切的关系，从而间接影响产品成本的升降。

四、成本预测的内容

成本预测涉及宏观经济和微观经济两个方面的内容，但通常人们在谈到成本预测时，仅指微观经济方面的内容（就企业成本会计而言），即企业成本预测的内容。在这个前提下，成本预测的内容主要包括以下几项。

（一）产品结构和生产工艺设计的成本预测

如对新产品的试制，老产品的更新改制，新技术、新工艺的采用，原有技术、工艺的改革等业务活动的成本预测。

（二）目标成本的预测

目标成本预测即预测实现目标利润时应达到的成本水平。目标成本是一项预计成本，是指产品、劳务、工程项目等在其生产经营活动之前，根据预定的目标所预先制定的产品、劳务、工程项目生产过程中必要劳动消耗的标准。目标成本为企业合理组织生产、控制成本支出提供了依据。

（三）成本变动趋势的预测

成本变动趋势预测即预测未来一定时期内可能达到的成本水平及成本变动的规律。通过趋势预测，可以掌握成本增减的变动规律，从而控制成本、费用的支出。

由于成本预测具有未知性、时间性和不确定性，这就要求企业在进行成本预测时，既要讲究预测方法，也要考虑成本—效益原则，同时要以科学的态度对待预测的结果。

五、成本预测的常用方法

选择适当的成本预测方法，是进行成本预测的基本程序之一。成本的预测方法根据对象性质的不同，可总括为定量预测法和定性预测法两大类。

（一）定量预测法

定量预测法是用数学的方法，对过去的历史资料进行科学的处理与加工，借以揭示有关因素和变量之间的数量关系，以此作为预测的依据。定量预测法可分为两类：一类是以某一指标过去的变化趋势，预测未来，把未来看作是过去的延伸；另一类是利用指标间的数量关系，以一个指标的变动为基础，来推断另一个指标的变动程度。定量预测法中运用比较广泛的方法有高低点法、回归直线法、本量利分析法、指数平滑法、学习曲线法等。

1. 高低点法

高低点法是以成本性态分析为基础的一种成本预测方法。

成本性态亦称成本习性，是指成本与业务量之间的依存关系。这里的业务量可以是生产或销售的产品数量，也可以是反映生产工作量的直接人工小时或机器工作小时等。

成本按其与业务量之间的依存关系，可以分为固定成本、变动成本和混合成本三大类。

固定成本是指在一定业务量范围内，不受业务量增减变动影响而保持不变的成本。例如，按直线法计算的固定资产折旧费、管理人员的工资、机器设备的租赁费等。

变动成本是指在一定业务量范围内，其总额随着业务量的变动而成正比例变动的成本。例如，直接材料、直接工人、包装材料费等。

混合成本是指介于固定成本和变动成本之间、既随业务量变动又不成正比例的那部分成本。例如，机器设备的维修保养费、销售人员的薪金等，它通常有一个初始量，类似于固定成本，在此基础上，随业务量的增加而相应增加，类似于变动成本；再如，企业化验员、检验员的工资等，这类成本在一定业务量范围内不随业务量的变动而变动，当业务量超出这个范围，成本就会跳跃上升，并在新的业务量变动范围内固定不变，直到出现另一个新的跳跃为止。为便于成本预测、决策、控制和考核分析，通常要采用一定的方法，把混合成本分解为固定成本和变动成本，从而所有成本均可通过成本性态分析，分解为固定成本和变动成本两大类，用数学模型表示为：

$$y = a + bx。$$

其中：y 代表总成本或混合成本，a 代表固定成本总额，b 代表单位变动成本，x 代表业务量。

高低点法就是根据一定期间内的最高业务量及其成本和最低业务量及其成本，利用 $y = a + bx$ 来推算成本中的固定成本部分和变动成本部分，从而预测总成本的一种成本预测方法。

高低点法求参数 a、b 值的基本公式是：

$$单位变动成本(b) = \frac{业务量最高期的混合成本 - 业务量最低期的混合成本}{最高业务量 - 最低业务量} \quad (7-1)$$

$$固定成本(a) = 业务量最高期混合成本 - b \times 最高业务量$$
$$= 业务量最低期混合成本 - b \times 最低业务量 \quad (7-2)$$

［**例 7-1**］假设某企业 202× 年机器工作小时和维修费用如表 7-1 所示。要求用高

低点法来分解维修费用。

表 7-1　机器工作小时与维修费用统计表

月份	机器工作小时	维修费用（元）
1	200	165
2	220	174
3	260	194
4	210	168
5	280	204
6	180	156
7	240	184
8	230	178
9	290	206
10	300	210
11	270	198
12	250	190

根据表 7-1 的有关资料可以确定高低点数据如表 7-2 所示。

表 7-2　高低点数据

项目	机器工作小时	维修费用（元）
高点	300	210
低点	180	156

根据高低点法求 a、b 的计算公式得：

单位变动成本 $(b) = \dfrac{210-156}{300-180} = 0.45$ （元/小时）

固定成本 $(a) = 210 - 0.45 \times 300 = 75$ （元）

$\qquad$ 或 $= 156 - 0.45 \times 180 = 75$ （元）

所以维修费用的成本性态模型为：

$$y = 75 + 0.45x$$

高低点法的优点在于简便易行，便于理解。其缺点是由于它只选择了诸多历史资料中的两组数据作为计算依据，使得建立起来的成本性态模型很可能不具有代表性，导致较大的计算误差。这种方法只适合成本变化趋势比较稳定的企业使用。

2. 回归直线法

回归直线法是研究变量间相互关系的一种数理统计方法。它是根据若干历史时期的业务量和成本资料，运用最小二乘法的原理，计算出最能代表业务量和成本关系的回归直线方程，据以确定成本的固定部分和变动部分，利用成本性态模型预测成本的一种成本分解方法。

回归分析是一种统计方法，用以获得与一种数据最相符的唯一的成本预测公式。回归直线或回归方程是指通过回归分析使预测误差的平方和最小的成本趋势直线。误差是指从回归线到每一点的距离。

回归直线法又称为最小二乘法，它被普遍认为是成本预测中最有效的方法之一。

设成本 y 与业务量 x 之间的关系为：

$$y = a + bx$$

根据实际观测值：(x_i, y_i)，$i = 1, 2, \cdots, n$，可得以下方程：

$$\sum y = na + b \sum x \tag{7-3}$$

$$\sum xy = a \sum x + b \sum x^2 \tag{7-4}$$

解公式 7-3 和公式 7-4 的联立方程组，得：

$$a = \frac{\sum y - b \sum x}{n} \tag{7-5}$$

$$b = \frac{n \sum xy - \sum x \sum y}{n \sum x^2 - (\sum x)^2} \tag{7-6}$$

根据公式 7-6 和公式 7-5 即可求出 b、a 的值，进而建立回归直线方程 $y = a + bx$。

[例7-2] 仍以 [例7-1] 的资料为例，要求用回归直线法分解混合成本。

将表 7-1 中的资料按计算的需要加工为表 7-3。

表 7-3 业务量与维修费统计表

金额单位：元

月份	机器工作小时（x）	维修费（y）	xy	x^2
1	200	165	33 000	40 000
2	220	174	38 280	48 400
3	260	194	50 440	67 600
4	210	168	35 280	44 100
5	280	204	57 120	78 400
6	180	156	28 080	32 400
7	240	184	44 160	57 600
8	230	178	40 940	52 900
9	290	206	59 740	84 100
10	300	210	63 000	90 000
11	270	198	53 460	72 900
12	250	190	47 500	62 500
$n = 12$	$\sum x = 2\ 930$	$\sum y = 2\ 227$	$\sum xy = 551\ 000$	$\sum x^2 = 730\ 900$

将表 7-3 合计行的数字代入公式 7-6、公式 7-5，得：

$$b=\frac{12\times551\ 000-2\ 930\times2\ 227}{12\times730\ 900-2\ 930^2}=0.467\ 4\ （元）$$

$$a=\frac{2\ 227-0.467\ 4\times2\ 930}{12}=71.46\ （元）$$

所以该维修费用的成本性态模型为：

$y=71.46+0.467\ 4x$

假如计划年度 1 月份机器工作小时数预计为 300，则预计维修费为：

$y=71.46+0.467\ 4\times300=211.68\ （元）$

回归分析给会计人员提供了一个客观的、具有统计精确性的方法来估计采购费用。这一方法的主要优点在于它的精确性，具有最小的预测误差。但是，由于误差是被平方后来寻找合适的回归线，回归分析可能会受到一些极端值的影响，结果可能是预测直线并不代表大多数数据。为防止这种干扰，会计人员经常在使用回归分析之前先将数据绘制成图，然后判断是否存在着极端值；根据每一个极端值决定它的存在是由于数据记录的错误还是正常经营条件下产生的，抑或是独立的、不会再发生的事件引起的；然后会计人员根据使用回归分析的目标，即代表大多数的数据，提供最精确的预测来决定更改数据还是删除它。

回归直线法利用了微分极值原理，因此计算结果比较准确，但计算工作量较大，比较麻烦。通常为了保证预测模型的可靠性，要对业务量与成本之间的线性相关程度进行分析判断，当相关性较强时，预测结果比较准确，否则不宜采用此方法进行成本预测。

3. 本量利分析法

本量利分析是成本—业务量—利润关系分析的简称，是指在成本性态分析的基础上，以数学化的会计模型与图示来揭示固定成本、变动成本、销售量、单价、销售额、利润等变量之间的内在规律性联系，为成本预测、决策和规划提供必要的财务信息的一种定量分析方法。目前，无论在西方还是我国，本量利分析的应用都十分广泛。在成本会计中，本量利分析是成本预测、成本决策、成本计划、成本控制的一种重要的基础方法。

本量利分析所考虑的相关因素主要包括固定成本、单位变动成本、销售量、单价、销售收入和利润等。这些变量之间的关系可用下式反映。

利润 = 销售收入 - 总成本
= 销售收入 - 变动成本 - 固定成本
= 单价×销售量 - 单位变动成本×销售量 - 固定成本
= (单价 - 单位变动成本)×销售量 - 固定成本

4. 指数平滑法

指数平滑法是通过导入平滑系数对本期实际成本和本期的预测成本进行加权平均，并将其作为下期的预测成本的一种方法，它属于持续性的预测方法，即过去的发展规律反映了未来的变化趋势。只要有了本期的实际数据及预测值，就可推算出下期的预测值。其计算公式如下：

$$F_t = F_{t-1} + \alpha(A_{t-1} - F_{t-1})$$
$$= \alpha A_{t-1} + (1-\alpha) F_{t-1} \quad (0 \leqslant \alpha \leqslant 1) \tag{7-7}$$

式中：F_t 为下期成本预测值；F_{t-1} 为本期成本预测值；α 称为平滑系数；A_{t-1} 为本期实际成本值。

[例7-3] 某企业在 202×年 7 月份的实际总成本为 32 000 元，而本月预测的成本值为35 000元，设平滑系数为 0.3，则 202×年 8 月份的总成本预测值为：

$$F_8 = 0.3 \times 32\,000 + (1-0.3) \times 35\,000 = 34\,100 \text{（元）}$$

一般来说，α 越大，平滑效果越差，α 越小，平滑效果越好。当认为经济现象数据波动不大时，α 取小值（0.1~0.3）；数据波动较大时，α 取大值（0.6~0.8）；不易掌握时，可分别取不同的 α 值进行试算比较，选取预测误差最小的 α 值。值得注意的是：α 的取值范围一般要根据经验确定，通常采用较小的平滑系数，可反映出预测值变动的长远趋势；而采用较大的平滑系数，则能反映近期预测值的变化趋势。$\alpha = 1$，说明下期成本预测值与本期实际成本相等；$\alpha = 0$，说明下期成本预测值等于本期成本预测值。

上述计算公式中，F_t 表示第 t 期的指数平滑值，α 为平滑系数。同理：

$$F_{t-1} = \alpha A_{t-2} + (1-\alpha) F_{t-2}$$

所以，

$$\begin{aligned}
F_t &= \alpha A_{t-1} + (1-\alpha) F_{t-1} \\
&= \alpha A_{t-1} + (1-\alpha)\left[\alpha A_{t-2} + (1-\alpha) F_{t-2}\right] \\
&= \alpha A_{t-1} + \alpha(1-\alpha) A_{t-2} + (1-\alpha)^2 F_{t-2} \\
&= \alpha A_{t-1} + \alpha(1-\alpha) A_{t-2} + \alpha(1-\alpha)^2 A_{t-3} \\
&\quad + \alpha(1-\alpha)^3 A_{t-4} + \cdots + (1-\alpha)^t F_0
\end{aligned}$$

将上述各项系数求和为：

$$\alpha + \alpha(1-\alpha) + \alpha(1-\alpha)^2 + \alpha(1-\alpha)^3 + \cdots + (1-\alpha)^t$$
$$= \alpha\left[\frac{1-(1-a)^t}{1-(1-a)}\right] + (1-\alpha)^t = 1$$

上式表明，各期的数据离本期实际成本值越远，它的系数就越小，因而它对预测值的影响也越小，证明指数平滑法这种预测方法所考虑的近期数据较远期数据影响来得大，这正是指数平滑的意义所在。

这种方法所需资料不多，因而计算比较简便，同时，通过导入平滑系数加权，可适当消除偶然因素的影响。但是平滑系数的选择具有很大的人为因素，不同的平滑系数可得到不同的预测结果，所以在选择平滑系数时一定要谨慎。

5. 学习曲线法

这是在成本预测中常用的一种一元非线性回归分析方法。

非线性成本性态的一个显著例子是受学习影响的成本。当一项作业包含某一特定的劳动组成，同一作业或操作的重复会提高劳动的熟练程度。这样在同样或更高质量水平上，完成任务的速度也会加快。学习可以多种形式发生，如从个人层面上的新企业员工获得工作经验到集体层面上的一组员工提高生产率。

学习以多种方式对成本产生影响，特别是大规模的产品组装，如飞机及轮船制造等。人们发现，在上述每种情况下，将预期生产率提高的特性通过建立模型并利用这一信息对未来成本进行估计是可能的。学习曲线法是学习过程存在时估计成本的一种系统方法。

　　早在 1925 年，美国一家飞机装配厂在实践中发现，如果飞机产量每扩大一倍，其直接工时便会下降为原来的 80%，其原因最后归结为是学习提高了效率。后来将这种现象总结为一种学习曲线（learning curve），如图 7-1 所示。这种现象的产生是由于产量的增加，引起工人操作经验的积累，从而引起成本消耗的降低。学习曲线法的基本公式为：

$$y = ax^b \qquad (7-8)$$

　　在公式 7-8 中，a 为第一批（或第一件）产品的平均单位成本（或单位平均人工小时数）；x 代表与第一批（或第一件）相比累计的批量（或累计的产量）；b 为学习曲线指数，反映学习进度的量度；y 为生产 x 单位累计的平均单位成本（或所需平均人工小时数）。当 $x=2$，即累计批量（产量）每增加一倍时，2^b 表示相应的单位成本（或单位人工小时数）变动率，因而又称为学习率。显然，由于 b 是一个预测前需测算出的系数，不是已知的，因此，学习曲线法是一种变化了的一元非线性回归模型。

　　[例 7-4] 美国某公司在装配飞机时发现装配批量与单位成本存在一定关系（如表 7-4 所示），批量每扩大一倍时，单位成本相应降低 80%。于是，可建立下列学习曲线：$y = ax^b$。

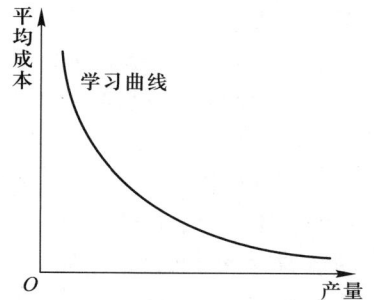

图 7-1　学习曲线

表 7-4　装配批量与单位成本的关系

累计批量（架）	10	20	40	80	160	320
累计单位成本（万元/架）	400	320	256	204.80	163.84	131.07

　　对于系数 a 与 b，有两种求解方法：

　　方法 1：以一个批量（10 架）为产量单位，当生产第一批飞机（即 $x=1$）时，平均成本为 $a=400$。当生产以后各批产品时，则有：$320 = 400 \times \left(\dfrac{20}{10}\right)^b$ 或 $256 = 400 \times \left(\dfrac{40}{10}\right)^b$ 等。

　　因此，$b = -0.322$，$x^b = x^{-0.322}$。

　　方法 2：以一件产品（1 架）为产量单位，建立联立方程：

$$\begin{cases} 400 = a \times 10^b \\ 320 = a \times 20^b \end{cases}$$

　　得：$\begin{cases} a = 836.62 \\ b = -0.322 \end{cases}$

　　两种方法下建立的预测方程分别为：

$y = 400x^{-0.322}$　　（x 为 10 架的倍数）

$y = 839.62x^{-0.322}$　　（x 为 1 架的倍数）

如果当飞机生产量达到 500 架时，预计生产的单位成本为：

$$y_{500} = 400 \times \left(\frac{500}{10}\right)^{-0.322} = 113.499 \text{（万元/架）}$$

或 $y_{500} = 839.62 \times (500)^{-0.322} = 113.505$（万元/架）

学习曲线法是生产行业特别是制造加工性生产行业中常用的预测方法，根据各经验数据，一般 75% 的手工操作、25% 的机器操作时，学习率为 80%；手工操作和机器操作各占一半时，学习率为 85%；手工操作为 25%、机器操作为 75% 时，学习率为 90%。机械化程度越高，学习率越大。

在学习存在的情况下，尽管学习曲线法能够明显提高对成本的预测能力，这种方法的应用却存在三个固有的缺陷和问题。

（1）运用学习曲线的首要并且是关键的缺陷，是这种方法最适用于重复性工作，因为重复的试验可以提高成绩，即是一个学习过程。若设计的生产过程能生产弹性最大化或制造设备的生产准备时间很少，正如目前许多企业正在使用机器人和计算机控制，生产就要求相对较少的重复性人工劳动。当重复性人工所存无几时，就几乎没有学习机会。学习曲线最适用于劳动密集型环境，在那里较长的生产周期及任务的一再重复为持续型的学习提供了机会。

（2）学习率被假设不变。学习曲线法假设：随着产出加倍，平时人工工时以固定比率下降。在实际应用中，人工工时的减少可能并非一成不变。例如，对前 30 000 单位学习率为 80%，而接下来的 40 000 单位学习率为 90%，而随后又变为 95%。这种差别表明重复发生需要根据可观察到的学习过程来更新对学习率的预测。

（3）对学习曲线进行准确预测几乎是不现实的。这是因为拟合模型所用的可观察到的生产率变化数据实际上不仅受学习影响，而且与其他因素有关。例如，人工组合的变化、产品内组合的变化或其他相关因素的组合，在这种情况下，学习模型就是脱离现实的并将导致对工时及成本估计不准确。

（二）定性预测法

定性预测法是由熟悉情况和业务的专家根据过去的经验进行分析、判断，提出预测意见，或者通过实地调查或问卷的形式来了解成本耗用的实际情况，然后通过一定的形式进行综合，并对未来成本可能达到的水平和发展趋势做出质的分析和推断。由于这种方法是利用直观的资料，依靠个人的主观判断和综合分析能力对未来成本所进行的直观判断，所以也称直观判断法。定性预测法简单易行，但由于受主观因素的影响，其准确程度有限，所以这种预测方法只有在缺乏历史资料和数据，不可能采用定量分析的情况下使用。定性预测法具体可包括：专家座谈法、德尔菲法和类推法。

1. 专家座谈法

专家座谈法就是把有关专家召集在一起，对相关成本信息进行集思广益，各抒己见，通过分析判断，最终达到对未来成本做出预测的目的。这种方法的优点是比较可靠，因为由各方专家参与，信息量大，考虑因素多，便于防错堵漏。但其准确性易受专家主观臆断、会议时间和个人情感等因素的影响。

2. 德尔菲法

德尔菲法也称函询调查法或往复预测法。它是 20 世纪 40 年代由号称美国"思想库"的兰德公司首创并发展起来的一种有效的定性预测法。其做法是：采用函询调查的方式，将预测问题以调查表形式递交给专家，请他们做出书面答复，然后将收回的调查表进行综合、整理和归类，并匿名反馈给各个专家，再次征求意见。如此经过多次反复，直到取得各专家对预测问题的一致意见后，得出预测结果。这种方法的优点是能在模糊领域对问题求得一致判断，有利于消除专家会集在一起时易受个性、情感等方面影响的问题，费用较低，用途广泛，花费专家的时间少等；但这种方法难以判断专家们意见的准确程度，无法考虑意外事件，其可靠性不够，并且时间难以把握。

3. 类推法

类推法是一个事件的成本预测可在另一相似事件成本的基础上进行。类推法的前提条件是寻找相似事件。当我们发现两个事件存在某种相似性或某种规律性的联系时，就可用已发生事件的成本来预测未发生事件的成本。采用这种方法，可先根据已发生事件的历史数据确定其成本模型曲线，然后再确定未发生事件的模型曲线，根据该模型曲线的发展趋势，预测未知事件的未来成本。这种方法的优点是简便、成本低，但必须得找到相似事件才能使用。

第二节　成 本 决 策

一、成本决策的意义

决策是指人们在充分考虑各种可能的前提下，基于对客观规律的认识，对未来实践的方向、目标、原则和方法做出决定的过程。[①] 成本决策是以降低成本为总体目标，利用决策的科学理论和方法，对两种或两种以上备选方案进行比较分析，权衡利弊，从中选择最优方案的一项成本控制活动。成本决策是进行成本管理的一个关键环节，是成本会计的一项重要职能，这是由决策在企业管理中的重要地位所决定的。管理的重心在于经营，经营的重心在于决策。决策正确与否直接关系到企业的兴衰成败。

成本决策涉及面广，在每个环节都应选择最优的成本决策方案，做出最优化的成本决策。正确的决策是编制成本计划的前提，也是实施成本控制和提高经济效益的重要途径。加强成本决策，有助于管理决策保持应有的谨慎，减少决策的风险，提高企业经济效益，增加企业在市场上的竞争能力。成本决策在企业制定产品销售价格、制定产品营销策略、开发新产品、经济资源的综合利用等方面都发挥着极为重要的作用。提高企业经济效益的途径有两个：一是提高收入，二是降低成本。在收入既定的情况下，降低成本就成了提高经济效益的关键。企业通过采用不同的决策方案对改进

---

① 维基百科全书解释：决策可被定义为在数个方案中做选择的心理过程（亦称认知过程）。每个"决策过程"最后都会得到一个"抉择"。此"抉择"可以是一个"行为"，也可以是一个"意见"。

产品设计结构、合理组织生产和其他所有涉及成本的方面进行成本决策，可以达到降低成本的目的。

二、成本决策的程序

科学的成本决策程序贯穿于成本决策的全过程，也是成本决策顺利进行的基本保证。成本决策程序的基本步骤如下。

（一）确定成本决策目标

成本决策目标是成本决策的出发点和归宿。没有明确的成本决策目标，就没有有条不紊的成本决策过程，就会导致无效的成本决策。

（二）拟订各种备选方案

在明确提出成本决策目标的前提下，围绕成本决策目标，广泛收集资料，充分考虑现实与可能，拟订各种可能实现成本决策目标的备选方案。备选方案的提出，一般要经过形成基本设想，做出初步方案，最后形成备选方案的反复补充修改的过程。

（三）评价各种备选方案

各种成本决策方案的提出，指明了实现目标成本的各种途径。但究竟哪一种途径最合理，还需要对形成的各种方案采用定性、定量方法进行可行性论证，从不同侧面分析评价各方案在技术、经济等方面的先进性、合理性与可行性，以备选择。

（四）选择最佳方案

在评价分析备选方案的基础上，全面权衡利弊得失。根据成本决策的基本要求，从全部备选方案中选出最佳方案付诸实施。

三、成本决策需考虑的重要因素

成本决策必须通盘考虑三大要素：相关收入、相关成本和相关业务量。

相关收入是与特定决策方案相联系的、能对决策产生重大影响的、在决策中必须予以充分考虑的收入。与相关收入相对立的概念是无关收入。如果无论是否存在某决策方案，均会发生某项收入，那么就称该项收入是上述方案的无关收入。

相关成本是指与特定决策方案相联系的、能对决策产生重大影响的、在短期决策中必须予以充分考虑的成本，包括差量成本、机会成本、重置成本、付现成本、专属成本等。其中：

差量成本有广义和狭义之分。广义的差量成本是指两个备选方案的预期成本的差异数，又称差别成本。狭义的差量成本是指单一决策方案由于生产能力利用程度的不同而表现在成本方面的差额，又称增量成本。

机会成本是指因选择最优方案而放弃的次优方案可能带来的潜在收益。机会成本并非企业的实际支出，也不需入账，但是决策分析时必须认真加以考虑的现实因素。

重置成本是指目前从市场上重新取得某项现有的资产所需支付的成本。

付现成本是指在未来某项决策方案中需要以现金支付的成本。在企业现金短缺，支付能力不足，筹资又十分困难的情况下，对于那些急需上马的方案进行决策时，必须以付现成本而不是以总成本作为方案取舍的标准。

专属成本是指那些能够明确归属于特定决策方案的固定成本或混合成本。例如，专门为生产某种产品而使用的设备的折旧费、保险费等，都属于专属成本。

与相关成本相对应的概念是无关成本。所谓无关成本是指与特定决策方案无关的、不对决策产生重大影响的、已经发生或注定要发生的成本。常见的无关成本有沉没成本、共同成本等。其中，沉没成本是指由于过去决策结果而引起并已经实际支付过款项的成本。共同成本是与专属成本相对立的成本，是指应当由多个方案共同负担的成本。

相关业务量是在决策中必须认真考虑的、与特定决策方案相联系的产量或销量。相关业务量对决策方案的影响往往是通过对相关收入和相关成本的影响而实现的。如在半成品是否深加工的决策中，如果半成品与产成品之间的投入产出关系不是 1 : 1，则两个方案相关产量就会不一样。

同一方案的相关收入与相关成本的差额称为相关利润。不同方案之间的预计收入差额称为差量收入。不同方案之间的差量收入与差量成本的差额称为差量收益（损失）。

四、成本决策的常用方法

常用的成本决策方法有很多，按决策者掌握的信息详细程度不同可分为确定型成本决策方法、风险型成本决策方法和不确定型成本决策方法。

确定型成本决策通常是指决策者对未来情况所掌握的信息都是肯定的数据，没有不确定性因素在内，那么，只要比较不同方案的计算结果就能做出决策。其分析方法一般有差量分析法、本量利分析法、相关成本分析法、线性规划法、非线性方程式法等。

风险型成本决策所涉及的各种备选方案的各项条件虽然也是已知的，但表现出若干种变动趋势，每一方案的执行都会出现两种或两种以上的不同结果，可以依据有关数据通过预测来确定其客观概率。这类决策由于结果的不唯一性，使决策存在一定的风险。决策树法是风险型成本决策的常用方法。

不确定型成本决策，是指决策者对未来情况虽有一定程度的了解，但又无法确定各种情况可能出现的概率，而需要做出的决策。对于这类不确定型成本决策问题，其选优标准通常取决于决策者对未来所持的态度是乐观、稳健还是保守。不同的态度所选用的决策分析方法是不相同的。但绝大多数都是先把不确定型转化为确定型或风险型，估计出各种方案的预期收益或预期损失，然后以预期收益的最大值或预期损失的最小值的方案作为最优方案。其具体方法有小中取大法、大中取大法、大中取小法、折中决策法等。

第三节　成　本　计　划

一、成本计划的意义

成本计划既是企业成本会计的重要组成内容，又是企业内部计划管理的有机组成部分，属于成本的事前管理。它是在成本预测和决策的基础上，根据目标成本，用货币形式规定企业在一定时期内完成生产任务所需耗用的生产费用数额和各种产品的成本水平，是对预测成本运用决策手段平衡后的结果。编制成本计划，对加强成本会计管理，降低产品成本，提高经济效益具有十分重要的作用。

（一）成本计划是企业成本控制的重要依据

成本计划是为实现企业目标而制定的，它体现了企业降低成本的具体要求，是企业降低成本的努力目标。企业要想实现目标利润，可以通过增加销售收入和降低成本两条途径。增加销售收入可通过提高产品价格或扩大销售量来实现，而这两方面都受到竞争的严重制约，所以降低成本是增加利润最主要的途径。通过成本计划，可以详细规定成本降低的要求。企业生产经营过程，也就是各项计划的执行过程，成本的发生过程本身也就伴随着成本的控制。

（二）成本计划是企业编制其他计划的重要依据

在企业生产经营全面预算中，成本计划是非常重要的部分，又是对其他计划提出的最优成本要求。在财务计划中，成本计划是核心，如企业的利润计划、营运资金计划必须建立在先进的成本计划基础上。离开成本计划，企业整个生产经营计划将无从优化。

（三）成本计划是企业成本分析和考核的基本标准

计划成本既包括各产品的计划成本，也包括各部门的目标成本。成本计划的逐级分解是将来进行成本考核分析的基本标准。无论分析全部产品和个别产品成本，还是分析各部门的成本降低完成情况，以及考核各部门成本管理水平，都以成本计划为基本标准。通过定期分析成本计划的完成情况，查明各部门的成本差异，分清主观和客观原因，可以正确评价和考核各部门的工作业绩，作为奖惩的依据，从而调动各部门及职工降低成本的积极性。

二、成本计划的内容

由于企业的成本费用分为生产费用和期间费用两大部分，因此企业的成本计划有广义和狭义之分。广义的成本计划包括产品成本计划和期间费用预算两大部分。产品成本计划是对本期生产产品的生产费用提出的成本目标，期间费用预算是对由本期损益直接负担的期间费用提出的成本目标。狭义的成本计划仅指产品成本计划。

（一）产品单位成本计划

它是按照成本项目反映计划期间内主要产品达到的成本水平，并规定单位产品耗用工时和主要用料的定额等内容。

（二）全部商品产品成本计划

全部商品产品成本计划有两种形式：

一种是按产品别编制，这种成本计划反映各种可比产品和不可比产品的计划单位成本、计划总成本，可比产品成本的降低额和降低率，以及全部商品产品的总成本水平。

另一种是按成本项目编制，这种成本计划分不同成本项目分别反映计划期可比产品、不可比产品、全部产品的总成本，以及全部可比产品的降低额、降低率等。

（三）制造费用预算

制造费用预算是反映车间（分厂）为了组织生产和管理生产所发生的各种综合性间接费用的预算。为了有利于编制商品产品成本计划，需要先行编制好制造费用预算。该项费用按车间（分厂）汇集后，再按一定标准分配到产品成本中去。制造费用预算一般是按费用项目并依据费用与业务量的依存关系编制的。

（四）期间费用预算

企业的期间费用是指直接计入当期损益的销售费用、管理费用和财务费用等。这些费用不计入产品成本，但影响企业利润水平。在成本管理中，这是不可缺少的一部分。在整个成本费用计划体系中，离不开期间费用的预算。这三项费用内容复杂，项目繁多，应分别编制预算。

三、成本计划编制的程序

不同的企业生产特点不同，规模不同，管理的要求也各有差异，编制成本计划的程序也不尽相同。通常小型企业与产品品种较少的企业会采取集中编制，由厂部直接编制全厂的成本计划，各车间不再编制本车间成本计划。而大中型企业通常采取分级编制的方法，由车间编制本车间成本计划，再由厂部汇总平衡编制全厂成本计划。综合两种编制方法，企业成本计划编制的一般程序如下。

（一）收集和整理资料

为使成本计划先进合理，企业应尽量收集有关上期实际成本和与成本相关的历史资料、同行业先进资料、市场调查资料、厂内计划价格资料，以及新产品的设计资料等相关信息，并按照管理层对成本降低的要求进行综合整理。同时，为了编好成本计划，还必须深入细致地进行一些调查研究工作，掌握生产中的具体情况，作为编制成本计划的参考。

（二）确定目标成本和费用控制限额

目标成本和费用控制限额是成本计划控制的两个部分，前者是总体控制水平，后者是前者的分解。在确定了成本降低要求后，应在成本预测和成本决策的基础上，考虑各项消耗定额的降低及物价水平上涨等因素，进行成本试算平衡，以确定可行的目标成本水平和费用控制额度。

（三）分车间部门编制成本计划及费用预算

按照分级归口责任管理的要求，厂部应将成本费用目标下达到各有关职能部门、生产车间和辅助生产车间，由各部门和车间结合其实际情况加以修正，连同各项成本降低措施上报厂部。

（四）正式编制企业成本计划

在各职能部门和车间反馈的成本费用计划和预算的基础上，厂部从全局出发对成本指标进行试算、综合平衡，尽可能考虑各局部的合理要求，调动全体员工降低成本的积极性，上下结合编制正式成本计划。

四、编制成本计划的基本方法

产品成本计划的编制，是成本计划的主要内容和最终结果。其基本方法一般有两种，一种是因素测算法，它要求在正式编制成本计划之前，根据现实情况和以往经验，测算影响成本的主要因素，提出降低成本的主要措施，再在上年实际成本基础上按各项降低措施调整，提出本期的成本计划数据。这种方法能反映成本升降的有关因素，计算比较简便，但比较粗略，不便于控制执行，又与实际成本核算方法相脱节，不利于分析考核。所以，一般适用于中长期的成本计划编制。

另一种是直接计算法，它根据现实的各项消耗定额和费用预算资料，在考虑成本降低要求的基础上，按产品成本核算的程序和方法详细计算各产品和各成本项目的计划成本，然后再汇总编制全部产品成本计划。这种方法下，成本计划因成本核算方法的不同而不同，适应性强，计算详细，比较准确，有利于控制、分析与考核，有利于企业内部成本责任制的贯彻，但编制过程比较烦琐，工作量较大。

应用直接计算法编制成本计划的企业，由于企业规模、生产特点和管理要求不同，在编制成本计划的组织方式上也有所不同。一般小型企业或产品品种不多的企业，采取集中编制法，由厂部直接编制全厂的成本计划，车间不编制本车间的成本计划。大中型企业为落实分级归口责任制管理，采取分级编制法，先由各车间编制车间成本计划，再由厂部汇总平衡编制全厂成本计划。下面主要介绍采用分级编制法编制产品成本计划的步骤。

编制产品成本计划，在分级编制方式下，主要分为四个步骤：首先编制辅助生产车间成本计划；其次编制基本生产车间成本计划；再次汇编全厂成本计划；最后编制期间费用预算。

辅助生产车间为基本生产提供产品或劳务，如修理、动力车间，同时也为管理部门、销售部门服务，甚至以其产品或劳务对外出售。辅助生产费用应采用一定方法分配到各受益单位的产品成本或费用计划中去。因此，编制产品成本计划，首先要编制辅助生产车间成本计划。辅助生产车间成本计划包括辅助生产费用预算和辅助生产费用分配两大部分。

基本生产车间成本计划，要分别就各车间来编制。首先应编制车间直接费用计划，按产品计算直接费用；然后，编制制造费用预算，并就各产品之间进行分配；最后编制车间的产品成本计划。制造费用总预算是在各车间制造费用预算基础上编制的。它是根据辅助生产车间、基本生产车间的制造费用预算资料按明细项目汇总列示。制造费用总预算，可作为控制和监督制造费用未来发生数的标准，将实际制造费用同预算目标进行比较，可以评价制造费用实际支出情况，查明超支或节约的原因。

厂部财会部门对各车间编制的成本计划进行审查后，综合编制全厂产品成本计划。全厂产品成本计划主要包括：主要产品单位成本计划和商品产品成本计划。

期间费用包括销售费用、管理费用和财务费用。这三项费用应分别按规定的明细项目编制计划。这些费用的预算，有的可根据费用开支标准计算，如办公费等；有的可以根据一定的标准计提，如工会经费；有的可根据其他计划的组成资料得出，如折旧费等；还有的则可以基期实际数为基础，结合计划期降低费用的要求编制。

第四节　成　本　控　制

一、成本控制的意义

成本控制是现代成本管理的核心内容，是降低成本、提高经济效益的重要手段，是加强整个宏观经济控制的重要基础。成本控制是根据预定的成本目标，对企业生产经营过程中的劳动耗费进行约束和调节，发现偏差，纠正偏差，以实现预定的成本目标，促使成本不断降低。

成本控制在现代成本管理中具有重要意义。

（一）成本控制是现代成本管理的核心

现代成本管理包括成本预测、成本决策、成本计划、成本核算、成本控制、成本分析和成本考核等环节。从管理的时序看，成本预测、决策和计划属于事前成本管理，成本核算和成本控制属于事中成本管理，而成本分析和成本考核属于事后成本管理。在这里，成本预测、决策和计划为成本控制提供依据，成本核算为成本控制提供反馈信息，成本分析和成本考核则反映了成本控制的结果。由此可见，成本控制是成本管理的核心内容。

（二）成本控制是降低成本、提高经济效益的重要手段

所谓经济效益就是企业生产经营过程中劳动消耗与劳动成果之间的对比。只有以最小的劳动消耗实现最大的劳动成果，才能获得最佳的经济效益。成本是劳动消耗的具体表现形式，降低成本是实现经济效益的重要基础。要降低成本，必须加强成本管理，其中的一项重要内容是强化成本控制。因为成本控制实际上是对生产经营活动过程中的一切耗费进行约束和调节，使其朝着预定的成本目标发展，促使企业不断降低成本。

（三）成本控制是加强整个宏观经济控制的重要基础

成本控制的效果在很大程度上影响到宏观经济控制的效果。长期以来，我国企业成本普遍存在着失控现象。由于成本失控，一方面造成企业损失浪费日趋严重，成本不断上升，经济效益下降，投入与产出的比例失调，另一方面也导致了物价失控，呈现出"成本上升—物价上涨—成本再度上升"的恶性循环，进而影响整个宏观经济的控制。面对严峻的现实，必须清楚地意识到成本控制在整个宏观经济控制中的地位和作用，树立系统的成本控制意识，强化成本控制，才能为加强整个宏观经济控制奠定重要的基础。

二、成本控制的原则

成本控制要遵循一定的原则，下面是成本控制的一般原则。

（一）成本效益原则

成本效益原则，是指因实施某项成本控制措施而付出的代价，不应超过其增加的效益。效益性不仅是系统追求的目标，而且也是评价系统有效性的重要标准。成本控制遵循成本效益原则，要求成本控制指标的确定、成本控制方法的选择、成本控制组

织体系的建立，都要以提高经济效益为着眼点。贯彻这条原则，要求企业全面考虑不同成本的重要性、可控性、利润弹性等特点。判断一项成本是否重要时，金额大小不是唯一标准，还应根据国家财务制度或企业的生产经营特点，辨别容易失控的成本，例如企业承担本应由个人承担的支出、销售时给予对方的商业贿赂、业务招待费等，即使其金额不大，也应严加控制。成本控制应当要起到降低成本、纠正偏差的作用，具有实用性。成本的可控性决定了成本的控制难度，进而决定控制成本付出的代价或可降低成本的幅度。成本的利润弹性，指在其他成本不变的情况下，每减少一单位成本，将带来利润多大幅度的增加，弹性越大，越需要控制。

（二）因地制宜原则

因地制宜原则，即指成本控制必须适合本企业特点、部门和岗位的设置、成本项目的特点等实际情况，不可照搬别人的做法。适合企业的特点，是指不同规模、不同行业、不同发展阶段的企业，其成本控制方法应有不同。适合部门和岗位的设置，是指对不同职能部门以及不同的岗位，由于其职责及活动引发的成本不同，成本控制方法应有区别。适合成本项目的特点，是指不同成本有不同的性质及目的，成本控制方法应有差别。

（三）全面控制原则

全面控制原则，是指对成本进行全员和全过程的控制。换言之，即指由全体职工参与，对企业生产经营全过程中所耗费的全部成本进行的严格限制和监督。它要求：① 对企业全部的料、工、费支出进行控制；② 对产品成本形成的全过程，包括产品的设计和试制、物资的采购和储存、生产工艺的制定、生产组织、质量检查、供销、运输、售后服务等各环节发生的成本进行控制；③ 企业内部所有职工参与成本控制。

（四）管理层推动原则

成本控制涉及全体员工和企业生产经营的全部过程，因此必须由管理层来推动。这一原则对管理层的要求是：① 重视并全力支持成本控制；② 具有完成成本控制目标的决心和信心；③ 具有实事求是的精神；④ 以身作则，严格控制自身的责任成本。

（五）例外管理原则

例外管理原则，是指企业管理人员对于控制标准以内的问题，不必事无巨细，逐项控制，而应将注意力集中在成本实际值脱离成本目标值差异的例外事项上。所谓"例外事项"，一般有以下情况：一是成本差异额较大的事项；二是经常出现差异额的事项；三是可避免原因引起的性质严重的事项；四是影响企业决策的事项。对于这些例外事项，成本控制人员必须实行重点控制。成本控制遵循例外管理原则有利于将管理人员从烦琐的日常事务中解脱出来，集中力量抓住主要矛盾，从而提高控制效率。

（六）责权利相结合原则

成本控制是加强经济核算、巩固经济责任制的重要手段，因此，实施成本控制必须遵循责权利相结合的原则。成本控制必须首先明确经济责任，并赋予责任者相应的实施成本控制的权利，否则无法履行其责任。同时，只有责任和权利，没有一定的经济利益，责任者就会失去控制成本的动力，因此应将其控制效果的好坏与其经济利益的大小挂钩。成本控制必须明确责权利三者的关系，调动各责任者在成本控制中的积极性和主动性。

三、成本控制的类型

成本控制按不同的标准，有不同的分类。

（一）按控制概念范围大小不同分类

分为广义的成本控制和狭义的成本控制两类。

广义的成本控制包括事前（前馈）控制、事中（过程）控制和事后（后馈）控制三部分。成本的事前控制，一般就是指目标成本的制定，因为在制定目标成本的过程中，排除各种缺陷，选择最优方案，本身就是一种控制行为。目标成本的确定，制定了一个衡量成本高低的尺度，作为成本控制的依据。成本的事中控制是对成本的形成和偏离成本预算的差异及其原因进行日常的披露，并采取措施加以改进，保证成本预算的实现。成本的事后控制是在产品形成之后，把日常发生的差异及其原因汇总起来进行分析研究，找出成本升降的规律性，提出进一步改进的措施，并计算产品的实际成本。产品实际成本可按下列公式计算：

$$产品实际成本 = 目标成本 \pm 脱离目标的差异$$

由此可见，广义的成本控制应该包括下列四项内容：

（1）事前目标成本的制定。

（2）事中脱离"目标"差异的披露和分析。

（3）把目标成本加上或减去脱离目标的差异，计算出产品的实际成本。

（4）分析发生差异的具体原因，进一步挖掘降低成本的潜力。

狭义的成本控制则仅指成本的事中控制，不包括事前控制和事后控制。

成本控制通过事前、事中和事后控制三个环节，促使企业降低成本，从而使成本计算工作更为有效。

（二）按控制主要手段不同分类

分为绝对成本控制和相对成本控制两类。

（1）绝对成本控制，是指单纯采用精打细算，节约开支、杜绝浪费等"节流"的措施去控制成本。

（2）相对成本控制，是指既要千方百计地节约开支、消灭浪费，同时又要想方设法开辟财源、增加收入，做到"节流"与"开源"并举，采用双管齐下的办法来控制成本。

四、成本控制的常用方法

成本控制的常用方法有很多，从成本控制标准上来看，有目标成本控制方法、标准成本控制方法、预算控制方法、责任成本控制方法、作业成本控制方法等。

（一）目标成本控制方法

1. 目标成本控制的基本思想

目标成本控制又叫成本企划，它首先被日本丰田汽车公司所采用，后发展到电机、制造、精密仪器、化工等行业，现已成为日本最富潜力的竞争武器之一。

目标成本控制是针对目标成本进行策划并将其延伸至设计、制造阶段，运用价值工程进行功能成本分析，达到不断降低成本，增加竞争能力的一种成本管理方法。其基本思想是在产品的策划与设计阶段，作为经营者，必须关注将要制造的产品成本的上限，这一上限即目标成本。通过市场需求决定的目标售价（预期售价）和期望目标利润这两个因素来求得目标成本。用列式可表示为：

$$目标成本 = 目标售价 - 目标利润$$

$$目标成本 = 目标售价 \times (1 - 目标利润率)$$

这意味着，目标成本控制要求确保制造过程实际消耗的成本乃至用户的使用成本都不允许超越这一范围，这就必须把成本管理的立足点从制造阶段转向制造前阶段。在制造前阶段（产品的策划、构想与设计阶段）摆脱单纯会计思想方法的束缚，使以价值工程方法为主的多样化工程方法与会计计量方法有效地结合起来，借此达成大幅度的成本降低。这一控制过程由三个环节构成：① 目标成本设定；② 目标成本分解；③ 目标成本考核。下面分别就这三个环节具体进行介绍。

2. 目标成本设定

目标成本设定环节要求确定一个在目标售价前提下能达成目标利润的目标成本额。由上面谈到的目标成本公式，只要确定了目标售价和目标利润（率），就能设定目标成本。

目标利润率的设定是一个经营者主观上对利润的要求问题，取决于经营者的期望或者说欲求，但期望或欲求并非可以任意拔高，必须考虑各种现实可能性的制约。

3. 目标成本分解

目标成本分解是为使目标成本易于达成，根据产品的特性且兼顾方便的因素，将其分解成更小的单位。其分解的方式从大类上可以分为以物为对象分解与以人为对象分解。

4. 目标成本考核

目标成本考核是对达成目标成本工作的履行程度进行监控、检查的行为。为了使成本控制起到指导和督促作用，必须经常检查各个单位和个人对目标成本的执行情况。检查可以定期进行，每旬、每月或每季检查一次，特别是对于那些占成本比重很大、经常发生波动并且控制比较困难的目标成本更要经常性地进行检查。在检查过程中，不仅要检查目标成本的实现程度，而且要检查成本核算的真实性和正确性，特别是有无任意扩大成本开支范围和标准，人为地抬高成本的现象，对于乱摊乱挤成本的行为，必须严肃处理。在检查的基础上还要进行分析。通过分析，分清主观因素和客观因素、有利因素和不利因素以及主要因素和次要因素，对比差距，揭露矛盾，充分挖掘企业内部潜力，为今后制定目标成本提供新的依据。最后，以目标成本为依据对成本控制工作进行考核和评价，表扬先进，惩罚落后，贯彻多劳多得的按劳分配原则，从而调动企业各方面降低成本的积极性。

（二）标准成本控制方法

标准成本控制，就是通过比较实际成本和预先制定的标准成本，揭露实际成本脱离标准成本的差异，分析并追踪产生差异的原因和责任，据以采取有效措施，实现标准成本。

标准成本控制是由标准成本的制定、差异的计算和分析以及差异的账务处理三个部分组成。其显著特点是融成本计划、成本核算、成本控制和成本分析于一体，并突出了成本控制在标准成本控制中的核心地位。标准成本法的具体内容见第五章。

标准成本控制方法的主要优点是：① 强调按成本管理区域计算和分析成本差异，符合责任会计的要求。② 成本差异的分类比较科学和全面，便于成本控制和考核。③ 月末把当期的各种成本差异，全部转入销货成本，可以把当期成本控制的成果在当期成本和利润中体现出来。④ 标准成本法的各种差异可以为例外管理及时提供必要的信息，督促管理部门去追查差异原因和责任。标准成本控制方法的主要缺点是不计算产品的实际成本，除产品单一的企业外，很难编制产品的实际成本报表。

（三）预算控制方法

1. 预算的性质

预算，就是用货币单位表示的财务计划，它是以货币的形式来展示未来某一特定期间企业财务及其他资源的取得及运用的详细计划。利用预算对企业的各种活动实施控制称为预算控制。

根据预算期间的长短可将预算划分为短期预算和长期预算两类。短期预算是指预算期在一年以内的预算；相反，预算期在一年以上的预算，则称为长期预算。通常，企业的短期预算就是生产经营活动的全面预算。全面预算，亦称"总预算"，是企业未来计划和目标等各个方面的总称。它对销售、生产、分配以及筹资等活动确定了明确的目标，并表现为预计利润表、预计资产负债表、预计现金流量表等一整套预计的财务报表及其附表，反映企业在未来期间预计的财务状况和经营成果。因此，它是企业管理层未来各计划及其如何实施的全面概括。

2. 预算的分类

预算的编制方法随企业的性质和规模的不同而不尽相同，但一个完整的生产经营全面预算应包括经营预算、财务预算和资本支出预算三大部分。经营预算涉及经营过程中供产销业务活动和各个方面，主要包括销售预算、生产预算（又细分为直接材料预算、直接人工预算、制造费用预算和期末产成品存货预算）、销货成本预算、销售及管理费用预算。财务预算涉及企业的现金收支、财务成果与财务状况及其变化，包括现金预算、预计利润表、预计资产负债表及预计现金流量表。资本支出预算与企业投资、筹资决策相关，属专门决策预算。

3. 预算控制的基本形式

预算控制的基本形式有弹性预算、概率预算、滚动预算及零基预算等。

（1）弹性预算法。弹性预算法是按照可预见的多种生产经营活动水平分别确定相应数据的成本预算法。编制弹性预算时，关键在于要把所有的成本划分为变动成本和固定成本。变动成本的计划额主要依据单位业务量来确定，固定成本的计划额则按总额确定，具体可根据上期实际发生的情况结合本期的实际情况调整确定。

弹性预算的计算公式如下：

弹性预算 = ∑（单位变动成本预算数×预计业务量）+ 固定成本预算总额

对于产品成本中的直接材料、直接人工、制造费用、销售及管理费用可采用不同的方法编制弹性预算。

由于直接材料、直接人工的弹性预算只需以预算期内多种可能完成的生产量为基础，分别乘以单位产品的预算数（或标准）即可完成预算的编制。因此，在实际工作中，通常只是编制单位产品变动成本标准进行控制，待实际业务发生后，再按实际业务量进行换算，形成弹性预算。

由于制造费用属于混合成本，为加强控制，更宜按照不同的业务量水平编制制造费用的弹性预算。生产单一产品的企业，制造费用预算可按生产量直接编制。生产多种产品的企业，通常可按照直接人工工时（或机器工作时数）进行编制。

销售与管理费用的弹性预算的编制方法与制造费用弹性预算的编制方法基本相同，所不同的是编制基础的选择不一样，它不是以生产工作量（直接人工工时、机器工作时数等）作为计算基础，而是以销售量（以金额表示的销售净收入）作为计算基础。

弹性预算法是为克服固定预算法难以适应经营活动水平变化的缺陷而产生的。其主要优点是能适应不同实际经营活动水平的需要，扩大了预算适用范围，使根据预算对实际执行情况的评价与考核建立在更加客观可比的基础上，能更好地发挥成本预算的指导和控制作用，避免在实际情况发生变化时，对预算做频繁的修改。弹性预算法的主要步骤如下。

① 选择和确定经营活动水平的计量单位（如产品产量、直接人工工时、机器工时和维修工时等）和数量界限。

② 确定不同情况下经营活动水平的范围，通常以正常生产能力的70%～110%为宜（其中间隔一般以5%或10%为宜）。

③ 根据成本和产量之间的依存关系，分别确定变动成本、固定成本和混合成本及其具体费用项目在不同经营活动水平范围内的控制数额。

④ 通过一定的表格加以汇总，编成弹性预算。

[例7-5] 某企业在不同业务水平下的弹性预算如表7-5所示。

表7-5 弹性预算

金额单位：元

业务量（件）	14 000	16 000	18 000	20 000	22 000
生产能力百分比	70%	80%	90%	100%	110%
变动成本：					
直接材料（0.5元/件）	7 000	8 000	9 000	10 000	11 000
直接材料（0.7元/件）	9 800	11 200	12 600	14 000	15 400
变动制造费用（0.4元/件）	5 600	6 400	7 200	8 000	8 800
变动成本小计	22 400	25 600	28 800	32 000	35 200
固定制造费用	5 000	5 000	5 000	5 000	5 000
生产成本合计	27 400	30 600	33 800	37 000	40 200

（2）概率预算法。在编制成本预算过程中，涉及许多因素，如材料单价、小时工资率、产销量等，这些因素由于企业内、外部经济条件的不断变化，常常表现为若干种变化趋势，而不是完全肯定的。在因素不确定的情况下，编制成本预算，实施成本控制，就须采用概率预算法。

所谓概率预算法就是指对于变动的预算数值，利用概率论的基本原理，将各种变量数值出现的可能性分别做出概率估计，然后进行概率综合并求出相应的概率预算值而采取的一种预算编制方法。概率预算法是概率论原理与预算的结合运用，其实质是一种修正的弹性预算，即将每一项可能发生的概率结合应用到弹性预算的编制中。其编制步骤如下。

① 估计因素的可能值及其概率，即对每种产品的产销量、单位消耗定额、材料单价、小时工资率等的可能取值及其概率进行判断。

② 分别计算各种可能组合的产品成本及联合概率。

③ 以联合概率为权数，分别计算各种可能的期望值。

④ 计算产品成本的综合期望值，综合期望值等于各种可能期望值之和。

由于概率预算法考虑所有因素变动的各种可能组合，因此使用该方法编制成本预算，进行成本控制更符合实际，但其计算比较复杂，概率的测算也比较困难。

[例 7-6] 某厂只生产一种产品，产品销售价格为 5 元/件，这时销售量、变动成本的预期值和相应概率的有关数据如表 7-6 所示（表中 p 为概率）。其中，利润 = 价格×销售量-变动成本-固定成本。

表 7-6 相 关 数 据

金额单位：元

销售量（件）	变动成本	酌量性固定成本	约束性固定成本	利润	联合概率	利润×联合概率
100 000（$p=0.2$）	2.1（$p=0.3$）	35 000	100 000	155 000	0.06	9 300
	2.0（$p=0.5$）	35 000	100 000	165 000	0.10	16 500
	1.9（$p=0.2$）	35 000	100 000	175 000	0.04	7 000
110 000（$p=0.6$）	2.1（$p=0.3$）	45 000	100 000	174 000	0.18	31 320
	2.0（$p=0.5$）	45 000	100 000	185 000	0.30	55 500
	1.9（$p=0.2$）	45 000	100 000	196 000	0.12	23 520
120 000（$p=0.2$）	2.1（$p=0.3$）	60 000	100 000	188 000	0.06	11 280
	2.0（$p=0.5$）	60 000	100 000	200 000	0.10	20 000
	1.9（$p=0.2$）	60 000	100 000	212 000	0.04	8 480
总利润的预期值						182 900

概率预算在预算管理中引入了概率论，使预算更加科学合理，减少了预算的盲目性，提高了准确性，使实际情况得到了充分的估计。但是这种方法计算比较复杂（如在上面的例子中，如果销售价格由市场决定，再将估计的销售价格及其概率加入

计算中，将更为复杂），工作量较大，而且往往企业并没有足够的信息来准确地估计预算内容的可能数值和概率。

（3）滚动预算法。滚动预算法是为克服传统定期成本计划的不足而产生的方法，其主要特点是：预算期是连续不断、逐期往后滚动的，始终保持一定的期限。以一年为例，每过一个月，就根据新的情况调整和修订后几个月的成本计划，并向后延伸，即在原来的预算期期末，增补一个月预算。因此，该方法又称永续预算法或连续预算法。之所以采用滚动预算法，是因为：

① 企业的生产经营活动是延续不断的，因此企业编制的预算也不应该形成人为的间断，应与生产经营过程相适应。

② 人们对未来客观事物的认识存在一个过程，随着时间的推移，企业编制的成本计划也由粗到细，由简单到具体。

为简化预算的编制工作，实践中，滚动预算法也可以采用按季度滚动的方式。第一季度按月详细编制成本计划，而对后三个季度则粗略编制，待第一季度过后，根据实际执行情况随时调整下一季度的成本计划，并使之具体化。

滚动预算法的优点是：

① 可以保持预算的连续性和完整性，使各级管理人员始终明确企业未来的近期目标和总体规划，保证企业工作的正常顺利进行。

② 由于成本预算的不断调整和修订，使成本预算更加切合实际，有利于充分发挥成本预算的指导、控制和业绩评价作用。

滚动预算法的主要缺点是预算工作要经常进行，增加了预算编制的工作量。

（4）零基预算法。零基预算法就是对任何一笔计划开支，都必须从零开始进行预算，而不考虑以往的情况，从根本上研究、分析每项开支有无开支的必要，以及支出多少为宜，零基预算法是完全不同于传统成本预算编制的一种方法。传统的成本预算编制方法大多是以预算期前期费用开支水平为基础，结合预算期的实际情况，加以适当的调整进行编制的，预算编制的重点在增加的费用量上。这种方法虽然操作比较简便，但它等于承认了前期费用水平发生的合理性，如果前期费用的发生已存在很大的问题，采用此方法编制的成本、费用计划不但起不到其应有的作用，而且会造成人力、物力和财力的极大浪费。

零基预算法首先要求各部门的所有职工根据企业本预算期战略目标和本部门的目标，讨论预算期需要发生的费用明细项目及金额，写出开支方案；其次就可以对约束性固定成本以外的费用项目进行"成本—效益分析"，将费用项目的开支与收益进行对比以对各个开支方案进行评价，并将开支方案按轻重缓急分成若干层次，排出开支的先后顺序；最后就是将确定下来的费用开支顺序结合预算期可动用资金，进行分配并落实预算。

零基预算法由于冲破了传统预算方法的框框限制，以"零"为起点来观察分析一切费用开支项目，确定预算金额，因而具有以下优点：① 不受基期数据的影响，能够合理、有效地进行资源分配；② 有助于企业内部的沟通、协调，激励各基层单位参与预算的积极性和主动性，使预算更加符合实际情况，更好地起到计划和控制的作用；③ 目标明确，可区别方案的轻重缓急；④ 有助于提高管理人员的投入产出意识；⑤ 特别适用于产出较难辨认的服务性部门，具有克服资金浪费的优点。然而，零基预算也有其不足之处，主要表现为：① 业绩差的经理人员会认为零基预算对其是一种威胁，因此拒绝接受；② 工作量较大，费用较昂贵；③ 评级和资源分配具有主观性，易于引起部门间的矛盾；④ 易于引起人们注重短期利益而忽视企业长期利益。

（四）责任成本控制方法

1. 责任成本控制流程

所谓责任成本，是指以具体的责任单位（部门、单位或个人）为对象，以其承担的责任为范围所归集的成本，也就是特定责任中心的全部可控成本。责任成本控制是在企业内部确定责任层次，建立责任中心，并对各责任层次和责任中心的责任成本进行核算和考评的一种内部控制制度。它把成本计算、成本控制与经济责任制紧密结合起来，从而可以充分调动各责任单位的积极性，促进成本降低。

进行责任成本控制，首先要划分责任层次，建立责任中心，明确各责任中心的成本责任和权限。其次，根据可控性原则将责任成本目标分解到各责任中心，作为考核和评价各中心业绩的标准。最后，建立一套完整的计量、记录和报告责任成本的核算体系，通过责任成本实际发生数和控制标准的对比和报告，检查和考核各责任层次和责任中心的实绩。

2. 责任成本的核算

责任成本与产品成本是两个完全不同的概念。责任成本的归集对象是责任中心，而产品成本归集的对象是产品；责任成本按谁负责谁承担的原则进行归集，产品成本按谁受益谁承担的原则进行归集；责任成本的归集以可控性为原则，产品成本的归集以合理合法为原则；责任成本核算的目的是控制和降低各责任中心的耗费水平，产品成本核算的目的是控制和降低各产品的生产耗费水平。

责任成本与产品成本之间也有一定联系，因为责任成本控制的效果将直接影响产品成本的耗费水平，所以虽然责任成本和产品成本控制的角度不一样，但它们的总目标是一致的。

责任成本的计算与产品成本的计算是两个不同的核算体系。产品成本以产品品种为归集对象，将各种产品在各责任中心中所发生的料工费加总起来，就是生产各产品的生产成本。而责任成本则以各责任中心为归集对象，将各责任中心为生产各种产品所发生的料工费加总起来，就构成各责任中心的责任成本。所以，根据责任成本核算的特点，应建立责任成本核算体系，以保护责任成本计算的顺利进行。

现举例说明责任成本的计算。

[**例 7-7**] 某公司生产 A、B、C 三种产品，每种产品都需经过甲、乙、丙三个生产部门（成本中心）生产加工。今年 5 月份，整个企业在生产过程中共发生直接材料消耗 150 000 元，直接人工费用 80 000 元，制造费用 110 000 元，根据料工费耗用的原始凭证及有关的分配表，各责任中心和各产品 5 月份成本的计算如表 7-7 所示。

表 7-7　责任成本及产品成本计算表

金额单位：元

成本项目	合计	责任成本			产品成本		
		甲	乙	丙	A	B	C
直接材料	150 000	90 000	30 000	30 000	40 000	50 000	60 000
直接人工	80 000	20 000	20 000	40 000	20 000	25 000	35 000
制造费用	110 000	40 000	40 000	30 000	25 000	40 000	45 000
总成本	340 000	150 000	90 000	100 000	85 000	115 000	140 000

　　各责任中心将各月的责任成本加总起来，就是全年的责任成本。一个责任中心如仅是成本中心，就以此作为生产业绩的考核依据。如果同时还是利润中心或投资中心，则需要将其与责任中心的收入相配比，计算出利润作为考核经营业绩或投资业绩的依据。表 7-7 中计算的产品成本，仅表明是当月发生的成本，再加上各产品的期初成本余额，然后在完工产品与在产品之间进行分配，就可以计算出完工产品的成本和期末在产品的成本。

　　3. 内部转移价格的制定

　　内部转移价格是指企业内部各责任中心之间转移中间产品或相互提供劳务而发生内部结算和进行内部责任结转所使用的计价标准。为了准确合理地计算各责任中心的经营业绩，正确地反映各责任中心的职责履行情况，各责任中心之间相互提供劳务和转移产品零部件，都必须按内部转移价格来计价。内部转移价格的制定方法主要有以下几种。

　　（1）标准成本。即以标准成本作为内部转移价格。其优点是简便易行，责任明确，能调动各方降低成本的积极性；有利于考核成本中心的经营业绩；半成品和劳务在生产部门和使用部门都采用同一价格，便于企业汇总分析。

　　（2）标准成本加成。即根据产品或劳务的标准成本，再加上一个合理的利润率作为计价的基础，其优点是能分清各方的经济责任，但是加成利润率的确定具有一定的主观性。

　　（3）市场价格。即将产品或劳务的市场价格作为计价的基础。在这种情况下，企业生产部门生产的产品或提供的劳务，供应给企业内部和外部，或者使用部门使用企业内部或外部供应的产品或劳务，在价格上都是相同的，都采用市场价格。由于市场价格比较客观，对生产部门和使用部门没有偏袒，因而被认为是一种比较合理的内部转移价格。但是，有些半成品或劳务是专门为企业内部生产和提供的，通常没有市场价格可供参考。

　　（4）协商价格。即各责任中心之间产品或劳务的转移以双方协商的价格作为转移价格。它往往是以市场价格为基础共同协商制定的双方均可接受的价格。一般情况下，协商价格低于市价。

　　（5）双重价格。即转移双方分别采取不同的转移价格作为计价的基础。内部转移价格主要是为了对各责任中心的业绩进行评价和考核，所以转移双方所采取的转移价格并不需要强求一致。例如，一种产品或劳务在市场上出现不同价格时，管理层当然一般应以适中的价格作为转移价格，但也可以同意转移双方分别选用对自己最有利的价格作为计价基础，即转入方采用最低价，而转出方采用最高价。有时，转入方按转出方的单位变动成本作为计价基础，而转出方则以市价作为计价基础。显然，这种区别对待的双重价格可以维护双方的利益，调动各自的积极性。但是，采取双重价格由于双方计价基础不同，难免会影响责任成本的汇总和分析。

4. 责任成本的评价和考核

为了保证经济责任制的贯彻和成本降低目标的实现，责任成本控制除了以责任目标为基础，经常对目标的执行情况进行系统的计量、记录之外，还必须通过定期编制"业绩报告"的方式对各责任中心的业绩和成果进行评价和考核。

由于成本中心只对成本负责，因而，对其考核和评价的重点应放在责任成本上，即以业绩报告为依据来衡量责任成本的实际数与计划数之间的差异，分析产生差异的原因。成本中心编制的业绩报告一般只需按该中心的可控成本的各明细项目列示其计划数、实际数和差异数。而对于不可控成本可采取两种处理方式：一种是全部省略，不予列示；另一种是作为业绩报告的参考资料，供管理者参考。

由于各成本中心是逐级设置的，因而业绩报告也应自下而上，从最基层的成本中心逐级向上汇编，直到最高管理层次。每一级的责任报告除了最基层只有本身的可控成本外，都应包括下属单位转来的责任成本、本身的可控成本以及有关经济责任的转账，从而形成一条"责任锁链"。

责任成本业绩报告如表 7-8 所示。

表 7-8 责任成本业绩报告

金额单位：元

项目	计划	实际	差异	原因分析
甲班组业绩报告：				
直接材料	2 200	2 000	−200	单耗下降
直接人工	580	545	−35	人数减少
制造费用	450	498	48	辅助材料费用超支
经济责任转账		100	100	零件质量差使乙班成本升高
甲班组责任成本合计	3 230	3 143	−87	
A 车间业绩报告：				
甲班组责任成本	3 230	3 143	−87	单耗下降
乙班组责任成本	2 560	2 400	−160	劳动效率提高
A 车间的可控成本	1 800	2 000	200	辅助材料费用超支
经济责任转账		−200	−200	材料质量差，转出责任成本
A 车间责任成本合计	7 590	7 343	−247	
制造部业绩报告：				

续表

项目	计划	实际	差异	原因分析
A 车间责任成本	7 590	7 343	−247	主要是劳动效率提高
B 车间责任成本	5 510	6 137	627	主要是单耗上升
制造部的可控成本	3 000	2 500	−500	主要是费用降低
制造部责任成本合计	16 100	15 980	−120	
W 公司业绩报告：				
制造部责任成本	16 100	15 980	−120	主要是费用降低
销售部责任成本	2 450	3 180	730	费用超支
财务部责任成本	1 500	1 200	−300	费用节约
总公司的可控成本	1 950	1 140	−810	费用节约
公司责任成本合计	22 000	21 500	−500	主要是费用节约

（五）作业成本控制方法

作业成本控制方法，也称作业成本法（activity based costing，简称 ABC 法），是指以作业为核算对象，通过成本动因来确认和计量作业量，进而以作业量为基础分配间接费用的成本计算方法。从费用分配的准确性来讲，由于作业成本法采用多样化的分配标准，使成本的归属性得以提高，因此成本信息相对更为客观、真实和准确。从成本控制的角度讲，由于作业成本法的本质是以作业为确定分配间接费用的基础，引导管理人员将注意力集中在成本发生的动因上，而不仅仅是关注成本计算结果本身。通过对作业成本的计算和有效控制，就可以较好地克服传统成本法中间接费用责任不清的缺点，并且使以往一些不可控的间接费用在作业成本系统中变为可控，同时通过对作业活动的动态跟踪，可以更好地发挥决策、计划和控制的作用，以促进作业管理和成本控制水平的不断提高。因此，作业成本法不仅仅是一种成本计算方法，更是一种成本控制和企业管理的手段。作业成本法的运用在第三章第五节已有阐述，在此不再赘述。

第五节 成 本 考 核

一、成本考核的意义

成本是一项综合性的价值指标。从产品的设计、生产、销售等环节是否流畅，到日常人力、物力、财力的耗费是否节约，直至企业各级、各部门工作的优劣，都会直接或间接地影响到成本的变化。成本考核就是通过成本指标定期的对比分析，对目标成本的实现情况和成本计划指标的完成结果进行全面的审核、评价，来评价成本管理工作的成绩和水平，揭示影响产品成本变动的因素的一项工作，是成本会计职能的重要组成部分。为了监督和评价各部门、各单位成本计划的完成情况，促使其履行有关经济责任，保证目标成本的实现，应建立定期的成本考核制度。成本考核作为成本会计的重要职能之一，主要依据是成本费用报表所提供的成本信息。对成本费用报表提供的成本信息做出进一步分析和考核，对于正确认识和评价企业生产经营管理水平，采取有效措施降低产品成本，具有十分重要的意义。其主要表现在以下六个方面：

（1）可以评价企业成本计划的完成情况，发现企业现时的成本水平与历史先进水平的差距，揭示影响成本变动的各种因素，并查明和测定各种因素对成本节约或超支的影响程度，以挖掘企业内部降低成本的潜力，为进一步降低成本寻求途径和方法。

（2）可以从企业的实际成本中发现节约或超支的项目，并分析其原因，从而不断总结经验教训，改善成本管理工作。

（3）可以为成本预测和决策提供重要的信息资料，以提高企业成本管理的水平。

（4）可以评价有关财经纪律和管理制度的执行情况。为了进行国民经济的宏观调控管理，提供国家所需要的宏观决策参考依据，国家规定了成本开支范围、费用开支标准等。通过成本考核，可以检查有关成本制度的执行情况，保证成本考核与成本管理的合法性。

（5）可以激发责任中心与全体员工的积极性。通过成本考核，可以评价各责任中心对当期经济效益的贡献，使企业树立全员成本管理意识，使各个责任单位和责任人员从成本考核的奖惩制度中看到自身的经济利益，增强降低成本的责任心，从而激发其降低成本的积极性和创造性，为增收节支做出更大的贡献。

（6）成本考核是成本管理工作中总结经验、推动工作的有力措施，是目标成本管理的重要环节。目标成本管理的核心是责、权、利相结合，如不进行考核，就会责任不明，成本目标就要落空。只有经常性地进行检查考核，才能奖惩分明，激发降低成本、增加效益的积极性，从而促进目标成本管理健康发展。

二、成本考核的原则

在进行成本考核时，应遵循如下几条原则。

（一）以国家的有关政策法令为依据

国家的有关政策法令给人们提供了一个按客观经济规律办事的行为规范。因此，在对企业进行考核时，必须把国家的政策法令放在首位，对企业的经营活动及目标成本管理情况进行全面的考核和评价。

（二）以成本目标为标准

企业的成本目标，是根据市场经济需要并结合企业的实际情况而制定的。它不仅是企业全体职工奋斗的目标，而且是衡量各部门工作好坏的标准。因此，对企业及企业内部进行成本考核时，必须以成本目标为标准。

（三）以完整可靠的资料、指标为基础

在成本考核前，必须对成本考核资料及其指标，进行详细的检查和审计，然后才能做出恰如其分的考核评价。

（四）以提高经济效益为目的

目标成本管理的最终目的，就是最大限度地提高企业的经济效益。因此，对企业

进行成本考核，必须把提高经济效益放在首位。

三、成本考核的方法

（一）责任成本考核

责任成本是以责任中心为对象，按"谁负责，谁承担"的原则进行汇集和考核的有关成本费用。责任中心是指具有一定的管理权限，并承担相应的经济责任的企业内部单位。其基本特征是责、权、利相统一。根据企业内部责任单位的权限范围及业务活动的特点不同，责任中心一般分为成本中心、利润中心、投资中心三大类。

在实行成本责任制的企业，成本考核是评价各责任中心特别是成本中心业绩的主要手段。通过责任成本考核，有利于促进各责任中心控制和降低各种资源的耗用量，并借以控制和降低各种产品的生产成本、期间费用等，取得或提高企业经济效益。责任成本考核工作主要包括编制和修订责任成本预算、确定成本考核指标及评价最终业绩等几个方面的内容。

1. 编制和修订责任成本预算

责任成本预算是根据预定的生产量、生产消耗标准和成本标准运用弹性预算方法编制的各责任中心的预定责任成本。责任成本预算是各责任中心业绩控制和考核的重要依据。严格地遵守和完成责任成本预算是各责任中心应履行的职责。

责任成本预算可以根据企业成本预算分解得到，也可以自下而上地编制。各车间等责任中心直接编制责任成本预算时，根据预定的各种产品生产任务、生产耗用定额标准或成本标准来各自编制。生产车间的责任成本包括变动成本和固定成本两部分。变动成本一般是可控成本，列在预算前面，固定成本是责任中心的不可控成本，列在后面供参考。

2. 确定成本考核指标

有效地开展责任成本考核工作依赖于正确地确定责任成本考核指标。一般要做好以下两项工作。

（1）责任成本考核指标要按可控成本与不可控成本划分。责任中心进行产品生产、劳务供应应该承担的各种成本费用，都应计入责任成本核算指标。这些成本费用与该责任中心的财务核算的成本指标，范围是一致的。只是在考核这些成本费用时，应该区分可以控制的程度。可以控制的成本费用重点考核，相对可以控制的也应适当考核，本责任中心不能控制的仅供参考或进行转账。

（2）要及时修订责任成本考核指标。首先，标准成本及各项耗用定额等应定期修订。其次，一个生产经营周期之后，实际发生的业务量可能会与预计业务量有一定偏差。编制的责任预算在完成了引导责任中心成本控制工作后，在考核之前，一般也应当根据实际生产业务量水平对其进行调整，编制绩效预算，以便在实际业务量与预定业务量不一致的情况下，能准确评价生产成本控制业绩。

责任成本考核的指标主要集中于目标责任成本完成情况，包括目标成本节约额和目标成本节约率两个指标。

需要强调的是，为了使责任成本考核更为全面，主要考核指标是可控制责任成本（费用）指标，包括可控变动成本（费用）和可控固定成本（费用），可以分别确定它们的差异额和差异率；对于可控变动成本（费用）首先运用弹性预算形式，确定差异额和差异率，然后分别确定各个成本项目的差异额和差异率；对于可控固定成本（费用），采用总额预算形式，首先从总量上确定差异额和差异率，然后确定构成各项目的差异额和差异率；对于能够模拟市场的责任成本中心，应建立责任利润和成本利润率等指标，以发挥市场机制的调节作用。从考核的配套指标看，成本责任单位可设置如产量计划完成率、产品品种计划完成率、质量合格率、质量成本降低率、安全生产率、能耗、物耗等指标；责任费用单位根据其职责范围，结合岗位责任制的要求制定工作质量指标，可采用评分法，将每项工作质量指标划定标准进行测评。

3. 业绩评价

目标成本节约额和目标成本节约率两个指标是相辅相成的，因此评价一个责任中心的经营业绩时必须综合考核这两个指标的结果。但在实际工作中，还应考虑一些具体情况，例如，几种产品耗用的材料是否相同；标准成本前次修订时间的长短（因为如果标准成本很久没修订的话，就很难适应环境的变化，这样以过时的标准来衡量现在的工作业绩，就会失之偏颇）；以及有无特殊情况、不可预计或不可控情况的发生。只有综合考核了各个方面因素的影响，业绩评价才能做到公正、合理，才能收到良好的效果。

为了增强责任成本考核的严肃性、公正性和有效性，应建立严格的责任成本考核奖惩制度，使责任成本考核制度化、经常化。激励是考核的延伸。根据责任成本预算的完成情况，进行必要的奖惩，其目的是调动人们的积极性和创造性。责任成本的激励表现在事前、事中和事后上。事前激励主要是在责任成本预算制定阶段，为各责任中心确定先进合理的成本降低目标，起到目标激励作用；事中激励主要是在生产经营过程中根据各责任中心反馈的信息及时给予绩效激励；事后激励主要是期末根据核算出的各责任中心经营业绩，给予奖惩。激励的手段包括精神奖励和物质奖励，这两个方面互相配合，缺一不可。对于未能完成责任成本预算，实际绩效不理想的单位，应给予必要的经济惩罚。

需要说明的是，对于可控的间接费用，各责任中心还应将其划分为固定费用与变动费用两部分分别进行考核。固定费用总额，在一定相关的范围内，一般不随产量的增减而变动，当实际支出与预算数有较大差异时，应视为不合理超支。变动费用按产量或有关业务量增减比例调整后，若实际支出数仍有较大超支差异，就隐含着不合理现象。

总之，责任中心的成本考核应以可控成本作为重点，编制各责任中心的业绩报告，据此可使各责任中心负责人全面了解与其有关的成本。根据业绩报告，可以进一步对差异形成的原因和责任进行剖析，充分发挥信息的反馈作用。这将有助于各个责任中心积极采取措施、巩固成绩、改正缺点，促使其可控成本的不断降低，并根据各自的特点，为实现企业总体目标，互相协调，卓有成效地开展有关活动，以最大限度地提高企业生产经营的经济效益。

（二）产品成本考核

若企业单纯采用品种法等成本核算方法进行成本核算，可以按产品种类进行产品成本考核。若企业经营的产品只通过一个车间进行封闭式生产，也可以按该车间的产品种类分别进行产品成本考核，从而实现责任成本考核。产品成本考核的指标有两种：一种是产品目标成本节约额，另一种是产品目标成本节约率。其计算公式如下：

$$产品目标成本节约额 = 产品目标成本 - 产品实际成本$$

$$产品目标成本节约率 = \frac{产品目标成本节约额}{产品目标成本} \times 100\%$$

计算出的正数为节约额，负数为超支额。

以上产品目标成本节约额和节约率的计算原理可以结合实际加以应用。如计算预算成本节约额和节约率、预算费用节约额和节约率、可比产品成本降低额和降低率等，用于各种成本费用的考核。

[**例 7-8**] A 公司某责任中心封闭式生产两种产品。本月甲产品成本预算为150 000 元、乙产品成本预算为 90 000 元；月底生产成本明细账结转库存商品账的记录反映，甲产品实际成本为 160 000 元、乙产品实际成本为 85 000 元。

则两个产品目标成本节约额可计算如下：

甲产品目标成本节约额 = 150 000 - 160 000 = -10 000 （元）

乙产品目标成本节约额 = 90 000 - 85 000 = 5 000 （元）

根据资料及产品目标成本节约额的计算结果，两个产品的目标成本节约率计算如下：

$$甲产品目标成本节约率 = \frac{-10\ 000}{150\ 000} \times 100\% = -6.67\%$$

$$乙产品目标成本节约率 = \frac{5\ 000}{90\ 000} \times 100\% = 5.56\%$$

从上述成本考核指标的计算结果看，甲产品目标成本超支 10 000 元，超支率达6.67%，表明甲产品的成本控制任务完成较差。其绝对数值不小，值得责任中心及企业管理部门特别注意。对如此大的成本上升幅度，必须按例外管理原则处理，在进行处罚的同时，专门分析成本超支原因。一般可使用价值工程法专门研究降低成本的措施。乙产品目标成本完成情况较好，节约5 000元，说明该产品成本控制成效明显，应予鼓励。乙产品目标成本节约率达到了 5.56%，反映其本期成本下降幅度相当可观。

📁 本章小结

成本预测是企业经济预测的重要组成部分。成本预测作为现代成本会计的一项重要职能，是对未来成本水平及其变化趋势做出的科学的推测。成本预测的程序一般包括：确定预测对象和目标；收集和分析所需资料；提出假设，建立数学模型；选定预测方法，做出预测判断；分析预测误差，评价预测结果；修正预测结果。成本的预测方法根据对象性质的不同，可总括为定量预测法和定性预测法两大类。定量预测法中运用比较广泛的有高低点法、回归直线法、本量利分析法、指数平滑法、学习曲线法等。定性分析法中常用的有专家座谈法、德尔菲法和类推法等。

成本决策是进行成本管理的一个关键环节，是成本会计的一项重要职能。成本决策在企业制定产品销售价格、制定产品营销策略、开发新产品、经济资源的综合利用等方面都发挥着极为重要的作用。成本决策必须通盘考虑三大要素：相关收入、相关成本和相关业务量。常用的成本决策方法有很多，按决策者掌握的信息详细程度不同可分为确定型成本决策方法、风险型成本决策方法和不确定型成本决策方法。

成本计划既是企业成本会计的重要组成内容，又是企业内部计划管理的有机组成部分，属于成本的事前管理，是对预测成本运用决策手段平衡后的结果。企业的成本计划有广义和狭义之分。广义的成本计划包括产品成本计划和期间费用预算两大部分。狭义的成本计划仅指产品成本计划。

成本控制是现代成本管理的核心内容，是降低成本、提高经济效益的重要手段，是加强整个宏观经济控制的重要基础。成本控制的常用方法有很多，从成本控制标准上来看，有目标成本控制方法、标准成本控制方法、预算控制方法、责任成本控制方法、作业成本控制方法等。目标成本控制方法是以目标成本作为成本控制的依据，标准成本控制方法是以标准成本作为成本控制的依据，预算控制方法是以预算作为成本控制的依据，责任成本控制方法是以责任成本作为成本控制的依据，作业成本控制方法是以作业成本作为成本控制的依据。

成本考核是成本会计职能的重要组成部分。成本考核的方法有很多，常用的主要有责任成本考核和产品成本考核。通过责任成本考核，有利于促进各责任中心控制和降低各种资源的耗用量，并借以控制和降低各种产品的生产成本、期间费用等，取得或提高企业经济效益。责任成本考核工作主要包括编制和修订责任成本预算、确定成本考核指标及评价最终业绩等几个方面的内容。产品成本考核的指标有两种：一种是产品目标成本节约额，另一种是产品目标成本节约率。

🔲 关键名词

成本预测 是指根据成本性态及其与各种技术经济因素的依存关系，并结合发展的前景和采取的各种措施，利用大量观察所得的有关数据，采取科学的方法，对未来成本水平及其变化趋势做出的科学推测。

成本性态 亦称成本习性，是指成本与业务量之间的依存关系。

成本决策 是指以降低成本为总体目标，利用决策的科学理论和方法，对两种或两种以上备选方案进行比较分析，权衡利弊，从中选择最优方案的一项成本控制活动。

成本计划 是指在成本预测和决策的基础上，根据目标成本，用货币形式规定企业在一定时期内完成生产任务所需耗用的生产费用数额和各种产品的成本水平，是对预测成本运用决策手段平衡后的结果。

成本控制 是指根据预定的成本目标，对企业生产经营过程中的劳动耗费进行约束和调节，发现偏差，纠正偏差，以实现预定的成本目标，促使成本不断降低的一项工作。

成本考核 是指通过成本指标定期的对比分析，对目标成本的实现情况和成本计划指标的完成结果进行全面的审核、评价，来评价成本管理工作的成绩和水平，揭示影响产品成本变动因素的一项工作。

即测即评

请扫描二维码，进行即测即评。

思考题

1. 试述成本预测与成本决策、成本计划、成本控制的关系。
2. 成本预测常用的方法有哪些？各自有何优缺点？
3. 什么是成本决策？成本决策的意义是什么？
4. 成本决策常用方法有哪些？有哪些应用？
5. 简述成本计划的意义、内容及编制程序。
6. 成本控制的意义是什么？进行成本控制应遵循哪些原则？
7. 什么是标准成本控制？标准成本控制方法的主要优缺点是什么？
8. 什么是预算控制？预算控制的基本形式有哪些？
9. 什么是责任成本控制？实施责任成本控制的基本步骤有哪些？
10. 成本考核的意义是什么？
11. 成本考核应遵循哪些原则？
12. 责任成本考核工作主要包括哪几个方面的内容？

拓展阅读

请扫描二维码阅读。

第八章　其他行业成本核算

学习目标

通过学习本章内容，读者应该能够：

1. 理解农业、批发零售业、建筑业、房地产业、采矿业、交通运输业、信息传输业、软件及信息技术服务业、文化业的产品成本核算对象的确定；
2. 掌握农业、批发零售业、建筑业、房地产业、采矿业、交通运输业、信息传输业、软件及信息技术服务业、文化业的产品成本核算项目和范围的确定；
3. 掌握农业、批发零售业、建筑业、房地产业、采矿业、交通运输业、信息传输业、软件及信息技术服务业、文化业的产品成本归集、分配和结转内容及方法。

第一节 农业企业的成本核算

农业企业是从事农、林、牧、副、渔业产品生产与经营活动的经济组织，是国民经济的重要组成部分。农业通常分为种植业、畜牧养殖业、林业和渔业四个分行业。

一、农业企业产品成本核算对象的确定

农业企业一般根据行业特点，按照生物资产的品种、成长期、批别（群别、批次）、与农业生产相关的劳务作业等分别确定成本核算对象。

（一）种植业成本核算对象

种植业的成本核算对象是种植作物产品。企业可以按照种植作物的品种、作物成长期或者种植的棵数确定成本核算对象。

（二）畜牧养殖业成本核算对象

畜牧养殖的成本核算对象是畜（禽）群及其产品。畜（禽）饲养可以实行分群饲养，也可以实行混群饲养。实行分群饲养的主要畜（禽）群按类别可以划分为：基本畜（禽）群、幼畜（禽）和育肥幼畜（禽）。其中，针对幼畜（禽），企业可以根据幼畜（禽）成长期的长短进行细分。

（三）林业成本核算对象

林业的成本核算对象是林业作物及其产品。企业可以按照种子、苗木、木材的树种、批别、播种的年份或者林木的成长期确定成本核算对象。

（四）渔业成本核算对象

渔业的成本核算对象是水产品。企业通常以水产品的品种为成本核算对象。另外，企业可以根据自身实际情况，按照水产品的养殖面、水产品的捕捞期确定成本核算对象。例如，渔业企业原则上按产品品种、养殖过程实行分水面、分品种核算，以鱼种、成鱼分别作为成本核算对象，混养塘（即套养）以单池水面作为成本核算对象。

为了适应成本管理的需要和简化核算手续，在进行农业产品的成本核算时，农业企业应当区分主要产品（作物）与次要产品（作物）。对主要产品，应当以每个种类为成本核算对象，单独核算其产品成本；对于次要产品，可以合并类别作为成本核算对象，先计算总成本，再按一定标准确定各种次要产品的产品成本。对不同收获期的同一种产品必须分别核算。从事农产品加工以及农产品制造的企业，在国民经济分类标准中，属于制造业范畴，应参照制造业进行产品成本核算。

二、农业企业产品成本核算项目和范围的确定

农业企业一般按照行业分别设置"农业生产成本""畜牧养殖业生产成本""林业生产成本""渔业生产成本"一级科目，核算农产品发生的实际成本。在"农业生产成本""畜牧养殖业生产成本""林业生产成本""渔业生产成本"下再设立"直接材料""职工薪酬""机械作业费""其他直接费用""间接费用"等项目，从而进行成本核算。

其中"机械作业费"项目是指种植业生产过程中农用机械进行耕耙、播种、施肥、除草、喷药、收割、脱粒等机械作业所发生的费用，实务中通常还包括机械作业过程中直接耗用的燃料和润滑油、机务人员的职工薪酬以及农机具折旧费等。"其他直接费用"项目在实务中通常包括种植业生产过程中的灌溉费，畜牧养殖业生产过程中饲养家禽直接耗用的燃料、动力费、禽畜防治病害的医药费、畜禽专用固定资产的折旧费，以及渔业生产过程中的清塘费等。"间接费用"类似于制造费用，通常包括有关生产部门发生的管理人员的职工薪酬、固定资产的折旧费、机物料消耗、低值易耗品摊销、劳动保护费、水电费、办公费、保险费、正常停工损失等费用。

三、农业企业产品成本归集、分配和结转

农业企业应当比照制造企业对产品成本进行归集、分配和结转，但与制造企业也有一定区别。

（一）关于间接费用的分配

农业企业的间接费用类似于制造费用，同时，由于现有的农业产品成本中，人工成本所占比重较高，因此，农业企业参照制造企业分配间接费用的有关标准，通常包括但不限于以下三种。

1. 直接人工工时

根据各受益对象所耗的生产工人工时总数（实际工时或者定额工时）确认分配率，依照各种产品耗用的工时比例进行分配。其计算公式如下：

$$分配率=\frac{间接费用总额}{各产品直接耗用工时之和} \tag{8-1}$$

$$某产品应分配的间接费用=该产品直接耗用工时数×分配率 \tag{8-2}$$

2. 直接人工成本

依照各受益对象所发生的直接人工成本数，按各产品的生产工人工资比例进行分配。适用于各种产品生产过程的机械化程度基本相同的部门、车间。其计算公式如下：

$$分配率=\frac{间接费用总额}{各产品生产工人职工薪酬之和} \tag{8-3}$$

$$某产品应分配的间接费用=该产品生产工人职工薪酬×分配率 \tag{8-4}$$

3. 直接成本

依照各种产品直接消耗的料工费合计额的比例来进行分配。适用于机械化程度不平衡的单位和部门。其计算公式如下：

$$分配率=\frac{间接费用总额}{各产品实际直接成本之和} \tag{8-5}$$

$$某产品应分配的间接费用=该产品的实际直接成本×分配率 \tag{8-6}$$

另外，企业也可以根据自身特点以农产品的产量等作为分配标准进行分配。

例如，渔业企业通过混养塘养殖方式进行生产的，将各月发生的成本按生产成本项目进行归集，在年终计算出总成本后，再按各品种当年以销售价格计算出的成本比重，进行分配和计算单位生产成本，方法如下：

（1）按当年分品种的产量和销售单位计算的全部产量销售额等于各单个品种产量与该品种全年平均销售单价的乘积之和。

（2）计算各品种销售额占总产量销售额的比重。

$$单个品种销售额占总产量销售额的比重 = \frac{单个品种销售额}{总产量销售额}$$

（3）计算单个品种的生产成本总额。

单个品种的生产成本总额＝该品种销售额占总产量销售额的比重×总成本

（4）计算单位成本。

$$单个品种的单位成本 = \frac{该品种生产成本总额}{该品种总产量}$$

（二）关于主产品和副产品之间的成本分配

以种植业为例，农作物在完成生产过程时，一般可以产出主产品和副产品两种产品，必须将生产费用在两种产品之间进行分配。现行分配方法包括估价法和比率法等。

估价法是指对副产品按市场价格估价，以此作为副产品成本，生产费用扣除副产品成本即可得到主产品成本。

比率法是指先求出生产费用实际额与计划额之比，再分别以主产品和副产品的计划成本乘以这一比率，即可计算出主产品和副产品的实际成本。

第二节　批发零售企业的成本核算

批发零售企业包括批发企业和零售企业。批发企业是指向生产企业或其他企业购进商品，供应给零售企业或其他批发企业用以转售，或供应给其他企业用以加工的商品流通企业。零售企业是指从批发企业或生产企业购进商品销售给个人消费者，或销售给企事业单位等用于生产和非生产消费的商品流通企业，直接为人民生活服务。即批发零售企业经营活动的主要内容是商品购销活动，低价购进商品、高价出售商品，以此方式实现商品进销差价，并以进销差价弥补企业在经营过程中的各项费用和税金，从而获得利润。

一、批发零售企业产品成本核算对象的确定

实务中，批发零售企业主要的经营方式包括经销和联销。经销是传统的低价购进商品，高价卖出商品。联销模式下，零售商和供应商采取合作经营的方式，供应商提供商品在商店指定区域设立品牌专柜由零售商的营业员及供应商的销售人员共同负责销售。在商品尚未售出的情况下，该商品仍属供应商所有，零售商不承担该商品的跌价损失及其他风险，零售商的营业收入按照实际销售商品的金额以及事先约定好的分成比例来确定。

通常情况下，批发零售企业（经销）以采购的商品作为成本核算对象，需要核算商品采购成本。但目前零售企业的经销业务所占比重不大，联销业务在零售业所占的份额最大，由于联销的商品不属于零售企业，所以，零售企业不需对其采购，因而

就不涉及其采购成本核算的问题。

二、批发零售企业产品成本核算项目和范围的确定

批发零售企业以采购的商品作为成本核算对象，需要核算商品采购成本。商品采购成本是企业因购进商品而发生的各项支出，包括进货成本、按规定应计入成本的税金和采购费，成本核算项目相对单一。批发零售企业一般设置进货成本、相关税费、采购费等成本项目。

（一）进货成本

进货成本是指商品的采购价款。关于进货成本，应按照进货渠道，分别国内购进商品进价成本和国外购进商品进价成本进行计算。国内购进商品进价成本，其采购成本为进货原价或进价。国外购进商品进价成本，其采购成本包括进价、进口关税、消费税、委托代理进口费用等。

（二）相关税费

这是指购买商品发生的进口关税、资源税和不能抵扣的增值税等。

（三）采购费

这是指运杂费、装卸费、保险费、仓储费、整理费、合理损耗以及其他可归属于商品采购成本的费用。采购费金额较小的，可以在发生时直接计入当期销售费用。

三、批发零售企业产品成本归集、分配和结转

批发零售企业发生的进货成本、相关税金应直接计入成本核算对象成本；发生的采购费，可以结合经营管理特点，按照合理的方法分配计入成本核算对象成本。采购费金额较小的，可以在发生时直接计入当期销售费用。

采购费的分配标准和产品成本的结转方法，是批发零售企业在成本核算中尤为关注的问题，以下进行简要说明。

（一）采购费的分配标准

存销商品应分摊的采购费一般可以按以下公式计算：

$$分配率 = \frac{期初采购费金额 + 本期采购费发生额}{期初结存商品成本金额 + 本期进货成本金额} \times 100\% \qquad (8-7)$$

本期结存商品应分摊的采购费金额 = 期末结存商品成本金额 × 分配率　（8-8）

（二）产品成本的结转

批发零售企业产品成本结转，可以根据实物流转方式、管理要求、实物性质等实际情况，采用先进先出法、加权平均法、个别计价法、毛利率法等方法进行，以上方法与制造企业发出材料的成本计价方法原理一致。此外，实务中，批发零售企业，尤其是零售企业，出于销售管理的目的，通常还采取以下方法。

（1）按照进价金额核算。这种方法又称为"进价记账、盘存计销"。其特点是：① 建立实物负责制，库存商品明细账都按实物负责人分户；② 库存商品的总账和明细账都按商品进价记账，只记进价金额，不记数量；③ 商品销售后按实收销货款登记销售收入，平时不计算结转商品销售成本，也不注销库存商品；④ 对于商品的升溢、损耗和所发生的价格变动，平时不做账务处理；⑤ 定期进行实地盘点商品，期

末按盘存商品的数量乘以最后一次进货单价或原进价求出期末结存商品金额，再用"以存计销"的方法倒计出商品销售成本并据以转账。

这种方法主要适用于经营鲜活商品的零售企业。其优点是平日对商品购销业务的会计处理非常简单，但由于商品所发生的损溢都计入商品销售成本而平时不予反映，容易出现漏洞。

（2）按照数量进价金额核算。这种方法的主要特点是：① 库存商品的总账和明细账都按商品的原购进价格记账；② 库存商品明细账按商品的品名分户，分别核算各种商品收进、付出及结存的数量和金额。

这种方法主要适用于大中型批发企业、农副产品收购企业及经营品种简单的专业商店和经营贵重商品的商店。其优点是能够同时提供各种商品的数量指标和金额指标，便于加强商品管理；缺点是要按品种逐笔登记商品明细账，核算工作量较大。

（3）售价金额核算法。这种方法又称"售价记账、实物负责制"，这是在建立实物负责制的基础上按售价对库存商品进行核算的方法。其主要特点如下：① 建立实物负责制，企业将所经营的全部商品按品种、类别及管理的需要划分为若干实物负责小组，确定实物负责人，实行实物负责制度。实物负责人对其所经营的商品负全部经济责任。② 售价记账、金额控制，库存商品总账和明细账都按商品的销售价格记账，库存商品明细账按实物负责人或小组分户，只记售价金额不记实物数量。③ 设置"商品进销差价"科目。由于库存商品是按售价记账，对于库存商品售价与进价之间的差额应设置"商品进销差价"科目来核算，并在期末计算和分摊已售商品的进销差价。④ 定期实地盘点商品。实行售价金额核算必须加强商品的实地盘点制度，通过实地盘点，对库存商品的数量及价值进行核算，并对实物和负责人履行经济责任的情况进行检查。

这种方法主要适用于零售企业，优点是把大量按各种不同品种开设的库存商品明细账归并为按实物负责人来分户的少量的明细账，从而简化了核算工作。

（4）按照数量售价金额核算。这种方法的特点是：① 库存商品的总账和明细账都按商品的销售价格记账，并同时核算商品实物数量和售价金额。② 对于库存商品购进价与销售价之间的差额需设置"商品进销差价"科目进行调整，以便计算商品销售成本。

这种方法的优点与按照数量进价金额核算相似，不用盘点，随时可知道销售数量，从而计算出销售成本。

第三节　建筑企业的成本核算

建筑企业是从事建筑产品生产和经营的经济实体，是专门从事土木工程、房屋建设和设备安装以及工程勘察设计工作的生产部门，其产品是各种工厂、矿井、铁路、桥梁、港口、道路、管线、住宅以及公共设施的建筑物、构筑物和设施。建筑业生产是由劳动者利用机械设备与工具，按设计要求对劳动对象进行加工制作，从而生产出一定的产品，这使它具有工业生产的特征。但是，它又有许多不同于一般工业生产的技术经济特点，因而是一个独立的物质生产部门。其主要特点是：① 固着地上，不能移动；② 复杂多样，彼此各异；③ 形体庞大，整体难分；④ 经久耐用，使用期长。

一、建筑企业产品成本核算对象的确定

建筑企业一般按照订立的单项合同确定成本核算对象。单项合同包括建造多项资产的，企业应当按照《企业会计准则》规定的合同分立原则，确定建造合同的成本核算对象。为建造一项或数项资产而签订一组合同的，按合同合并的原则，确定建造合同的成本核算对象。建筑企业的成本核算方法，某种程度上类似于制造企业的分批法。

建筑工程项目的单件性（或多样性）、流动性等特点，决定了其成本核算方法类似于制造企业产品生产成本计算的分批法。单件性主要表现在三方面：一是不能按同一图纸、同一施工工艺、同一生产设备进行批量重复生产；二是施工生产组织及机构变动频繁，生产经营的"一次性"特征特别突出；三是生产过程中试验性研究课题多。流动性主要表现在两方面：一是施工机构随着建筑物或构筑物坐落位置的变化而整个地转移生产地点；二是在一个工程的施工过程中施工人员和各种机械、电气设备随着施工部位的不同而沿着施工对象上下左右流动，不断转移操作场所。因此，在实务中，建筑企业应根据施工工程项目的地点、用途、结构、施工组织、工程价款结算办法等因素，确定成本核算对象。

由于建筑企业或建筑承包商承接每一建设施工项目都必须签订建造合同（或施工合同），建造合同甲方（建设单位或客户）通常总是事先按合同编制工程预算，建造合同乙方（施工单位或建筑承包商）也总是按合同规定的工程价款、结算方式、进度与甲方结算工程价款，因此建造合同与工程成本计算对象有着密切的关系，一般情况下，建筑企业应以所签订的单项建造合同为成本核算对象，或者说，以每一独立编制的设计概（预）算或每一独立的施工图预算所列单项工程为成本核算对象。这样，不仅有利于分析工程概（预）算和施工合同的完成情况，也有利于准确核算施工合同的成本与损益。同时，值得注意的是，对于规模大、工期长的单位工程，也可以将一项合同分立为多个成本核算对象；对于同一建设项目、同一施工单位在同一施工地点，或开竣工时间接近的项目，可将同一结构类型的若干个合同合为一个成本核算对象。

二、建筑企业产品成本核算项目和范围的确定

建筑企业一般设立直接人工、直接材料、机械使用费、其他直接费用、间接费用等成本项目。建筑企业将部分工程分包的，还可以设置分包成本项目。

（一）直接人工

直接人工，是指按照国家规定支付给施工过程中直接从事建筑安装工程施工的工人以及在施工现场直接为工程制作构件和运料、配料等工人的职工薪酬。

（二）直接材料

直接材料，是指在施工过程中所耗用的构成工程实体的材料、结构件、机械配件和有助于工程形成的其他材料以及周转材料的租赁费和摊销等。具体来说，主要包括

材料原价、采购及保管费、周转材料的摊销费和租赁费、材料检验试验费、材料运杂费、运输损耗费等。

（三）机械使用费

机械使用费，是指施工过程中使用自有施工机械所发生的机械使用费，使用外单位施工机械的租赁费，以及按照规定支付的施工机械进出场费等。具体来说，主要包括折旧费、正常生产周期内的大修理费、安装费及场外运费、燃料动力费、养路费及车船费等。

（四）其他直接费用

其他直接费用，是指施工过程中发生的材料搬运费、材料装卸保管费、燃料动力费、临时设施摊销、生产工具用具使用费、检验试验费、工程定位复测费、工程点交费、场地清理费，以及能够单独区分和可靠计量的为订立建造承包合同而发生的差旅费、投标费等费用。

（五）间接费用

间接费用，是指企业各施工单位为组织和管理工程施工所发生的全部支出，包括施工单位管理人员职工薪酬、行政管理用固定资产折旧费、物料消耗、低值易耗品摊销、取暖费、水电费、办公费、差旅费、财产保险费、检验试验费、工程保修费、劳动保护费、排污费及其他费用。值得注意的是，企业行政管理部门为组织和管理施工生产经营活动而发生的管理费用和财务费用应当作为期间费用，直接计入当期损益。工程项目现场发生的管理费用一般应计入产品成本。此外，由于与工程项目直接相关且正常建造周期内可预见的原因、工程项目自身原因（如因业主和其他第三方单方面原因导致的不可预见的等待检验期间）造成的停工损失和其他损失，季节性的正常停工损失以及因业主原因导致的停工损失和其他损失，一般应计入该工程项目的成本，由于本单位管理等原因造成的损失，应计入当期损益。

（六）分包成本

分包成本是指按照国家规定开展分包，支付给分包单位的工程价款。根据《中华人民共和国建筑法》的有关规定，建筑工程总承包单位可以将承包工程中的部分工程发包给具有相应资质条件的分包单位；但是，除总承包合同中约定的分包外，必须经建设单位认可。

三、企业产品成本归集、分配和结转

建筑企业对施工过程中发生的各项工程成本，应先按其用途和发生的地点进行归集。其中直接费用可以直接计入受益的各个成本核算对象的成本；间接费用则通常先按照发生地点进行归集，然后再按照一定的方法分配计入受益的各个成本核算对象的成本。在此基础上，计算当期已完工程或已竣工工程的实际成本。相对于制造企业，建筑企业在产品间接成本的分配标准和产品成本结转方面也有其自身特点。

以下就建筑企业在上述方面需要注意的问题进行简要说明。

（一）关于直接人工

生产工人的计件工资，直接计入有关成本核算对象；计时工资应按实际工时或定额工时进行分配，计入有关成本核算对象。工资性津贴和按照规定应计入成本的其他职工薪酬，比照计件和计时工资的分配方法，直接计入或分配计入有关成本核算对象。企业应当根据劳资部门提供的工资单等分别按受益对象进行分配。

（二）关于直接材料

直接用于工程施工的各种材料，凡能够确定受益成本核算对象的，应直接计入受益的成本核算对象；由几个成本核算对象共同使用的材料，应确定合理的分配标准，在受益的成本核算对象之间进行分配。租用周转材料的租赁费，应直接计入受益的成本核算对象。使用自有周转材料的摊销价值，应按规定的摊销方法一次或分次计入受益的成本核算对象。自有周转材料的摊销价值在计入成本核算对象时，企业可以在一次摊销法、五五摊销法等方法中进行选择。

（三）关于机械使用费

自有机械使用费一般先归集，然后按照合理的方式分配计入成本核算对象。通常情况下，可以采用台班分配法、预算分配法和作业量分配法等分配方法。

（四）关于其他直接费用

其他直接费用的分配方法主要包括直接分配法、一次交互分配法和顺序分配法。

（五）关于间接费用

在"工程施工——合同成本"账户下设"间接费用"明细账进行核算。如果一个项目部管理两个以上项目，项目部发生的费用应通过"工程施工——间接费用"账户归集，期（月）末，再将间接费用按合同项目分配至"工程施工——合同成本——间接费用"有关明细账户。

（六）关于分包成本

属于自主分包形式的，在核算上与自营工程相同，其成本费用以对分包单位计价结算金额为基准，按照预算标准比例分配到相应的成本核算对象中。属于业主指定分包的工程，一般不作为自行完成工作量，也不做成本核算，不计算盈亏，通过过渡性账户进行处理。发生的分包费用，通常在"工程施工——合同成本"账户下设"分包成本"账户进行明细核算。

第四节   房地产企业的成本核算

房地产企业是指从事房地产开发、经营、管理和服务活动，并以营利为目的进行自主经营、独立核算的经济组织。房地产是指土地、建筑物及固着在土地、建筑物上不可分离的部分及其附带的各种权益。房地产由于其自己的特点即位置的固定性和不可移动性，在经济学上又被称为不动产。房地产可以有三种存在形态，即土地、建筑物、房地合一。房地产企业包括房地产开发企业、中介服务企业及物业管理企业，它们的经营对象都是不动产，具有固定性和不可移动性。本节重点介绍房地产开发企业。

一、房地产企业产品成本核算对象的确定

房地产开发经营活动存在自建和外包两种组织方式。对于自建的开发经营项目，应当参照建筑企业进行成本核算，本节仅针对外包的组织方式阐述相关成本核算。

房地产企业一般按照开发项目、综合开发期数并兼顾产品类型等确定成本核算对象。

房地产企业的任何一项开发建设费用都是为特定的开发项目发生的，都有其物质承担者。由于各种土地和房屋的具体用途不同，开发建设的具体内容也不相同，每一个开发项目都是按特定的设计图纸开发建设的，因此，具有单件性的特点。房地产开发建设的单件性特点，决定了成本核算对象应是具有独立的设计文件、可以独立地组织施工的开发建设项目。在上述原则基础上，房地产企业产品成本核算对象主要表现形式有以下几种。

（1）以整个开发项目为成本核算对象。对于开发规模小、开发周期短、一次性全部开发的房地产项目，可以整个开发项目为成本核算对象，特点是成本核算对象具有唯一性，不存在成本费用的分配，成本核算周期同项目开发周期一致。

（2）以开发期数为成本核算对象。对于开发规模较大、开发周期较长、分期开发的房地产项目，可以开发期数为成本核算对象，特点是成本核算对象具有多样性，成本费用需要归集和分配。

（3）以开发产品形态为成本核算对象。对于开发产品形态多样的房地产项目，可以各种开发产品形态为成本核算对象，特点是成本核算对象具有多样性，成本费用需要归集和分配。

二、房地产企业产品成本核算项目和范围的确定

房地产企业一般设置土地征用及拆迁补偿费、前期工程费、建筑安装工程费、基础设施建设费、公共配套设施费、开发间接费、借款费用等成本项目。

（1）土地征用及拆迁补偿费，是指为取得土地开发使用权而发生的各项费用。

（2）前期工程费，是指项目开发前期的政府许可费、招标代理费以及水文地质勘察、测绘、规划、设计、可行性研究、筹建等费用。

（3）建筑安装工程费，是指开发项目在开发过程中发生的各项主体建筑的建筑工程费、安装工程费及精装修费等。

（4）基础设施建设费，是指开发项目在开发过程中发生的道路、供水、供电、供气、供暖等社区管网工程费，以及环境卫生、园林绿化等园林、景观环境工程费用等。

（5）公共配套设施费，是指开发项目内发生的、独立的、非营利性的且产权属于全体业主的，或无偿赠予地方政府、政府公共事业的公共配套设施费用等。

（6）开发间接费，是指企业为直接组织和管理开发项目所发生的，且不能将其直接归属于成本核算对象的工程监理费、造价审核费、结算审核费、工程保险费等。

（7）借款费用，是指符合《企业会计准则》所规定的资本化条件的借款费用。主要包括直接用于项目开发所借入资金的利息支出、折价或溢价摊销和辅助费用（包括手续费），以及因外币专门借款而发生的汇兑差额等。

房地产开发企业一般设置"开发成本""开发间接费用"等账户进行开发成本的核算。

（一）"开发成本"账户

本账户核算企业在土地、房屋、配套设施和代建工程的开发过程中所发生的各项费用。

企业对出租房进行装饰及增补室内设施而发生的出租房工程支出，也在本账户核算。

出租开发产品经营业务中发生的按月计提的出租开发产品摊销等，可直接记入"主营业务成本"账户，不通过本账户核算。

企业为进行资金的筹集等理财活动而发生的利息支出，以及企业行政管理部门为组织和管理房地产开发经营活动而发生的管理费用，应作为期间费用，直接计入当期损益，不在本账户核算。

企业在土地、房屋、配套设施和代建工程的开发过程中发生的各项费用，包括土地征用及拆迁补偿费、前期工程费、基础设施建设费、建筑安装工程费、公共配套设施费和开发间接费用等。

企业发生的土地征用及拆迁补偿费、前期工程费、基础设施建设费和建筑安装工程费等，属于直接费用，直接记入本账户（有关成本核算对象的成本项目中）；应由开发产品成本负担的间接费用，应先在"开发间接费用"账户进行归集，月末，再按一定的分配标准分配计入有关的开发产品成本。

企业开发的土地、房屋、配套设施和代建工程等，应根据承包企业提出的"工程价款结算账单"承付工程款，记入本账户（有关成本核算对象的成本项目中），借记"开发成本"科目，贷记"应付账款——应付工程款"科目。

企业在房地产开发过程中领用的设备，附属于工程实体的，应根据附属对象，于设备发出交付安装时，按其实际成本，借记"开发成本"科目，贷记"工程物资"科目。

企业已经开发完成并验收合格的土地、房屋、配套设施和代建工程，应及时进行成本结转。月终结转成本时，按实际成本，借记"开发产品"科目，贷记"开发成本"科目。

本账户应按开发成本的种类，如"土地开发""房屋开发""配套设施开发""代建工程开发"等设置明细账，并在明细账下，按成本核算对象和成本项目进行明细核算。

本账户的期末余额为在建开发项目的实际成本。

（二）"开发间接费用"账户

"开发间接费用"账户核算企业内部独立核算单位为开发产品而发生的各项间接费用，包括工资、福利费、折旧费、修理费、办公费、水电费、劳动保护费、周转房摊销等。企业行政管理部门（总部）为组织和管理生产经营活动而发生的管理费用，应作为期间费用，记入"管理费用"账户，不在本账户核算。

企业发生的各项间接费用，借记"开发间接费用"科目，贷记"应付职工薪酬""累计折旧""周转房"等科目。

开发间接费用应按企业成本核算办法的规定，分配计入有关的成本核算对象，借记"开发成本"科目，贷记"开发间接费用"科目。

本账户应按企业内部不同的单位、部门（分公司）设置明细账。

本账户期末应无余额。

三、房地产企业产品成本归集、分配和结转

房地产企业发生的有关费用，由某一成本核算对象负担的，应当直接计入成本核算对象成本；由几个成本核算对象共同负担的，应当选择占地面积比例、预算造价比例、建筑面积比例等合理的分配标准，分配计入成本核算对象成本。

对于土地征用及拆迁补偿费，一般能分清成本核算对象的可直接记入房屋等成本核算对象的成本项目，如果分不清成本核算对象、须两个或两个以上的成本核算对象负担，可先在"开发成本——土地开发——土地费用"账户进行归集，再将其分配计入有关成本核算对象的开发成本，也可以直接分配记入"开发成本——有关成本核算对象——土地拆迁及补偿费"账户。

对于前期工程费，能够分清成本核算对象的，可直接记入房屋等成本核算对象的"前期工程费"成本项目；应由两个或两个以上的成本对象负担的前期工程费，可通过"开发成本——土地开发——前期工程费"账户归集，再按建筑面积（包括在建及未建面积）分配记入各成本核算对象的成本项目。

对于基础设施建设费，一般能够区分成本核算对象的，应直接记入房屋等成本核算对象的"基础设施建设费"成本项目，如果在开发的建设场地上有多个开发项目、不能区分成本核算对象，其基础设施建设费应先在"开发成本——土地开发——基础设施建设费"账户进行归集，待基础设施建设完毕后，将归集的费用按建筑面积（包括在建及未建面积）分配记入有关成本核算对象的"基础设施建设费"成本项目。

对于建筑安装工程费，一般应在与承包单位进行工程价款结算时，按承包单位根据当月实际完成工作量提出经甲方审定、双方确认的"已完工程月报表""工程价款结算单"所确定的工程价款，直接记入房屋等成本核算对象的"建筑安装工程费"成本项目。预付给承包单位的工程款和备料款不能直接作为建筑安装工程费支出记入"开发成本"账户，应先在"预付账款——预付承包单位款"账户核算，待工程价款结算时再从实际应付工程款中扣回。对几个工程一并招标出包且按标价结算的，应在工程完工结算工程价款时，按每个工程或成本核算对象的预算造价占各项工程预算造价之和的比例，计算各自的标价，即实际建筑安装工程费。根据经计算得出的建筑安装工程费记入有关房屋等成本核算对象的"建筑安装工程费"成本项目。计算公式为：

$$某项工程的实际建筑安装工程费 = \frac{工程标价 \times 该项工程预算造价}{各项工程预算造价合计} \tag{8-9}$$

对于公共配套设施费，凡是不能有偿转让的开发小区内配套设施所发生的支出，均应记入房屋等成本核算对象的"配套设施费"成本项目。配套设施和房屋等开发产品同步建设的情况下：① 能分清成本核算对象的，应直接记入房屋等成本核算对象的"配套设施费"成本项目。② 不能分清成本核算对象的，应先在"开发成本——配套设施开发"账户的相应成本项目进行归集，再分配记入房屋等成本核算

对象的"配套设施费"成本项目。配套设施和房屋等开发产品非同步建设、有前有后穿插进行的情况下，应先通过"开发成本——配套设施开发"账户进行归集，待配套设施完工后，再按房屋等成本核算对象的建筑面积和分步法分配记入房屋等成本核算对象的成本项目。先开发房屋等开发产品后建配套设施，或房屋等开发产品已开发完工移交或出售而配套设施尚未全部完工的情况下，可按配套设施的预算成本或计划成本进行预提，并归集在"开发成本——配套设施开发"账户的相应成本项目，再按房屋等成本核算对象的建筑面积分配记入房屋等成本核算对象的"配套设施费"成本项目。预提数与实际数的差额，应在配套设施完工时调整房屋等成本核算对象的"配套设施费"成本项目。如果预提的配套设施费含有多种配套设施项目，应在每项配套设施完工时，逐项结转并随时调整房屋等成本核算对象的"配套设施费"成本项目，不得等全部配套工程竣工后一次调整。凡是能有偿转让的配套设施的成本，包括经营性和非经营性的支出不得计入房屋等成本核算对象的成本，能有偿转让的配套设施应分配的其他配套设施费应记入其开发成本的"开发成本——配套设施开发——配套设施费"项目中。

对于开发间接费用，应于每季末通过"开发间接费用"账户归集按建筑面积分配记入各项目的各成本核算对象的实际发生数，一般不得以计划数计入开发成本。如根据开发特点确需采取预提开发间接费用，预提数与实际发生数之间的差额，应于年度终了时一次进行调整。不能有偿转让的配套设施、留作自用的固定资产均不分配开发间接费用。

对于借款费用资本化，其期限可自房地产产品开发投入起至完工交付时止，其间开发商主动实施的停工期间不包括在内，可确定借款用途并专款专用的，可将借款费用直接计入受益的成本核算对象，不能分清具体用途的借款费用，可采用各项目累计投资额、各项目缺口资金等标准在受益的各成本核算对象间分摊。

房地产企业在成本核算过程中，其间接费用的常用分配方法有以下几种。

（1）占地面积法，指按已动工开发成本对象占地面积占开发用地总面积的比例进行分配。① 一次性开发的，按某一成本对象占地面积占全部成本对象占地总面积的比例进行分配。② 分期开发的，首先按本期全部成本对象占地面积占开发用地总面积的比例进行分配，然后再按某一成本对象占地面积占期内全部成本对象占地总面积的比例进行分配。

（2）建筑面积法，指按已动工开发成本对象建筑面积占开发用地总建筑面积的比例进行分配。① 一次性开发的，按某一成本对象建筑面积占全部成本对象建筑面积的比例进行分配。② 分期开发的，首先按期内成本对象建筑面积占开发用地计划建筑面积的比例进行分配，然后再按某一成本对象建筑面积占期内成本对象总建筑面积的比例进行分配。

（3）直接成本法，指按期内某一成本对象的直接开发成本占期内全部成本对象直接开发成本的比例进行分配。

（4）预算造价法，指按期内某一成本对象预算造价占期内全部成本对象预算造价的比例进行分配。

在实务中，土地成本一般按占地面积法进行分配。单独作为过渡性成本对象核算的公共配套设施开发成本，应按建筑面积法进行分配。借款费用属于不同成本对象共同负担的，按直接成本法、预算造价法或其他合理的方法进行分配。

第五节　采矿企业的成本核算

采矿业指对固体（如煤和矿物）、液体（如原油）或气体（如天然气）等自然产生的矿物进行采掘的部门。地下或地上采掘、矿井的运行，以及一般在矿址或矿址附近从事的旨在加工原材料的所有辅助性工作，例如碾磨、选矿和处理，均属采矿业的活动。还包括使原料得以销售所需的准备工作。但不包括水的蓄积、净化和分配，以及地质勘查、建筑工程活动。

一、采矿企业产品成本核算对象的确定

采矿企业一般按照所采掘的产品确定成本核算对象。例如：对煤炭企业而言，产品成本核算对象主要包括原（选）煤、洗煤和配煤。① 原（选）煤指煤矿生产出来的经过人工拣矸和筛选加工的煤炭产品，包括天然焦及劣质煤，不包括低热值煤等。按其炭化程度可划分为泥煤、褐煤、烟煤、无烟煤。② 洗煤指矿井原（选）煤输送到洗煤厂后，经过破碎、洗选、脱水等生产过程，除去煤中大部分矿物杂质后生产出来的煤炭产品。洗煤分离前成本以分离前产品作为计算对象，分离后的成本应以洗后各品种等级煤分别作为计算对象。③ 配煤指根据用户的特定需求将外购或自制的不同品质的煤炭混合加工后直接对外销售的煤炭产品。

对石油石化企业，产品成本核算对象主要包括在油气产品和炼化产品生产过程中形成的原油、天然气、液化气、凝析油、石油燃料类产品、石油溶剂类产品、化工原料类产品等。① 原油是指在采至地面后的正常压力和温度下，未经加工的、已脱气的、呈液态或半固体状态的石油。② 天然气是指以气态碳氢化合物为主的各种气体组成的混合物。天然气按其来源不同分为气层气、溶解气等常规天然气和煤层气、页岩气、致密气等非常规天然气。③ 液化气主要成分是甲烷，含有少量的乙烷、丙烷、氮或天然气中常见的其他成分。④ 凝析油是指在地层条件下的气态烃类物质，在采出到地面的过程中，随着温度和压力的降低，从气相中析出的由戊烷和以上重烃成分组成的液态混合物。⑤ 石油燃料类产品，主要包括原油经过常减压蒸馏在一定温度条件下切割或二次加工调和取得的汽油、煤油、柴油、重油、液化石油气等产品。⑥ 石油溶剂类产品，主要包括以原油经蒸馏所得的直馏汽油馏分或以催化重整的抽余油为原料，经精制、分馏、切割出一定馏分取得的溶剂油、航空洗涤汽油等。⑦ 化工原料类产品，主要包括原油经初馏、常压蒸馏在一定温度条件下蒸出的轻馏分，或二次加工而得到的石脑油、轻烃、加氢尾油、直馏柴油等化工原料。

二、采矿企业产品成本核算项目和范围的确定

采矿企业的生产资料（矿产资源）具有不可再生的特点，其产品成本一般包括以下方面。

（1）构成产品的实体矿物质的资源价款。不同于一般工业生产，采矿企业地下

矿藏资源的取得是第一位的约束条件。与矿产资源的取得（包括勘探、规划、设计等项活动）相关的必要费用支出，构成了煤炭产品生产的必要成本，例如，油气资产折耗（摊销）。

（2）为取得矿产品的实体矿物质而耗费的生产资料的价格。一般工业企业基本建设完成后就可以外购原材料进行连续生产。采矿企业则不同，建矿完成后，在开采过程中还需要不断地向外围扩展或向深层延伸，以开辟新的作业场所。采矿基建投资的持续性要求在生产经营过程中必须及时、足额地补偿维持简单再生产的费用，从而使得生产经营能够正常维持下去，这部分费用应当计入产品成本。

（3）产品生产过程的生态保护与环境治理所耗费的必要支出。矿物质开采通常在空中、地表、地下三个层面立体地破坏着生态环境，是引起环境污染的重要原因之一。因此，在整个生产过程中，必须不断地投入资金保护环境、治理污染。这部分费用应当在成本构成中得到体现。

（4）产品生产全过程所使用劳动力价值的补偿费用。劳动力的再生产规律，要求在产品成本构成中要包括生产全过程所耗费的劳动力的价值，在现实中表现为职工薪酬。随着社会生产力的发展，再生产劳动力所要的生活资料和劳务的数量在不断增加，应充分在产品成本中得到体现和补偿。

（5）产品运销过程中所发生的生产性费用。采矿企业的生产具有系统性，从开始勘探、建矿，到生产、销售，直至闭井，构成了一个系统产业链条。在这一完整的生产过程中，为组织和管理厂（矿）采掘生产所发生的有关支出也应计入产品生产成本。

基于上述分析，采矿企业一般设置直接材料、燃料和动力、直接人工、间接费用等成本项目。

直接材料是指采掘生产过程中直接耗用的添加剂、催化剂、引发剂、助剂、触媒以及净化材料、包装物等。

燃料和动力是指采掘生产过程中直接耗用的各种固体、液体、气体燃料，以及水、电、汽、风、氮气、氧气等动力。

直接人工是指直接从事采矿生产人员的职工薪酬。

间接费用是指为组织和管理厂（矿）采掘生产所发生的职工薪酬、劳动保护费、固定资产折旧、无形资产摊销、保险费、办公费、环保费用、化（检）验计量费、设计制图费、停工损失、洗车费、转输费、科研试验费、信息系统维护费等。

采矿企业应按成本项目设置"生产成本"科目，其明细科目可以包括以下方面的内容。

（1）原料及主要材料，指直接用于生产产品，构成产品实体的各种原材料、自制及外购半成品。如铁精粉所用铁矿石、烧结球团所用铁精粉等。

（2）辅助材料，指直接用于产品生产，虽不能构成产品实体，但有助于产品形成的材料及备品备件等。如采矿所用炸药、选矿所用钢球、烧结球团所用熔剂料等。

（3）燃料，指在生产过程中消耗的各项能源物资，如煤、柴油等。

（4）动力，指在生产过程中消耗的各项介质性物资，如直接用于生产的水、电、风、汽等。

（5）直接职工薪酬，指为直接参加产品生产人员支付的各种形式的报酬以及其他相关支出。

（6）外部委托生产费用，指把生产工序中的某个环节对外承包，按实际业务量结算的生产费用。

（7）安全生产费，指企业按照规定标准提取并在成本中列支的，专门用于完善和改进企业或者项目安全生产条件的资金。

企业应当按照《企业会计准则》的有关规定，对安全生产费用进行会计处理：① 按照国家规定提取的安全生产费，应当计入相关产品的成本或当期损益，同时，记入"专项储备"账户。② 企业使用提取的安全生产费时，属于费用性支出的，直接冲减专项储备。企业使用提取的安全生产费形成固定资产的，应当通过"在建工程"账户归集所发生的支出，待安全项目完工达到预定可使用状态时确认为固定资产；同时，按照形成固定资产的成本冲减专项储备，并确认相同金额的累计折旧。该固定资产在以后期间不再计提折旧。"专项储备"账户期末余额在资产负债表所有者权益项下"减：库存股"和"盈余公积"之间增设"专项储备"项目反映。

企业应当按照国家有关规定，确定安全生产费的使用范围、专户核算、结余的用途等事项。

（8）维简费，指我国境内所有煤炭生产企业（以下简称企业）从成本中提取，专项用于维持简单再生产的资金。

企业应当按照《企业会计准则》的有关规定，比照安全生产费的会计处理，对维简费进行会计处理。

企业应当按照国家有关规定，确定维简费的使用范围。

（9）资源费，指与生产直接相关的资源使用费和税费，是开采矿体的原始成本。包括矿业权价款、资源税等。如果企业生产的原矿直接对外销售，应缴资源税计入营业税金及附加。

（10）制造费用，指各生产单位为组织生产和进行管理而发生的非直接生产费用。

三、采矿企业产品成本归集、分配和结转

采矿企业应当比照制造企业对产品成本进行归集、分配和结转。

以下仅针对石油化工行业油气产品成本的归集、分配和结转进行介绍。

油气产品生产企业一般按照成本中心、分成本要素对油气产品成本进行归集，按照受益原则、采用当量系数法对油气产品成本进行分配、结转。采用作业成本法进行管理或采用重点成本类别进行核算的油气产品生产企业，可分别增加作业过程维度或重点成本类别，对油气产品成本进行归集、分配和结转。

油气产品成本归集、分配和结转的一般流程如下。

（1）收集各区块原油、天然气、凝析油、液化气等各种产品的生产量、自用量、商品量、销售量、库存量等有关资料。

（2）对各成本中心发生的成本费用进行审核，正确划分油气生产成本和期间费用。

（3）将应当计入产品成本的油气生产成本，区分为直接成本和间接成本，按照受益原则进行分配：① 能分清受益对象的，直接计入相应的成本中心。② 不能分清受益对象的，按照产量、开井口数或人数等适当的标准进行分配后，计入相应的成本中心。

（4）将各成本中心归集的油气生产成本在原油、天然气、凝析油、液化气等产品间按照受益原则进行分配：① 能分清受益产品的，直接计入相应的产品。② 不能分清受益产品的，按照当量系数法在各产品间进行分配。即将不同产品的商品量全部折合为油气当量，按照各产品油气当量占总油气当量的比例分配油气生产成本，计入相应的产品。

确定油气当量系数时，通常按照热值将天然气的产量折算为原油产量。原油的吨桶换算系数通常按照密度确定。

（5）根据各产品商品量计算各产品的单位生产成本，并据此将产成品成本结转至"库存商品"账户。

若采用作业成本法进行管理，油气产品生产企业在按成本中心核算基础上，按照生产活动中发生的各项作业归集和计算作业成本，并根据作业成本与成本对象（产品、区块）之间的因果关系，将作业成本追溯到成本对象，完成成本计算过程。

若采用重点成本类别核算方法进行管理，首先要按照重点成本类别归集成本，即按照油气田作业费用中的主要组成部分划分费用类型，并归集相应成本。然后，将油气生产作业中发生的各项费用，按照重点成本类别分类归集。

第六节　交通运输企业的成本核算

交通运输企业是指从事运送旅客和货物等经营活动的物质生产企业，包括从事远洋、沿海、内河、公路、铁路、航空运输企业，海河港口、仓储企业、外轮代理企业以及城市公共汽（电）车、出租汽车、轮渡、地铁等企业。与制造企业相比，交通运输企业的生产经营过程具有较显著的特点，主要表现在：产品是旅客和货物的位移，不产生新的实物形态的产品；产品的生产过程和消费过程同时进行，当运输过程结束时，满足了运输对象的要求，也就完成了其消费过程；生产过程具有流动性、分散性，运输生产过程始终在一个广阔的空间内不断流动，且运动方向很分散，线长点多；各种运输方式之间替代性较强，铁路、公路、水路、航空等各种运输方式具有不同的特点和优势，具有明显的替代性；结算工作量大，由于地点分散、流动性强、横向跨度大，因此产生大量的国内、国际的结算工作。

一、交通运输企业产品成本核算对象的确定

与上述生产经营特点相适应，交通运输企业在产品成本核算对象方面具有多样性。交通运输企业营运过程的直接结果是转移客货的空间位置以及与此相关的业务，不存在对生产对象的直接加工、生产出各种具体产品。因此，交通运输企业的成本核算对象是其经营的各类业务，以及构成各类业务的具体业务项目。另外，交通运输企业的运输工具及设备，由于厂牌、型号、吨位不同，以及运行线路、航次等不同，对

成本水平会产生较大影响。为了加强成本管理，寻求降低成本的途径，除以前述各类业务作为成本核算对象外，还要以运输工具及其运行情况等作为成本核算对象，这是交通运输企业成本核算对象上的特点。

交通运输企业的生产，对于工作条件与运输、装卸的要求各不相同，差异很大，对于不同的运输对象、运输方式、运输手段、运输线路、运输距离、港口或场站位置等，完成同一生产量的耗费是不同的，存在着很大差别，为此，应根据成本控制的需要，综合考虑为运价、费率的制定提供依据的需要，来确定成本核算对象。除核算旅客周转量成本、货物周转量成本、装卸量成本之外，尚需核算货种运输成本、航线运输成本、航次运输成本、单车（或单船、单机）运输成本、分作业过程运输成本、分货种分操作过程装卸成本等。交通运输企业根据以上管理需要确定成本核算对象。

交通运输企业以运输工具从事货物、旅客运输的，一般按照航线、航次、单船（机）、基层站段等确定成本核算对象；从事货物等装卸业务的，可以按照货物、成本责任部门、作业场所等确定成本核算对象；从事仓储、堆存、港务管理业务的，一般按照码头、仓库、堆场、油罐、筒仓、货棚或主要货物的种类、成本责任部门等确定成本核算对象。

例如，铁路运输企业应对一定时期内发生的费用按一定成本核算对象汇集，以核算其运输总成本和单位成本。铁路运输成本核算以客、货运输业务作为成本核算对象。汽车运输企业的成本核算对象是客运业务和货运业务，可对客运和货运分别核算成本。水运企业成本核算对象通常包括单船的航次、航线、业务类型（客运、货运业务）等。民航运输企业的成本核算，要反映运输过程中各个不同方面的生产要素的消耗，并以航线、机型等为成本核算对象。

二、交通运输企业产品成本核算项目和范围的确定

与制造企业相比，交通运输企业的生产经营过程具有其明显的特征：制造企业的生产经营过程包括供应、生产和销售三个环节，而交通运输企业的经营过程主要包括供应过程和营运过程，没有与生产过程相脱离而独立存在的销售过程。

在产品成本核算范围和项目方面，主要体现为：企业为了完成运输生产需要发生各项运营支出，形成营运成本。在企业营运成本的构成中，没有像工业产品成本那样具有构成产品实体并占相当高的比重的原材料和主要材料，而多是与运输工具使用有关的费用，如燃料、折旧等支出；同时，集装箱运输、码头等水运类企业属于资本密集型企业，固定资产折旧和无形资产（主要是土地使用权）摊销占据了产品成本相当大的比重。

需要注意的是，在交通运输企业的成本费用中，固定资产折旧费、保险费，以及其他为保持运载工具与设施正常营运状态而发生的费用等设备性费用相对较多，这些设备性费用以及一些生产人员（如船员）的职工薪酬等，都属于与生产量没有直接关系的固定费用。即使营运过程中的燃材料消耗，也不是与生产量直接相关的变动费用，例如，航运企业船舶运输耗用的燃料，仅属于与航次相关的变动费用，而不属于与运输量直接相关的变动费用；并且船舶在港发生的吨税、船舶港务费、灯塔费、引航费、拖轮费、码头费、系缆费、停泊费、检疫费等港口使用费，都是属于与航次相

关的变动费用，而与运输量并不直接相关。在交通运输企业的成本费用中，与生产量直接相关的变动费用相对较少，这与工业产品的成本费用结构具有较大差别。

因此，交通运输企业通常应按照经济用途设置营运费用、运输工具固定费用与非营运期间费用等成本项目，反映有关成本要素。

营运费用是指企业在货物或旅客运输、装卸、堆存过程中发生的营运费用，包括货物费、港口费、起降及停机费、中转费、过桥过路费、燃料和动力、航次租船费、安全救生费、护航费、装卸整理费、堆存费等。铁路运输企业的营运费用还包括线路等相关设施的维护费等。

运输工具固定费用是指运输工具的固定费用和共同费用等，包括检验检疫费、车船税、劳动保护费、固定资产折旧、租赁费、备件配件、保险费、驾驶及相关操作人员薪酬及其伙食费等。共同费用，是指为企业所有运输工具共同受益，但不能分别运输工具直接负担，需经过分配由各运输工具负担的费用。

非营运期间费用是指受不可抗力制约或行业惯例等原因暂停营运期间发生的有关费用等。

三、交通运输企业产品成本归集、分配和结转

交通运输企业发生的营运费用，应当按照成本核算对象归集。交通运输企业发生的运输工具固定费用，能确定由某一成本核算对象负担的，应当直接计入成本核算对象的成本；由多个成本核算对象共同负担的，应当选择营运时间等符合经营特点的、科学合理的分配标准分配计入各成本核算对象的成本。交通运输企业发生的非营运期间费用，比照制造业季节性生产企业处理。其中，交通运输企业在运输工具固定费用分配方面具有较为鲜明的特点。

企业应当根据需要分配的费用与分配标准之间的相关性来确定分配标准。例如，对于运输业务，可以根据运输周转量（吨·千米）、订单处理次数（次）、运输货物的价值（元）等来确定分配标准；对于仓储业务，可以根据仓储面积天数（平方米·天）、仓储量天数（如吨·天、箱·天）、订单处理次数、仓储货物的价值等来确定分配标准；对于装卸业务，可以根据装卸作业量（吨）、装卸作业工时（小时）等来确定分配标准；对于配送业务，可以根据配送的人工作业工时、机械作业工时或订单处理次数等来确定分配标准；对于代理业务，可以根据代理的业务金额、代理的订单处理次数等来确定分配标准。

例如，铁路运输企业应当通过主营业务成本核算企业提供旅客、货物运输以及相关服务等日常活动而发生的实际成本。铁路运输企业主营业务成本分类确定的原则是：能够直接归属到相应成本类别的，全额列入该类成本；不能直接归属成本类别的，按照规定的工作量指标分配列入相应类别；分配比例根据本单位正常运输生产情况测算确定。单位须在季度决策报告中说明分配比例确定的方法及调整依据。

铁路运输成本计算按其计算方法和作用不同，分为总成本、专项成本、作业成本和分线运输成本。

（1）总成本。它是指全路为完成运输生产任务发生的运输总支出。由于铁路实行分级核算制，各级只核算本身的运输支出。而铁路运输生产是由各级、各部门共同

协作完成的，每个部门、每级的运输支出只能是运输产品总成本的一部分。所以，各个部门要经过汇总运输支出资料，计算运输总成本。

（2）专项成本。它是指铁路承运对不同品类货物分别计算的运输成本。

（3）作业成本。它是指铁路为完成某项具体生产作业而出现和应负担的运输支出。

（4）分线运输成本。它是指按某一铁路线段客货运输生产所发生的运输支出和所完成的周转量而计算的各种运输成本。

为了核算企业在铁路运输生产中发生的实际成本，应设置"主营业务成本——运输支出"账户，该账户为损益类账户，借方登记营运成本的实际发生数，主要包括工资、材料、电力、固定资产折旧和其他费用。期末，要把该账户的余额全部转入"本年利润"账户。该账户应按运输支出进行明细核算。

而对于汽车运输企业，在营运成本核算时，一般主要设置"运输支出""装卸支出""营运间接费用""辅助营运费用"等科目。汽车运输费用是指企业经营旅客、货物运输业务所发生的各项费用。凡是能直接计入成本的直接营运费用，根据实际发生额借记"运输支出"科目，贷记"材料""应付职工薪酬"等科目，对于发生的营运间接费用等，则借记"营运间接费用""辅助营运费用"，然后采用一定的方法分配记入"运输支出""装卸支出"账户。

汽车运输企业成本计算方法比较简单，将各要素费用和营运间接费用分配记入"运输支出"明细账相关项目之后，将明细账各项目金额进行汇总。各明细账中运输费用的合计数就是客运或货运的总成本。用客运或货运的总成本除以客运或货运的周转量，即除以"千人·千米"或"千吨·千米"就是客运或货运的单位成本。汽车运输企业的运输支出，如果直接记入了"主营业务成本"账户，期末不需要结转运输的生产成本。因为"主营业务成本"本身就是损益类账户，期末直接结转到"本年利润"账户即可。但这样做，账户的层次较多，记账较麻烦。如果将"运输支出"设为一级账户，因为该账户属于生产成本类账户，每月末计算完客运或货运成本，应将其转入"主营业务成本"账户。

第七节　信息传输企业的成本核算

信息传输企业的生产活动主要是利用电信网络为用户提供各类媒体信息的传递条件，通过迅速可靠地传送信息来完成对用户的服务。在这个生产过程中，没有实物产品，生产和消费是同步的，不可分割，生产的过程也是用户消费的过程。

电信业务经营范围已涵盖固网语音、移动、宽带、增值业务、综合信息服务等，客户包括政企客户和公众客户等。不同业务和客户可以组合成不同的套餐，即使对于同类客户使用同种服务，有的客户需要大量标准服务而很少有特殊要求，有的客户则需要定制差异化的服务，由此构成复杂的业务、客户和需求组合，需要制定多种定价策略，因此，需要多元化的成本信息。在成本核算方面体现出多样化的特点。

一、信息传输企业产品成本核算对象的确定

信息传输企业一般按照基础电信业务、电信增值业务、其他信息传输业务等主要业务类型来确定成本核算对象。

其中，基础电信业务，是指提供公共网络基础设施、公共数据传送和基本话音通信服务的业务。具体包括以下 9 种。

（1）固定网络国内长途及本地电话业务。

（2）移动网络电话和数据业务。

（3）卫星通信及卫星移动通信业务。

（4）互联网及其他公共数据传送业务。

（5）带宽、波长、光纤、光缆、管道及其他网络元素出租、出售业务。

（6）网络承载、接入及网络外包等业务。

（7）国际通信基础设施、国际电信业务。

（8）无线寻呼业务。

（9）转售的基础电信业务。

电信增值业务，是指凭借公用电信网的资源和其他通信设备而开发的附加通信业务，其实现的价值使原有网路的经济效益或功能价值增高。有时称之为增强型业务。增值业务广义上分成两大类：一是以增值网（VAN）方式出现的业务。例如，租用高速信息组成的传真存储转发网、会议电视网、专用分组交换网、虚拟专用网（VPN）等。二是以增值业务方式出现的业务。如数据检索、数据处理、电子数据互换、电子信箱、电子查号、电子文件传输等业务。

实务中，企业通常根据经营管理需要，将固网语音、移动语音、互联网接入、资源出租、互联网类信息服务、增值业务、号码信息服务、IT 服务及应用等有关业务作为成本核算对象。

二、信息传输企业产品成本核算项目和范围的确定

与制造企业相比，信息传输企业的成本核算项目和范围特点是基本没有原材料耗费项目、固定成本相对比重较大。从消耗的主要资源类型上看，除了与制造企业一样都涉及人力、设备、无形资产等方面的消耗外，还会发生行业特有的支出，如业务费、电路及网元租赁费等特定支出。

信息传输企业一般设置直接人工、固定资产折旧、无形资产摊销、低值易耗品摊销、业务费、电路及网元租赁费等成本项目。其中：直接人工是指直接从事信息传输服务人员的职工薪酬。业务费是指支付通信生产的各种业务费用，包括频率占用费、卫星测控费、安全保卫费、码号资源费、设备耗用的外购电力费、自有电源设备耗用的燃料和润料费等。电路及网元租赁费，是指支付给其他信息传输企业的电路及网元等传输系统及设备的租赁费等。

三、信息传输企业产品成本归集、分配和结转

信息传输企业可以根据经营特点和条件，利用现代信息技术，采用作业成本法等

对产品成本进行归集和分配。

以电信企业为例，其间接成本占比大、全程全网联合作业是电信企业经营的主要特点，间接成本占有相当高的比例，只有少数的直接费用可以指向业务（或客户），其他费用都需要根据设定的规则和相应的动因数据，经过分摊分配处理后，才能归集到业务（或客户）。鉴于企业的成本构成特点，基于科目的传统成本核算模式无法支撑企业成本管理目标，需要创新成本核算及分析体系，促进企业不断提升成本管理水平。尽管作业成本法源于制造业，但从服务业间接成本占较大比例的特点来看，它在生产性服务业中应有相当大的实施空间。电信网络的特殊性决定了电信产品的多样性和复杂性，例如，多种电信业务使用同一个网络，使得网络成本分摊困难；电信业存在的规模经济性和范围经济性，使电话网各业务之间的共用成本很高；网络利用率和用户量是影响电信产品单位成本极其重要的相关因素；等等。所有这些因素决定了厘清电信单位业务成本和单位客户成本十分困难。作业成本法能更加准确和多维地进行成本核算，提供大量详细的中间成本信息，从而更好地进行电信成本的核算。目前，作业成本法是解决上述电信成本核算困难的有效方案之一。从实践来看，许多电信企业运用作业成本法已经取得了良好的效果。

[例 8-1]　中国电信作业成本核算实践。[①]

中国电信运用作业成本法进行成本核算管理，其基本步骤如下。

1. 确定成本核算对象

成本核算对象的选择与公司生产经营特点和公司战略密切相关，比如以产品运营为主的公司成本核算对象可以确定为产品，客户运营为主的公司成本核算对象可以确定为客户或者产品、客户两维。在选择过程中，成本核算对象颗粒度要合适，过细会导致模型复杂、数据需求巨大，过粗则不能满足管理需求。中国电信以产品和客户两个维度作为作业成本的核算对象。

2. 确定成本池

成本池是作业成本核算的起点，也是作业成本追溯的终点，良好的成本池划分对作业成本核算应用分析具有重要意义。中国电信在实施作业成本法时，按照成本的服务对象和分摊方法，将成本池划分为六大类：一是产品专项成本，即产品相关度高的财务成本，如装移机成本、系统集成成本、网间结算成本；二是营销成本，如广告宣传费用、终端成本；三是人工成本，即与员工薪酬、福利相关的各项成本；四是部门成本，即企业在管理、办公方面消耗的成本；五是网络成本，即网络设备运转生产所产生的成本，如网络资产折旧、修理费、机房水电费；六是综合支撑成本，如财务费用、税金及附加、营业外收支等。

3. 确定作业

作业本质上就是业务流程中的一个环节，在梳理出来的业务流程基础上根据企业运营需要和管理基础条件等实际情况来设置。中国电信在确定作业时，主要遵循三个原则：① 完备性，作业设置应包括企业全部的运营功能和所有工作，设置作业时以分公司组织结构和各部门工作内容为依据。② 独立性，各个作业功能相互独立，不

---

① 本例资料来源：陈洁敏，李少武. 中国电信作业成本核算管理实践探讨. 财务与会计，2014（2）.

能存在作业之间的功能交叉。③ 遵循成本效益原则，将企业重点关注的、耗用资源大的流程作业进行细化，资源耗用小的作业适当合并。中国电信按前端、后端、管理支撑三大类别设置了 74 个经营活动作业，同时按网络设备、基础资源、管理类三大类别设置了 108 个资产作业（见表 8-1）。

表 8-1   成本核算作业一览表

类型	类别	作业细类	作业数量	分摊流程
经营活动作业	前端作业	市场管理与营销策划	5	按服务的产品或客户对象分摊到产品、客户
		客户管理及营销策划	3	
		渠道销售、服务及管理支撑	8	
		业务支撑	8	
		前端综合管理	1	
	后端作业	运行维护	32	按管理的网络元素对象分摊到网络资产作业
		网络建设	11	
		资源管理	4	
		后端综合管理	1	
	管理支撑作业	企业管理与支撑	1	分摊到前端作业和后端作业
资产作业	网络设备资产	传输类	20	按照电信产品对网络资产的消耗进行网络成本的归集和分摊
		接入类	9	
		交换类	8	
		数据类	6	
		应用设备类	22	
		移动通信类	4	
		企业信息系统类	5	
	基础资源资产	机房及附属设备	4	按各网元的耗用动因，分摊到各类网络资产上
		机房空调设备	5	
		动力电源设备	6	
	管理类资产	中央及办公空调设备	4	按各部门的耗用动因，分摊到部门成本上
		管理办公设备	7	
		管理用房屋	5	
		土地	3	

4. 确定成本作业分摊路径和动因

根据业务流程中作业之间的关系进行作业成本分摊路径的设计，业务流程就是一个作业链，根据作业链上各作业的相互耗用关系设计分摊路径，根据作业资源的耗用方式确定作业分摊动因，模型见图 8-1。

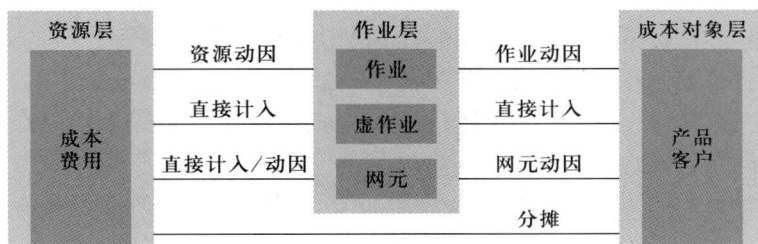

图 8-1　中国电信作业成本分摊图

动因是连接资源到作业、作业到成本对象的纽带。中国电信将动因主要分为三大类：分配资源到作业层的动因为资源动因（134 个）；分配作业成本到产品的称为作业动因（33 个），分配网元成本到产品的称为网元动因（83 个）。各项成本动因示例见表 8-2。

表 8-2　中国电信作业成本动因示例

动因类型	示例	动因举例
资源动因	人工成本（工资、福利）	作业工时×职级工资比例
	动力费	资产功率
	修理费——房屋	面积
作业动因	市场调研、市场分析	各客户群各产品的用户数量
	营业厅服务及管理	受理不同客户群工单数
网元动因	光缆	芯纤千米
	电缆	线对千米
	长途交换	通话时长
	接入线	用户线数

第八节　软件及信息技术服务企业的成本核算

软件企业指以计算机软件开发生产、系统集成、应用服务和其他相应技术服务为其经营业务和主要经营收入，具有一种以上由本企业开发或由本企业拥有知识产权的软件产品，或者提供通过资质等级认定的计算机信息系统集成等技术服务的企业。按照国际惯例，软件产业包括软件产品和软件服务两大部分。软件产品是能被计算机存储和读入并指示计算机从事特定工作的编码程序，主要包括系统软件、支撑软件、应用软件等；软件服务是指与计算机软件相关的服务内容，主要包括信息系统集成、动态服务器页面（active server page，简称 ASP）、信息系统运行与维护服务、数据中心与资源外包服务、数据加工与处理服务、信息系统咨询与评估服务、信息系统工程监理、软件与信息系统管理人才工程化培训等。

一、软件及信息技术服务企业产品成本核算对象的确定

软件产品有其特殊性，主要表现为以下几方面。

（1）软件产品工作流程的关键是母版的研制过程，通常具有以下特点：① 开发成本很高、产品复制的边际成本很低；② 沉没成本很高、付现成本很低；③ 人工成本很高、材料成本很低。

（2）软件产品的子版批量复制过程周期短、工艺简单，类似于制造企业的批量生产过程。

因此，软件及信息技术服务企业的产品成本核算对象的确定，科研设计与软件开发等人工成本比重较高的，一般按照科研课题、承接的单项合同项目、开发项目、技术服务客户等确定成本核算对象；合同项目规模较大、开发期较长的，可以分段确定成本核算对象。

二、软件及信息技术服务企业产品成本核算项目和范围的确定

软件及信息技术服务企业的核心竞争力在于研发费用，在研发上的投入最终形成了软件产品的成本。软件与硬件不同，在成本构成上的差异非常明显。硬件的成本构成相当清晰，主要有作为转移价值的材料和固定资产折旧；有人工价值的职工薪酬；有为生产产品而必须付出的各项费用。软件产品的成本中，基本没有材料成本，也很少有折旧。在研发阶段，主要是智力投入的人工费用；在后期市场阶段，主要是许多附加的测试、维护、服务费用等。

软件及信息技术服务企业一般设置直接人工、外购软件与服务费、场地租赁费、固定资产折旧、无形资产摊销、差旅费、培训费、转包成本、水电费、办公费等成本项目。

直接人工是指直接从事软件及信息技术服务的人员的职工薪酬。

外购软件与服务费是指企业为开发特定项目而必须从外部购进的辅助软件或服务所发生的费用。

场地租赁费是指企业为开发软件或提供信息技术服务租赁场地支付的费用等。

转包成本是指企业将有关项目部分分包给其他单位支付的费用。

三、软件及信息技术服务企业产品成本归集、分配和结转

软件及信息技术服务企业可以根据经营特点和条件，利用现代信息技术，采用作业成本法等对产品成本进行归集和分配。

第九节　文化企业的成本核算

一、文化企业产品成本核算对象的确定

文化企业就是生产、经营和销售文化产品和服务的企业。根据我国国家统计局的划分，文化业主要包括：新闻和出版业；广播、电视、电影和影视录音制作业；文化

艺术业（文艺创作与表演、艺术表演场馆等）。新闻出版业包括出版单位、发行企业、报业单位和印刷、复制及印刷物资供应企业等。一般情况下，文化企业应当根据其制作的产品特点，按照制作产品的种类、批次、印次、刊次等确定成本核算对象。

（一）出版单位的成本核算对象

出版物的类型比较多，成本核算对象也应该分别确定。其中，图书应按品种分版（印）次核算；期刊按单一品种分期次核算；音像制品、电子出版物及投影片（含缩微制品）按品种分批次核算。

上述对成本核算对象的确定，实际上是同时涉及了品种法和分批法两种成本核算方法。按品种强调了单品种核算，分印（期、批）次则强调了核算每个品种不同印（期、批）次的成本。

（二）报业单位的成本核算对象

报业单位的产品主要是报纸。报纸在生产过程中耗费的主要材料是新闻纸，同时，还需要有 PS 版及软片等材料。排版、制版、印刷的过程是在印刷机构进行的。因此，报纸的成本及费用组成除纸张等原辅材料外，还包括印制成本，同时，构成报纸成本的还有报纸编辑业务所发生的费用。

报纸成本构成的项目可分为：纸张材料费、排版费、印制费、采编费用以及应当包含在报纸生产中的其他直接费用。

报纸生产一般是以销定产，其销售数量通常在前一年末已基本确定，产品有日报或周报等形式。当期发生的费用都能确认为当期成本，并全部转入库存商品中，没有在产品。

（三）书刊、报纸印刷企业的成本核算对象

书刊、报纸印刷具有连续、多品种生产和分阶段结算的特点，要求印刷产品成本核算采用分类与分批相结合的方法。在实际工作中，一般按产品类别、订单、批量等作为成本核算对象。在分批核算成本的基础上，也可按"本""件""张"计算成本。

（四）音像电子出版企业的成本核算对象

音像电子出版物的复制，是将母带、母盘上的信息进行批量翻录的生产活动，要求企业按产品载体形式（产品品种）归集产品生产费用，一般将母带、子带、CD 母盘、CD 子盘、DVD 母盘、DVD 子盘等品种作为产品成本的核算对象。企业可按上述分类产品分别核算产品成本。

（五）电影制片、洗印企业的成本核算对象

一般来说，制片企业各片种影片成本（包括总成本和单位成本）的核算，均应以影视片剧目的片名为成本核算对象，如果为简化核算手续，采用彩色、黑白影片或者采用 35 mm、16 mm 影片毫别等其他标准划分成本核算对象的，仍应当按照片名进行成本考核。洗印企业生产印刷发行拷贝属于单品种的批量生产，应当按影片节目分批、分规格（如影片毫别等）核算总成本，然后再计算每个拷贝的单位成本。对于单一的校正拷贝、标准拷贝、翻正、翻底、国际声带等素材，可以以产品的品名和规格作为成本核算对象。

二、文化企业产品成本核算项目和范围的确定

文化企业一般设置开发成本和制作成本等成本项目。

（一）开发成本

文化企业产品开发是指从选题策划开始到正式生产制作所经历的一系列过程，包括信息收集、策划、市场调研、选题论证、立项等阶段。开发成本包括信息收集费、调研交通费、通信费、组稿费、专题会议费、广告宣传费、参与开发的职工薪酬等。随着出版决策对市场信息的倚重程度越来越高，开发成本在文化（新闻出版）业的成本中所占的比重也将逐渐增加。

（二）制作成本

制作成本是指产品内容制作成本和物质形态的制作成本，包括稿费、审稿费、校对费、录入费、编辑加工费、直接材料费、印刷费、固定资产折旧、参与制作的职工薪酬等。电影企业的制作成本，是指企业在影片制片、译制、洗印等生产过程所发生的各项费用，包括剧本费、演职员的薪酬、胶片及磁片磁带费、化妆费、道具费、布景费、场租费、剪接费、洗印费等。

制作过程是文化企业成本产生的主要环节，对文化企业成本产生重要影响。其成本可分为购买产品内容的成本和对内容进行物质形态制作的成本。前者即通常所说的固定成本，属一次性支付，如稿酬（版税制除外）、审稿费、编校排印费、设计费等；后者通常也称为变动成本，其费用随产品的增加而相应增加，如纸张费、印工费等。

三、文化企业产品成本归集、分配和结转

文化企业应按照企业产品成本归集、分配和结转的原则进行会计处理。文化企业发生的有关成本项目费用，由某一成本核算对象负担的，应当直接计入成本核算对象成本；由几个成本核算对象共同负担的，应当选择人员比例、工时比例、材料耗用比例等合理的分配标准分配计入成本核算对象成本。在确定有关费用的分配标准时，应当体现自身生产经营特点和管理要求。

构成文化企业产品生产成本的要素包括直接生产费用和间接生产费用。直接生产费用是指为生产产品发生的必要支出，是构成产品生产成本的主要内容，包括直接材料和直接人工。直接材料即生产所需的各种原材料，如制作电影产品而耗费的胶片、磁片、录音录像带等。直接人工即支付给生产工人的工资，如为制作电影产品而支付给各类演职人员的工资，出版行业印刷、排版等人员的工资，不包括管理人员的工资等。间接费用是为了生产若干产品而共同发生的费用，如水电费、机器设备的折旧费等。这些费用的发生可能不是因为生产某种产品而发生的，而是生产若干种产品共同发生的，因此需要将这些费用按比例分摊。如果只是为了生产制作一部影视剧产品而发生的间接费用，而且又是确定的，则不需要进行分摊，可直接记入"制造费用"账户，期末转入"生产成本"账户。

（一）出版单位成本、费用的归集和分配

出版单位在编辑加工出版物时，发生的"稿酬及校订费""租型费用""原材料及辅助材料""制版费用""印装（制作）费用""出版损失""编录经费""其他直接费用"等费用，属于直接生产费用，在费用发生时，根据原始凭证直接计入某种出版物成本，称"直接成本"；编录经费属于间接成本，无法直接计入某一种出版物成

本，需要通过分摊计入每种出版物的成本。

编录经费是指编录部门所发生的、无法直接计入某一种出版物成本的各项间接生产费用，包括编录人员的各项人工成本、办公费、差旅费、会议费、业务费、资料费、摄影费、编录用品购置或摊销等。编录经费作为间接成本，应按照因果原则、受益原则、公平原则，采取比较科学和大体合理的方法，分摊到每一种出版物的成本中去。

出版单位具体采用何种分配方法，由出版单位自行决定。分配方法一经确定，不得随意变更。

（二）书刊、报纸印刷企业成本、费用的归集和分配

企业进行印刷产品加工生产，应按生产过程中各项生产费用的用途归集与分配成本和费用。

（1）原材料成本的归集与分配。企业生产过程中耗用的原材料，应按车间、部门、工段和用途分别归集并编制"材料耗用汇总表"，据以登记"生产成本""制造费用"等有关明细账。基本生产车间一个基本工段生产两类或两类以上的产品，且耗用同一种原材料的，应尽可能分别统计各类产品的实耗数，并按实耗数计入产品成本；如不能划分而又必须分配的，可按实物产量、工时比例或产值比例进行分配，计入有关产品成本。

（2）人工成本的归集与分配。基本生产车间的工资及福利费，应按车间、部门的"工资汇总表"登记"生产成本——基本生产成本""生产成本——辅助生产成本"和"制造费用"等有关明细账。基本生产车间的一个基本工段生产两类或两类以上产品，各类产品的人工成本，可按该工段的实耗工时（或实物产量）工资率乘以各类产品的实耗工时数（或实物产量）计算后求得。计算公式如下：

$$基本工段实耗工时（或实物产量）工资率 = \frac{工资及福利费总额}{实耗工时（或实物产量）总数} \qquad (8-10)$$

基本生产车间的几个基本工段共同完成的同一类产品，其人工成本应按各工段的实耗工时（或实物产量）工资率乘各工段实耗工时数（或实物产量），分段计算各个工段成本，经加总后计入该类产品成本。

基本生产车间辅助工段的工资及福利费，按各受益工段的受益程度采取定额法比例分配。

辅助工段发生对外供应劳务收入，不得直接冲减基本生产成本；对外供应劳务应负担的工资和福利费，可以根据实耗工时及工时工资率或定额成本进行分配。

（3）燃料和动力成本的归集与分配。基本生产车间生产耗用的燃料和动力，按使用车间、部门的仪表记录数的比例进行分配。没有仪表记录的，燃气按所用设备每小时耗用量计算耗用数进行分配；基本生产车间的一个基本工段生产两类或两类以上的产品，其燃料和动力直接计入受益产品；如不能直接计入的，可按实物产量或工时比例进行分配。

（4）其他直接费用的归集与分配。企业生产过程中，为生产产品和提供劳务而发生的其他直接费用，直接计入产品成本。

（5）共同费用的归集与分配。企业生产过程中，为生产产品和提供劳务而发生

的各项间接费用，按一定标准分配计入产品成本。

① 辅助生产车间成本的分配。辅助生产车间有商品制造任务或对外供应劳务的，应根据有关的施工单和用料、耗料记录，按其应负担的实际成本计算。辅助生产车间为企业内部提供劳务而发生的各项支出，应按该辅助生产车间为之服务而实际耗用的原材料和人工实耗工时数乘以工时成本率计算。

② 制造费用的分配。基本生产车间发生的制造费用，按实物产量、工时比例分配于该车间的基本工段。

（6）月末，企业应根据"生产成本——基本生产成本""生产成本——辅助生产成本"和"制造费用"等有关明细账和各种材料、费用分配表，及其他有关的单据，进行成本核算与分配，求得如下各种成本。

① 各辅助生产车间当月各项目成本和总成本。

② 各基本生产车间及其所属工段当月各项目成本和总成本。

③ 各类产成品的各项目成本、总成本和单位成本。

④ 各类在产品的各项目成本和总成本。

⑤ 各批产品的分批成本和单位成本。

（7）完工产品与在产品成本的划分界限。

① 计算机照排产品以出菲林片为产成品，未出菲林片为在产品。

② 胶印照相制版产品以打样签准为产成品，未签准为在产品。

③ 印刷产品以印制单规定的产量印刷检查完毕后可供销售，或可移交下一工段为产成品，在此以前为在产品。

④ 装订产品以装订、检查、包扎好可供销售为产成品，在此以前为在产品。

⑤ 其他产品，以加工完毕可以单独向客户结价收款的为产成品；不能单独结价收款的，以可移交下一工段加工的为产成品，在此以前均为在产品。

（8）完工产品与在产品成本的分配标准。

① 材料成本：凡能按产品批别建立用料记录的，均按分批记录计算产品的用料成本；如不能按批建立分批产品用料记录，可按实物产量、约当产量或产值比例进行分配。

② 人工及费用成本（指工资及福利费、燃料和动力、制造费用），一律按在产品与产成品所消耗的工时、产量比例或约当产量进行分配。

（9）完工产品与在产品成本的核算。

① 企业必须如实核算完工产品与在产品成本，对由基本生产车间的几个基本工段多步骤加工完成的分类产品，可以按工段计算在产品成本。

② 企业核算各分类在产品和产成品应负担的单位生产成本时，应将上期结转在产品成本与本期各同类产品的生产费用发生额合并后计算。公式如下：

材料成本计算：

本期产成品和期末在产品应负担的单位生产成本（指实物产量或产值）

$$= \frac{\text{期初在产品成本} + \text{本期生产费用发生额}}{\text{本期产成品实物产量（或产值）} + \text{期末在产品实物产量（或产值或约当产量）}}$$

(8-11)

人工及费用成本计算：

本期产成品和期末在产品应负担的单位生产费用数（指实耗工时或实物产量）

$$= \frac{期初在产品成本 + 本期生产费用发生额}{期初在产品工时数（或实物产量） + 本期发生工时数（或实物产量）} \quad (8-12)$$

（三）音像电子出版物产品的复制成本、费用的归集和分配

音像电子出版企业生产过程中发生的各项生产费用，按照生产步骤进行归集，分别按成本项目设置专栏进行登记。生产步骤一般包括：母盘（带）制作、子盘（带）复制、盘面印刷、包装装潢等。

📁 本章小结

农业企业一般按照生物资产的品种、成长期、批别（群别、批次）、与农业生产相关的劳务作业等确定成本核算对象。企业一般设置直接材料、直接人工、机械作业费、其他直接费用、间接费用等成本项目。农业企业应当比照制造企业对产品成本进行归集、分配和结转。

批发零售企业一般按照商品的品种、批次、订单、类别等确定成本核算对象。批发零售企业一般设置进货成本、相关税费、采购费等成本项目。批发零售企业发生的进货成本、相关税金直接计入成本核算对象成本；发生的采购费，可以结合经营管理特点，按照合理的方法分配计入成本核算对象成本。采购费金额较小的，可以在发生时直接计入当期销售费用。

建筑企业一般按照订立的单项合同确定成本核算对象。单项合同包括建造多项资产的，企业应当按照《企业会计准则》规定的合同分立原则，确定建造合同的成本核算对象。为建造一项或数项资产而签订一组合同的，按合同合并的原则，确定建造合同的成本核算对象。建筑企业一般设置直接人工、直接材料、机械使用费、其他直接费用和间接费用等成本项目。建筑企业发生的有关费用，由某一成本核算对象负担的，应当直接计入成本核算对象成本；由几个成本核算对象共同负担的，应当选择直接费用比例、定额比例和职工薪酬比例等合理的分配标准，分配计入成本核算对象成本。

房地产企业一般按照开发项目、综合开发期数并兼顾产品类型等确定成本核算对象。一般设置土地征用及拆迁补偿费、前期工程费、建筑安装工程费、基础设施建设费、公共配套设施费、开发间接费、借款费用等成本项目。房地产企业发生的有关费用，由某一成本核算对象负担的，应当直接计入成本核算对象成本；由几个成本核算对象共同负担的，应当选择占地面积比例、预算造价比例、建筑面积比例等合理的分配标准，分配计入各成本核算对象。

采矿企业一般按照所采掘的产品确定成本核算对象。采矿企业一般设置直接材料、燃料和动力、直接人工、间接费用等成本项目。采矿企业应当比照制造企业对产品成本进行归集、分配和结转。

交通运输企业以运输工具从事货物、旅客运输的，一般按照航线、航次、单船

（机）、基层站段等确定成本核算对象；从事货物等装卸业务的，可以按照货物、成本责任部门、作业场所等确定成本核算对象；从事仓储、堆存、港务管理业务的，一般按照码头、仓库、堆场、油罐、筒仓、货棚或主要货物的种类、成本责任部门等确定成本核算对象。交通运输企业一般设置营运费用、运输工具固定费用与非营运期间的费用等成本项目。交通运输企业发生的营运费用，应当按照成本核算对象归集。交通运输企业发生的运输工具固定费用，能确定由某一成本核算对象负担的，应当直接计入成本核算对象的成本；由多个成本核算对象共同负担的，应当选择营运时间等符合经营特点的、科学合理的分配标准分配计入各成本核算对象的成本。交通运输企业发生的非营运期间费用，比照制造业季节性生产企业处理。

信息传输企业一般按照基础电信业务、电信增值业务和其他信息传输业务等确定成本核算对象。一般设置直接人工、固定资产折旧、无形资产摊销、低值易耗品摊销、业务费、电路及网元租赁费等成本项目。信息传输企业可以根据经营特点和条件，利用现代信息技术，采用作业成本法等对产品成本进行归集和分配。

软件及信息技术服务企业的科研设计与软件开发等人工成本比重较高的，一般按照科研课题、承接的单项合同项目、开发项目、技术服务客户等确定成本核算对象。合同项目规模较大、开发期较长的，可以分段确定成本核算对象。一般设置直接人工、外购软件与服务费、场地租赁费、固定资产折旧、无形资产摊销、差旅费、培训费、转包成本、水电费、办公费等成本项目。软件及信息技术服务等企业可以根据经营特点和条件，利用现代信息技术，采用作业成本法等对产品成本进行归集和分配。

文化企业一般按照制作产品的种类、批次、印次、刊次等确定成本核算对象；一般设置开发成本和制作成本等成本项目。文化企业发生的有关成本项目费用，由某一成本核算对象负担的，应当直接计入成本核算对象成本；由几个成本核算对象共同负担的，应当选择人员比例、工时比例、材料耗用比例等合理的分配标准分配计入成本核算对象成本。

关键名词

农业企业　是指从事农、林、牧、副、渔业产品生产与经营活动的经济组织。

批发企业　是指向生产企业或其他企业购进商品，供应给零售企业或其他批发企业用以转售，或供应给其他企业用以加工的商品流通企业。

零售企业　是指从批发企业或生产企业购进商品销售给个人消费者，或销售给企事业单位等用于生产和非生产消费的商品流通企业。

建筑企业　是指从事建筑产品生产和经营的经济实体，是专门从事土木工程、房屋建设和设备安装以及工程勘察设计工作的生产部门。

房地产企业　是指从事房地产开发、经营、管理和服务活动，并以营利为目的进行自主经营、独立核算的经济组织。

采矿企业　是指对固体（如煤和矿物）、液体（如原油）或气体（如天然气）等自然产生的矿物进行采掘的企业。

交通运输企业　是指从事运送旅客和货物等经营活动的物质生产企业，包括从事远洋、沿海、内河、公路、铁路、航空运输企业，海河港口、仓储企业、外轮代理企业以及城市公共汽（电）车、出租汽车、轮渡、地铁等企业。

信息传输企业　是指利用电信网络为用户提供各类媒体信息的传递条件，通过迅速可靠地传送信息来完成对用户的服务的企业。

软件企业　是指以计算机软件开发生产、系统集成、应用服务和其他相应技术服务为其经营业务和主要经营收入，具有一种以上由本企业开发或由本企业拥有知识产权的软件产品，或者提供通过资质等级认定的计算机信息系统集成等技术服务的企业。

◉ 即测即评

请扫描二维码，进行即测即评。

思考题

1. 简述农业企业产品成本核算的对象。
2. 批发零售企业一般设置哪些成本项目？各自所包含的主要内容是什么？
3. 建筑企业一般设置的成本项目有哪些？各自所包含的主要内容是什么？
4. 简述房地产企业产品成本核算对象的主要表现形式。
5. 简述石油石化企业产品成本核算对象的主要内容。
6. 与制造企业相比，交通运输企业的生产经营过程具有哪些不同特征？
7. 软件及信息技术服务企业一般设置哪些成本项目？各自所包含的主要内容是什么？
8. 文化企业一般设立的成本项目有哪些？各自所包含的主要内容是什么？

拓展阅读

请扫描二维码阅读。

第九章　现代成本会计新领域

学习目标

通过学习本章内容，读者应该能够：

1. 理解战略成本管理、质量成本管理、物流成本管理与环境成本管理的含义及分类；
2. 掌握战略成本管理、质量成本管理、物流成本管理与环境成本管理的内容及方法；
3. 了解"大智移云"背景下企业成本管理的变化、发展趋势及风险。

第一节 战略成本管理

一、战略成本管理的含义、目标及特点

战略成本管理是成本管理与战略管理有机结合的产物，是传统成本管理系统对竞争环境变化所做出的一种适应性变革，是当代成本管理发展的必然趋势。所谓战略成本管理就是以战略的眼光从成本的源头识别成本驱动因素，对价值链进行成本管理，即运用成本数据和信息，为战略管理的每一个关键步骤提供战略性成本信息，以利于企业竞争优势的形成和核心竞争力的创造。

战略成本管理的目标就是通过战略性成本信息的提供与分析利用，促进企业竞争优势的形成和成本持续降低环境的建立。

战略成本管理具有不同于传统成本管理的几个特点。

（一）长期性

战略成本管理的宗旨，是取得长期持久的竞争优势，以便企业长期生存和发展。战略成本管理以企业长期发展战略为基础，并随长期发展战略的改变而改变。

（二）全局性

战略成本管理以企业的全局为对象，根据企业总体发展战略来进行管理。它把企业内部结构和外部环境综合起来，企业的价值链贯穿于企业内部自身价值创造作业和企业外部价值转移作业的二维空间，企业不过是整个价值创造作业全部链节中的一个链节。因此，战略成本管理是从企业所处的竞争环境出发，其成本管理不仅包括企业内部的价值链分析，还包括竞争对手价值链分析和企业所处行业的价值链分析，从而达到知己知彼、洞察全局的目的，并由此形成价值链的各种战略。

（三）外延性

战略成本管理的着眼点是外部环境，将成本管理外延向前延伸到采购环节和研究开发与设计环节，向后考虑售后服务环节。既要重视与上游供应商的联系，也应重视与下游客户和经销商的联结，把企业成本管理纳入整个市场环境中予以全面考察。只有对企业所处环境进行正确分析和判断，才能预测和控制风险，根据企业自身的特点，确定和实施正确适当的管理战略，把握机遇，主动积极地适应和驾驭外界环境，在竞争中取得主动，最终实现预定的企业战略目标。

（四）灵活性

战略成本管理方法具有灵活性，它与现代企业的弹性制造系统、及时制、零存货等相联系，具有柔性管理的基本特点。

二、战略成本管理的内容

战略成本管理的内容分为两个方面。

首先是利用战略性成本信息进行战略选择。企业战略通常是由相互作用的总体战略、一般竞争战略和具体职能战略所构成。使用企业产品生命周期与市场地位相结合的分析方法，西方学者一般将企业总体战略分为三种，即发展战略、维持战略和收缩

战略。在总体战略明确的前提下，企业一般通过三种方式来开发竞争优势，即成本领先战略、产品差异化战略和目标集聚战略。在一般竞争战略的指导下，企业还会按照业务活动的范围确定一些具体的职能战略，如产品开发战略、生产流程战略、营销战略、规模扩张战略等。利用战略性成本信息对企业的战略选择过程提供决策支持，保证企业战略决策的正确性，是战略成本管理针对战略管理而进行的功能展开与运用创新，是战略成本管理对传统成本管理的超越。

其次是在不同的竞争战略下正确组织成本管理。不同的战略选择需要不同的成本分析观和成本管理方法，这也就形成了在特定竞争战略下的成本管理战略。如针对产品开发战略的价值工程成本管理战略，针对产品流程战略的作业成本管理战略，以及针对企业扩张战略的成本管理战略，等等。

三、战略成本管理的分析工具

战略成本管理的主要分析工具有三种：价值链分析、战略定位分析和成本动因分析。

（一）价值链分析

价值链概念是波特[①]教授在 20 世纪 80 年代首先提出的，他认为企业需要认识价值活动并理解在既定的价值活动中，各种活动间的关系是怎样的。在 20 世纪 90 年代初由约翰·桑科等学者所进行的研究则进一步拓展了价值链这一概念，他们认为每一个企业都应该将自身的价值链放到整个行业的价值链中去考虑。

一般来说，价值链有三个含义：其一，企业的各项价值活动之间都有密切的联系，比如我们通常提到的供应、生产、销售三环节的紧密协调；其二，每项价值活动都能给企业创造有形或无形的价值；其三，价值链不仅包括企业内部的价值活动，而且还包括企业与供应商、企业与客户之间的价值联系。

价值链分析主要考虑下面几个方面。

1. 企业价值链分析

企业价值链分析就是通过企业价值链各作业关系的开发，推进各个价值作业的优化与相互协调，并为实现企业战略目标而进行价值作业之间的权衡取舍。企业价值链作业可分为主要作业和支持性作业。主要作业包括：① 采购；② 制造；③ 产品发送；④ 市场营销；⑤ 售后服务。支持性作业包括：① 技术开发；② 人力资源管理；③ 基础管理，包括具体管理、计划管理、财务管理、会计管理、质量管理等。

2. 产业价值链分析

一个企业的成本竞争力不仅取决于该企业的内部活动，而且还取决于一个更大的活动体系。在这个更大的体系中，包括企业的上游供应商的价值链，以及涉及将产品送至最终用户的下游客户或联盟的价值链。产业价值链分析就是从战略上明确企业在产业价值链中的位置，分析自身与上游（供应商）、下游（分销商和顾客）价值链的

---

① 迈克尔·波特（Michael E. Porter），哈佛商学院的大学教授（大学教授，University Professor，是哈佛商学院的最高荣誉，迈克尔·波特是该校历史上第四位获得此项殊荣的教授）。迈克尔·波特在世界管理思想界可谓"活着的传奇"，他是当今全球第一战略权威，是商业管理界公认的"竞争战略之父"，在 2005 年世界管理思想家 50 强排行榜上位居第一。

关系，充分利用上游与下游价值链活动，促进成本的降低，调整企业在产业价值链中的位置与范围，把握成本优势。

以造纸业为例，森林种植、原木开发、纸浆制造、造纸、分销等系列作业构成产业价值链，在价值链上，每一个企业既是供方又是买方，区分每一环节的成本、收入和相应资产配置以计算每一价值作业的经济效益，有助于了解每一环节对应的供方与买方的力量，有助于企业明确开发与供方、买方关系的途径，以减少成本、增加差异性或二者兼顾，从而为产业中不同层次的企业赋予了潜在的战略意义。

3. 竞争对手价值链分析

竞争对手价值链分析就是通过了解竞争对手的成本情况，评价竞争对手价值链的合理性和科学性，并将其同本企业的价值链分析结果进行比较，以明确企业的相对成本地位，即同竞争对手相比是处于成本竞争优势还是劣势，从而采取一定的战略行动，消除成本劣势，创造成本优势。

企业往往利用对竞争对手价值链分析所得到的信息，来开展成本标杆学习。成本标杆学习的核心是比较企业价值链中的基本价值活动的优劣程度，比如如何采购原材料，如何培训员工，如何安排生产流程，如何处理企业的分销以及开发新产品的速度，如何进行质量控制，等等。标杆学习的目的是理解企业价值活动实施的最好办法，并将其应用到本企业的价值链中，以降低成本，提高成本竞争力。

（二）战略定位分析

价值链分析为战略成本管理提供三个分析框架，但远未解决如何将成本管理与企业战略相结合的问题。只有通过战略定位分析，确定出企业的战略，才能将成本管理的具体方法针对特定的战略而进行功能展开与运用创新。

从管理科学来看，为了保证战略规划、实施的有效性，不同的战略与不同的管理控制系统相互映衬，这也正是作为管理控制系统之一的战略成本管理与企业战略相结合之逻辑所在。不同的战略选择，需要不同的成本分析观和成本管理概念框架。成本管理控制系统因不同的战略选择而差异甚大。

企业战略通常是相互作用的总体战略、一般竞争战略和各业务单元的具体职能战略的结合。

1. 企业总体战略

如前文所述，以产品生命周期与市场地位（以市场份额为评判指标）相结合的分析方法为基础，西方学者提出三种总体战略：① 发展战略。它以提高市场份额为战略目标，甚至不惜牺牲短期收益和现金流量。产品处于导入期或高成长期而市场份额较低的企业一般采用这种战略。② 维持战略（固守战略）。它以巩固企业的产品现行市场份额和维持现行竞争地位为战略目标。高成长产业、高市场份额企业采用这种战略。③ 收缩战略。它以短期收益和现金流量最大化为战略目标，甚至不惜牺牲市场份额。低成长产业、高市场份额企业追求这种目标。

2. 企业一般竞争战略

企业一般竞争战略强调的是企业从哪个方面获取竞争优势。依据波特的观点，企业可以通过成本领先、产品差异化和目标集聚三种基本的竞争战略来取得竞争优势地位。

（1）成本领先战略。成本领先战略是 20 世纪 70 年代由于学习曲线概念的流行而得以普遍应用的。成本领先要求企业积极地建立起达到有效规模的生产设施，在经验的基础上全力以赴降低成本，对产品成本和管理费用严加控制，以及最大限度地减少研究开发、推销和服务等方面的成本费用。为了达到成本领先的目标，有必要在管理的各个层面对成本因素给予高度重视。尽管质量、服务以及其他方面也不容忽视，但贯穿于整个战略中的主题是使成本低于竞争对手。

（2）产品差异化战略。简单地说，产品差异化就是指企业通过对产品的研究和开发，制造出其他企业不能生产出的产品，以满足顾客需求，从而获得竞争优势。如果产品差异化战略能够实现，它就成为在行业中赢得超常收益的可行战略，因为它能建立起对付各种竞争力量的防御体系，保护企业的竞争优势地位。产品差异化战略可以利用购买者对本企业产品的忠诚以及由此产生的对价格的敏感性的下降，使企业得以避开竞争，出现企业利润增加却不必过度追求成本降低的局面。

（3）目标集聚战略。目标集聚战略是主攻某个特定的顾客群，某种产品系列的一个细分段或某一个细分市场，以取得在某个目标市场上的竞争优势。这种战略的前提是：企业能够集中有限的资源，以更高的效率、更好的效果为某一狭窄的战略对象服务，从而超过在更广阔范围的竞争对手。企业采取目标集聚战略的方式可能是通过满足特定顾客群的需要实现产品的标新立异，或者为这一顾客群服务时实现了低成本，或者二者兼得。因此，尽管从全部市场的角度看，目标集聚战略没有能够取得成本领先或产品差异化的竞争优势，但它却在其特有的市场区域拥有了一种或两种竞争优势地位。

3. 企业各业务单元的具体职能战略

从价值链的角度来看，企业内部的主要业务单元包括产品开发、原料采购、产品生产、产品销售和人力资源管理等具体职能。企业为了实现总体战略和一般竞争战略，就需要将总体战略和一般竞争战略的指导思想具体落实到各个业务单元这一管理层面上来，从而形成各业务单元的具体战略。企业各业务单元的战略主要有产品开发战略、采购战略、生产流程战略、销售战略和人才开发战略等。企业在确定任何一个业务单元战略时，都要考虑它与企业总体战略和一般竞争战略的匹配问题，看其是否有利于企业总体战略和一般竞争战略的实现。以产品开发战略为例，当企业进行是否开发新产品的战略决策时，必然要考虑企业所处的发展阶段和相应的总体战略，如果总体战略是发展战略，就会做出开发新产品的战略决策。那么接下来就要对新产品的功能、质量、价格、成本和顾客群进行分析。如果企业打算采取产品差异化战略，就会在产品开发决策中强调功能的先进性。如果企业拟采取成本领先战略，就会在产品开发战略中强调成本的决定性作用。

不论是总体战略、一般竞争战略还是各业务单元的具体职能战略，只要企业采取的战略不同，所要求的成本管理方法也就不同。以各业务单元的具体职能战略为例：产品开发战略所对应的成本管理方法主要是通过价值工程的成本—价值分析方法来决定产品开发战略的可行性；采购战略所对应的成本管理方法主要是以最优成本供应商的管理思想来进行战略取舍的；而产品流程战略下的成本管理强调的是企业生产过程的协调性，以减少资源的浪费，降低生产成本；对于销售战略，从成本管理的角度看就是要选择好稳定的顾客群和有效的销售渠道，以实现低成本运作。

（三）成本动因分析

在价值链分析和战略定位分析的基础上，企业能够确定其应采取的成本管理战略，但是为了进一步明确成本管理的重点，还需要找出企业成本的驱动因素，以便对症下药，将成本控制在目标以内，保证成本管理战略的有效性，促进企业战略目标的实现。

从广义上来说，成本动因分析既包括战术层面的作业成本动因分析，又包括战略层面上的成本动因分析，但是能够与企业战略相匹配的是战略成本动因分析。战略成本动因分析超出了传统成本分析的范围，而代之以更宽广的视野、与战略相结合的方式来分析成本是否应该发生，这也是战略成本管理的内在要求。

战略成本动因是从企业整体的、长远的宏观战略高度出发所考虑的成本动因。从战略的角度看，影响企业成本的动因主要来自企业经济结构和企业执行作业程序，从而构成结构性成本动因（structural cost driver）和执行性成本动因（executional cost driver）。两类成本动因的划分，从不同的战略角度影响企业的成本态势，从而为企业的战略选择和决策提供支持。

1. 结构性成本动因

结构性成本动因是与企业基础经济结构有关的成本驱动因素，一般包括构成企业基础经济结构的企业规模、业务范围、经验积累、技术和厂址等。

（1）规模是影响成本的重要结构性动因。企业规模适度，有利于成本下降，形成规模经济；企业规模过大，扩张过度，会导致成本上升，形成规模不经济。可见，规模的战略选择必须把成本作为一个基本因素加以考虑。

（2）业务范围是形成成本的又一结构性动因。企业业务范围属于整合的范畴，体现企业的整合程度。企业整合分为垂直整合与水平整合，前者与企业业务范围有关，后者与企业规模经济有关。垂直整合按其整合的取向分为向前整合与向后整合，可纵向延伸至供应、销售、零部件自制，这完全取决于企业和市场对垂直整合程度的要求。企业垂直整合的程度，即业务范围的扩张程度，对成本产生正负双面影响：业务范围扩张适度，可降低成本，带来整合效益；相反，业务范围扩张过度，则可带来成本提高，效益下滑。企业可通过战略成本动因分析，进行整合评价，确定选择或解除整合的策略。当整合的市场体系（包括供应市场与销售市场）僵化，破坏了与供应商和客户的关系，导致成本上升，对企业发展不利时，可降低市场的整合程度或解除整合。

（3）经验是影响成本的综合性基础因素，它是一个重要的结构性成本动因。经验积累，即熟练程度的提高，不仅带来效率提高，人力成本下降，同时还可降低物耗，减少损失。经验积累程度越高，操作越熟练，成本降低的机会越多，经验的不断积累和发展是获得"经验—成本"曲线效果，形成持久竞争优势的动因。

（4）技术是指企业价值链的每一个环节中运用的处理技术。它体现企业生产工艺技术的水平和能力，是从技术结构上影响成本的动因。先进的技术和技术水平的提高，不仅直接带来成本降低，而且还可改变和影响其他成本动因，间接影响成本。鉴于技术开发与应用付出成本较高，技术更新迅速，开发技术被淘汰的风险较大，企业在选择能获得持久性成本优势的技术创新时，其革新的成本应与取得的利益保持平衡。技术领先或技术追随的策略选择，应视条件而定，若能形成独特的持久领先技术，或获得独占稀有资源优势，可采用技术领先策略；否则，应予放弃。

（5）厂址的选择和转移是影响成本的结构性动因。工厂所处地理位置对成本的影响是多方面的，比如，所处位置的气候、文化、观念等人文环境会给成本带来影响；地形、交通、能源及相关基础设施，会给企业产、供、销成本带来影响。工厂地理位置的改变或转移，可以带来成本降低的机会，当工厂处于不利地理位置时，企业可利用地理位置这一成本动因，改变地理位置获得成本优势；地理位置的改变和转移也可导致其他成本上升，在有形成本降低的同时可能造成无形资源的流失，如厂址转移到工资水平较低的地区，在降低工资成本的同时造成人才流失。可见，厂址的改变和转移，需权衡利弊，合理选择。

2. 执行性成本动因

执行性成本动因是与企业执行作业程序有关的动因，即影响企业成本态势与执行作业程序有关的驱动因素。通常包括以下几方面。

（1）参与。人是执行作业程序的决定因素，每个员工参与执行都与成本相关。员工参与的责任感是影响成本的人力资源因素。企业取得成本优势而采取的组织措施，包括人力资源的开发管理，都可能因为员工的积极参与而带来成本降低。

（2）全面质量管理。质量与成本密切相关，质量与成本的优化是实现质量成本最佳、产品质量最优这一管理宗旨的内在要求。在质量成本较高的情形下，全面质量管理更是一个重要的成本动因，能为企业带来降低成本的契机。

（3）能力利用。在企业规模既定的前提下，员工能力、机器能力和管理能力是否充分利用，以及各种能力的组合是否最优，都将成为执行性成本动因。如进行技术改造，采用先进的生产管理方法，都会使能力得到充分发挥，从而带来降低成本的机会。

（4）联系，是指企业各种价值活动之间的相互关联，包括内部联系和外部联系。内部联系通过协调和最优化的策略，来提高效率或降低成本。外部联系主要是指与供应商和顾客的合作关系。上下游通力合作，互惠互利的"临界式生产管理"是重视"联系"的典范，它同时使企业和供销方获得降低成本的机会，从而成为重要的成本动因。

（5）产品外观，是指产品设计、规格、样式的效果。

（6）厂内布局，是指厂内布局的效率，即按现代工厂布局的原则和方法进行合理布局。

两类成本动因对企业的扩张战略选择具有不同的意义。结构性成本动因涉及企业规模、业务范围、技术、经验和厂址的合理选择，并非愈多愈好。盲目扩大规模和业务范围、进行技术开发和迁移厂址会给成本带来负面影响，于企业发展不利；放弃发展战略，固守原有规模、业务范围、技术和不利的地理位置，甚至"故步自封"，则必将处于竞争劣势，不利于企业的生存和发展。可见，从结构性成本动因看，归根到底是一个扩张战略目标的选择问题。执行性成本动因涉及参与和全面质量管理、能力利用、联系、厂内布局、产品外观的全面加强，而非"选择"的问题。可见，通过结构性成本动因分析有助于扩张战略目标的选择，而通过执行性成本动因分析，有助于全面加强管理，以确保战略目标的实现。前者是优化基础资源的战略配置，后者是强化内部管理，完善战略保护体系。

四、战略成本管理的应用理论

（一）战略环境分析

环境分析是战略成本管理的逻辑起点。通过对企业战略成本管理内部资源和外部环境的考察，评判企业现行战略成本的竞争地位，以决定企业是否进入、发展、固守或是撤出某一行业的某一段价值链活动。

环境分析的基本方法是价值链分析，通过对企业内部分析以了解自身的价值链；通过对产业价值链分析以了解企业在产业价值链中所处的位置；通过对竞争对手分析以了解竞争对手的价值链，从而达到知己知彼，洞察全局，以确定战略成本管理的方向。通过环境分析、自我评估，确定企业在战略环境中的优势和劣势。

（二）战略成本规划

在环境分析的基础上，确定企业是否进入、发展、固守或撤出某一行业的某一段价值链活动后，下一步就是进行战略成本规划以确定企业如何进入、发展、固守或撤出该价值链活动。战略成本规划是企业为实现较长时期的成本竞争目标，而对企业未来成本管理目标和成本管理行动制定的规划，是未来成本活动的基本方向和衡量成本管理业绩的主要标准。

战略成本规划可按六步编制。

第一步，做好战略成本规划编制前的准备工作，如职能部门的设置、人员的落实、资料的整理、编制战略成本规划的工作安排等。

第二步，明确战略成本规划的编制内容，是整个企业的成本计划，还是某一特定职能部门的成本计划，是对成本整体进行计划，还是仅对成本中的某一特定方面进行计划。

第三步，确定战略成本规划的目标水平。计划目标水平的建立是计划的基础性环节，它为整个计划提出了努力方向和工作任务。

第四步，编制与企业战略一致的总体成本计划。

第五步，编制与企业职能部门战略相一致的成本计划。

第六步，决策部门审查并批准成本计划，将最终确定的成本计划落实到企业各管理层。

（三）战略成本控制

战略成本规划后就是实施。在实施过程中，由于内部资源、外部环境的变化，会使实施过程产生偏差，因此须进行战略成本控制。战略成本控制包括制定控制标准、衡量实际情况和采取纠正措施。

1. 制定控制标准

战略成本控制的目的是确保战略成本规划的实现，控制标准的制定应以战略成本规划为依据。一般说来，战略成本规划是按照企业战略成本管理的目标而确立的工作方向和任务，它不能取代控制标准。从逻辑关系看，战略成本规划在先，控制标准在后，战略成本规划是制定控制标准的依据，控制标准是战略成本规划有效实施并达到预期目标的基本保证。战略成本规划只是实现战略成本管理目标的设想和蓝图，它只有在实施中才真正发挥作用。战略成本控制标准是战略成本规划实施中对现实成本行为的规范，是实施战略成本控制的前提条件和基本手段，是衡量实际工作是否达到预期目标的标尺。如果战略成本控制没有控制的标准，就无法对实际的成本行为进行检查和衡量，战略成本控制工作也无法正常进行。

由于成本管理涉及企业的各个职能部门和经营活动的方方面面，成本控制标准确定的科学与否直接关系到整个控制工作能否很好地被执行。从大的方面讲，制定控制标准应有利于企业战略成本管理目标的实现，能充分反映企业成本管理的预期要求和希望达到的控制目标。从企业各管理层的角度看，成本控制标准的确定要尽量从企业的现有条件出发，包括资源条件和管理水平。如果控制标准定得太高，各管理层就会因达不到标准的要求而放弃努力；相反，如果控制标准定得太低，各管理层的积极性和潜力得不到充分的发挥，企业成本竞争力难以形成。此外，企业确定的成本控制标准应具有一定的弹性，应能及时、灵活地适应内部条件和外部环境的变化而自动加以调整。最后，成本控制标准所涉及的考核指标要清晰明确，能量化的一定要量化，通过严格界定控制指标及其数量等级，可以防止考核与评价的主观性、随意性和模糊性。总之，建立成本控制标准是一项复杂而具体的工作，它要考虑与战略成本规划的一致性、企业内部的资源条件和管理水平以及企业的组织结构和管理体系等方面的要求，以保证控制标准的有效性。

2. 衡量实际情况

衡量实际情况是指依据控制标准考察战略成本规划的实际执行情况，对成本管理工作成效进行分析，及时发现偏离计划的成本行为，确保战略成本管理目标的实现。如果只有较好的战略成本规划和控制标准，而缺乏必要的检查和分析，再好的控制标准也会失去应有的价值。

衡量实际情况的关键就是要获取反映成本管理实际情况的信息，企业应安排专门的人员进行这方面的工作。作为战略成本控制人员，可以通过亲自观察、资料分析、抽样调查、听取汇报和专家会诊等手段来衡量实际情况。需要指出的是，不少管理者认为，衡量实际情况应该在工作全部完成之后才进行，其实这是一种错误的看法。战略成本控制是以战略成本规划为依据，通过制定战略成本控制标准而展开的长期动态管理，它伴随企业战略实施过程的推进而表现为一种过程管理，其基本功能就是在动态过程中及时提供脱离计划目标和标准的准确信息，以便及时采取措施对企业成本行为或计划的不适应性进行矫正。如果等到战略失误已成事实再去衡量和控制，在市场竞争日趋激烈的今天，即使是那些颇具规模和实力的大企业，也难以改变战略失败的境遇。

3. 采取纠正措施

从战略成本控制的目标出发，以成本控制标准为尺度，对计划实施过程进行衡量和对比分析，如果出现较大偏差，那么就应该及时采取有效措施来矫正偏差。企业采取措施来矫正偏差是实现战略控制目标的重要步骤。这一步骤的难点通常不在于采取改进措施，而在于对偏差产生原因的分析。总体来说，偏差产生的原因有两个方面：

一方面是由在计划执行过程中企业资源组织的不合理所造成的；另一方面是由竞争环境的变化导致计划的不适应所引起的。对于前者，企业应采取改善组织结构、调整资源配置、强化价值链管理等方面的活动进行纠偏。对于后者，则要通过对计划和控制标准进行调整，使它们更好地与新的竞争环境相匹配，真正发挥出战略成本控制的指导、约束和纠偏作用。

（四）战略业绩计量与评价

战略业绩计量与评价是战略成本管理的重要组成部分。业绩计量与评价通常包括业绩指标的设置、考核、评价、控制、反馈、调整、激励等。传统的业绩指标主要是面向作业的，缺少与战略方向和目标的相关性，有些被企业鼓励的行为其实与企业战略并不具有一致性。因此，须将战略思想贯穿于战略成本管理的整个业绩评价之中，以竞争地位变化带来的报酬取代传统的投资报酬指标。战略业绩指标应当具有以下基本特征：① 全面体现企业的长远利益；② 集中反映与战略决策密切相关的内外部因素；③ 重视企业内部跨部门合作的特点；④ 综合运用不同层次的业绩指标；⑤ 充分利用企业内、外部的各种（货币的、非货币的）业绩指标；⑥ 重视业绩的可控性；⑦ 将战略业绩指标的执行贯穿于计划过程和评价过程。战略业绩计量与评价需在财务指标与非财务指标之间求得平衡，它既要能肯定内部业绩的改进，又借助外部标准衡量企业的竞争能力；它既要比较成本管理战略的执行结果与最初目标，又要评价取得这一结果的业务过程。企业业绩计量与评价应围绕战略目标来进行，并促进战略目标的实现，增加企业的战略成本优势。

第二节　质量成本管理

一、质量成本的基本概念及其分类

质量成本是企业为保证或提高产品质量所支付的费用和由于质量缺陷所造成的损失的总和。

（一）按经济用途分类

1. 预防成本

预防成本是指用于保证和提高产品质量，防止产生废次品的各种预防性费用，如质量管理部门或质量检验部门为提高员工质量素质发生的培训费、宣传费和其他预防性日常管理费，设计和生产部门发生的质量改进措施费以及质量预防专职人员的工资性费用等。

2. 鉴定成本

鉴定成本是指用于质量检验活动的各种不同性质的质量费用，如检验部门用于对原材料、零部件、半成品和产成品进行质量检验、试验、测试和鉴定所发生的料、工、费等各项费用。

3. 内部损失成本

内部损失成本是指产品出厂前，因质量未达到规定标准而发生的损失，以及因质量原因造成的其他损失，如废品损失、返修损失、停工损失、减产损失、降级损失、质量事故分析处理费用等。

4. 外部损失成本

外部损失成本是指产品出厂后，因质量未达到规定的质量标准而发生的损失，以及因未能满足规定的质量要求所发生的费用和损失，如索赔费用、诉讼费用、保修费用、退货损失、降价损失和其他发生于厂外的质量损失，诸如应承担的质量处置费用等。

（二）按控制效果分类

1. 质量控制成本

主要指有效控制产品质量所花的成本。此类成本的投入可以达到确保和有效控制产品质量，属于质量投资性成本，如预防成本、鉴定成本和其他质量保证成本。

2. 控制失效成本

指质量控制不力或控制失败所造成的损失性成本，如内部质量损失成本、外部质量损失成本。

（三）按反映方式分类

1. 显见质量成本

此类质量成本主要指质量预防成本、鉴定成本、部分内部损失成本和外部损失成本。显见质量成本具有如下两个特点：其一，它是一种实际发生的账面成本，是可以反映或见于账面上的成本；其二，这种成本一般应计入产品成本，因此具有产品成本的特性，需要通过实现销售获得补偿。

2. 隐含质量成本

此类质量成本主要指隐含于账面之外的质量成本，如产品降级损失，因质量原因造成的停工损失、减产损失和降价损失等质量成本。隐含质量成本具有如下两个特点：其一，它是一种未实际发生支出的非账面成本，是隐含于显见成本之外的无形成本，这种质量成本不需要计入产品成本，需要在账外单独计算；其二，它是一种损失性成本，是因质量原因减少收益而造成的损失，是一种失掉的收益，类似于机会成本。

二、质量成本核算

质量成本核算是按照一定的程序和方法，归集、汇总、计算出一定时期的实际质量成本，并编制出质量成本报表。质量成本核算对加强质量成本管理，提高产品质量，降低成本，提高企业效益和社会效益具有重要作用和重大意义。

（一）质量成本核算资料的收集

质量成本核算的资料可通过不同的渠道进行收集和分析，主要渠道如下。

1. 从已有的账簿资料中直接收集

一些已在现行成本核算的账户中直接进行反映的质量成本资料，可从这些账户中直接进行收集。例如，对于设置"生产成本——废品损失"账户单独核算废品损失的企业，便可直接获取内部损失成本中的废品损失与返修损失明细项目的资料。

2. 从现有的成本核算账户中分析收集

有些在成本核算账户中有所反映的质量成本资料，往往不能直接作为质量成本某一二级项目或某一明细项目的资料，而必须经过分析确认后才能作为质量成本某一项目的资料。例如，对于质量管理部门发生的质量费用，不论它们已在何种账户中进行了反映，都应对它们进行分析，进而一一挑选出来，作为某一项目的质量成本。非质量管理部门发生的质量费用，一般来说，资料比较零散，收集的难度较大。对于这一部分费用以是否执行质量职能的用途为标准进行分析。凡用于质量管理的费用均计入质量成本，而不管这些费用发生在哪一个部门。

3. 从各种原始凭证中直接收集

在企业中，有的质量费用的收集既不能从已有的账户中直接收集，也不能从已有的账户中分析收集，而必须专门建立一些原始凭证或表格，用以收集各项质量费用。废品通知单、返修通知单、停工损失报告单就是这样的例子。

（二）质量成本核算的方法

质量成本核算有三种基本方法：统计核算方法、会计核算方法、会计与统计相结合的核算方法。

1. 质量成本统计核算方法

质量成本统计核算是运用统计方法，对质量费用和质量损失进行统计调查，整理和汇总质量成本所进行的核算。该方法的优点是重点突出、简便易行；主要缺陷是数据精确性较差。这种方法适用于处在质量成本管理与质量成本核算初级阶段的企业。

2. 质量成本会计核算方法

质量成本会计核算方法是将质量成本纳入会计核算，对生产经营过程中发生的质量成本通过会计核算程序进行归集、分配与计算的一种方法。质量成本会计核算方法能够在质量费用支付或发生时及时通过会计凭证进行反映和监督；能够明确质量责任，保证核算资料的连续性与准确性；能够尽量减少成本核算与质量成本核算之间的重复性工作，实现信息共享，组织实施更为方便。缺点是核算工作量比较大，程序比较复杂。这种方法适用于质量成本管理体系比较健全，核算人员素质较高，并有较好的核算基础的企业。

3. 质量成本会计与统计相结合的核算方法

质量成本会计与统计相结合的核算方法是指对生产经营活动中发生的质量成本比较易于用会计方法反映的部分应用会计核算方法反映，对于不易或不能精确计算的部分应用统计核算方法反映。比如废品损失、可修复废品的修复费用、职工质量培训费等显见质量成本，可以通过会计核算在会计账簿中进行反映和归集，而隐含质量成本实际并未发生或支付，故比较适于用统计的方法进行核算。

三种核算方法各具不同的特点，其理论基础、优缺点及适用范围也有差异。但是，三种方法也有一些相同之处：核算目的和要求相同；原始凭证及数据收集渠道一致；质量成本项目相同。正因为三种基本核算方法存在许多相同之处，所以，在我国企业质量成本核算的实际工作中，较为普遍地采用质量成本会计与统计相结合的方法。至于一个企业究竟选择哪种方法则应从企业实际出发，不能一概而论。

三、质量成本分析

质量成本分析是综合运用质量成本核算资料和指标，结合有关质量信息，对质量成本形成的原因和效果进行分析。通过分析，寻求最佳质量水平下降低质量成本的途径，挖掘潜力，实现质量成本管理目标，提高企业经济效益和社会效益。

（一）质量成本分析的基本内容

1. 质量成本计划完成情况的分析

通过观察一定时期内质量成本总额及其构成项目的增减变动，分析质量成本计划的完成情况，评价质量成本计划措施执行效果。

2. 质量成本构成分析

分析一定时期质量成本的构成，寻求降低质量成本途径和改善质量成本结构的最佳方法，明确质量改进区域和改进方向。

3. 质量成本相关分析

分析质量成本与相关指标之间的依存关系与因果关系，以及从相关方面反映产品质量和质量管理的状况及其对经济效益的影响。

4. 质量成本趋势分析

分析质量成本变化的规律，找寻质量成本优化方向。

5. 质量成本水平分析

分析质量、成本、价格的关系，探求最适宜的产品质量水平。

（二）质量成本分析的基本方法

质量成本分析方法可以分为定性分析方法和定量分析方法两大类。

1. 定性分析方法

定性分析方法是指质量成本分析人员按照全面讲求质量成本经济效益的要求，依靠自己的主观判断对企业质量成本的变动进行评价和分析论证的一种方法。常用的定性分析方法有调查分析法和经验分析法。

调查分析法是在对某些产品质量成本进行调查研究的基础上，选择具有代表性的质量成本或产品项目作进一步的了解，借以掌握质量成本的变化规律，做出分析评价。

经验分析法是指质量成本分析人员根据自己的实践经验和专业知识，对已收集的质量成本资料进行分析，并做出评价判断的一种方法。

尽管质量成本分析的定性方法是依据分析人员的主观判断做出评价，但也应以一定的定量分析为基础，只有在此基础上，才能使定性分析具有较可靠的依据。定性分析的方法一般适用于缺乏质量成本资料或其他资料的分析。

2. 定量分析方法

定量分析方法是运用专门的定量技术，分析质量成本量的变化规律，把握质量成本特性的一种方法。其着眼点在于用数量关系揭示质量成本的根本特征，通过精确的数据和图表反映质量成本的现状及与其他指标的相互关系，从而使不确定的模糊的质量成本变得相对确定和明晰。

质量成本定量分析的方法较多，常用的是指标分析法和趋势分析法。

（1）指标分析法。质量成本指标分析法是指对质量成本的各项目指标之间以及质量成本各项目指标与其他有关经济指标之间的比例关系进行分析，以评价质量成本计划完成情况以及质量成本优化方向的一种方法。根据质量成本的指标体系，相应有三种质量成本的指标分析。

一是目标指标分析，主要是对期末质量成本的目标执行结果、期中质量成本目标执行进度和质量成本目标预计完成情况的分析。它是将分析期的主要质量成本指标的实际数与目标数进行对比，确定目标与实际的差异，借以考核有关质量成本目标指标完成情况。分析中运用的基本公式如下：

$$\text{某项质量成本目标完成率} = \frac{\text{该项质量成本实际数}}{\text{该项质量成本目标数}} \times 100\% \qquad (9-1)$$

二是结构分析，通过计算质量成本中的各个质量成本构成项目在全部质量成本中所占的比重，分析质量成本内部结构及其在不同时期的变化，掌握质量成本结构的特点和变化趋势。质量成本的结构分析可以采用质量成本各项目所占比重进行分析，也可将质量成本结构比例的结果在圆形图上形象、直观地表示出来，以分析质量成本内部结构及其相互关系。圆形图如图9-1所示。

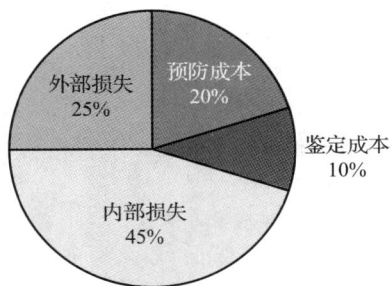

三是相关指标分析，是将质量成本同其他性质不同但又有联系的指标加以对比分析的一种方法。

图 9-1 结构分析圆形图

（2）趋势分析法。质量成本趋势分析是企业在积累一定数据资料的基础上，通过绘制趋势图对在较长一段时期内的总质量成本、质量成本各项目、质量成本构成指标的变化进行连续的观察和分析的一种方法。通过这种系统的分析比较，便于从总体上直观地了解质量成本管理的变化规律及其效果。

（三）质量成本分析报告

在质量成本分析的基础上可以形成报告，供上级领导部门、各车间或各职能部门参考。针对不同对象，质量成本分析报告的内容和详略程度应有所不同。报送厂级领导的报告，要求内容面广，简明扼要，报告次数相对较少，主要说明质量成本计划执行的现状和趋势，指出报告期内产品质量方面取得的效果、存在的问题和采取的措施，多采用图表对报告内容加以说明。报送车间和有关职能部门的报告，要求内容集中、具体，有针对性，并且要提供详细的质量成本分析数据和图表，以便帮助车间和职能部门找到质量成本的主要影响因素和改进措施，报告次数可以相对多些。

常用的质量成本分析报告有文字式和图表式两种。文字式质量成本分析报告是一种用文字说明质量成本现状，陈述对质量成本进行分析的结果，以及提出质量成本管理建议的报告形式。它具有明确、易懂的特点。图表式质量成本分析报告（如表9-1所示）是通过图形、表格形式整理和分析质量成本数据，便于简明形象地了解和掌握质量成本的全貌。

表 9-1　质量成本分析报告

质量成本项目	实际成本（元）	占质量成本的 百分比（%）	占销售额 的百分比（%）
1. 预防成本：			
质量培训	35 000	10.51	1.25
可信赖工程	80 000	24.02	2.86
预防成本合计	115 000	34.53	4.11
2. 鉴定成本：			
材料检验	20 000	6.01	0.71
产品验收	10 000	3.00	0.36
流程检验	38 000	11.41	1.36
鉴定成本合计	68 000	20.42	2.43
3. 内部故障成本：			
拆除	50 000	15.02	1.79
返工	35 000	10.51	1.25
内部故障成本合计	85 000	25.53	3.04
4. 外部故障成本：			
顾客投诉	25 000	7.51	0.89
保证	25 000	7.51	0.89
维修	15 000	4.50	0.54
外部故障成本合计	65 000	19.52	2.32
质量成本合计	333 000	100.00	11.90

四、质量成本控制与考核

（一）质量成本控制

质量成本控制是指通过各种措施和手段达到质量成本目标的一系列管理活动。它是企业成本控制的一个组成部分，也是企业质量成本管理的一个重要内容。

1. 质量成本控制的内容

质量成本控制是全过程的控制，即对质量成本发生和形成的全过程进行的控制。具体地说，质量成本控制一般包括以下几方面的内容。

（1）新产品开发设计阶段的质量成本控制。新产品开发设计阶段进行质量成本控制的主要目的就是要以最低的成本设计出质量最佳的产品。为达到此目的，该阶段的质量成本控制必须从以下几个环节着手。

首先，将产品质量控制在适宜水平。在产品开发设计时，不应片面追求产品质量水平可能达到的最高值，而应将其控制在最佳质量水平。只有这样，企业才能取得最好的经济效益，用户才能获取最佳的经济利益，从而保证质量成本的降低。

其次，加强设计的论证和评审，以保证产品的设计质量，实现预期的质量目标。

再次，加强样品的试制和试验，保证产品设计质量的完善。

最后，加强技术文件的管理，控制技术管理成本。

（2）生产过程的质量成本控制。产品的生产过程就是产品质量的形成过程，产品质量水平的高低，在很大程度上取决于生产车间的技术能力及生产制造过程的质量管理水平。因此，生产过程质量成本控制的主要目的就在于以最低的成本保证最佳的加工水平。具体地说，生产过程质量成本控制主要包括以下内容。

首先，加强生产技术准备的质量控制，以控制质量成本。生产技术准备阶段是指从审查产品的工艺性开始到产品投入生产并能有效控制为止的阶段。通过这一阶段的质量控制，可以促使企业生产按照质量控制计划进行，使预防成本和检验成本处于一个合理的水平，从而保证质量总成本的降低。

其次，加强工序的质量控制，保证废品率控制在较低水平。

再次，组织好技术检验工作，合理地降低检验费用。

最后，加强不合格品管理，降低厂内厂外损失。

（3）销售过程的质量成本控制。过去企业在实施质量成本控制时，往往只注重生产过程中发生的质量成本，而轻视销售过程中的质量成本。事实上，质量成本中的许多项目都是发生于销售过程中的，如产品服务费用、保修费用、退货损失、折价损失、索赔费用等。因此，加强销售过程中的质量成本控制，对降低产品的质量总成本，增强企业竞争力，提高经济效益起着积极的作用。具体地说，销售过程的质量成本控制应包括如下内容。

首先，加强产品包装、贮运的质量管理，降低产品质量损失。

其次，加强产品售后服务的质量管理，降低产品的服务费用。

最后，加强索赔处理的质量管理，正确规定保证时间的长短及保证责任，根据产品的特点及损坏程度等选择合理而有效的赔偿方式，控制索赔费用支出。

（4）质量成本的日常控制。要在质量成本形成过程中实施有效控制，必须加强对质量成本的日常控制，其具体内容应包括以下几个方面。

第一，建立质量成本管理系统，确定质量成本控制网点。质量成本管理系统是在质量保证系统和企业成本管理系统结合的基础上建立起来的，它是企业以保证和提高产品质量及控制质量成本为目标，按照系统论、控制论、信息论的观点和方法，将产品质量及其成本形成全过程中各环节的质量职能组织起来，形成的一个有明确职责和权限、互相协调、互相促进的有机整体。质量成本管理系统一经建立，就建立起了从班组到车间、科室实施质量成本管理的组织机构，从而确立质量成本核算和控制网点。

第二，建立质量成本分级归口控制的责任制度。企业在建立质量成本管理系统，确定质量成本控制网点的基础上，将目标质量成本按其性质和内容进行层层分解，逐级落实到各个车间、班组和各个职能科室，实行分级归口控制。一般说来，预防成本由质量管理部门归口，并分解落实到各有关部门进行控制。鉴定成本由质量检验部门归口，并分解落实到有关小组或个人进行控制。厂内损失由各生产车间归口，并分解落实到班组或个人进行控制。厂外损失由销售部门归口，并分解落实到有关部门进行控制。质量总成本则由财会部门归口，并分解落实到有关职能部门进行控制。对各归口管理的岗位，一方面应给予其不可缺少的管理权力，另一方面应明确其工作职责，形成一个上下左右、网络纵横的全厂质量成本控制体系。

第三，建立高效灵敏的质量成本信息反馈系统。质量成本控制的闭环控制原则就是通过质量成本信息反馈来实现的。在质量成本管理系统内的信息反馈，能够不断推动企业工作质量和产品质量的提高以及质量成本的优化。因此，必须建立和健全质量成本信息反馈系统。

2. 质量成本控制方法

质量成本控制的方法较多，成本控制的一般方法都可运用于质量成本控制。其中，较为常见的质量成本控制方法有以下几种。

（1）限额控制。这是企业控制质量成本的重要手段之一，通常可按质量成本项目制定合理限额，如限额废品损失、限额产品降级损失以及各项限额费用支出等，以此来控制消耗，控制费用支出，使职工提高质量意识，增强效益观念。

（2）目标质量成本控制。所谓目标质量成本，是指为生产具有一定质量水平的产品计划花费的质量成本数额。要实行目标质量成本控制，首先根据质量成本的历史资料，选定一定期间的最好水平；然后，排除历史资料中受客观条件影响的因素，并结合企业生产经营过程中的实际情况，确定先进合理、切实可行的目标成本；在实际实施过程中，当实际达不到目标时，找出差异，进行差异分析以寻求原因，及时纠正偏差。

（3）质量改进。当质量成本处于改进区域时，控制的重点在于对质量成本进行优化，通过对质量成本的分析，找出影响质量成本的主要因素，这些影响因素由于往往已被归入允许的损失范围之内，因而解决起来难度较大，需要组织力量进行正常波动范围内的质量突破活动，这就叫作质量改进。在质量改进中，运用相对控制的方法，即把企业的产销量、质量成本和质量收入三者结合起来进行控制，以求取得质量水平与质量成本的最佳匹配，最终达到增加盈利的目的。

（4）质量责任成本控制。质量责任成本，是指本部门或单位可以控制的质量成本。质量责任成本是将质量成本核算与经济责任制紧密结合的一种形式，是实行成本控制的有力手段，具体实施时一般可分为质量责任成本的确定、质量责任成本的核算和质量责任成本的考核三个步骤。

（二）质量成本考核

质量成本考核是企业结合内部责任体制的要求，坚持责权利相结合的原则，对各个部门、各单位质量成本计划执行情况予以评价的一种重要方法。

企业进行质量成本考核应包括以下三个基本环节。

（1）明确质量成本考核的指标体系。对于不同的考核对象，应制定不同的考核指标。比如，对于车间、班组参与质量成本管理的工作业绩进行考核时，可运用百元产值废品损失率、百元产值内部损失率、一次交验合格率、返修率等指标；对于采购供应部门参与质量成本管理的工作业绩进行考核时，可采用库存物资完好率、采购供应物资质量合格率、物资供应及时率等指标。

（2）建立监督检查系统。质量成本考核的监督检查系统应建立在质量成本管理系统的基础上，分级归口对各部门进行检查监督。对于科室的检查，特别是对于工作失误引起的损失，可以辅以科室间横向的和车间对科室斜向的监督评价。为了进一步落实质量责任，企业在对各部门进行检查监督，反映整体质量成本情况的同时，还要对个人进行检查监督，反映个人的质量情况。为此，企业应建立个人质量台账。月底将个人质量台账情况进行统计、公布，并将个人质量情况的考核纳入工厂质量否决文件之中，据以进行奖惩，给广大职工一定的动力和压力。

（3）奖励与惩罚。质量成本的考核应与经济责任制、"质量否决权"相结合，根据考核结果对责任单位及责任人员给予奖励或惩罚。实际工作中，应以质量成本核算的数据为依据，选择适当的指标进行计算，由财会部门提供各项指标的计算结果，由质量管理部门会同综合计划部门进行考核，并实行合理奖惩。在奖惩中，还要注意物质奖惩与精神奖惩相结合，达到鼓励先进、鞭策后进的目的，最终促进质量成本管理工作向深入发展。

第三节　物流成本管理

物流是指为了满足客户的需求，以最低的成本，通过运输、保管、配送等方式，对原材料、半成品、成品或相关信息进行的由商品的产地到商品的消费地的计划、实施和管理的全过程。随着物流成为降低物化劳动和降低活劳动之后的"第三利润源泉"①，越来越多的企业开始重视在物流领域的效益挖掘，物流成本管理已成为企业获取竞争优势的重要因素。

在企业经营活动中，物流是渗透到各项经营活动之中的活动。物流成本就是用金额评价物流活动的实际情况。现代物流成本是指从原材料供应开始一直囊括到将商品送达消费者手上所发生的全部物流费用。无论是企业物流还是物流企业，如何对自身物流资源进行优化配置，如何实施管理和决策，以期用最小的成本带来最大的效益，都是它们所面临的最重要的问题之一。物流被看作是制造企业最后的也是最有希望降低成本、提高效益的环节。

一、物流成本的含义及分类

我国国家标准《企业物流成本构成与计算》（GB/T 20523—2006）对物流成本的定义是："物流成本指物流活动中所消耗的物化劳动和活劳动的货币表现。即产品在包装、运输、储存、装卸搬运、流通加工、物流信息、物流管理等过程中所耗费的人力、物力和财力的总和以及与存货有关的资金占用成本、物品损耗成本、保险和税收成本。"物流成本的分类主要有三种。

（一）按成本项目分类

按成本项目分类，企业物流成本由物流功能成本和存货相关成本构成。其中，物流功能成本包括物流活动过程中发生的运输成本、装卸搬运成本、仓储成本、包装成本、流通加工成本、物流信息成本和物流管理成本，存货相关成本包括企业在物流活动过程中所发生的与存货有关的资金占用成本、物品损耗成本、保险和税收成本。

---

①　通过设备更新改造、扩大生产能力、增加产品数量、降低生产成本，来创造企业剩余价值，通常称为"第一利润源泉"。通过提高劳动生产率，降低人力消耗或采用机械化、自动化来降低劳动耗费，从而降低人工成本，增加利润，被称为"第二利润源泉"。

1. 运输成本

运输成本是指企业货物运输业务发生的费用，包括货物运输业务人员费用、运输工具的燃料费、折旧费、维修保养费、租赁费、养路费、过路费、年检费、事故损失费、保险费和相关税金等。

2. 装卸搬运成本

装卸搬运成本是指企业为完成装卸搬运业务而发生的费用，包括人工费用、营运费用、事故损失费用和其他费用等。

3. 仓储成本

仓储成本是指企业为完成货物储存业务而发生的费用，包括仓储场地费用、仓储的人工费用、燃料费、低值易耗品摊销、折旧费、维修费和其他费用等。

4. 包装成本

包装成本是指企业完成货物包装业务而发生的费用，包括包装人员费用、包装材料费用、包装机械费用、包装技术设计与实施费用、包装辅助费用等。

5. 流通加工成本

流通加工成本是指企业为完成货物流通加工业务而发生的费用，包括流通加工业务人员费用、流通加工材料费用、流通加工机械费用和其他费用等。

6. 物流信息成本

物流信息成本是指企业为采集、传输、处理物流信息而发生的费用，包括人员费用、软硬件折旧费、系统维护费、通信费等。

7. 物流管理成本

物流管理成本是指企业的物流管理部门及物流作业现场所发生的管理费用，包括管理人员费用、差旅费、办公费、会议费等。

8. 资金占用成本

资金占用成本是指企业在物流活动过程中负债融资所发生的利息支出（显性成本）和占用内部资金所发生的机会成本（隐性成本）。

9. 物品损耗成本

物品损耗成本是指企业在物流活动过程中所发生的物品跌价、损耗、毁损、盘亏等损失。

10. 保险和税收成本

保险和税收成本是指企业支付的与存货相关的财产保险费以及因购进和销售物品应缴纳的税金支出。

（二）按物流成本产生的范围分类

按物流成本产生的范围分类，企业物流成本分为供应物流成本、企业内物流成本、销售物流成本、回收物流成本和废弃物流成本五部分。

1. 供应物流成本

这是指企业在采购活动过程中，将企业所需原材料（生产资料）从供给者的仓库运回企业仓库的物流过程中所发生的物流费用。

2. 企业内物流成本

这是指从原材料进入企业仓库开始，经过出库、制造形成产品以及产品进入成品库，直到产品从成品库出库为止的物流过程中所发生的物流费用。

3. 销售物流成本

这是指为了进行销售，产品从成品仓库运动开始，经过流通环节的加工制造，直到运输至中间商的仓库或消费者手中的物流活动过程中所发生的物流费用。

4. 回收物流成本

这是指为退货、返修物品和周转使用的包装容器等从需方返回供方的物流活动过程中所发生的物流费用。

5. 废弃物流成本

这是指将经济活动中失去原有使用价值的物品，根据实际需要进行收集、分类、加工、包装、搬运、储存等，并分送到专门处理场所的物流活动过程中所发生的物流费用。

（三）按支付形态分类

按物流成本支付形态分类，企业物流成本由委托物流成本和内部物流成本构成。其中内部物流成本按支付形态分为材料费、人工费、维护费、一般经费和特别经费。

1. 材料费

这是指物流活动中发生的材料费、工具费、器具费等。

2. 人工费

这是指物流活动中消耗的人力劳务所支付的费用，包括工资、福利、奖金、津贴、补贴、住房公积金等。

3. 维护费

这是指物流活动中因土地、建筑物、机械设备、车辆、船舶、装卸搬运设备、器具备件等固定资产的使用、运行、维护和保养而产生的折旧费、维护维修费、租赁费、房产税、城镇土地使用税、车船税、保险费、燃料与动力消耗费等。

4. 一般经费

这是指因物流活动发生的差旅费、会议费、通信费、交际费、交通费、办公费、水电费、煤气费、取暖费等。

5. 特别经费

这是指存货资金占用费、物品损耗费、存货保险费和税费。

二、企业物流成本核算方法

（一）企业物流成本核算方法的选择

目前，理论界提出的物流成本核算方法主要有会计方法、统计方法、会计与统计相结合的方法及作业成本法。

1. 会计方法

就是通过凭证、账户、报表对物流费用予以连续、系统、全面的记录、计算和报告的方法。具体有两种形式：一是把物流成本计算与正常的会计核算截然分开，单独建立物流成本核算的凭证、账户和报表体系，物流成本核算和正常的会计核算两套体系同步展开，物流成本的内容在物流成本核算体系和正常的会计核算体系中得到双重反映，因此叫双轨制。二是把物流成本的内容与物流成本核算体系和正常的会计核算相结合，增设"物流成本"账户，对于发生的各项成本费用，若与物流成本无关，直接计入会计核算相关的成本费用账户，若与物流成本相关，则先计入"物流成本"账户，因此叫单轨制。

2. 统计方法

就是通过剖析企业现行成本核算资料，找出物流成本数据并进行统计、分析和汇总，从而得到所需的物流成本信息的方法。

3. 会计与统计相结合的方法

就是部分物流费用通过会计方法予以核算、部分物流费用通过统计方法予以核算的方法。这种方法也需要设置一些物流成本账户，但不像会计方法那么全面、系统，这些物流成本账户有辅助账户记录的性质，不纳入现行成本核算的账户体系。

4. 作业成本法

作业成本法，又称 ABC，它是当前管理会计的一个主流发展趋势，较之于传统成本法而言，其对间接费用的分配使得企业成本核算变得更为精确一些。基于作业消耗资源与产品消耗作业理论，作业成本核算通常分为以下几个步骤：第一，对物流系统中所涉及的各项活动进行全面的界定，对典型的客户订单、物流业务、渠道以及服务活动等进行全面的分析；第二，对企业物流系统中所涉及的相关资源进行确认，其中主要包括人力资源、财务资金以及物品方面的诸多消耗等；第三，对资源动因进行确认，即将资源有效地分配至实际作业过程中去；第四，对成本动因进行确认，即将作业成本有效地分配至物流业务以及增值服务之中。作业成本法的主要公式表达是：

$$物流总成本 = 存货持有成本 + 运输成本 + 物流行政管理成本 \tag{9-2}$$

$$存货持有成本 = 利息 + 税、折旧、贬值、保险 + 仓储成本 \tag{9-3}$$

$$运输成本 = 公路运输 + 铁路运输 + 水路运输 + 油料管道运输 + 航空运输 + 货运代理相关费用 \tag{9-4}$$

$$\frac{物流行政}{管理成本} = \frac{订单处理及}{信息成本} + \frac{市场预测、计划制定及相关}{财务人员发生的管理费用} \tag{9-5}$$

（二）企业物流成本核算对象的确定

国家标准《企业物流成本构成与计算》以物流成本项目、物流范围和物流成本支付形态作为物流成本计算对象。企业可以按照物流成本项目、物流范围、物流成本支付形态三个维度计算物流成本。

（三）企业物流成本的确认与计量

1. 显性物流成本的确认与计量

企业在生产经营中发生的材料费用、工资及福利费、燃料及动力费用、包装物及低值易耗品的摊销、固定资产折旧费用等，辨别发生的原因，属于为物流活动发生的耗费，符合物流成本定义的，应确认为物流成本。企业发生的直接用于某个成本对象的物流费用，属于直接费用，不需要分配，可直接计入物流成本总账及其所属明细账。企业为多个成本对象发生的物流费用，属于间接费用，需要采用适当的方法在多个成本对象之间进行分配，分配之后才能计入物流成本总账及其所属明细账。在传统的成本核算中，往往采用产品产量、直接材料、直接工时、机器小时、材料消耗定额、工时定额等多种标准分配间接费用。

现代生产特点是生产经营活动复杂，产品品种结构多样，产品生产工艺多变，经常发生调整准备，使过去费用较少的订货作业、物料搬运、物流信息系统的维护等与产量无关的物流费用大大增加，如果采用传统成本计算方法下的费用分配标准分配间接费用往往使费用的负担不合理，导致物流成本信息失真，不利于区分物流成本的责任归属，不利于进行科学的物流控制。因此，可以采用作业成本法分配间接费用。

2. 隐性物流成本的确认与计量

隐性物流成本指现行会计核算中没有反映，需要企业在会计核算体系之外单独核算的那部分物流成本。隐性物流成本主要指存货占用自有资金所发生的机会成本。存货占用自有资金成本需要在期末根据本月平均存货价值乘以行业基准收益率计算。其中，本月平均存货价值根据月初结存存货账面价值、月末结存存货账面价值以及当月存货的变动情况来确定。

三、物流成本管理与控制

企业经营的一个重要目标是以最小的投入换取最大的收益。而实现这一目标的最好途径是成本管理，物流成本的控制是对成本限额进行预算，将实际成本与目标成本限额加以比较，纠正存在的差异，提高物流活动的经济效益。

一般地，对物流成本加以控制可采用生产率标准、标准成本和预算检验物流绩效等方法。战略成本管理是一种全面性与可行性相结合的管理技术，使企业在产品企划与设计阶段就关注到将要制造的产品成本是多少。战略成本管理最关键的因素是目标成本。

降低物流成本的基本途径有以下几种。

（1）加强库存管理、合理控制存货。加强库存管理、合理控制存货是物流成本控制的首要任务。企业存货成本包括持有成本、订货或生产准备成本以及缺货成本。存货量过多，虽然能满足客户的需求，减少缺货成本和订货成本，但是增加了企业的存货持有成本；存货量不足，虽然能减少存货持有成本，但是又不能正常满足客户的需求而增大缺货成本和订货成本。如何确定既不损害客户服务水平，也不使企业因为持有过多的存货而增加成本的合理存货储量，这就需要加强库存控制，企业可以采用经济批量法、MRP 库存控制法、JIT 库存控制法等。

（2）实行全过程供应链管理、提高物流服务水平。控制物流成本不仅仅是追求物流的效率化，更主要的是应该考虑从产品生产到最终用户整个供应链的物流成本效率化。随着当今企业竞争环境日益激烈，客户除了对价格提出较高的要求外，更要求企业能有效地缩短商品周转的时期，真正做到迅速、准确、高效地进行商品管理。要实现这一目标，仅仅是一个企业的物流体制具有效率化是不够的，它需要企业协调与其他企业以及客户、运输业者之间的关系，实现整个供应链活动的效率化。因此降低物流成本不仅仅是企业物流部门或生产部门的事，也是销售部门和采购部门的责任，亦即将降低物流成本的目标贯穿到企业所有职能部门之中。提高物流服务也是降低物流成本的方法之一，通过加强对客户的物流服务，有利于销售的实现，确保企业的收益。当然在保证提高物流服务的同时，又要防止出现过剩的物流服务，超过必要的物流服务反而会有碍物流效益的实现。

对商品流通的全过程实现供应链管理，使由生产企业、第三方物流企业、销售企业、消费者组成的供应链整体化和系统化，实现物流一体化，使整个供应链利益最大化，从而有效降低企业物流成本。

（3）通过合理配送来降低物流成本。配送是物流服务的一个重要环节，应通过效率化的配送来降低物流成本。企业实现效率化的配送的途径包括：减少运输次数，提高装载率及合理安排配车计划，选择最佳的运送手段等。

（4）利用物流外包来降低物流成本。物流业务外包是控制物流成本的重要手段。企业将物流外包给专业化的第三方物流公司，通过资源的整合、利用，不仅可以降低企业的投资成本和物流成本，而且可以充分利用这些专业人员与技术的优势，提高物流服务水平。

（5）借助现代化的信息管理系统控制和降低物流成本。在传统的手工管理模式下，企业的成本控制受诸多因素的影响，往往不易也不可能实现各个环节的最优控制。企业采用信息系统一方面可使各种物流作业或业务处理能准确、迅速地进行；另一方面通过信息系统的数据汇总，进行预测分析，可控制物流成本发生的可能性。

现代物流技术发展十分迅速，物流系统软件日趋完善。一方面，借助物流信息系统，使各种物流作业或业务处理能准确、迅速地进行；另一方面，物流信息平台建立后，各种信息可通过网络进行传输，从而使生产、流通全过程的企业或部门分享由此带来的收益，充分应对可能发生的需求，进而调整经营行为和计划，从而有效地控制无效物流成本的发生，从根本上实现物流成本的降低，充分体现出物流"第三利润源泉"的作用。

（6）加强企业职工的成本管理意识。把降低成本的工作从物流管理部门扩展到企业的各个部门，并从产品开发、生产、销售全生命周期中，进行物流成本管理，使企业员工具有长期发展的"战略性成本意识"。

第四节　环境成本管理

一、环境问题与环境会计

环境是人类赖以生存和发展的空间。环境的好坏，直接影响到人类的生产和生活。现代社会，随着人类对自然资源的无限开采和对环境的恣意破坏，环境状况日益恶化，这已严重威胁到人类经济的可持续发展。环境治理，开始成为一个全球关注的课题。从 20 世纪 70 年代开始，发达国家就在制定环保法规，并开展环境保护与污染治理工作。联合国以及一些洲际和地区性政府组织也不断就环境保护问题进行对话和合作。1987 年，联合国世界环境与发展委员会提出了可持续发展战略，作为指导各国环境与发展实践的共同战略。

尽管世界各国对环境污染问题予以足够重视，并相继提出了可持续发展战略，但在目前看来治理步伐显然跟不上污染速度，再加上短期经济利益的驱动，环境污染尤其是工业企业的污染问题，丝毫没有减弱的迹象，反而有继续恶化的可能。由此需要设计一种新的会计制度，以对企业环境活动进行有效规范。因此，环境会计的重要性逐渐在全球范围内获得重视，这也促进了学术界对环境会计制度建立和实施的研究。由于环境会计的研究起步较晚，现在无论在理论方面还是实践方面都不完善，特别是环境成本的核算和管理还存在很多问题。本节拟就环境成本的核算和管理进行介绍。

二、环境成本的概念

从不同角度出发，对环境成本的概念就有不同的认识，如今还没有一个统一的环境成本的概念。这里引用联合国国际会计和报告标准政府间专家工作组第十五次会议文件《环境会计和财务报告的立场公告》的定义：环境成本是指，本着对环境负责的原则，为管理企业活动对环境造成的影响而被要求采取的措施成本，以及因企业执行环境目标和要求所付出的其他成本。这一定义，从企业环境会计角度出发，以明确企业的环保责任为中心，将企业对环境的影响负荷费用和预防措施开支列入核算对象，提出环境成本管理的目标是管理企业活动对环境造成的影响及执行环境目标所应达到的要求。

三、环境成本的分类

很多国家都对环境成本进行了具体分类。

美国环境保护署曾于 1995 年发布了一个环境成本分类表，它将环境成本划分为传统成本（conventional cost）、潜在的隐藏成本（potentially hidden cost）、或有成本（contingent cost）、形象关联成本（image and relationship cost）四类，并将一部分社会成本内容，即因环境负荷造成的对第三者或社会的损失也包含在内。

加拿大特许会计师协会于 1993 年将环境成本分为环境对策成本和环境损失成本。环境对策成本是指与企业进行环境保护活动对策相关的成本，其活动内容主要包括预防、去除和净化环境污染与环境保护两个方面。环境损失成本是因企业造成环境污染而被受害者或第三方要求予以赔偿、恢复等所支付的成本费用。

日本于 1999 年 3 月公布并实施了《关于把握公布环境保全成本的指导要点》。该文件将环境保全成本定义为：以降低因企业、事业单位活动产生的环境负荷为目的所支付的成本及与此相关的费用，它包括环境保全的投资额和当期费用。

德国环境成本核算依据环境资源流转平衡原理而建立，环境成本在其流转过程中被分成四种类型，即事后的环境保全成本、环境保全预防成本、残余物发生成本和不含环境费用的产品成本。

我国目前尚未出台统一的环境成本核算准则，对环境成本没有明确分类。但我国学者通过研究，提出过一些环境成本分类的看法。比如，北京大学的王立彦教授在《环境成本核算与环境会计体系》一文中就对环境成本做出过不同分类。他按不同空间范围，将环境成本分为内部环境成本和外部环境成本；按不同时间范围，将环境成本分为过去环境成本、当期环境成本和未来环境成本；按不同功能，将环境成本分为弥补已发生的环境损失的环境性支出、用于维护环境现状的环境性支出和预防将来可能出现不良环境后果的环境性支出。

四、环境成本的核算

环境成本核算的目标是向信息使用者提供决策有用的环境成本信息。为此，它要对环境成本的发生过程进行反映，描述企业生产经营全过程发生的环境负荷及治理数据信息，并按成本核算原则确认和计量环境成本费用，衡量评价环境成本投入所带来的环境效果与经济效益，编制出环境成本报告书对外公布。其作用是向外部反映环境成本的投入与产出情况，接受外部环境评价，同时也是企业管理者进行内部评价的主要依据之一。

环境成本核算内容包含了环境保护经济效益的计算和环境保护效果的衡量，其成本与效益的对比分析不再是单一的财务性分析，这就不同于一般企业成本理论的研究。从环境成本投入后的产出来看，环境保护经济效益包括因环境成本投入而带来的其他资源成本节约、排污费的减少、"三废"产品带来的收益增加等内容，一般是以与环境成本相同的货币单位进行计量的。而环境保护效果的衡量，则主要体现在环境技术方面，如企业排污量的削减数量、资源和能源的利用率提高、废弃物的回收利用等方面，它一般采用物理化学单位进行计量，并以国家有关环境保护标准来检验这种效果是否达到要求。由于环境保护效果计量单位并不是货币单位，难以与环保经济效益汇总合并，也不能与货币单位计量的环境成本进行同货币单位比较，故成为环境成本核算探讨的一个难点。

下面具体介绍环境成本核算的基本原理、确认与计量、报告与分析等内容。

（一）环境成本核算的基本原理

传统的会计成本核算建立在成本主体的假设基础之上，其核算范围主要限制在企业生产制造过程中的产品成本。对于流通、消费及废弃物回收和污染治理方面的环境费用开支，作为"外部费用"转嫁给社会。在环境状况日益恶化、社会公众环境意识日益增强的今天，企业必须承担因自身原因造成的外部费用。

根据物理学的能量守恒原理，物质在流转过程中是不灭的。企业从环境系统获取大量的资源、能源，通过本企业的生产经营活动进行加工利用，生产出产品进入消费领域，直至废弃，最终向环境排放。整个过程保持着物质流转的平衡规律。即生产经营中耗用的资源、能源越多，则生产的产品和产生的废弃物也越多。产品在整个生命周期过程中，对环境都会造成干预和影响，企业要降低环境负荷，就必须深入生产经营各阶段做好预防和治理工作，投入相应的环境成本支出。由此，可以形成图9-2所示的环境成本流程图。

从图9-2可以看出，企业活动各阶段都有可能产生环境负荷，各阶段环境负荷进行累积就构成环境负荷总量。企业只有深入到各阶段各环节投入环境成本，分别降低各阶段环境负荷的点控制才能形成降低环境负荷累积总量的输出总控制。因此，可分阶段、地点、环境负荷的种类来核算环境成本，其汇总数就构成了环境成本总成本。显然，与环境负荷具有累积的性质一样，环境成本也有汇总的特征，并且其各阶段的环境成本数额之间相互影响比较明显。例如，使用环境材料、采用清洁生产追加了成本，其作用是有利于减少废弃物处理的环境成本。

企业行为影响环境的环节或阶段	采购	制造	销售	回收再利用	废弃物处理
企业产生的环境负荷	获取资源产生的环境负荷	生产排放的环境负荷	销售过程产生的环境负荷	使用产品后回收再利用过程产生的环境负荷	废弃物处理的环境负荷

降低 ← 环境标准

企业环境成本核算阶段	环境成本核算				
	采购环境成本	生产环境成本	销售环境成本	回收再利用环境成本	废弃物处理环境成本
	如采购环境材料的追加成本	如实现清洁生产的环保支出、环保设备投入	如使用环保包装的追加成本、环保广告宣传费	如再回收工程投资及运营费用	如填埋支出、排污费支出等

目的 ↑

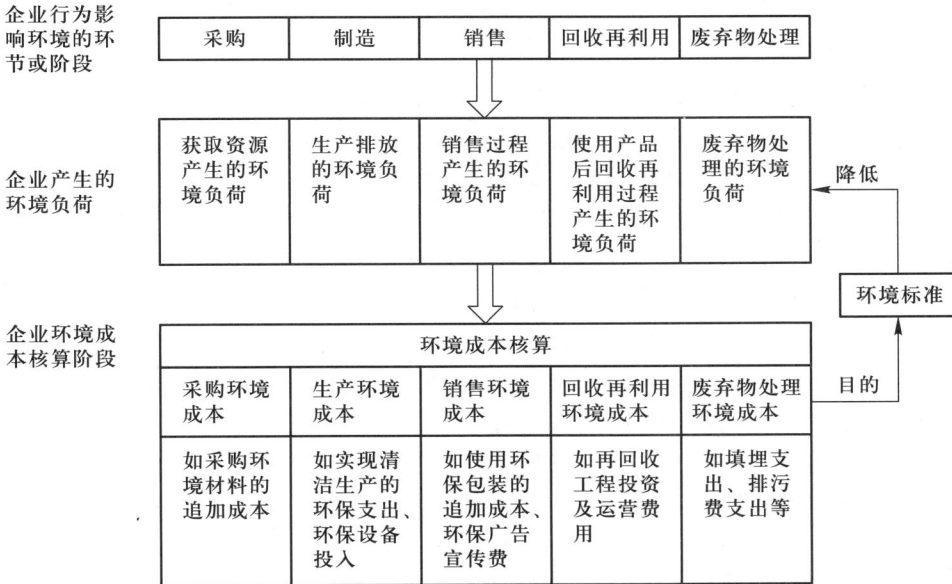

图 9-2 环境成本流程图

（二）环境成本的确认与计量

环境成本的确认与计量同环境负荷的降低密切相关。所谓环境负荷，是指人类活动产生严重影响环境的物质项目，包括因人类活动对资源的大量利用及向环境排放有害物质两个方面。对于企业环境负荷的计量，人们一般采用的是 ISO 14000 环境管理体系标准中的产品生命周期评价（LCA）模式，即从企业产品相关的资源开采到制造、使用、废弃、输送等所有阶段，全过程地评价资源的投入与污染物的排放对地球环境的影响。

对于环境负荷的计量模式，目前有存量模式和流量模式。前者是指对受环境负荷影响的客体，于不同时点上的状态比较来间接计量的，一般较多地运用在宏观上对环境损害结果于不同时点上状态的改变，来间接推导环境负荷的大小。如遭受污染的土地、河流水质、森林破坏，通常可根据一定期间的期末、期初时点状态（存量）来间接推导环境负荷的大小。后者是根据环境责任主体在一定期间内发生的环境负荷物质总量来计量的，常用于微观企业的环境负荷计量。如某企业排放的二氧化硫总量、废弃物总量等。这是一种直接计量的模式。

环境成本的确认，首先要判断涉及环境问题所引起成本费用发生的业务和事项，及与环境负荷的降低是否有关。这种确认，一般有法规性确认和自主性确认两种基本类型。

1. 法规性确认

这是指企业依据国家有关环境保护的法律、法规和标准、制度，在环境保护活动过程中所进行的成本确认。例如企业因环保未达标排放污水，按国家排污费收费标准支付的排污费。环保法规的实施，调整了企业的环境行为，并要求其达到一定的标准。企业为此发生费用，在于环保法规的强制性，即表现在效益范围与调整功能两个方面。

2. 自主性确认

这是指企业根据自行确定的环境目标，管理自身活动对环境的影响，为达到环境目标的要求而进行的成本确认。如企业设立环境管理机构的经费等。

由于国家制定了较为严格的环境保护法律体系，体现了环境责任原则的要求，使企业对自身生产经营活动给生态环境所造成的损害，必须以污染后的恢复支出作为赔付和补偿的费用并且治理污染成本一般均远大于预防成本，故按照预防为主原则的要求，企业也可在生产经营过程之中或之前采取积极措施，制定企业的环境目标，在污染发生之前或发生过程中进行主动的治理，这就形成了某些与环境保护有关的企业自主性支出。大致有：① 环境管理费用，即指企业专门的环境管理机构和人员经费支出及其他环境管理费用；② 环境监测支出；③ 污染清理支出，包括已经和正在发生的污染现场清理支出，和目前计提的预计将要发生的污染清理支出；④ 无污染替代增支，即为减少和控制污染而使用新型无污染替代材料的增支；⑤ 现有资产价值减损的损失；⑥ 降低污染和改善环境的研究与开发支出；⑦ 为进行清洁生产和申请绿色标志而专门发生的费用；⑧ 对现有机器设备及其他固定资产进行改造、购置污染治理设备支出等。

对于环境成本确认的结果需要予以量化，这就要求进行环境成本的计量。结合环境成本本身所具有的特点，在对环境成本计量时应考虑以下几点：① 计量单位应以货币为主，并适当使用一些实物的或技术的计量形式。例如，在计量废弃物处理成本时，可辅之以吨、千克、立方米等物理量度计量，使得信息使用者能得出一个较为完整的结论。又如对某项污染物超标的污水，通过投资建造污水集中处理设施，并在运行中投入一些化解污染浓度的化学品，使之达标排放，此时对环境成本核算就要考虑适当使用化学量度的计量。② 对涉及可能的未来环境支出和负债、准备金提取进行合理判断时，可采用以下的非历史成本计量属性：第一，防护费用法，是以为消除和减少环境污染的有害影响所愿意承担的费用来计量的方法。例如，出现了噪声污染，就可能需要对建筑物安装消音或隔音装置或者做出其他处理，其所需支出就可以看作是环境污染的防护费用。按此思路，如在未进行防治污染的有效处理之前，可以认为企业就承担了一项债务，其金额应该根据技术要求或经验予以确定。第二，恢复费用法，指通过估计恢复或更新由于环境污染而被破坏的生产性资产所需的费用进行环境成本计量的方法。例如，有的企业将固体废弃物、有害材料堆放在某块场地；或者是将液体废弃物、有害物质存放于地下，长期存放势必要影响土地、地下水，在其危害产生明显影响时，必然要求企业采取某种措施予以恢复与更新，自然会发生一定的支出。这种未来的恢复支出应在污染产生前开始估计，其金额可根据技术要求予以研究确定。第三，政府认定法，指企业的某种污染达到一定程度后，政府环保机关可能会采取措施要求企业实施必要的治理，其治理方式有企业自己治理、企业出资由政府集中治理、企业同有关方面共同治理。该治理费支出，通常是先由政府环保机关或有关部门拟定治理预算方案，企业再据此进行预提入账，以便正确地反映企业财务状况和经营成果。第四，法院裁决法。由于环境污染导致的纠纷诉诸法律，因而法院参与判决，此类案例情况时有发生。一旦企业存在某种污染已对其他有关各方造成危害，将来有可能会发生赔付或治理义务时，可比照类似案例及早计提预计费用。如果企业对环境污染的赔付和治理已经由法院判决，那么这个数额可于判决结果送达时列为负债，并同时作为一项费用确认。

应尽可能考虑目前的现实状况，在协调环境成本与生产成本两种核算之中增加一些特定的计量方法，包括差额计量、全额计量和按比例分配计量。

所谓差额计量，是指在进行环境投资支出时，将支出总金额减去没有环境保护功能的投资支出的差额，其后的折旧额也按这种差额的折旧计入环境成本。其典型应用是对带有环境保护功能的耐用资产投资和环境材料的采购等。例如，某企业购买了一批环保型的汽车，支付的成本为300万元。如将这300万元全部作为环境成本投资显然不妥当。因为该批汽车兼有行驶和环保两种功能。因此，要将两种功能所负担的成本进行划分，仅对环境功能部分确认环境成本。假如没有环保功能的其他普通车（行驶功能相同）的购买成本为250万元，则环境资产成本应采用差额50（300－250）万元计量，并据此在折旧年限内分期作为环境成本的折旧费用。由此可见，采用差额计量方法能较好地划分资源的环保功能和一般功能所各自承担的成本费用，可较准确地区别一般产品成本与环境成本，有助于信息披露的项目分类。对于采购兼有环境保护功能的材料、固定资产等，均宜采用这种计量方法。

所谓全额计量，是指针对某一环境问题的解决而专门支付了成本金额，在会计上将其金额的全部计入环境成本。这种计量方法在实务中应用较多，也较易行。此类计量的典型业务有：① 环境保护专设机构的费用；② 环境保护技术的研究开发费用；③ 环境管理体系的构建费用；④ 环境污染治理等的专项投资；⑤ 环境报告的编制成本等。

所谓按比例分配计量，是指将与产品生产密切相关的污染治理费用，按一定比例分配计入各产品的制造成本。如作为辅助生产车间的污水治理费用、各生产车间的废弃物处理成本等。这种方式在德国已经采用。该国于1995年施行欧盟环境管理与审计计划（EMAS）以来，一些企业就采用了按比例分配计量方法将环境费用分配计入产品制造成本。

（三）环境成本报告与分析

国家强制性环保法规的颁布和执行，使得企业的环境风险无可避免，利益相关人关心企业在处理环境问题可能给他们带来的损害，自然要求企业披露有关的环境成本信息。另外，由于社会公众的环境保护意识日益高涨，要求政府当局惩治环境污染严重企业的呼声也日趋强烈，进一步会加大企业环境风险的程度。正因为如此，企业需要披露反映从事环境保护活动的环境成本信息报告，以满足社会的客观需要。

环境成本报告模式大体上有两种类型：一类为环境成本与经济效益的比较型模式，重点反映以获取环保经济效益为主的企业的环境保护支出情况。其环保经济效益来自环保产品的收入、资源成本的节约、环境损害成本的降低等方面。这种对比均可采用货币化计量，金额一目了然。另一类为环境成本与环保效果的比较型模式，重点反映以降低环境负荷为主的企业环境保护进展情况。其环保效果体现在诸如排污量减少、再资源化提高等环境负荷的降低方面。

五、环境成本的管理

企业通过环境成本报告的披露，可以向利益关系人及公众报告自己在处理与环境关系方面所取得的业绩。然而，如何以最小的环境成本取得最大的环保效果和经济效益，却是企业利益关系人对经营者的要求所在，同时也是企业经营者所追求的目标。这涉及如何优化环境成本的决策、控制、计划等方面的管理。

环境成本管理的中心已不再是传统意义上的为单位谋求利润最大化而降低产品成本，而是现代意义上的为谋求企业与环境的和谐与协调，在既保证产品质量又使企业行为符合国家环境标准的前提下，使环境成本的投入与环保效果、经济效益的产出达到最优化；研究的重点不再是产品成本优化问题，而是如何有效地把握环境成本投入的方式、时间、地点及应采取的技术经济与管理手段问题；由于环境成本形成全过程的时空范围要大于产品成本，故其研究范围已不再停留在产品成本费用归集和分配的企业生产过程范围内，而是按扩大的制造者责任扩展到售后环保服务及废弃物回收阶段，这涉及一部分社会环保费用内部化处理的探索。

环境成本管理的目标是优化协调环境成本与环保效果、经济效益之间的联系，以最少的环境成本投入取得最佳的环境保护效果和经济效益。这一目标在企业的环境保护活动中主要体现在三个方面。

（一）自然资源和能源利用的最合理化

即以最少的原材料和能源消耗，生产尽可能多的产品，提供尽可能多的服务。对于工业企业来说，应在生产产品和服务中，最大限度地做到：① 节约原材料、能源；② 充分利用可再生能源、清洁能源、无毒和无害原材料；③ 开发新能源、新材料，减少使用稀有原材料；④ 现场循环利用物料；⑤ 实施各种节能技术和措施。

（二）经济效益最大化

即通过不断提高生产效率，降低生产成本，增加产品和服务的附加值，以获取尽可能大的经济效益。要实现经济效益最大化，企业应在生产服务中最大限度地做到：① 减少原材料和能源的使用；② 采用高效生产技术和工艺；③ 减少副产品和废弃物，加强资源的回收；④ 提高产品和服务的质量；⑤ 合理优化环境成本的投入和安排生产进度。

（三）对人类和环境的危害最小化

即把生产活动和预期的产品消费活动对环境的负面影响减至最小，为此，工业企业应在生产产品和提供服务过程中最大限度地做到：① 减少有毒有害物料的使用和生产过程中的风险因素；② 采用少废和无废生产技术的工艺；③ 现场循环利用废物；④ 使用可回收利用的包装材料；⑤ 合理包装产品；⑥ 采用可降解和易处置的原材料；⑦ 合理利用产品功能和延长产品寿命；⑧ 减少或消除废弃污染物的排放。

尽管对环境成本管理目标在环境保护活动中作上述三方面的基本分类，可使人们大致了解进行环境成本管理应努力的方向，但是这三方面的基本分类之间又是紧密联系的。如资源和能源的合理化使用可同时带来环境保护效果和环保经济效益的提高；现场循环利用废物、使用可回收利用的包装材料等不仅可有效地保护环境，同时也会对提高企业的经济效益大有帮助。因此，我们应充分认识这种效果与效益的联系，更好地进行环境成本管理。当然，在某种特定情况下，上述三方面难以同时达到一致，有时甚至可能会出现矛盾。如在保证对人类危害最低化时，可能会降低一定的经济效益。此时，就应首先保证在达到国家环境标准、不危害人类健康的前提下，兼顾资源能源利用的节约和经济效益的提高。

为了实现环境成本管理目标，企业应根据自身生产经营的特点考虑与环境保护的协调，建立现代环境成本管理模式。现代环境成本管理模式采用的是产品生命周期全过程的管理模式，即从产品设计开始，直至最后废弃物处理，对环境成本核算均具有重大的影响。首先，它在产品的生态设计阶段就开始运筹规划产品生产流程对环境的影响，尽可能采用资源消耗减量化、材料及包装无害化、废弃物回收利用化的设计思路，使得向环境排放的废弃物大大减少甚至达到"零排放"，这可以带来资源的综合利用和节约，大大降低排污费用；其次，采购阶段的环境材料优先，生产阶段的资源回收利用、能源节耗、污染物质抑减，流通阶段的环保物流，使用和消费产品阶段的废弃物易分解，回收、处理阶段的再生利用等所有过程的环境成本都会因上述环境管理手段的采用而得到较好的优化；最后，企业通过环境成本管理谋求环保效果和效益最优化，可以提高企业绿色形象的知名度，强化公司员工的环保意识，与其他的管理手段结合起来，将有助于企业的良性发展。总之，环境成本管理模式通过资源减量消耗、资源能源节约与循环、废弃物质再资源化、污染物质排放的抑减和无害化等方式，将会有效地优化环境成本的结构，扩大环保效果和经济效益，使之走上一条经济发展与环境保护协调发展的良性循环之路。

第五节 "大智移云"背景下的成本管理

"大智移云"即大数据、智能化、移动互联网和云计算四者的简称。随着经济全球化的不断推进，以"大智移云"为代表的新一轮信息技术的发展对企业的经营管理产生了巨大的影响。企业因为拥有从用户到制造全生命周期的数据而实现效益的最大化。与此同时，新技术的发展和大规模商业应用促进了信息技术与企业经营管理活动的深度融合，促使企业在战略选择、流程再造、管理革新、价值发现、决策支持、成本管理等方面发生巨大的变革。

一、"大智移云"对成本管理的影响

"大智移云"技术的飞速发展和深入应用对企业的成本管理提出了新的要求，对企业成本管理相关数据的获取、存储以及分析带来了极大的挑战。随着信息的爆炸式增长，企业的成本管理数据从结构化财务数据扩展到非结构化非财务数据，数据的产生方式从被动、人工采集数据升级为主动、自动生产数据，成本管理决策方式从经验决策、量化决策转变为大数据决策。成本管理决策实时性要求提高等趋势，使得"大智移云"技术支持下的企业成本管理更能适应现代企业价值创造的需要。以下分别介绍大数据、人工智能、移动互联网与移动物联网、云计算等信息技术对现代企业成本管理的影响。

（一） 大数据对成本管理的影响

大数据有两层内涵，一是数据量巨大、数据种类繁多、流动速度快、价值密度低的数据集；二是新型的数据处理和分析技术。大数据技术，就是从各种类型的数据中快速获得有价值信息的技术。如图 9-3 所示，大数据的关键技术包含采集、存储、处理、分析、展示等几个层面的内容，这些技术对企业成本管理相关数据采集的范围与时效性、存储量与响应速度、分析方法与效率、展示形式与效果都有显著的影响。以下对大数据采集、存储、分析、展示技术对成本管理的影响进行介绍。

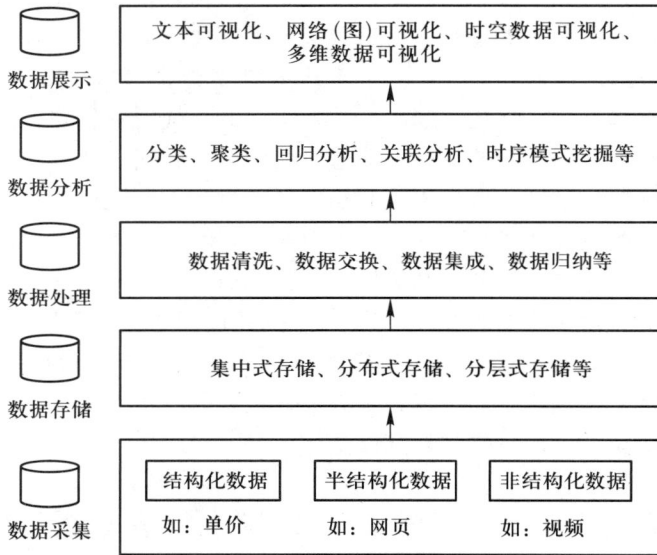

图 9-3 大数据技术架构

1. 大数据采集技术对成本管理的影响

大数据采集通过智能识别、感知、适配、传输、接入等技术，实现海量数据的获取。根据数据来源的不同，数据采集技术可以分为系统日志的采集技术、物联网数据的采集技术、网络数据的采集技术和基于应用程序接口的采集技术。

第一，系统日志的采集技术。大数据的日志采集工具可以实现实时的数据库、系统日志、销售信息的收集。第二，物联网数据的采集技术。通过互联网和感知设备采集信号、图片、录像等数据，实现移动互联网用户、生产线、生产设备、产品和物流信息的自动获取。第三，网络数据的采集技术。通过网络爬虫可以采集各类网络数据，如搜索引擎、新闻网站、论坛、微博、博客、点评网、电商网站的用户访问信息和评论信息，并支持图片、音频、视频等文件和附件的采集。第四，基于应用程序接口的采集技术。例如，使用特定系统接口调用企业内部的客户数据、财务数据，借助网络公开接口调用外部天气信息、地图定位信息、股票交易信息、宏观经济信息等。

大数据采集技术将传统单一来源的数据扩展到产品、运营、价值链以及外部数据等多种异源异构数据，大大增加了可用信息的深度和广度，提升了成本管理分析决策的有效性。

2. 大数据存储技术对成本管理的影响

大数据存储与管理首先要用存储器把采集到的数据通过预处理和存储,建立相应的数据库,并进行管理和调用。预处理流程包含数据清洗、数据交换、数据集成、数据归纳等,以提高数据质量。大数据存储技术对成本管理相关数据的存储速度、存储内容、存储容量和响应速度产生了重要的影响。

第一,从存储速度来看,大数据存储技术实现了数据的即时存储,且能在较短时间内实现全网同步与共享。第二,从存储内容来看,在传统结构化数据的基础上,大数据存储技术实现了非结构化数据的存储,包括文本、图像、音频、视频等,以及系统日志、网页、报表、资源库等半结构化数据的存储。第三,从存储容量来看,大数据存储技术可以支撑 EB 级别的数据规模以及相应的扩展能力,从而满足数据规模快速增长的需求。第四,从响应速度来看,针对大规模并发访问,大数据存储技术具备快速及时的响应能力。

大数据存储技术有助于沉淀成本管理相关数据,为成本管理提供实时、精准的数据信息基础。快速及时的响应速度提高了成本管理决策的效率和智能化水平。

3. 大数据分析技术对成本管理的影响

大数据分析技术广泛应用于企业的设计、采购、生产、物流、销售、售后服务等各个环节,通过快速分析、处理海量数据,从中提取有价值的信息,助益企业有效制定经营管理决策。大数据的爆炸式增长在大容量、多样性和高增速方面,全面考验着现代企业的数据处理和分析能力,同时,也为企业带来了更丰富、更深入和更准确地洞察市场行为的大量机会。从数据分析全流程的角度,大数据分析技术包括分类、聚类、回归分析、关联分析、时序模式挖掘等。表 9-2 归纳了大数据分析技术与应用。

表 9-2 大数据分析技术与应用

方法	内容	应用
分类	将数据库中的数据项映射到既定的数据类别	客户分类、客户特征分析、客户满意度分析等
聚类	针对数据的相似性和差异性划分数据类别,同类数据相似度较大,跨类数据关联性较低	客户细分、消费者行为分析、产品市场细分、交易数据分析等
回归分析	通过函数表达数据映射的关系来发现属性值之间的依赖关系	产品生命周期分析、销售趋势预测、客户流失预防等
关联分析	从大量数据中发现项集之间的相关联系	顾客购买模式分析、精准化营销、个性化定制、欺诈预测等
时序模式挖掘	挖掘数据中与时间有关的联系	设备系统运行异常检测、机器生产负荷监测等

如上所述,在企业成本管理相关数据的处理中,大数据分析技术的应用体现为一种决策支持过程。通过高度自动化地分析相关数据,做出归纳性的推理,从隐藏的数据背后提炼出潜在的业务逻辑,帮助企业优化决策与管理,为成本管理手段创造

价值。

4. 大数据展示技术对成本管理的影响

在大数据服务决策支撑场景下，以丰富的可视化工具将分析结果呈现给用户，是大数据技术应用的重要环节。大数据展示技术具体包含文本可视化、网络（图）可视化、时空数据可视化和多维数据可视化。

大数据展示技术对成本管理的影响体现在两个方面，第一，大数据展示技术通过寻找数据规律、分析推理、预测未来趋势，提高理解和处理成本管理相关数据的效率。第二，利用大数据展示技术可以实时监控业务运行状况，灵活快速地响应企业产品设计、生产制造、经营管理、营销服务的各种变化，洞察统计分析无法发现的细节，及时发现问题以便第一时间进行应对。

大数据展示技术可以准确而高效、精简而全面地传递成本管理相关信息，对分析结果进行可视化呈现，帮助人们更好地理解数据，并探索数据的内在价值。

（二）人工智能对成本管理的影响

人工智能通过再现人类的思维过程，将人类的思考、学习、规划、推测等智能行为赋予计算机，用以代替传统的人工劳动。人工智能基于图像、语音和视频识别、机器学习、自然语言处理等核心技术，提供智能客服、设备故障检测、智能推荐、销售预测等服务，对企业的销售成本、人力成本、经营成本、采购成本、研发成本等产生了重要影响，大幅度提高了成本管理的效率和质量。

第一，人工智能提供语音交互、智能推荐、图像及视频识别等服务，让企业更为高效低成本地处理各类成本相关信息，尤其是重复交易产生的大量结构化成本信息。

第二，在销售层面，利用自然语言解析和数据挖掘技术，实现智能推荐服务，切中用户的需求，缩短产品销售周期，实现成本节约。智能客服服务实现了无边界沟通，提升了问题解决效率，且不会出现负面情绪，提升了企业服务水平与客户满意度，同时也有效降低了人力成本。

第三，在生产层面，人工智能的自动化技术能够代替传统人工操作，帮助企业提高工作效率，精简工作流程，节省人力成本，同时提高安全性与稳定性。利用机器学习算法对设备运行过程中可能出现的故障进行预测性维护，提高企业经营效率，降低经营成本。

第四，在采购层面，人工智能的应用包括智能化采购建议的提供、采购合同审查的半自动化、聊天机器人等，有助于企业采购成本的控制。

第五，在研发层面，运用人工智能技术，采用多种方法获取并处理数据资源，有助于加快研发进程，缩短研发周期及研发成本。

（三）移动互联网、移动物联网对成本管理的影响

移动互联网是移动通信和互联网融合的产物，相对传统互联网而言，强调用户可以不限地点、时间和终端，随时通过移动设备接入互联网并使用相关业务。移动物联网就是一个基于移动终端而形成的连接物品的网络，简单来说，就是物物相连的移动互联网，它突破了互联网联通人与人的功能，建立人与物、物与物之间的信息交互和共享。

在成本管理领域，移动互联网与移动物联网技术的应用使得各类数据的获取更为全面、便捷、及时。第一，用户信息采集方面，通过移动端应用平台，企业可以动态获取用户的全方位信息，包括消费时间、消费结构、购买频次等交易信息，网页搜集信息、社交网络上的个人信息、智能手机的位置信息，以及智能电表使用信息等，拓宽用户信息的采集内容、降低用户信息的采集成本、提高用户信息的采集效率，以更好地满足不同用户的需求。第二，生产信息采集方面，依托温度、湿度、振动、压力、位移、光电传感器等具有环境感知能力的各类终端，企业可以实时获取物料投入、加工区域温度、加工时间、设备状态、工艺参数等生产线相关信息，大幅提高制造效率、改善产品质量、降低产品成本和资源消耗。第三，物流信息采集方面，以条码技术、GIS 地理信息系统、GPS 全球定位系统为基础，企业可以迅速获取货物的位置、发出地、目的地、行车路线、安全状态以及价格、数量等属性信息，从而实现物流资源优化调度和有效配置，提升物流系统效率，节能降耗，降低物流成本。第四，销售信息采集方面，依托 FRID 无线射频识别技术和 GPS，将标签内置于出厂产品，可以准确掌握所售商品的位置、状态、售出时间等信息，使得货物的清点、查询、发货更为简单和准确，降低库存管理成本。同时，营销部门可以快速利用这些有力的数据来提升销售业绩、品牌价值，完善顾客维系活动，真正做到质量智能跟踪和产品智能检测。

如上所述，利用移动互联网与移动物联网技术，企业供应链各成员都可以实现从生产、加工、物流配送到终端销售各个环节信息的全流程掌控，大大优化并简化运营、控制成本和提高效率。

（四）云计算对成本管理的影响

根据美国国家标准与技术研究院（NIST）的定义，云计算是一种无处不在的、便捷的、按需使用的网络，通过这个网络可以连接到可配置的计算资源共享池（例如网络、服务器、存储、应用软件、服务），这些资源只需通过很少的管理或与服务商的交互就可以快速地获取和释放。云计算的基本特征及其对成本管理的影响主要体现在以下几个方面：

1. 硬件集成

云计算以服务器、交换机、存储设备等硬件设备的高度集成为基础，通过云计算服务提供商，一些中小企业不需要投入大量的基础设施，甚至不必建立自己的数据中心，只需要通过互联网访问云技术服务商提供的服务即可，也不需要考虑成本投入、维护投入等。而大型数据中心的规模效益也会带来信息存储和处理成本的大幅度降低。

2. 资源使用的可扩展性

云计算的一个重要特征就是资源的集中管理和输出，也就是所谓的资源池。云计算会根据用户的需求动态地分配与回收软硬件资源，从而实现整个网络资源利用的扩展性。云计算通过充分地整合共享成本管理资源，能极大地提高相关资源使用的效率，降低资源的使用成本。

3. 按需分配

云计算系统实现按需向用户提供资源，可以节省用户的硬件资源开支，用户不需要自己购买并维护大量固定的硬件资源，只需为实际使用的资源付费，没有使用的资源不必付费。而且这种服务是由云系统自动完成的，不需要用户与服务提供者进行任何的交互，大大降低了管理成本。

4. 虚拟化

虚拟化是云计算的核心，通过该技术，成本管理相关数据的存储和计算都变成了可动态配置的资源，存储虚拟化技术使得成本管理的大量相关数据可以完整存储，网络虚拟化技术使得成本管理模型能够实现实时、高效的计算。同时，虚拟化技术可以大大降低企业在软、硬件采购及系统升级迁移等方面的成本。

二、"大智移云"背景下的成本管理新趋势

企业价值链在受到技术创新和商业模式创新冲击时会被重构。大数据、云计算、移动互联网与移动物联网等先进信息技术在给企业价值链带来挑战的同时，也为研发、生产、流通等各个环节的重构带来机遇。信息技术推进了成本管理的信息支持与管理控制系统的建设，通过优化价值链，促进企业成本管理效率和效益的提升。

（一）"大智移云"背景下的企业价值链重构

以"大智移云"技术为支撑、以需求为纽带，企业建立起全价值链中各部分之间的协同，包括企业、客户、上游原材料供应商、设备制造商等。可以说，"大智移云"技术对企业的研发模式、生产模式和消费模式具备再造功能。

1. 以消费者和大数据为主导驱动研发模式再造

传统价值链的研发设计与营销及服务等下游环节处于割裂状态，容易造成信息不对称和供需失衡。"大智移云"技术打破了传统价值链中参与主体之间的线性关系，打通了研发与消费者之间的通道，建立了由"链"到"网"的互联模式（如图9-4所示），消费者可以参与研发过程进行价值共创。与此同时，"大智移云"技术可以实现虚拟环境下的产品协同设计，使用仿真、模拟功能等，精准满足用户需求，优化资源配置。

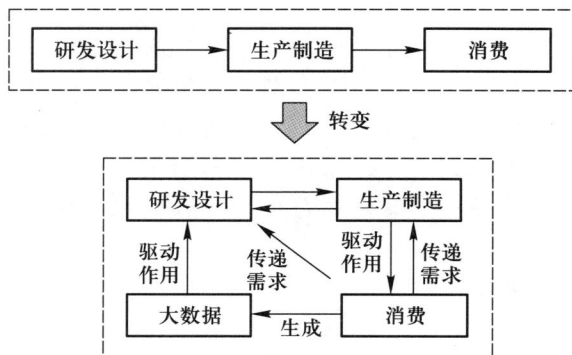

图 9-4   传统研发模式向以消费者和大数据为主导的研发模式转变

2. 以数字车间和智能工厂为主导驱动生产模式再造

在传统价值链中，制造环节倾向于劳动密集型，且技术含量不高，难以匹配消费者个性化和多元化的需求。"大智移云"技术在生产制造环节的应用，驱动传统生产

模式向数据化和智能化生产模式转变（如图 9-5 所示），从而实现产能最大化、排程最优化及库存和成本最小化。

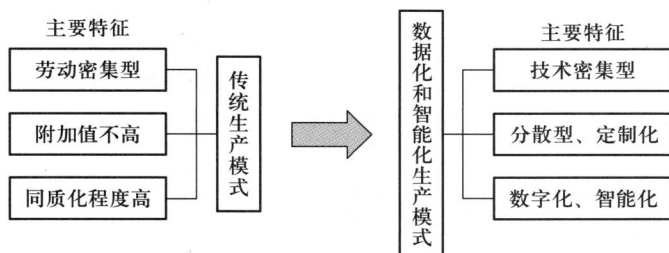

图 9-5 传统生产模式向数据化和智能化生产模式转变

3. 以产品全生命周期为主导驱动消费模式再造

在传统价值链中，消费模式以生产为主导，供给方依照自身对市场的把握，自行设计生产商品或服务，然后传递给消费者，消费者不参与其上游环节。而在"大智移云"背景下，产品全生命周期中各阶段均受到较大影响（如图 9-6 所示），从而使得顾客参与研发体系构建、个性化定制成为可能。

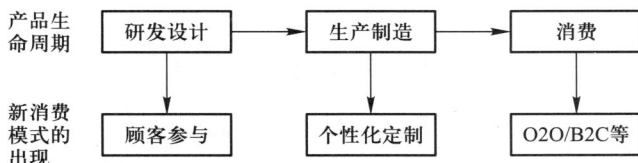

图 9-6 传统消费模式由生产驱动向以产品全生命周期为主导的消费模式转变

"大智移云"技术对传统研发、生产、消费模式的不同程度再造，为企业价值链重构与升级带来新的契机，也为成本管理空间与时间范围的拓展、成本管理方法和手段的创新提供了机会。

（二）"大智移云"背景下成本管理的主要特征

"大智移云"背景下的成本管理使传统的实物成本流管理与虚拟成本流、网络组织成本流等紧密结合，促进企业核心竞争力培植和竞争优势的提高。其主要特征如下：

1. 满足对客户需求快速响应的成本管理要求

如前所述，"大智移云"技术驱动传统价值链重构的关键在于，实现客户介入并能够实现客户的价值链全过程参与，将生产与研发设计、销售环节无缝对接，满足客户全流程个性化体验。与此同时，这些新技术的出现，有利于智能设计与仿真技术的突破，为客户需求与企业生产、运作、人员、设备等方面的结合提供充足的技术支撑，涌现出智能制造、柔性化敏捷制造、虚拟制造、网络制造等诸多先进制造技术，使得企业能够应对市场需求迅速变化，灵活调整生产规模，及时有效满足客户需求。

2. 成本管理控制范围扩大到"大社会价值链"

借助于"大智移云"技术的深入应用，企业在现有内部、行业、竞争对手间成本管理的基础上，从长远、战略的视角考察成本效益，一是重视产品研发、设计、市场开拓等活动对企业的影响，二是融合环境成本，构建"大社会价值链"。一方面，企业通过利用工业机器人等先进智能设备，提高了内部环境成本的管理效率，促进了企业资源利用效率的提升。另一方面，在智能化的技术条件下，通过对外部环境成本进行估价并将其内化到生产成本之中，引导企业采用环境成本管理手段减少资源消耗大、污染排放多的生产活动，增强企业绿色制造的主动性与积极性。

3. 成本管理共生体系的构建

在传统成本管理中，企业之间几乎没有分享意识与行动。在当今"大智移云"背景下，在契约理论指导与法律规范下，企业与利益相关方共享"需求侧"成本信息，共担风险，以互利或相互促进的方式共同进化，构建共生运行的生态圈。通过降低交易成本、文化成本，实施商业模式创新，引入价值管理绩效评价等措施，兼顾各方权益，提升企业的核心竞争力。

4. 成本管理工具的不断融合与创新

受技术条件等限制，传统的成本管理范式往往停留在单一方法的应用层面，缺乏成本管理工具方法的融合，存在较为严重的资源浪费。应用大数据、人工智能和感知技术，可以自动辨别各种工具的应用流程、作用区域与实践效果，适时比较、选择、调整、融合，增强成本管理工具的有效性和融合性。

三、"大智移云"背景下成本管理的风险分析

"大智移云"背景下，企业时刻处在虚拟且瞬息万变的空间和环境中，无论是成本管理所依赖的技术环境，还是合作共生的组织环境，都面临诸多风险，其中最为典型的是信息安全风险、关系风险和绩效风险。

（一）信息安全风险

信息安全风险，是指由于人为原因或系统故障造成的信息丢失、破坏、泄露、被越权访问、被篡改的风险。大数据时代，商业生态环境发生了巨大变化：无处不在的智能终端、随时在线的网络传输、互动频繁的社交网络，让大数据成为企业竞争的制高点，与此同时，不可避免地加大了用户隐私以及企业专有资源的泄露风险。企业的专有资源是企业取得同业竞争优势的关键所在，一般很难被模仿与掌握。随着海量数据的集中存储和共享以及日益频繁的信息传递，企业的专有资源极有可能被传递到其竞争对手手中，或直接在互联网上被公开，从而对企业造成重大损失。例如，2017年9月，美国信用机构 Equifax 披露，公司网站遭遇黑客攻击，1.43 亿用户数据泄露，包括用户的社保号码、生日、地址、信用卡信息等。此次事件使 Equifax 股价暴跌 30%，相当于蒸发 50 亿美元市值，而且面临来自消费者的 240 多起集体诉讼和来自股东和金融机构的诉讼，对其品牌形象的损害则难以估量。

（二）关系风险

一般而言，关系风险是指合作企业没有完全按照共同目标行动而造成的风险，它是节点企业进行合作时才会发生的风险。产生这种风险的因素主要有：

1. 不公平的利润分配

在全价值链中，各企业对价值链整体利润的贡献程度很难进行清楚界定和定量分

析。根据公平理论①，当节点企业认为付出与回报比例不公平时，就会采取一些措施从而危害到整体利益。全价值链上各企业利益的协调与分配不同于企业内部各部门之间的利益协调，各企业在合作过程中，会极力维护自身利益，追求自身利润的增长而不惜牺牲整体利益。一旦某些企业的获利过低，就极易出现在合作过程中的消极行为，不利于供应链的高效运行。

2. 互不信任的风险

全价值链的企业合作以一定程度的信任为前提，企业间信任程度的高低直接影响到合作风险的高低，尤其是网络交易往往全部在网上完成，合作双方的诚信较难保障。常见的不信任行为有：① 由信息安全引起的商业机密泄露；② 利用实力在谈判中要挟对方；③ 同时保留几个相同产品的供应商，迫使他们相互竞争；④ 利用合作企业的信任，把该企业的机密信息泄露给他的竞争对手，以谋取短期利益；⑤ 不遵守合同，例如不按时按量交货，不遵守质量标准或约定，不按时付款，或以物抵款等。

（三）绩效风险

绩效风险是指利用网络实现跨组织合作、经营效率提升后，由于未来环境不确定性导致企业绩效目标依然无法实现的风险。诚然，现代信息技术的应用能促进企业的高效运行及企业绩效的提升，但由于企业始终处于纷繁复杂的外部环境中，其收益的产生受诸多因素制约。外部市场竞争的激烈程度，外部需求的波动，革命性替代产品的出现，管理政策的变动等，都有可能影响企业绩效的实现。在这种情况下，由互联网形成的新型商业模式就有可能出现新的绩效风险，其中互联网条件下新产生的成本就是一种重要的绩效风险来源。例如，电子商务在给企业带来销售便利、成本节约的同时，也带来了一项新的成本——物流成本。这些由电子商务带来的额外运输成本、装卸搬运成本、仓储成本、包装成本、流通加工成本、物流信息成本和物流管理成本等，都额外增加了其退出成本，提高了其绩效风险。

（四）"大智移云"背景下成本管理的风险防范

1. 建立高效的信息传递渠道

利用现代化的通信和信息手段管理并优化整个价值链体系，通过互联网对价值链企业进行互连，通过大数据、云计算实现信息共享，各企业分享有关业务计划、预测信息、库存信息、进货情况以及有关协调货流的信息。从而价值链上的客户、零售商、分销商、生产厂商、各级原材料供应商、物流运输公司和各个相关业务合作伙伴在信息共享的基础上能够进行协同工作。信息传递过程的高效运行一方面提高了价值链运作的协同性和运作效率，另一方面信息的及时传递也能为规避风险、及早采取补

---

① 公平理论：由心理学家亚当斯（J. S. Adams）在 1965 年提出的一种激励理论，主要探讨工资报酬分配的公平与不公平对职工生产积极性的影响。公平理论认为：一个职工不仅关心自己工资的绝对值，而且关心自己工资的相对值，即关心自己的工资与他人工资相比较的结果；每个职工会自觉或不自觉地把自己付出的劳动、所得的报酬与他人付出的劳动、得到的报酬进行社会比较，如果他发现自己的收支的比例与他人的收支比例相等，便认为是公平的；当他发现自己的收支比例不如他人，就会产生不公平感，有满腔怨气；当职工感到自己的收支公平时，生产积极性就提高了；当职工有不公平感时，对生产就采取消极态度。公平理论已广泛应用在企业管理方面，并取得了相当明显的效果。

救措施赢得宝贵的时间,从而降低绩效风险。同时,信息传递的透明化也能提高企业之间的信任程度,从而降低关系风险。

2. 剥离冗余环节,简化价值链

价值链的复杂性是造成其不确定性的重要因素,价值链整体的协调难度随节点的多少呈非线性增长,中间环节越多,造成的资源消耗就越多,相应的关系风险和绩效风险也随之上升。简化价值链还意味着节点企业应按照价值链流程的需要进行组织流程重组,如对采购、制造、营销和物流等过程采取跨职能部门的平行管理,采取组织扁平化和组建跨职能的合作团队来消除垂直管理的决策速度慢、对外界变化不敏感的弊病,从而降低不确定性和延误;采用第三方物流,将包装和运输服务外包给专业物流公司,安排充足的提前期和时间裕度,加强运输过程实时跟踪控制和及时信息反馈,通过这些方式保证物流的安全和高效运行。

3. 建立合理的利益分配机制

价值链节点企业追求的个体利润最大化目标往往和价值链整体的系统最优目标不一致,因此为保持价值链整体运行就有必要建立一种利益协调机制,对为了实现系统目标而使个体利润受损的企业给予一定的补偿,这种补偿来自从全价值链系统优化中获益较大的那些节点企业。核心节点企业对于全价值链整体稳定运行起着强大的推动作用,合理的利润分配机制应使合作伙伴能得到比败德行为更大的利益,从而消除道德风险①,提高全价值链抵抗风险的能力。如福特、通用、丰田等汽车制造商普遍应用这一机制,将加快产品上市速度而获取的超额利润中的一部分分配给供应商,以补偿其准时供货而增加的成本。

4. 做好信息安全建设

从大数据的存储、应用和管理等方面层层把关,可以有针对性地应对信息安全威胁。第一,针对大数据的安全存储,应做到四点:① 数据加密。② 数据与密钥分离。③ 过滤器监控。一旦发现数据离开了用户的网络,就自动阻止数据的再次传输。④ 数据备份。第二,针对大数据的安全应用,应做到如下三点:① 防止 APT 攻击。针对 APT 攻击隐蔽能力强、长期潜伏、攻击路径不确定等特征,借助大数据处理技术,设计具备实时检测能力的预警方案。② 用户访问控制。将大数据和用户设定不同的权限等级,并严格控制访问权限。③ 数据实时分析引擎。从大数据中第一时间挖掘出黑客攻击、非法操作、潜在威胁等各类安全事件,第一时间发出警告响应。第三,针对大数据应用平台的安全管理,构建安全、高效、经济的监管体系,实现大数据平台在操作、通信、存储方面的全方位安全防护。

📁 本章小结

战略成本管理是成本管理与战略管理有机结合的产物,是传统成本管理系统对竞争环境变化所做出的一种适应性变革,是当代成本管理发展的必然趋势。战略成本管

---

① 道德风险,指在委托-代理理论中,代理人为了追求自身利益最大化而做出损害委托人利益的行为的风险。

理使用价值链分析、战略定位分析和成本动因分析这样三种分析工具。战略成本管理的具体实施步骤是：战略环境分析、战略成本规划、战略成本控制、战略业绩计量与评价。

质量成本管理是为权衡质量与成本相互关系而形成的一种成本管理方法。通常按照经济用途将质量成本分为预防成本、鉴定成本、内部损失成本和外部损失成本四类。质量成本核算可以采用统计核算方法、会计核算方法或两者相结合的方法。常见的质量成本控制方法有限额控制、目标质量成本控制、质量改进和质量责任成本控制。

现代物流成本是指从原材料供应开始一直囊括到将商品送达消费者手上所发生的全部物流费用。无论是企业物流还是物流企业，如何对自身物流资源进行优化配置，如何实施管理和决策，以期用最小的成本带来最大的效益，都是它们所面临的最重要的问题之一。物流被看作是制造企业最后的也是最有希望降低成本、提高效益的环节。物流成本核算方法主要有会计方法、统计方法、会计与统计相结合的方法及作业成本法。

环境成本核算的目标是向信息使用者提供决策有用的环境成本信息，即向外部反映环境成本的投入与产出情况，接受外部环境评价，同时也是企业管理者进行内部评价的主要依据之一。环境成本管理的目标是优化协调环境成本与环保效果、经济效益之间的联系，以最少的环境成本投入取得最佳的环境保护效果和经济效益。

以"大智移云"为代表的新一轮信息技术的发展和大规模商业应用促使企业在战略选择、流程再造、管理革新、价值发现、决策支持、成本管理等方面发生巨大变革。"大智移云"技术带来企业价值链的重构与升级，为企业成本管理带来新的机遇和挑战。

📱 关键名词

战略成本管理　是指以战略眼光从成本的源头识别成本驱动因素，对价值链进行的成本管理。

质量成本　是指企业为保证或提高产品质量进行的管理活动所支付的费用和由于质量缺陷所造成损失的总和。

物流成本　是指物流活动中所消耗的物化劳动和活劳动的货币表现。即产品在包装、运输、储存、装卸搬运、流通加工、物流信息、物流管理等过程中所耗费的人力、物力和财力的总和以及与存货有关的资金占用成本、物品损耗成本、保险和税收成本。

环境成本　一般是指为管理企业活动对环境造成的影响而被要求采取的措施成本，以及因企业执行环境目标和要求所付出的其他成本。

大数据　包含两层内涵，一是数据量巨大、数据种类繁多、流动速度快、价值密度低的数据集；二是新型的数据处理和分析技术。大数据技术，就是从各种类型的数据中快速获得有价值信息的技术。

人工智能　是指通过再现人类的思维过程，将人类的思考、学习、规划、推测等智能行为赋予计算机，用以代替传统的人工劳动。

移动互联网　是移动通信和互联网融合的产物，强调用户可以不限地点、时间和终端，随时通过移动设备接入互联网并使用相关业务。

移动物联网　是一个基于移动终端而形成的连接物品的网络，它突破了互联网联通人与人的功能，建立人与物、物与物之间的信息交互和共享。

云计算　是一种无处不在的、便捷的、按需使用的网络，通过这个网络可以连接到可配置的计算资源共享池（例如网络、服务器、存储、应用软件、服务），这些资源只需通过很少的管理或与服务商的交互就可以快速地获取和释放。

即测即评

请扫描二维码，进行即测即评。

思考题

1. 试对战略成本管理和传统成本管理做出比较。
2. 战略成本管理有哪几种分析工具？它们之间有什么关系？
3. 如何实施战略成本管理？
4. 按照经济用途可将质量成本分为哪几类？它们之间有什么样的关系？
5. 质量成本核算有哪些方法？各有什么优缺点？
6. 什么是物流成本？其主要分类及构成有哪些？
7. 在计算物流成本时主要有哪些方法？
8. 在对环境成本进行计量时应考虑哪些问题？
9. 简述"大智移云"背景下成本管理的特点及如何防范风险。

案例分析

请扫描二维码查看。

拓展阅读

请扫描二维码阅读。

主要参考文献

[1] 爱德华·布洛克，孔·陈，托马斯·林. 战略成本管理. 2 版. 王斌，等，译. 北京：人民邮电出版社，2005.

[2] 爱德华·J. 布洛切，等. 成本管理：计划与决策. 高晨，王娟，译. 北京：华夏出版社，2002.

[3] S. 保罗·加纳. 1925 年前成本会计的演进. 宋小明，张敦力，杨兴全，译. 上海：立信会计出版社，2014.

[4] 查尔斯·T. 亨格瑞，斯里坎特·M. 达塔尔，马达夫·V. 拉詹. 成本与管理会计. 15 版. 王立彦，刘应文，译. 北京：中国人民大学出版社，2016.

[5] 戴维·P. 道尔. 战略成本控制. 2 版. 刘俊勇，等，译. 北京：中国人民大学出版社，2013.

[6] 番场嘉一朗. 新版会计学大辞典. 北京：中国展望出版社，1986.

[7] 贺南轩. 成本会计学. 北京：中国财政经济出版社，2008.

[8] 胡玉明，潘敏虹. 成本会计. 4 版. 厦门：厦门大学出版社，2019.

[9] 林万祥，肖序，等. 环境成本管理论. 北京：中国财政经济出版社，2006.

[10] 刘相礼，王苹香，朱延琳. 成本会计实务与案例. 2 版. 北京：北京大学出版社，2016.

[11] 罗纳德·W. 希尔顿，迈克尔·W. 马厄，弗兰克·H. 塞尔托. 成本管理. 3 版. 罗飞，温倩，等，译. 北京：机械工业出版社，2010.

[12] 马克思. 资本论（纪念版）. 第三卷. 北京：人民出版社，2018.

[13] 欧阳清，杨雄胜. 成本会计学. 北京：首都经济贸易大学出版社，2003.

[14] 潘飞，乐艳芬. 成本会计. 5 版. 上海：上海财经大学出版社，2018.

[15] 万寿义，任月君. 成本会计. 5 版. 大连：东北财经大学出版社，2019.

[16] 王立彦，徐浩萍，饶菁，等. 成本会计：以管理控制为核心. 2 版. 上海：复旦大学出版社，2011.

[17] 汪祥耀，舒敏. 成本会计. 北京：中国财政经济出版社，2001.

[18] 汪祥耀. 现代成本会计学. 杭州：浙江人民出版社，2008.

[19] 王晓秋. 成本会计理论与模拟实训. 上海：立信会计出版社，2020.

[20] 威廉·莱恩，香农·安德森，迈克尔·马厄. 成本会计精要. 2 版. 刘宵仑，等，译. 北京：人民邮电出版社，2012.

[21] 徐政旦，等. 成本会计. 上海：上海三联书店，1994.

[22] 于富生，黎来芳，张敏. 成本会计学. 8 版. 北京：中国人民大学出版社，2018.

高等学校工商管理类专业会计、财务管理类课程教材

高等学校财务管理专业系列教材

财务学原理（第二版）	熊　剑	杨荣彦
高级财务管理（第二版）	左和平	李雨青
国际财务管理	谢志华	
税务筹划（第七版）	盖　地	
税收筹划	经庭如	阮宜胜
财务分析（第二版）	谢志华	
财务报表分析（第四版）	张新民	王秀丽
财务报告分析	郭泽光	
公司理财（第二版）	赵振全	等
成本管理	陈汉文	
投资学（第二版）	金德环	
证券投资学（第三版）	丁忠明	
证券投资学（第二版）学习指南	丁忠明	
证券投资综合实验教程（第二版）	丁忠明	
证券投资学（第三版）	任淮秀	
企业融资理论与实务	汤炎非	谢达理
资产评估（第四版）	汪海粟	

高等学校会计学、财务管理课程教材

会计学（第五版）	赵惠芳	
会计学（第二版）	罗金明	
会计学概论（第二版）	刘永泽	
会计学（第二版）	陈　红	姚荣辉
财务管理	王华兵	
财务管理（第二版）	王　斌	
财务管理——理论·实务·案例（第二版）	徐光华	柳世平
财务管理概论	彭韶兵	
财务管理学（第三版）	杨淑娥	
财务管理学（第五版）	郭复初	王庆成
财务管理学	左和平	等
财务管理（第二版）	赵德武	
公司财务管理（第二版）	王化成	
财务管理	常叶青	吴丽梅

互联网+应用创新型财会系列教材

会计学	袁振兴	
会计学	刘东辉	
会计学	李菊容	
财务管理	黄 虹 等	
财务管理	郑亚光	
审计学	谢晓燕	
基础会计	冯 建	
基础会计	徐国民	
基础会计	吉 宏	
会计学原理	董红杰	
中级财务会计（第二版）+学习指导书	焦桂芳 潘云标	
中级财务会计	罗新运	
中级财务会计	张 慈	
财务会计学	刘建中	
高级财务会计	徐丽军	
会计信息系统（第二版）	徐亚文	
会计信息系统	徐晓鹏	
会计学实验教程	窦 炜	
管理会计	邓春梅	
管理会计	田高良 张 原	
成本会计（第二版）	伍瑞斌	
财务分析	蔡永鸿 林 丽	
企业内部控制	王 李	
税法（第二版）	纪金莲	

教学支持说明

建设立体化精品教材，向高校师生提供整体教学解决方案和教学资源，是高等教育出版社"服务教育"的重要方式。为支持相应课程教学，我们专门为本书研发了配套教学课件及相关教学资源，并向采用本书作为教材的教师免费提供。

为保证该课件及相关教学资源仅为教师获得，烦请授课教师清晰填写如下开课证明并拍照后，发送至邮箱：jingguan@ pub.hep.cn，也可通过 QQ 群 329885562 进行索取。

咨询电话：010-58581020，编辑电话：010-58556264。

证　　　明

　　兹证明_____大学_____学院/系第_____学年开设的_____课程，采用高等教育出版社出版的《_____》（_____主编）作为本课程教材，授课教师为_____，学生_____个班，共_____人。授课教师需要与本书配套的课件及相关资源用于教学使用。

　　授课教师联系电话：_____　　E-mail：_____

学院/系主任：_____（签字）

（学院/系办公室盖章）

20_____年_____月_____日